23 YEARS

风雨洗礼，初心不变

心怀热忱，与您同行

2020 **再跃**

2020年“天猫双11”，东奥登顶教育行业榜首，成为“淘宝教育”首个销量破亿的品牌

2016—2019 **驰名**

连续4年荣获“天猫双11”考试类图书销售冠军、职业资格考试类图书成交额冠军

2001—2007 **成名**

2001年“轻1”发行量超过千万册，考生几乎人手一本

2007年东奥网校上线，图书、课程受百万学员热捧

1998 **诞生**

东奥诞生

“轻松过关”品牌图书面世

始于初心，终于品质

用心

自上一考季结束之日起，名师团队围绕真题，重新梳理考点，开启为期150多天的初稿撰写工作。

严谨

每份书稿都会由300多人的教研团队反复研究、修订，严格遵循三审三校的原则，严格把关质量，印制出版。

创新

面对新考季，新趋势，针对不同题型升级答题技巧，助力考生以最高效的学习方法轻松过关。

2021年“轻1”

新考季，新体验，您准备好了吗？

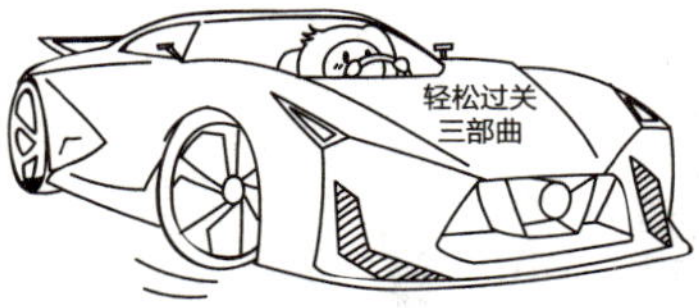

基础轻松过

初窥门径，新手上路

从最基础的概念讲解开始，助您推开每一个知识的大门。循序渐进，从简单到复杂，从入门到轻松过关。

攻克难点，平稳驾驶

梳理全书脉络，覆盖考试重点，精炼汇编，深入浅出，配合经典题解，一边学习，一边巩固，厚积薄发，跬步千里。

考点轻松过

全面优化，弯道超车

从考试角度出发，重思路、善总结，同步强化练习，攻破难点；全真模拟测试，查缺补漏。从“强化”到“飞越”，循序渐进，稳步过关。

习题轻松过

轻松过关® 1

—

23 年，是沉淀，是积累，是攀升

备考之路，与您同行

轻松过关® 1

2021 年经济专业技术资格考试（中级）
应试指导及全真模拟测试

人力资源管理专业知识和实务

任知逸　主编
东奥会计在线　编

北京科学技术出版社

本书的封面具有正版标识，请认真识别

（1）本书附有一枚防伪标签，上面有二维码，扫描并激活后即可获赠正版图书的超值专享服务。
（2）本书防伪标签为正版标识，若无此标识即盗版，请广大读者拒绝购买。
（3）盗版举报电话：400-627-5566。

"轻松过关"小程序

扫描右侧的二维码进入"轻松过关"小程序，名师课程、精选习题、互动答疑，应有尽有，助您开启考证轻松过关之旅。

图书在版编目（CIP）数据

2021年经济专业技术资格考试（中级）应试指导及全真模拟测试．人力资源管理专业知识和实务/任知逸主编；东奥会计在线编．—北京：北京科学技术出版社，2021.7

（轻松过关．1）

ISBN 978-7-5714-1606-5

Ⅰ.①2… Ⅱ.①任… ②东… Ⅲ.①人力资源管理—资格考试—习题集 Ⅳ.①F0-44

中国版本图书馆CIP数据核字（2021）第113092号

责任编辑： 李 鹏
责任校对： 贾 荣
装帧设计： 韩文静 晓 莉
责任印制： 张 良
出 版 人： 曾庆宇
出版发行： 北京科学技术出版社
社　　址： 北京西直门南大街16号
邮政编码： 100035
电　　话： 0431-87635566（编辑部）
010-66135495（总编室）

网　　址： www.bkydw.cn
印　　刷： 辽宁虎驰科技传媒有限公司
开　　本： 787 mm×1092 mm　1/16
字　　数： 538千字
印　　张： 20
版　　次： 2021年7月第1版
印　　次： 2021年7月第1次印刷

ISBN 978-7-5714-1606-5

定　价：96.00元

编委会

主　编：任知逸

编　委（按姓氏笔画排序）：

曲　锐　李　晶　李俊蓉　李晓燕

张逢叶　周丽叶　徐　婕

目　录

第三部分 案例题集训

第四部分 全真模拟测试题及参考答案

第一部分

2021 年备考指南

一、 2021 年的重要考试政策

经济专业技术资格考试（中级）是自 1993 年起实行的考试。考试设有“经济基础知识”和“专业知识和实务”两个科目，其中“经济基础知识”为公共科目，“专业知识和实务”为专业科目，分工商管理、财政税收、金融、人力资源管理等 10 个专业类别命制试卷。

经济专业技术资格考试（中级）采用电子化考试方式，应试人员需要通过计算机操作来答题。考试实行以 2 年为一个周期的滚动管理方法，应试人员须在连续的两个考试年度内通过全部应试科目，方可取得相应类别经济专业技术资格证书。

中级经济专业技术资格考试合格者，颁发人力资源和社会保障部统一印制的经济专业技术资格证书，证书在全国范围内有效。

（一）考试时间

考试日期	考试时间及科目		考试批次
10 月 30 日	8:30—10:00	经济基础知识	第一批次
	10:40—12:10	专业知识和实务	
	14:00—15:30	经济基础知识	第二批次
	16:10—17:40	专业知识和实务	
10 月 31 日	8:30—10:00	经济基础知识	第三批次
	10:40—12:10	专业知识和实务	
	14:00—15:30	经济基础知识	第四批次
	16:10—17:40	专业知识和实务	

注：具体时间以当地人事考试网公布的时间为准。

（二）题型题量

题型	经济基础知识	专业知识和实务
单项选择题	70 道题（每题 1 分）	60 道题（每题 1 分）
多项选择题	35 道题（每题 2 分）	20 道题（每题 2 分）
案例分析题	—	20 道小题（每题 2 分）
合计	105 道题/140 分	100 道题/140 分

（三）考试分值及合格标准

经济专业技术资格考试（中级）各科目试卷满分均为 140 分，合格标准均为 84 分（参考 2020 年）。

二、 2021年教材的基本情况

（一）教材基本内容

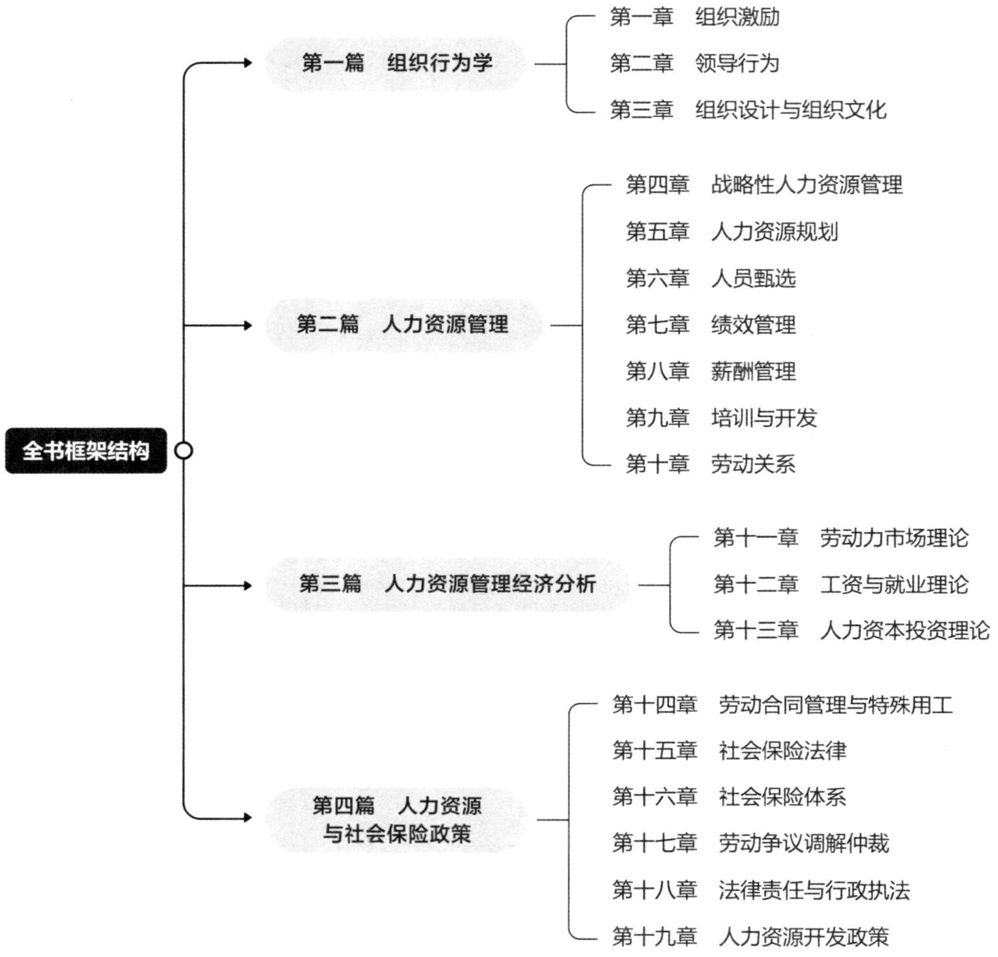

（二）各章难度和重要性

章	难度	重要性
第一章　组织激励	★★	★★★
第二章　领导行为	★★	★★
第三章　组织设计与组织文化	★★	★★
第四章　战略性人力资源管理	★★★	★★
第五章　人力资源规划	★★	★★★
第六章　人员甄选	★★★	★★★

续表

章	难度	重要性
第七章　绩效管理	★★	★★
第八章　薪酬管理	★★	★★
第九章　培训与开发	★★	★★
第十章　劳动关系	★★	★★
第十一章　劳动力市场理论	★★★	★★★
第十二章　工资与就业理论	★★	★★
第十三章　人力资本投资理论	★★★	★★★
第十四章　劳动合同管理与特殊用工	★★	★★★
第十五章　社会保险法律	★★	★
第十六章　社会保险体系	★★	★★★
第十七章　劳动争议调解仲裁	★★★	★★★
第十八章　法律责任与行政执法	★★	★
第十九章　人力资源开发政策	★★	★★

注："★"为"了解"的内容；"★★"为"熟悉"的内容；"★★★"为"掌握"的内容。

（三）案例题考点归纳

章	案例题考点	链接的近 5 年试题
第一章　组织激励	1. 需要与动机 2. 需要层次理论 3. 目标管理 4. 绩效薪金制	1. 2019 年 2. 2019 年 3. 2019 年 4. 2019 年
第二章　领导行为	1. 魅力型领导理论 2. 交易型和变革型领导理论 3. 领导者的技能 4. 决策风格	1. 2018 年 2. 2018 年 3. 2018 年 4. 2018 年
第三章　组织设计与组织文化	1. 组织设计概述 2. 组织设计的类型 3. 组织变革概述	1. 2016 年、2017 年 2. 2016 年、2017 年 3. 2017 年
第五章　人力资源规划	1. 人力资源规划的内容、流程与意义 2. 人力资源需求预测 3. 人力资源供求平衡的基本对策 4. 人力资源供求平衡的方法分析	1. 2016 年、2019 年 2. 2019 年 3. 2019 年 4. 2016 年

续表

章	案例题考点	链接的近5年试题
第六章　人员甄选	1. 甄选的可靠性与有效性 2. 面试 3. 评价中心技术 4. 履历分析	1. 2017年、2018年、2020年 2. 2017年、2018年、2020年 3. 2017年、2018年 4. 2018年
第七章　绩效管理	绩效评价	2017年
第八章　薪酬管理	1. 薪酬成本的控制 2. 薪酬体系设计的基本步骤	1. 2020年 2. 2020年
第九章　培训与开发	1. 职业生涯管理的注意事项 2. 职业生涯管理的方法 3. 培训与开发效果评估	1. 2020年 2. 2020年 3. 2020年
第十一章　劳动力市场理论	1. 效率工资和晋升竞赛 2. 劳动力市场的概念与特征 3. 劳动力市场的结构	1. 2016年、2018年 2. 2018年 3. 2018年
第十二章　工资与就业理论	1. 失业率与劳动力市场的存量——流量模型 2. 失业与失业统计 3. 失业的类型及其成因与对策	1. 2019年 2. 2016年、2019年 3. 2016年、2019年
第十三章　人力资本投资理论	1. 高等教育投资决策的基本模型 2. 在职培训及其基本类型 3. 在职培训的成本与收益及其安排 4. 劳动力的跨产业流动及产业内流动 5. 劳动力的跨地区流动 6. 劳动力流动的主要影响因素	1. 2019年 2. 2020年 3. 2019年、2020年 4. 2019年 5. 2019年 6. 2017年
第十四章　劳动合同管理与特殊用工	1. 劳动合同解除 2. 劳动合同终止 3. 解除与终止劳动合同的经济补偿 4. 特殊情形下的劳动合同履行 5. 对用人单位解除劳动合同的要求 6. 对用人单位解除劳动合同的限制	1. 2017年、2019年 2. 2016年 3. 2016年、2017年 4. 2020年 5. 2019年 6. 2019年
第十六章　社会保险体系	1. 工伤认定 2. 工伤保险待遇	1. 2016年、2018年 2. 2018年
第十七章　劳动争议调解仲裁	1. 劳动争议当事人的举证责任 2. 劳动争议处理机制 3. 劳动争议仲裁	1. 2018年、2020年 2. 2019年 3. 2018年

三、高效复习技巧

人力资源管理专业知识和实务是一门“活学活用”的学科，在日常工作中应用广泛。许多题目需要考生在理解消化知识点后，根据逻辑推理得出正确答案，“死记硬背”并不足以通过考试。

“求其上者得其中，求其中者得其下，求其下者无所得”，对于学习“人力资源管理专业知识和实务”这门专业学科，考生的目标应该是将所学的知识理解记忆、融会贯通、并学以致用。通过考试则是达成目标后的必然结果。

为了使考生们可以在有限的时间内高效率地学习，我们将整个备考期分成四个阶段，每一个阶段都有不同的学习任务，环环相扣。及时高效地完成各阶段任务，可以使学习过程事半功倍。

1. 第一阶段：时间规划

5 月—7 月	预习阶段
8 月	基础阶段
9 月	提升阶段
10 月	冲刺阶段

考生应根据自己的实际情况，结合各个备考阶段，制订一个合理有效的时间规划。这不仅有助于考生利用碎片时间进行学习，还有助于考生实时掌握自己的备考进度。养成良好的习惯，系统、高效地学习。

2. 第二阶段：量的累积

学习应追求“高效”，但不能“投机取巧”。得之在俄顷，积之在平日，只有打好基础，才能掌握学习的主动权。这个阶段建议考生配合本书稳扎稳打地对知识点进行学习。

本书提炼了官方教材核心内容，并搭配“基础轻松过”“考点轻松过”“习题轻松过”等多个板块助力考生夯实基础。

3. 第三阶段：质的飞跃

有了对基础知识“量的积累”，还需要配合习题的演练，考生才能将所学知识更好地融会贯通，攻克重点、难点。

“题海战术”并不适于所有考试，对知识点的把握才是关键。本书在茫茫题海中为考生精心选取了最有助于理解知识点的经典试题，为考生节省“刷题”时间。

“好题”是本书收录题目的严格标准。通过“好题”，考生可以摸索出题老师的出题思路并躲雷避坑。本书另有案例题集训，将带领考生消除对案例题的畏惧心理，突破考试壁垒，达到“质的飞跃”。

4. 第四阶段：轻松过关

每一份努力，都助您成长。每一点付出，都使您强大。考试已经近在眼前，最后的阶段需要考生对全书进行总结和复习，并利用“全真模拟测试题”查缺补漏，复盘全书知识点，及时查找复习中的不足。考生还应注意调整好自己的心态和作息时间，以最饱满的精神状态迎接考试。预祝各位考生逢考必过、轻松过关！

第二部分

考点精讲及同步训练

第一篇　组织行为学

与2020年教材相比，本篇内容无实质性变化。

年份	单项选择题	多项选择题	案例分析题	合计
2018	11题/11分	3题/6分	4题/8分	18题/25分
2019	14题/14分	4题/8分	4题/8分	22题/30分
2020	14题/14分	6题/12分	——	20题/26分

说明：表中数据由参加当年考试的考生提供，数据较为完整。

基础轻松过

组织行为学是系统地研究人在组织中所表现的行为和态度的学科。本书中所提到的“组织”大多是指用人单位。被研究的“人”主要是指组织中的管理层（领导）和员工。

领导行为是指领导者在领导过程中的所作所为，领导者在领导过程的不同阶段中因情境和任务需要会表现出不同领导行为。

“管理的深处是激励”，激励起每一个员工的工作动机，是组织管理工作者所从事的重要工作之一。

考点轻松过

第一章　组织激励

第一节　需要、动机与激励

本节视频详解
使用“会计云课堂”App/微信扫码听课

考点　需要、动机与激励★★

1. 需要与动机

需要	需要是指当缺乏或期待某种结果而产生的心理状态 物质需要（食物、水、空气等） 社会需要（归属、爱等）

续表

动机	（1）动机是指人们从事某种活动、为某一目标付出努力的意愿，这种意愿取决于目标能否，以及在多大程度上能够满足人的需要 （2）动机三要素（决定人行为的方向、努力的水平、坚持的水平） （3）动机分为内源性动机和外源性动机 内源性动机（内在动机）：人做出某种行为是因为行为本身（有价值、带来成就感），例如，寻求挑战性的工作，获得为工作和组织多做贡献的机会，实现个人潜力 外源性动机（外在动机）：人做出某种行为是因为行为的结果（获得物质、社会报酬），例如，工作所带来的报偿，如工资、奖金、表扬、社会地位

2. 激励

激励就是通过满足员工的需要而使其努力工作，从而实现组织目标的过程。

分类	内容
内容角度	物质激励、精神激励
作用角度	正向激励、负向激励
对象角度	他人激励、自我激励

经典题解

【例题·单选题】 按照组织行为学有关理论，属于内源性动机的是（　　）。（2020年）

A. 社会地位

B. 挑战性工作

C. 工资

D. 表扬

【解析】 内源性动机是指人做出某种行为是因为行为本身，因为这种行为可以带来成就感，或者个体认为这种行为是有价值的。出于内源性动机的员工看重的是工作本身，如寻求挑战性的工作，获得为工作和组织多做贡献的机会，以及充分实现个人潜力。而出于外源性动机的员工更看重工作所带来的报偿，如工资、奖金、表扬、社会地位等，选项B正确。

【答案】 B

【例题·单选题】 动机是指人们从事某种活动，为某一目标付出努力的意愿，这种意愿取决于目标能否以及在多大程度上能够（　　）。（2017年）

A. 符合人的兴趣

B. 满足人的需要

C. 激励人的行为

D. 改进人的绩效

【解析】 动机是指人们从事某种活动、为某一目标付出努力的意愿，这种意愿取决于目标能否以及在多大程度上能够满足人的需要，选项B正确。

【答案】 B

第二节　激励理论

考点 1　需要层次理论、双因素理论、ERG 理论★★

1. 需要层次理论（马斯洛提出）

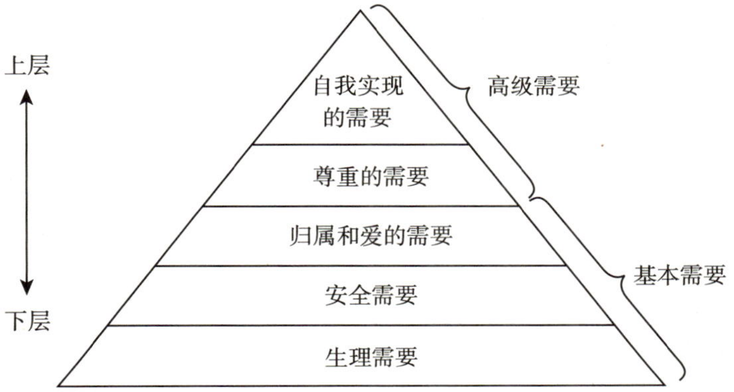

需要层次	（1）生理需要（食物、水、居住场所、睡眠、性） （2）安全需要（身体安全：脱离危险的工作环境；经济安全：不解雇的承诺或舒适的退休计划） （3）归属和爱的需要（情感、归属、被接纳、友谊） （4）尊重的需要（内在尊重：自尊心、自主权、成就感；外在尊重：地位、认同、受重视） （5）自我实现的需要（个人成长、潜能发挥、实现个人理想）
主要观点	（1）人均有这五种需要，不同时期对各种需要的强烈程度不同 （2）未被满足的需要是行为的主要激励源 （3）下一层次的需要满足后才会追求上一层次的需要 （4）基本需要（生理、安全、归属和爱）——靠外部条件满足 （5）高级需要（尊重、自我实现）——靠内在因素满足
在管理上的应用及评价	（1）考虑员工不同层次的需要，并为每个层次的需要设计相应的激励措施 （2）考虑每个员工的特殊需要 （3）组织用于满足低层次需要的投入效益是递减的 （4）需要层次理论较为呆板，不完全适合于复杂多变的实际环境

经典题解

【例题·单选题】某公司市场部员工觉得现在公司订立的目标经常完不成，虽然对工资影响有限，但特别没有成就感，基于需要层次理论可以推断出，这些员工的需要处于（　　）层次。

A. 安全需要

B. 归属和爱的需要

C. 尊重的需要

D. 生理需要

【解析】尊重的需要包括内在尊重（自尊心、自主权、成就感）和外在尊重（地位、认同、受重视等）。题干中的"成就感"属于尊重的需要，选项 C 正确。

【答案】C

2. 双因素理论（赫茨伯格提出）

（1）激励因素是指成就感、别人的认可、工作性质、责任和晋升等因素。具备这些因素可以令员工满意，但不具备这些因素只会导致员工没有满意，不会招致员工的不满。

（2）保健因素是指组织政策、监督方式、人际关系、工作环境和工资等因素。具备这些因素只能使员工不产生不满情绪，即没有不满，但不能起到激励的作用。缺失保健因素会使员工不满。

（3）双因素理论在管理上的应用：提供保健因素，只能防止牢骚，消除不满，不一定能激励员工；激励员工要重视员工的成就感、认同感、责任感以及个人成长等。比如，工作丰富化的管理措施强调员工更多地参与工作规划，自我监督工作进度。

双因素理论	具备	缺失	需要层次理论
激励因素	满意	没有满意	高层次需要
保健因素	没有不满	不满	低层次需要

经典题解

【例题·单选题】在双因素理论中，属于保健因素的是（ ）。（2020年）

A. 晋升　B. 成就感

C. 责任感　D. 人际关系

【解析】保健因素是指组织政策、监督方式、人际关系、工作环境和工资等因素。激励因素是指成就感、别人的认可、工作性质、责任和晋升等因素，选项D正确。

【答案】D

3. ERG理论（奥尔德弗提出）

（1）ERG理论与需要层次理论的联系：

ERG理论	需要层次理论
生存需要	全部生理需要+部分安全需要
关系需要	部分安全需要+全部归属和爱的需要+部分尊重的需要
成长需要	部分尊重的需要+全部自我实现的需要

（2）ERG理论的独特之处：

①各种需要同时具有激励作用（非阶梯式）；②“挫折—退化”观点（高层次需要没有得到满足时，对低层次需要就会加强）；③同时追求与互相转化（工作快乐则对薪酬关注度低）；④变通性更有助于说明不同文化、环境背景的差异下个体需要的差异（日本文化、西班牙文化把关系需要排在生理需要之前）。

经典题解

【例题·多选题】ERG理论认为，人的核心需要有（ ）。（2020年）

A. 成就需要

B. 生存需要

C. 权力需要

D. 关系需要

E. 成长需要

【解析】ERG理论认为人有三种核心需要，即生存需要、关系需要、成长需要，选项BDE正确。

【答案】BDE

对比汇总：

<table>
<tr><th>需要层次理论</th><th>双因素理论</th><th>ERG 理论</th></tr>
<tr><td>生理需要</td><td rowspan="3">保健因素</td><td rowspan="2">生存需要</td></tr>
<tr><td>安全需要</td></tr>
<tr><td>归属和爱的需要</td><td rowspan="2">关系需要</td></tr>
<tr><td>尊重的需要</td><td rowspan="2">激励因素</td></tr>
<tr><td>自我实现的需要</td><td>成长需要</td></tr>
</table>

考点 2　三重需要理论（麦克利兰提出）★★

三重需要	概念和特点	管理特征
成就需要	概念：个体追求优越感的驱动力，或者参照某种标准去追求成就感，寻求成功的欲望 特点：①选择适度的风险；②责任感较强；③希望得到及时反馈	好职员不一定能成为优秀的经理
权力需要	概念：促使别人顺从自己意志的欲望 特点：①喜欢支配和影响别人；②重视争取地位和影响力；③喜欢竞争，追求出色的成绩	杰出的管理人员都有较强的权力欲望
亲和需要	概念：寻求与别人建立友善且亲近的人际关系的欲望 特点：①重视被别人接受和喜欢；②追求友谊和合作；③易被别人影响	在组织中充当被管理的角色

经典题解

【例题·单选题】美国心理学家麦克利兰提出的三重需要理论认为，不属于人的需要的是（　　）。(2018 年)

A. 权力需要　　B. 生存需要

C. 亲和需要　　D. 成就需要

【解析】生存需要属于 ERG 理论的内容。美国社会心理学家麦克利兰提出了三重需要理论，认为人有三种重要的需要：成就需要、权力需要和亲和需要。

【答案】B

考点 3　公平理论（亚当斯提出）★★

主要内容	(1) 人们不仅关心自己的绝对报酬，且关心自己与他人在工作和报酬上的相对关系 (2) 投入与产出的比率与他人相比较（投入：教育、资历、工作经验、忠诚和承诺、时间和努力、创造力和工作绩效等；产出：工资和奖金、额外福利、工作安全等） (3) 员工比较的是其对投入、产出的自我知觉，而非投入、产出的客观测量结果 (4) 横向与纵向比较（横向：组织内、外与他人比较；纵向：组织内、外与自我比较） (5) 薪资水准、教育水平较高的员工通常进行横向比较；反之，进行纵向比较

续表

恢复公平的方法	（1）改变自己的投入或产出 （2）改变对照者的投入或产出 （3）改变对投入或产出的知觉 （4）改变参照对象 （5）辞职
在管理上的应用	（1）组织确保不同员工的投入与产出比大致相同 （2）对有不公平感的员工及时引导或调整报酬

经典题解

【例题·多选题】 按照组织激励的公平理论，感到不公平的员工用来恢复平衡的方式有（　　）。（2019年）

A. 改变自己的投入

B. 增加自己的产出

C. 改变参照对象

D. 改变对产出的知觉

E. 辞职

【解析】 增加自己的产出不属于恢复公平的方式。

【答案】 ACDE

考点4　期望理论（弗罗姆提出）★

定义		人们采取行动，是因为他觉得这种行为可以在一定概率上达到某种结果，并获得他认为重要的报酬
三要素	效价	一个人需要多少报酬（个体对所获报酬的偏好程度）
	期望	个人对努力产生成功绩效的概率估计（员工对努力工作能够完成任务的信念强度）
	工具性	个人对绩效与报酬之间关系的估计（员工对一旦完成任务就可以获得报酬的信念）
公式		动机＝效价×期望×工具性
特色		强调情境性，每个人动机不同
管理上的应用		期望模型中的三个因素可以有多种组合，产生最强动机的组合是高的正效价、高期望和高工具性

经典题解

【例题·单选题】 根据弗罗姆的期望理论，不属于决定动机的三种因素的是（　　）。（2019年）

A. 情景

B. 工具性

C. 效价

D. 期望

【解析】 期望理论的三要素包括效价、期望、工具性。

【答案】 A

考点 5 强化理论★

（1）强化理论认为行为的结果对行为本身有强化作用，是行为的主要驱动因素，这是一种行为主义的观点。

（2）强化理论并不考虑人的内在心态，而是注重行为及其结果，认为人是在学习、了解行为与结果之间的关系。由于行为的结果的确对行为有强大的控制作用，这一理论对解释行为很有帮助。

（3）尽管强化作用对行为颇有影响力，但却不是行为的唯一控制因素。

经典题解

【例题·单选题】 关于激励理论中的强化理论的说法，正确的是（　　）。（2019年）

A. 它强调人的内在心理状态

B. 它是一种人本主义的观点

C. 它对解释行为没有帮助

D. 它是一种行为主义的观点

【解析】 强化理论认为行为的结果对行为本身有强化作用，是行为的主要驱动因素。这是一种行为主义的观点。强化理论并不考虑人的内在心态，而是注重行为及其结果，认为人是在学习、了解行为与结果之间的关系。由于行为的结果的确对行为有强大的控制作用，这一理论对解释行为很有帮助。

【答案】 D

第三节 激励理论在实践中的应用

本节视频详解

使用"会计云课堂" App/微信扫码听课

考点 1 目标管理★

概念	强调通过群体共同参与制定具体的、可行的而且能够客观衡量的目标
特点	可以自上而下，也可以自下而上地设定目标
四个要素	（1）目标具体化，要求明确、具体地描述预期的结果 （2）参与决策，在制定工作目标时，要求涉及目标的所有群体共同制定目标，并共同规定如何衡量目标的实现程度，而不是由上级单方面指定下级的工作目标 （3）限期完成，规定目标完成的时间期限，以及每一阶段任务完成的期限 （4）绩效反馈，不断地给予员工关于目标实现程度或接近目标程度的反馈，使员工能及时地了解工作的进展，掌握工作的进度，从而及时地进行自我督促和行为矫正，最终如期完成目标

考点2 参与管理★

概念	让下属实际分享上级的决策权
参与形式	（1）共同设定目标 （2）集体解决问题 （3）直接参与工作决策 （4）参加咨询委员会 （5）参加政策制定小组 （6）参与新员工甄选等
权力分享的理由	（1）管理者对员工工作了解不全，员工参与决策可以让了解更多情况的人有所贡献 （2）现代的工作任务相互依赖程度很高，管理者有必要倾听其他部门的意见，且协商后的决定，各方都能致力推行 （3）参与者对做出的决定有认同感，有利于执行决策 （4）提供工作的内在奖赏，使工作显得更有趣、更有意义
推行条件	（1）在行动前，要让员工有充裕的时间进行参与 （2）参与的问题必须与员工自身利益相关 （3）员工必须具有参与的能力（如智力、知识技术、沟通技巧等） （4）参与不应使员工和管理者的地位和权力受到威胁 （5）组织文化必须支持员工参与
质量监督小组	是一种常见的参与管理的模式。通常由8~10位员工及一名督导员组成，定期集会，通常每周一次，对于小组提出的各种建议，管理层有最后决定权。作为小组成员的前提条件是，必须具备分析和解决质量问题的能力，擅长与他人沟通并宣传各种策略
具体应用	参与管理是激励理论在实践中的一种应用 符合双因素理论（提高工作本身的激励作用）和ERG理论（满足员工对责任、成就感、认同感、成长以及自尊的需要）的主张 越是居于高位的管理人员，越不容易接受参与管理的理念

经典题解

【例题·单选题】 关于参与管理的说法，错误的是（　　）。（2020年）

A. 职位越高的管理人员越容易接受参与管理理念

B. 参与管理符合双因素理论主张

C. 参与管理符合ERG理论的主张

D. 参与管理是激励理论在实践中的一种应用

【解析】 越是居于高位的管理人员，越不容易接受参与管理的领导风格，选项A的说法错误。

【答案】 A

【例题·单选题】 关于有效推行参与管理的条件的说法，错误的是（　　）。（2019年）

A. 组织文化必须支持员工参与

B. 不应使员工和管理者的地位和权力受到威胁

C. 员工参与的问题必须与其自身利益无关

D. 在行动前要让员工有充裕的时间进行参与

【解析】 员工参与的问题必须与其自身利益相关，选项C的说法错误。

【答案】 C

考点3 绩效薪金制★

采用的方式	计件工资、工作奖金、利润分成、按利分红（针对各级主管）等
分类	个人绩效、部门绩效、组织绩效
基础	实施必须以公平、量化的绩效评估体系为基础
优点	员工为了获得更高的薪金会自发地努力工作，而不需要管理者的监督，从而减少管理者的工作量
联系	绩效薪金制同期望理论关系密切。期望理论认为，如果要使激励作用达到最大化，就应该让员工相信绩效和报酬之间存在紧密的联系，而绩效薪金制就可以使员工的报酬与其绩效直接挂钩

第二章 领导行为

第一节 领导理论

本节视频详解

使用“会计云课堂”App/微信扫码听课

考点1 领导理论★

特点	（1）具有影响力 （2）具有指导和激励的能力
影响力来源	主要来自于组织的正式任命，专门技能与才能也可以成为来源

经典题解

【例题·单选题】 关于领导的说法，错误的是（ ）。（2019年）

A. 领导必须具有影响力，而影响力必须来源于组织的正式任命

B. 领导必须具有指导和激励的能力

C. 领导指的是一种影响群体、影响他人以达成组织目标的能力

D. 领导帮助个体或群体确认目标，并且激励他们达到一定目标

【解析】 领导的影响力主要来源于组织的正式任命。例如，组织中的各层管理人员的影响力来源于组织的任命。影响力也可以从其他方面获得，例如，具有与工作相关的专门技能或才能，同样可以成为影响力的来源。

【答案】 A

考点2 特质理论★★

传统的特质理论	这些特质是与生俱来的 具备某些特质确实能提高领导者成功的可能性，但并不存在某一种特质能够保证领导者成功

续表

吉伯的观点	卓越者具备的特质：身强力壮；聪明但不能过分聪明；外向、有支配欲；有良好的调适能力；自信
特质理论存在的缺陷	（1）忽视了下属的需要 （2）没有指明各种特质之间的相对重要性 （3）忽视了情境因素 （4）没有区分原因和结果

考点3　交易型和变革型领导理论（伯恩斯提出）★★

	交易型	变革型
观点	强调与位置相关的权威和合法性、任务的明晰度、工作的标准和产出、任务的完成、员工的顺从 依赖奖励和惩罚，多数都是消极型差错管理，是相对平庸的管理	通过更高的理想和组织价值观来激励追随者、制定明确的愿景、通过领导风格来影响员工和团队绩效 创造出组织在革新和变化中的超额绩效
特征	奖励、积极差错管理（观察和寻找对于标准的背离，采取修正行动），消极差错管理（仅在背离标准时进行干涉）、放任（放弃责任）	魅力、激励、智慧型刺激、个性化关怀

经典题解

【例题·单选题】根据美国心理学家伯恩斯的观点，属于交易型领导特征的是（　　）。（2019年）

A. 魅力

B. 差错管理

C. 智慧型刺激

D. 个性化关怀

【解析】交易型领导者的特征有奖励、差错管理、放任。

【答案】B

考点4　魅力型领导理论（罗伯特·豪斯提出）★★

内容和观点	（1）罗伯特·豪斯在伯恩斯变革型领导理论的基础上提出了魅力型领导理论，是指有自信且信任下属，对下属有高度的期望，有理想化的愿景和个性化风格的领导者 （2）追随者认同领导者及其安排的任务，表现出对领导者高度忠诚和信心，效法其价值观和行为，从自身与领导者的关系中获得自尊 （3）促使追随者产生出高于期望的绩效，以及强烈的归属感 （4）当追随者显示出高水平的自我意识和自我管理时，魅力型领导者的效果将会得到进一步强化 （5）魅力本身是一个归因现象，会随着情境发生变化
促使魅力归因的领导特质	自信；印象管理技能；社会敏感性；共情

魅力型领导者的道德特征和非道德特征：

道德特征	非道德特征
使用权力为他人服务 使追随者的需要和志向与愿景相结合 从危机中思考和学习 激励下属独立思考 双向沟通 培训、指导并支持下属，与他人分享 用内在道德标准行事	为个人利益使用权力 提升自己的个人愿景 指责或批评相反的观点 要求自己的决定被无条件接受 单向沟通 对追随者的需要感觉迟钝 遵循外在道德标准

经典题解

【例题·多选题】魅力型领导的道德特征包括（　　）。(2020 年)

A. 遵循外在道德标准

B. 提升自己的个人愿景

C. 双向沟通

D. 从危机中思考与学习

E. 使用权力为他人服务

【解析】魅力型领导者的道德特征：使用权力为他人服务，使追随者的需要和志向与愿景相结合，从危机中思考和学习，激励下属独立思考，双向沟通，培训、指导并且支持下属，与他人分享，用内在的道德标准行事。

【答案】CDE

【例题·单选题】根据美国心理学家罗伯特·豪斯的观点，不属于魅力型领导特征的是（　　）。(2019 年)

A. 高大英俊

B. 共情

C. 自信

D. 印象管理技能

【解析】魅力型领导的特质包括自信、印象管理技能、社会敏感性和共情等。

【答案】A

考点 5　路径—目标理论（罗伯特·豪斯提出）★★

激励作用	(1) 使绩效的实现与员工需要的满足相结合 (2) 为实现工作绩效提供必需的辅导、指导、支持和奖励
四种领导行为	(1) 指导式：让员工明确别人对他的期望、成功绩效的标准和工作程序（适合：外控型下属） (2) 支持型：努力建立舒适的工作环境，亲切友善，关心下属的要求（适合：结构化工作的下属） (3) 参与式：主动征求并采纳下属的意见（适合：内控型下属） (4) 成就取向式：设定挑战性目标，鼓励下属展现自己的最佳水平（适合：能力强、经验丰富的下属）
中间变量	环境因素：工作结构、正式的权力系统、工作团队等 下属的个人特征：经验、能力、内—外控等

经典题解

【例题·单选题】根据路径—目标理论，主动征求并采纳下属意见的领导属于（　　）。（2020年）

A. 成就取向式领导

B. 参与式领导

C. 支持型领导

D. 指导式领导

【解析】参与式领导，主动征求并采纳下属的意见，选项B正确。

【答案】B

【例题·多选题】罗伯特·豪斯在路径—目标理论中确定的领导行为包括（　　）。（2018年）

A. 支持型领导

B. 参与式领导

C. 成就取向式领导

D. 指导式领导

E. 权变型领导

【解析】路径目标理论提出的四种领导行为：指导式领导、支持型领导、参与式领导、成就取向式领导。

【答案】ABCD

考点6　权变理论（费德勒提出）★

美国心理学家费德勒的权变理论认为，团队绩效的高低取决于领导风格与情境因素之间是否搭配。费德勒将领导方式区分为工作取向和关系取向两类。

测量方法	（1）费德勒发明了“最不喜欢的工作伙伴”量表，该量表由16组形容词组成 （2）如果一个人对他最不喜欢的工作伙伴也用肯定性的形容词去描绘，说明他乐于和同事形成良好的人际关系，属于关系取向型的 （3）反之，则认为该领导者主要关心生产，属于工作取向型的
情境性因素三个维度	（1）领导与下属的关系：下属对领导者信任、信赖和尊重的程度 （2）工作结构：工作程序化、规范化程度 （3）职权：领导者在甄选、培训、激励、处分等人事工作方面有多大的影响力和权力 通过这三个维度的互相组合，共可以产生八种不同的情境

经典题解

【例题·单选题】根据权变理论，如果一个人对他最不喜欢的工作伙伴也用肯定性的形容词去描述，说明他属于（　　）。（2020年）

A. 关系取向型　　B. 权威取向型

C. 社会取向型　　D. 工作取向型

【解析】如果一个人对他最不喜欢的工作伙伴也用肯定性的形容词去描绘，说明他乐于和同事形成良好的人际关系，属于关系取向型的。

【答案】A

【例题·单选题】按照费德勒的领导权变理论，不属于情境性因素的构成维度的是（　　）。（2018年）

A. 领导与下属的关系

B. 组织文化

C. 职权

D. 工作结构

【解析】费德勒认为情境性的因素可以分为三个维度：一是领导与下属的关系；二是工作结构；三是职权。

【答案】B

考点 7　领导—成员交换理论（乔治·格雷恩提出）★

核心观点	确立关系和角色的早期，就把下属分成“圈里人”与“圈外人”	
圈里人与圈外人的区别	下属	“圈里人”与领导打交道时困难少，能够感觉到领导者的关心；承担更高的工作责任感；对其所在部门贡献更多；绩效评估水平更高
	领导	对“圈里人”投入更多的时间和感情；很少采用正式领导权威
主要观点	这种交换过程是一个互惠的过程 领导应该着手改变下属的自我概念；下属通过他们的反应改变领导者的自我图式；通过团体进行反馈	

经典题解

【例题·单选题】关于领导—成员交换理论的说法，错误的是（　　）。（2020 年）

A. 属于“圈里人”的下属与领导打交道时，比“圈外人”困难少，能够感觉到领导者对他们的关心

B. 团体中领导者与下属在确立关系和角色的早期，就把下属分成“圈里人”和“圈外人”两个类别

C. 领导者也倾向于对“圈里人”投入比“圈外人”更多的时间、感情，很少采用正式领导权威

D. 领导—成员交换理论认为，这种交换过程是一个单向的过程

【解析】领导—成员交换理论认为，这种交换过程是一个互惠的过程，选项 D 的说法错误。

【答案】D

第二节　领导风格与技能

本节视频详解
使用“会计云课堂”App/微信扫码听课

考点 1　领导风格小结★

领导风格是指领导者在实际领导中表现出的习惯化行为特点。

从领导的经典研究和理论得出的领导风格小结：

管理者中心	员工中心
独裁 生产中心 产出 任务驱动 督导 指导	民主 员工中心 关怀 人际关系 支持 参与

经典题解

【例题·多选题】按照组织行为学中的领导风格理论，以员工为中心的领导风格强调（　　）。（2020 年）

A. 督导

B. 支持

C. 民主

D. 参与

E. 产出

【解析】以员工为中心的领导风格强调：支持、民主、参与。督导和产出属于以管理者为中心的领导风格。

【答案】BCD

考点 2　俄亥俄模式与密歇根模式★★★

1. 俄亥俄模式

项目	基本风格	具体表现
关心人	领导者注重人际关系，尊重和关心下属的建议与情感，更愿意建立相互信任的工作关系	高度人际取向的领导者帮助下属解决个人问题，友善而平易近人，公平对待每一个下属，关心下属的生活、健康、地位和满意度
工作管理	领导者为了达成目标而在规定或确定自己与下属的角色时所从事的行为活动，包括组织工作任务、工作关系、工作目标	高度工作取向的领导者关注员工的工作，要求员工维持一定的绩效水平，并强调工作的最后期限
结论	工作管理和关心人得分都高的领导，更能促使员工有高的绩效和高的工作满意度	

2. 密歇根模式

项目	基本风格	具体表现
员工取向	关注人际关系	主动了解并积极满足员工需要
生产取向	强调工作技术和任务进度	关心工作目标的达成
结论	员工取向的领导风格与团体高绩效和员工高满足感相关，生产取向的领导风格则和团体低绩效、员工低满足感相关。因此该模式支持员工取向的领导作风	

与俄亥俄模式相比较，密歇根模式在维度的数量和性质上与其极为相似，这两种模式理论虽然在以生产工作为取向维度的结论上看法相悖，但因它们具有极强的相似性，所以极具对比研究的意义。

经典题解

【例题·单选题】关于研究领导行为的俄亥俄模式的说法，错误的是（　　）。（2018年）

A. 工作管理是指领导者为了达成目标而在规定自己与下属的角色时所从事的行为活动

B. 关心人是指领导者注重人际关系，尊重和关心下属的建议与情感

C. 高度人际取向的领导者帮助下属解决个人问题

D. 高度工作取向的领导者更加友善而平易近人，公平的对待每个人

【解析】高度人际取向的领导者更加友善而平易近人，公平的对待每个人，选项D的说法错误。

【答案】D

考点3 管理方格理论与生命周期理论★★★

领导风格理论中最有代表性的是美国管理心理学家布莱克和默顿的管理方格理论，以及保罗·赫塞和布兰查德的生命周期理论。

1. 管理方格图

坐标	基本风格	具体表现
（1，1）	无为而治	既不关心任务，也不关心人
（9，9）	最理想的领导风格	既关心任务，也关心人
（5，5）	中庸式	在工作需要和满意水平之间求得平衡
（1，9）	乡村俱乐部	更关心人的需要，但对任务漠不关心
（9，1）	“任务”领导风格	极度关心任务，却对人漠不关心

如图所示：

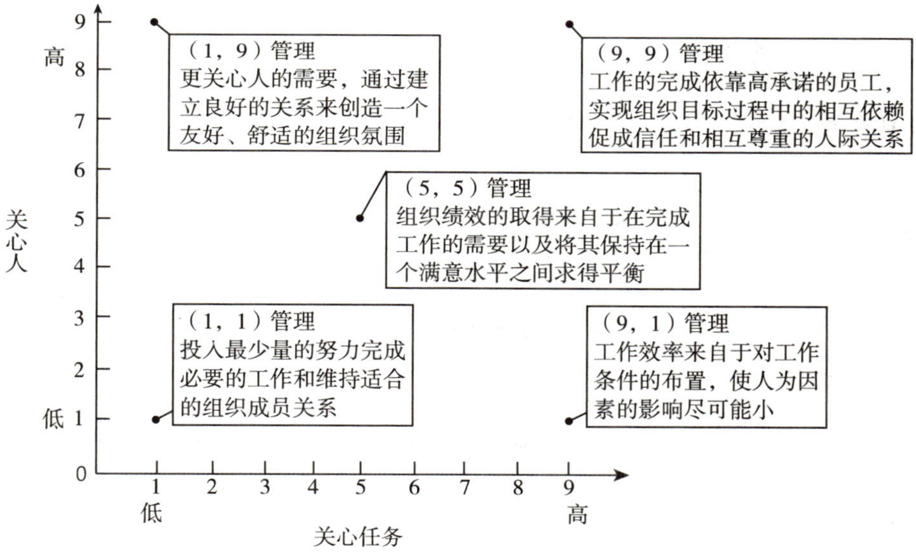

2. 生命周期理论

影响领导者风格选择的一个重要因素是下属的成熟度。

成熟度是指个体对自己的行为负责任的能力与意愿，包括两个方面：

（1）工作成熟度，指个人的知识和技能水平。工作成熟度越高，执行任务的能力越强，越不需要他人的指挥。反之，则需要对其工作进行指导。

（2）心理成熟度，指从事工作的意愿或动机。心理成熟度越高，自觉性越高，越不需要外力推动。反之，则要规定员工的工作任务和角色职责。

工作取向和关系取向两个维度相结合，得出四种领导风格：

指导式（高工作—低关系）	领导规定工作任务、角色职责，指示员工做什么，如何做
推销式（高工作—高关系）	领导不仅有指导行为，而且富于支持行为
参与式（低工作—高关系）	领导与下属共同决策，领导提供便利条件和沟通
授权式（低工作—低关系）	领导提供较少的指导或支持，让下级自主决定

经典题解

【例题·单选题】 根据生命周期理论，不仅表现出指导行为，而且富于支持行为的领导属于（　　）。（2020 年）

A. 参与式领导　　B. 推销式领导

C. 指导式领导　　D. 授权式领导

【解析】 推销式（高工作—高关系）：领导不仅表现出指导行为，而且富于支持行为。

【答案】 B

【例题·单选题】 根据生命周期理论，低工作—高关系的领导风格称为（　　）。（2020 年）

A. 授权式　　B. 指导式

C. 推销式　　D. 参与式

【解析】 参与式（低工作—高关系）：领导与下属共同决策，领导提供便利条件和沟通。

【答案】 D

考点 4　领导者的技能★

成功的领导依赖于合适的行为、技能和行动。

主要技能	技术技能	一个人对某种类型的程序或技术掌握的能力，例如，对于操作人员和专业人员，技术技能是工作绩效的主要依据
	人际技能	有效地与他人共事和团队合作的能力
	概念技能	按照模型、框架和广泛联系进行思考的能力
结论	管理层级越高，工作中技术技能所占的比例越小，而概念技能所占的比例越大。概念技能处理的是观点、思想，人际技能关心的是人，技术技能涉及的则是事	

第三节　领导决策

本节视频详解

使用"会计云课堂" App/微信扫码听课

考点 1　西蒙和明茨伯格的决策过程★★

西蒙	智力活动阶段：这是最初的过程，包括对环境进行搜索，确定决策的情境 设计活动阶段：这是第二个阶段，包括探索、研究和分析可能发生的行为系列 选择活动阶段：最后一步，在上一步可能发生的行为系列中选择一个行为
明茨伯格	确认阶段：认知到问题或机会的产生，进行诊断 发展阶段：个体搜寻现有的标准程序或者解决方案，或者设计全新的、量身定做的解决方案的过程 选择阶段：确定最终的方案。一般有三种选择方法，①在决策者的经验或者知觉的基础上进行判断；②在逻辑和系统的基础上对备选方案进行分析；③决策成员之间相互权衡

经典题解

【例题·单选题】在西蒙的决策过程理论中，探索、研究和分析时能发生的行为系列属于（　　）。(2020年)

A. 设计活动阶段

B. 制定活动阶段

C. 智力活动阶段

D. 选择活动阶段

【解析】西蒙认为决策过程可以分为三个阶段：智力活动、设计活动、选择活动。设计活动是第二个阶段，包括探索、研究和分析可能发生的行为系列。

【答案】A

【例题·多选题】明茨伯格认为，在决策过程的选择阶段，确定最终方案的方法一般有（　　）。(2020年)

A. 在决策者的经验或者知觉的基础上进行判断

B. 完全理性决策

C. 决策成员之间相互权衡

D. 有限理性决策

E. 在逻辑和系统的基础上对备选方案进行分析

【解析】选择阶段：确定最终的方案。一般有三种选择方法：在决策者的经验或者知觉的基础上进行判断；在逻辑和系统的基础上对备选方案进行分析；决策成员之间相互权衡。

【答案】ACE

考点 2　理性模型和有限理性模型★

1. 理性模型

描述	决策者在任何方面都是完全理性的
特征	①决策完全理性；②存在完整和一致的偏好系统；③决策者可以知道所有备选方案；④对计算复杂性无限制；⑤对于概率的计算不存在任何困难

2. 有限理性模型

描述	西蒙的有限理性模型更加接近现实
特征	①决策者试图使自己满意，或者寻找令人满意的结果；②决策者所认知的世界是真实世界的简化模型；③决策者采用满意原则而非最大化原则，所以决策者不必知道所有的可能方案；④决策者用相对简单的经验启发式原则或者商业窍门，以及一些习惯来进行决策

3. 两者差别

有限理性模型同样是理性和最大化的，但这里的理性受到了限制，决策者以满意为决策的终点。两个模型的差异主要体现在程度上，而非质的差异上。

考点 3　社会模型★

概念	来自心理学的社会模型，与理性模型相对应 根据弗洛伊德的理论，人类行为主要是由无意识的需求来驱动的，人类没有办法进行有效的理性决策 美国管理心理学家所罗门·阿什的一致性实验表明，人们会迫于团体压力，做出非理性的选择

续表

观点	有一部分决策者认为人们有坚持错误决策的倾向，称为“投入的增加”
产生投入增加原因	项目的特点：如投资回报的延期，临时问题的处理 心理决定因素：如决策信息加工错误，置身其中时负面信息被忽略，自身防御机制启动 社会压力：如迫于同伴压力，以及需要维护自己的面子，所以继续维持或增加错误行为 组织决定因素：如组织沟通体系的失效

经典题解

【例题·单选题】 关于决策模型的说法，正确的是（　　）。（2018年）

A. 社会模型认为人类可以在无意识的需求驱动下进行有效的理性决策

B. 社会模型将人们存在的坚持错误决策的倾向称为投入的减少

C. 有限理性模型认为决策者追求的是满意而非最大化

D. 理性模型认为决策者无法知道所有备选方案

【解析】 社会模型中弗洛伊德认为人类行为主要是由无意识的需求来驱动，人类没有办法进行有效的理性决策。有一部分决策者认为人们有坚持错误决策的倾向，他们称为投入的增加，选项AB错误。有限理性模型采用的是满意原则而非最大化原则，决策者在进行选择的时候不必知道所有的可能方案，选项C正确。理性模型认为决策者可以知道所有的备选方案，选项D错误。

【答案】 C

考点4　决策风格★★

<table>
<tr><td rowspan="3">维度</td><td>价值取向</td><td colspan="2">关注任务和技术本身（A）
关注人和社会因素（B）</td></tr>
<tr><td rowspan="2">模糊耐受性</td><td>低模糊耐受性（C）</td><td>结构和控制的程度</td></tr>
<tr><td>高模糊耐受性（D）</td><td>在不确定的环境中工作</td></tr>
<tr><td rowspan="4">四种决策风格</td><td>指导型</td><td>A+C</td><td>喜欢关注事实，迅速完成工作，同时也是行动取向的；关注近期效果；喜欢使用权力，喜欢有控制感；独裁的领导风格</td></tr>
<tr><td>分析型</td><td>A+D</td><td>喜欢对情境进行分析，倾向于过度分析事物，使用更多的时间进行决策，对新的、不确定的情境的反应比较好；独裁的领导风格</td></tr>
<tr><td>概念型</td><td>B+D</td><td>为了收集更多的信息而与尽可能多的人讨论，然后根据直觉进行决策；喜欢冒险，擅长使用创新的方法解决问题，有时候会陷入空想和犹豫不决中</td></tr>
<tr><td>行为型</td><td>B+C</td><td>可以与他人进行很好的合作，喜欢公开交换意见的环境；乐于接受建议并提供支持和帮助，倾向于避免冲突，不喜欢困难的决策</td></tr>
</table>

经典题解

【例题·单选题】决策风格常常被分为指导型、分析型、概念型、行为型，其中具有分析型决策风格的决策者的特征是（ ）。（2019年）

A. 较低的模糊耐受性水平、倾向于关注人

B. 较高的模糊耐受性水平、倾向于关注人

C. 较高的模糊耐受性水平、倾向于关注任务

D. 较低的模糊耐受性水平、倾向于关注任务

【解析】分析型决策者具有较高的模糊耐受性以及很强的任务和技术取向。

【答案】C

第三章 组织设计与组织文化

第一节 组织设计

本节视频详解

使用"会计云课堂"App/微信扫码听课

考点1 组织设计概述★

组织设计	定义	对企业的组织结构及其运行方式所进行的设计
	形式	静态设计（古典），只关注组织结构的设计
		动态设计（现代），同时关注组织结构设计和运行制度设计
组织结构	定义	实现企业目标，全体员工进行分工协作，在职务范围、责任、权利方面所形成的结构体系
	本质	企业员工的分工协作关系
	目的	实现组织的目标
	内涵	企业员工在职、权、责三方面的结构体系

考点2 组织结构体系的主要内容★★

主要内容	职能结构	达到企业目标所需完成的各项业务工作及其比例和关系
	层次结构	各管理层次的构成，又称组织的纵向结构
	部门结构	各管理部门的构成，又称组织的横向结构
	职权结构	各管理层次、部门在权利和责任方面的分工和相互关系
组织结构三个要素	（1）复杂性，指任务分工的层次、细致程度 （2）规范性，指使用规则和标准处理方式规范工作行为的程度 （3）集权度，指决策权的集中程度	

考点3　组织结构设计的主要参数★

特征因素	管理层次和管理幅度	管理层次也称组织层次（纵向复杂程度），是指从组织最高一级到最低一级的各个组织等级 管理幅度也称管理跨度，是指一名领导者直接领导的下级人员的数量，反映上级领导直接控制和协调的业务活动量的多少 管理幅度起主导作用，管理幅度决定管理层次，管理层次对管理幅度也存在一定的制约作用，两者存在负相关的数量关系
	专业化程度	组织各职能工作分工的精细程度
	地区分布	地区分布越广，管理的复杂程度就越高
	分工形式	组织各部门的横向分工所采取的形式
	关键职能	在组织的组织结构中处于中心地位、具有较大职责和权限的职能部门
	集权程度	经营决策和管理权大部分集中于高层管理者手中，集权程度高；反之，集权程度低
	规范化程度	员工以同种方式完成相似工作的程度
	制度化程度	组织中采用书面文件的数量可以反映其制度化的程度
	职业化程度	企业员工为了掌握其本职工作，需要接受正规教育和培训的程度
	人员结构	各部门人员、各职能人员在组织职工总数中的比例情况
权变因素	组织环境、组织战略、组织技术、人员素质、组织规模、组织生命周期等	

经典题解

【例题·单选题】关于组织结构特征因素之中的管理层次的说法，错误的是（　）。（2020年）

A. 管理层次也称组织层次

B. 管理层次的多少表明了组织结构的纵向复杂程度

C. 管理层次是指从组织最高到最低级管理组织的各个组织等级

D. 管理层次决定了组织的管理幅度，起主导作用

【解析】管理层次也称组织层次，它是描述组织纵向结构特征的一个概念。管理层次是指从组织最高一级管理组织到最低一级管理组织的各个组织等级。每个组织等级就是一个管理层次。一个组织的管理层次的多少，表明其组织结构的纵向复杂程度。管理幅度与管理层次是相互制约的，其中管理幅度起主导作用，选项D的说法错误。

【答案】D

考点4　组织设计程序★

第一步	确定组织设计的基本方针和原则	——
第二步	进行职能分析和职能设计	这是组织设计过程的首要工作
第三步	设计组织结构的框架	这是组织设计的主体工作
第四步	联系方式的设计	这是企业中纵向管理层次之间、横向管理部门之间的协调方式和控制手段

续表

第五步	管理规范的设计	——
第六步	人员配备和培训体系的设计	——
第七步	各类运行制度的设计	——
第八步	反馈和修正	——

考点5 行政层级式、职能制、矩阵组织形式及其他组织形式★★★

行政层级式（马克斯·韦伯）	主要特点	保证高度集权、强调等级管理能够顺利执行，所制定的规章和程序无须频繁改动
	适用范围	复杂/静态环境中最为有效
职能制（法约尔模型）	主要特点	职能分工；直线—参谋制；管理权力高度集中
	优点	（1）有明确的任务和确定的责任，从事类似工作的员工相互影响和支持的机会多 （2）消除设备及劳动力的重复，资源充分利用 （3）专业分工，提高工作效率 （4）组织有较高稳定性 （5）管理权力高度集中，便于控制
	缺点	（1）职能观念狭隘 （2）横向协调性差 （3）适应性差 （4）企业领导负担重 （5）不利于培养具有全面素质、能够经营整个企业的管理人才
	适用范围	在简单/静态环境中效果较好。适合中小型、产品品种单一、生产技术发展变化较慢、外部环境比较稳定的企业
矩阵组织形式	主要特点	（1）一名员工有两位领导 （2）组织内部有两个层次的协调 （3）产品部门所形成的横向联系灵活多样
	优点	（1）有利于加强各职能部门之间的协作配合 （2）有利于顺利完成规划项目，提高企业的适应性 （3）有利于减轻高层管理人员的负担 （4）有利于职能部门与产品部门相互制约，保证企业整体目标的实现
	缺点	（1）组织的稳定性较差 （2）双重领导容易产生责任不清、多头指挥的混乱现象 （3）机构相对臃肿，用人较多
	适用范围	在复杂/动态环境中较为有效。适合于因技术发展迅速和产品品种较多而具有创新性强、管理复杂的特点的企业

续表

事业部制	主要特点	把企业的生产经营活动，按产品或地区分别建立经营事业部，实行集中决策指导下的分散经营（相对的独立经营）。单独核算、自负盈亏，并设有相应的职能部门
	优点	（1）有利于总公司的高层管理者摆脱具体管理事务，集中精力进行战略决策和长远规划 （2）增强企业的活力 （3）有利于把联合化和专业化结合起来，提高生产效率
	缺点	（1）容易使各事业部只顾自身的利益，削弱整个公司的协调一致性 （2）公司和各个事业部的职能机构重复，会增加费用和管理成本
	适用范围	产品种类多且产品之间工艺差别大，市场分布范围广且市场情况变化快、适应性强的大型联合企业或公司
团队结构	主要特点	打破部门界限并把决策权下放到工作团队成员手中
虚拟组织	主要特点	虚拟组织也被称为哑铃型组织，即两头（营销、研发与技术设计）大，中间（生产制造）小，如戴尔无自己的工厂
无边界组织	主要特点	组织扁平化，减少指挥链，对管理幅度不加限制，减少或取消各种职能部门，代之以授权的团队

经典题解

【例题·单选题】 关于职能制组织形式的缺点的说法，错误的是（　　）。（2020年）

A. 横向协调差

B. 职能观念狭隘

C. 企业领导负担重

D. 不利于强化专业管理

【解析】 职能制的缺点：职能观念狭隘。横向协调差。适应性差。企业领导负担重。不利于培养具有全面素质、能够经营整个企业的管理人才。

【答案】 D

【例题·单选题】 在复杂/静态环境中，最有效的组织设计形式是（　　）。（2019年）

A. 矩阵组织形式　B. 无边界组织形式

C. 行政层级式　　D. 职能制

【解析】 行政层级组织形式在复杂/静态环境中最为有效。

【答案】 C

第二节　组织文化

本节视频详解

使用"会计云课堂"App/微信扫码听课

考点1　组织文化的概念、影响因素、作用★

概念	组织文化是指控制组织内行为、工作态度、价值观以及关系设定的规范。组织文化是组织成员的共同价值观体系，使得组织独具特色，区别于其他组织

续表

影响因素	(1) 最高管理者的行为方式和管理风格 (2) 工作群体的特征，管理者和基层主管的领导模式、组织特征和管理过程等因素 (3) 外部环境
作用	(1) 导向作用 (2) 规范作用 (3) 凝聚作用 (4) 激励作用 (5) 创新作用 (6) 辐射作用

考点 2　组织文化的内容、结构及关系★★

内容	创新与冒险、注重细节、结果导向、人际导向、团队导向、进取心、稳定性	
结构	物质层（表层）	企业的名称、产品的外观及包装、建筑风格、纪念物等外显标识，往往能折射出组织的经营思想、工作作风和审美意识
	制度层（中间层、里层）	对组织成员和组织行为产生规范性、约束性影响的部分，集中体现在组织中的各种行动准则或规章制度
	精神层（深层）	组织的领导和员工共同信守的基本信念、价值标准、职业道德及精神风貌，它是组织文化的核心和灵魂，是组织是否形成了自身组织文化的主要标志和标准
关系	(1) 物质层、制度层和精神层这三者是紧密相连的 (2) 物质层是组织文化的外在表现，是制度层和精神层的物质基础 (3) 制度层则制约和规范着物质层及精神层的建设 (4) 精神层是形成物质层及制度层的思想基础	

经典题解

【例题·多选题】关于组织文化制度层的说法，正确的有（　　）。(2020 年)

A. 它也称组织文化的外层

B. 它制约和规范着物质层和精神层的建设

C. 它是组织文化的核心和灵魂

D. 它是组织文化的中间层

E. 它集中体现在组织中的各种行动准则或规章制度

【解析】物质层是组织文化的表层部分，选项 A 错误。精神层是形成物质层及制度层的思想基础，也是组织文化的核心和灵魂，选项 C 错误。

【答案】BDE

考点 3 组织文化的类型★★

美国学者桑南菲尔德提出了一种分类方法，可以帮助我们认识组织文化之间的差异，了解个体与组织文化匹配的重要性。他把组织文化分为以下四种类型：

组织类型	主要特点	具体内容
学院型	注重培养专长	喜欢雇用年轻的大学毕业生，在特定的职能领域内从事各种专业化工作
俱乐部型	非常重视适应、忠诚感和承诺	资历是关键因素，把管理人员培养成通才
棒球队型	鼓励冒险和革新	薪酬制度以员工绩效水平为依据，对工作出色的员工予以巨额奖酬和较大的自由度，员工一般都会拼命工作。如会计、法律、投资银行、咨询公司、广告机构、软件开发、生物研究领域企业等
堡垒型	着眼于公司的生存	以前多数是学院型、俱乐部型或棒球队型的组织，但在困难时期衰落了，现在在尽力保证组织的生存。工作安全保障不足，对喜欢流动性、挑战性的人有一定吸引力

经典题解

【例题·单选题】 组织非常重视适应、忠诚感和承诺，该组织的组织文化类型属于（　　）。（2020年）

A. 棒球队型组织

B. 学院型组织

C. 堡垒型组织

D. 俱乐部型组织

【解析】 俱乐部型组织非常重视适应、忠诚感和承诺。

【答案】 D

考点 4 组织文化与组织设计★

组织设计影响组织文化的形成。在强调等级制的组织结构设计下，很难形成崇尚公平、自由参与的组织文化。在进行组织设计时应考虑企业想要形成什么样的文化宗旨，具体表现为：

组织的制度化	组织的制度化程度越高，组织文化就越倾向于严谨。企业想要鼓励创新、开放的组织文化，就需要降低组织的制度化程度
组织的规范化	高度的规范化可能不利于形成多样化、革新性的组织文化
组织的管理层次	管理层次多、结构复杂的组织，不利于培养员工自主性和参与决策的主动性。管理层次较少、组织结构趋于扁平的组织，有利于上下级之间的沟通，表现出灵活、开放的特点，从而鼓励员工进行独立决策
集权程度	集权程度越高，越不利于在组织中形成民主、参与、开放、自主的文化，而集权程度低的组织有利于培养平等、合作、参与的文化
招聘制度	多样化程度高、以外部招聘为主的组织重视灵活性和创新的价值

续表

绩效评估体系	强调合作的文化与强调严格的等级差异的绩效评估体系是很难并存的，如果企业拥有一种合作的组织文化，那么强调个人绩效的评估体系显然是不合时宜的
薪酬制度	不同级别间薪酬差别很大的薪酬体系适合于强调等级的组织文化，而不适合崇尚平等的文化，一个想培养合作氛围的组织不应该过分强调薪酬的功能性意义

第三节　组织变革与发展

本节视频详解
使用"会计云课堂"App/微信扫码听课

考点 1　组织变革的方法和程序★

方法	（1）以**人员**为中心的变革，是**最根本**和**最重要**的变革，也就是提高人的知识和技能，以便达到提高组织效率的目的 （2）以**结构**为中心的变革，是组织内部结构的不断分化和统合。包括重新划分和合并部门，调整管理层次和管理幅度，任免负责人，明确责任和权利等 （3）以**技术**为中心的变革，是通过对组织工作流程的再设计，对完成组织目标所采取的方法，以及组织管理体系的建立，达到组织变革的目的 （4）以**系统**为中心的变革，是以系统的观点来考虑整个组织的变革，考虑组织系统与外部环境之间的平衡
程序	①确定问题；②组织诊断；③实行变革；④变革效果评估

考点 2　组织发展概述★

含义	有计划变革及干预措施的总和，它寻求的是增进组织的有效性和员工的幸福感
概念	注重的是人性与民主因素，至于权利、控制、冲突、压力等观念，则被相对排斥在外
目的	重视人员和组织的成长、合作与参与过程，以及质询精神
所蕴含的观念与针对的目标	对人的尊重；信任和支持；权力平等；正视问题；鼓励参与

经典题解

【例题·单选题】关于组织发展的说法，错误的是（　　）。（2020 年）

A. 组织发展的目的在于重视人员与组织的成长、合作等

B. 组织发展寻求的是增进组织的有效性和员工的幸福感

C. 组织发展尤其强调等级权威和控制

D. 组织发展是有计划变革及干预措施的总和

【解析】组织发展的目的在于重视人员和组织的成长、合作与参与过程以及质询精神，选项 A 正确。组织发展是有计划变革及干预措施的总和，它寻求的是增进组织的有效性和员

工的幸福感，选项BD正确。组织发展的概念注重的是人性与民主因素，至于权利控制、冲突、压力等观念，则被相对排斥在外。

【答案】C

考点3　传统的组织发展方法的两种类型★★

结构技术	影响工作内容和员工关系的技术，如可以合并职能部门、减少垂直分化度，简化规章，扩大员工的工作自主性；也可以对工作进行再设计，使工作变得更具挑战性、趣味性等
人文技术	是改变组织成员的态度和行为的技术，主要包括敏感性训练、调查反馈、质量圈、团际发展 (1) 敏感性训练：又称实验室训练、T团体训练、交友团体训练等，是指通过无结构小组的交互作用方式来改善行为的方法，团体注重的是相互作用的过程而非讨论的结果。通过成功的敏感性训练可以使成员的自我知觉更为现实，群体凝聚力更强，功能失调的人际冲突减少，达到个人和组织更为一体化的目的 (2) 调查反馈：专门的调查工具，用于评估组织成员的态度 (3) 质量圈：员工参与计划的一种形式 (4) 团际发展：化解和改变工作团体之间的态度、成见和观念，以改善团体间的相互关系

经典题解

【例题·多选题】组织发展方法中的结构技术包括（　　）。(2020年)

A. 质量圈

B. 团际发展

C. 合并职能部门

D. 简化规章

E. 对工作进行再设计

【解析】结构技术是通过有计划地改革组织的结构，改变其复杂性、规范性和集权度的技术，是影响工作内容和员工关系的技术。例如，可以合并职能部门，减少垂直分化度，简化规章，扩大员工的工作自主性；也可以对工作进行再设计，使工作变得更具挑战性、趣味性等。

【答案】CDE

【例题·单选题】在组织发展方法中，关于敏感性训练的说法，错误的是（　　）。(2018年)

A. 在敏感性训练中团队更为注重讨论的结果，而不是相互作用的过程

B. 它有助于减少人际冲突

C. 它是一种人文技术

D. 它有助于增强群体凝聚力

【解析】敏感性训练中，团队注重相互作用的过程，而不是讨论的结果。

【答案】A

考点4　典型的现代组织发展的两种方法★

全面质量管理	内容	是一个在长期经营中不断改进质量的过程。变革必须根植于企业最根本的部分，即组织文化
	实施条件	(1) 文化的改变必须在实行全面质量管理之前，或与之同时进行 (2) 组织的文化必须支持全面质量管理 (3) 挑选需要具有高度责任感的员工 (4) 需要最高管理层的支持 (5) 从上向下推行，并持续从下向上付诸实施

续表

团队建设	概念	组织是一群人集合在一起为了共同的目标而协同工作，它的绩效取决于所有人的努力与合作，因此，团队建设是很重要的。好团队的特征：规模小，能力互补，有共同的意愿、目标和工作方法，情愿共同承担责任
	结论	团队建设可以针对工作，也可以针对员工的业余生活，双管齐下效果更好

名师加油站

种下一棵树最好的时间有两个，一个是十年以前，另一个就是现在。打开书本吧，迈下坚实的第一步。

习题轻松过

扫一扫 “码”上做题、看解析

本书同步强化练习题均配备二维码，使用“会计云课堂”App扫码，即可在线做题、看解析。

【“会计云课堂”App下载二维码见封底】

本篇同步强化练习题

一、单项选择题

1. 传统观点总把金钱看成最好的激励手段，但在很多企业中，增加同样的奖金并没有起到同等的激励作用，这说明（　　）。
   A. 组织可以忽略员工的低层次需要
   B. 组织用来满足员工低层次需要的投入效益是递减的
   C. 组织应当为员工提供较低的福利待遇
   D. 组织必须考虑所有员工的自我实现需要

2. 公平理论认为，员工会将自己的产出与投入比与别人的产出与投入比进行比较。这里的“产出”是指（　　）。
   A. 工作经验
   B. 工作报酬
   C. 工作绩效
   D. 工作承诺

3. 外源性动机强的员工看重的是（　　）。
   A. 工作的挑战性
   B. 工作带来的社会地位
   C. 工作带来的成就感
   D. 对组织的贡献

4. “如果较高层次的需要不能得到满足的话，对低层次需要的欲望就会加强”，这一说法代表的观点属于（　　）。
   A. 马斯洛的需要层次理论
   B. 赫茨伯格的双因素理论
   C. 奥尔德弗的“挫折—退化”观点
   D. 麦克利兰的三重需要理论

5. 根据双因素理论，真正导致员工满意，有效充分地激励员工的是（　　）。
A. 激励因素缺乏
B. 保健因素缺乏
C. 激励因素充足
D. 保健因素充足

6. 绩效薪金制通过报酬与绩效的挂钩强化了对员工的激励，这种做法与（　　）的原理最为吻合。
A. 领导—成员交换理论
B. 双因素理论
C. 期望理论
D. ERG理论

7. 员工对一旦完成任务就可以获得报酬的信念称为（　　）。
A. 效价
B. 期望
C. 工具性
D. 动机

8. 根据罗伯特·豪斯的路径—目标理论，让员工明确他人对自己的期望、成功绩效的标准和工作程序的领导行为称为（　　）。
A. 支持型领导
B. 参与式领导
C. 指导式领导
D. 成就取向式领导

9. 不属于魅力型领导者特征的是（　　）。
A. 自信并且信任员工
B. 有理想化的愿景
C. 承诺为努力提供奖励
D. 对下属有高度的期望

10. 根据管理方格图，“乡村俱乐部”领导风格的特点是（　　）。
A. 管理者既不关心任务，也不关心人
B. 管理者既关心任务，也关心人
C. 管理者极端关注人
D. 管理者极端关注任务

11. 根据保罗·赫塞的领导者生命周期理论，一个人的知识和技能水平是指（　　）。
A. 心理成熟度
B. 能力成熟度
C. 技能成熟度
D. 工作成熟度

12. 关于领导风格的密歇根模式的说法，正确的是（　　）。
A. 密歇根模式支持员工取向的领导作风
B. 密歇根模式和俄亥俄模式不能相互印证
C. 密歇根模式所罗列的两个维度在性质上与俄亥俄模式不同
D. 密歇根模式是管理方格图理论的进一步发展

13. 决策者具有较高的模糊耐受性以及很强的任务和技术取向，属于（　　）。
A. 指导型
B. 分析型
C. 概念型
D. 行为型

14. 西蒙把决策过程分为（　　）。
A. 智力活动、设计活动、选择活动
B. 确认阶段、发展阶段、选择阶段
C. 知觉活动、逻辑推理、选择活动
D. 探索活动、发展阶段、选择阶段

15. 组织设计是指对组织结构及其（　　）所进行的设计。
A. 战略目标
B. 运行方式
C. 岗位职责
D. 分布规模

16. 不属于职能制组织形式缺点的是（　　）。

A. 狭隘的职能观念
B. 横向协调性差
C. 领导负担过重
D. 设备与劳动力重复过多

17. 会计、法律、软件开发这些组织的文化类型属于（ ）。
A. 俱乐部型 B. 棒球队型
C. 学院型 D. 堡垒型

18. 关于管理层次与管理幅度之间关系的说法，错误的是（ ）。
A. 两者存在反比例关系
B. 同样规模的企业，减少管理幅度，管理层次就会增加
C. 两者都是组织结构的主要特征因素
D. 两者相互制约，其中管理层次起主导作用

19. 不属于事业部制组织形式优点的是（ ）。
A. 它有利于把联合化和专业化的优点结合起来，提高生产效率
B. 它有利于高层管理者集中精力进行战略决策和长远规划
C. 它有利于增强企业活力
D. 它有利于减少管理成本和费用

20. 关于矩阵组织形式优点的说法，错误的是（ ）。
A. 它有利于职能部门与产品部门相互制约，保证企业整体目标的实现
B. 它有利于提高组织的稳定性
C. 它有利于加强各职能部门之间的协作配合
D. 它有利于提高企业的适应性

二、多项选择题

1. 激励的类型是指对不同激励方式的分类，从激励内容的角度激励包括（ ）。
A. 物质激励
B. 精神激励
C. 正向激励
D. 负向激励
E. 现金激励

2. 在公平理论中，员工进行公平比较时既可能是纵向的比较又可能是横向的比较，属于纵向比较的有（ ）。
A. 员工在同一组织中把自己现在的工作和待遇与过去的相比较
B. 员工将自己在不同组织中的工作和待遇进行比较
C. 员工将自己的工作和报酬与本组织中的其他人进行比较
D. 员工将自己的工作和报酬与其他组织的员工进行比较
E. 员工将自己的工作和报酬与其他组织的同职位员工进行比较

3. 目标管理的四要素包括（ ）。
A. 目标具体化
B. 参与决策
C. 限期完成
D. 细节管理
E. 绩效反馈

4. 绩效薪金制指将绩效与报酬相结合的激励措施，通常采用的方式有（ ）。
A. 学历工资
B. 计件工资
C. 工作奖金
D. 利润分成
E. 按利分红

5. 领导的特点有（ ）。
A. 影响力
B. 指导能力
C. 激励能力
D. 感染力
E. 宣传力

6. 关于有限理性模型内容的说法，正确的有（　　）。
A. 决策者可以知道所有的可能方案
B. 决策者可以通过计算选出最佳的方案
C. 决策者的目标是找到令人满意的结果
D. 存在完整和一致的偏好系统
E. 决策者认知的是真实世界的简化模型

7. 如果企业想要构建一个自由、平等、开放、创新的组织文化，可以采用的组织设计手段包括（　　）。
A. 提升组织制度化和规范化的程度
B. 减少管理层次，形成趋于扁平的组织
C. 以外部招聘为主，提高员工的多样化程度
D. 建立强调等级差异的绩效评估体系
E. 建立不同职位等级间薪酬差异很大的薪酬制度

8. 关于组织设计的说法，正确的有（　　）。
A. 组织设计在形式上分为静态设计和动态设计
B. 静态设计只对组织结构进行设计
C. 动态设计只对组织运行制度进行设计
D. 现代的组织设计理论同时关注组织结构设计和运行制度设计
E. 组织设计影响组织文化的形成

9. 关于组织设计与组织文化之间关系的说法，正确的有（　　）。
A. 组织的制度化程度越高，组织文化就越倾向于严谨
B. 强调等级制度的组织设计，很难形成公平、自由参与的组织文化
C. 高度的规范化有利于形成鼓励多样化、革新的组织文化
D. 级别差别很大的薪酬制度适合于强调等级的组织文化，不适合崇尚平等的组织文化
E. 管理层次多、结构复杂的组织，有利于鼓励员工独立决策

10. 一个好的团队具有的特征包括（　　）。
A. 规模小
B. 能力互补
C. 有共同的意愿、目标和工作方法
D. 情愿共同承担责任
E. 每个人能力都特别出色

本篇同步强化练习题参考答案及解析

“扫码看解析”

使用微信或“会计云课堂”App扫码，即可在线对答案、看解析，错题随手收藏，及时复习巩固。

一、单项选择题

1. 【答案】B
【解析】组织用来满足低层次需要的投入效益是递减的。当员工低层次的需要得到一定程度的满足后，公司仍以原来的方式来激励员工，效果会很微弱，选项B正确。

2. 【答案】B
【解析】投入包括员工认为他们带给或贡献给工作的所有丰富多样的成分，产出是他们觉察到从工作或雇主那里获得的报酬，包括直接的工资和奖金、额外福利、工作安全等，选项B正确。

3. 【答案】B
【解析】外源性动机员工更看重工作所带来的报偿，诸如工资、奖金、表扬和社会地位等，选项 B 正确。

4. 【答案】C
【解析】奥尔德弗提出了“挫折—退化”的观点，认为如果较高层次的需要不能得到满足的话，对满足低层次需要的欲望就会加强，选项 C 正确。

5. 【答案】C
【解析】激励因素相当于需要层次理论中的高层次需要，这类需要的满足才能真正带来员工的满意，有效、充分地激励员工，选项 C 正确。

6. 【答案】C
【解析】绩效薪金制同期望理论关系比较密切。期望理论认为，如果要使激励作用达到最大化，就应该让员工相信绩效和报酬之间存在紧密的联系，而绩效薪金制就可以使员工的报酬与其绩效直接挂钩，选项 C 正确。

7. 【答案】C
【解析】弗罗姆的期望理论认为：效价是指个体对所获报酬的偏好程度。期望是指员工对努力工作能够完成任务的信念强度。工具性是指员工对一旦完成任务就可以获得报酬的信念，选项 C 正确。

8. 【答案】C
【解析】指导式领导指让员工明确别人对他的期望、成功绩效的标准和工作程序，适合外控型下属，选项 C 正确。

9. 【答案】C
【解析】魅力型的领导具有自信并且信任下属，对下属有高度的期望，有理想化的愿景和个性化风格等特征。

10. 【答案】C
【解析】管理方格图横坐标是“关心任务”，纵坐标是“关心人”。(1，9) 是对人极端关注的“乡村俱乐部”领导风格，选项 C 正确。

11. 【答案】D
【解析】成熟度是指个体对自己的行为负责任的能力与意愿，包括工作成熟度和心理成熟度。工作成熟度是指一个人的知识和技能水平，选项 D 正确。

12. 【答案】A
【解析】研究发现，员工取向的领导风格与团体高绩效和员工高度满足感相关，生产取向的领导风格则和团体低绩效、员工低满足感相关。因此密歇根模式支持员工取向的领导作风，选项 A 正确。与俄亥俄模式相比较，密歇根模式在维度的数量和性质上与其极为相似，这两种模式理论虽然在以生产工作为取向维度的结论上看法相悖，但因其具有极强的相似性，所以极具对比研究的意义，选项 BC 错误。密歇根模式不是管理方格图理论的进一步发展，选项 D 错误。

13. 【答案】B
【解析】四种决策风格：
(1) 指导型—决策者具有较低的模糊耐受性水平，倾向于关注任务和技术本身。
(2) 分析型—决策者具有较高的模糊耐受性及很强的任务和技术取向，选项 B 正确。
(3) 概念型—决策者具有较高的模糊耐受性，倾向于对人和社会的关注。
(4) 行为型—决策者具有较低的模糊耐受性，倾向于对人和社会的关注。

14. 【答案】A
【解析】西蒙的决策过程：智力活动阶

段—设计活动阶段—选择活动阶段，选项A正确。明茨伯格的决策过程：确认阶段—发展阶段—选择阶段。

15.【答案】B
【解析】组织设计是对企业的组织结构及其运行方式所进行的设计，包括组织结构设计和保证组织正常运行的各项管理制度和方法设计，选项B正确。

16.【答案】D
【解析】职能制的缺点：职能观念狭隘；横向协调差；适应性差；企业领导负担重；不利于培养具有全面素质、能够经营整个企业的管理人才。

17.【答案】B
【解析】棒球队型组织的例子有会计、法律、投资银行、咨询公司、广告机构、软件开发和生物研究领域等，选项B正确。

18.【答案】D
【解析】管理幅度与管理层次是相互制约的，其中管理幅度起主导作用，选项D的说法错误。

19.【答案】D
【解析】事业部制的优点：集中战略决策和长远规划；增强企业活力；有利于联合化与专业化结合，提高生产效率。事业部制的缺点：削弱整个公司的协调一致性；公司和各个事业部的职能机构重复，会增加费用和管理成本，选项D的说法错误。

20.【答案】B
【解析】矩阵组织形式的缺点：组织的稳定性较差；双重领导容易产生责任不清、多头指挥的混乱现象；机构相对臃肿，用人较多，选项B的说法错误。

二、多项选择题

1.【答案】AB
【解析】从激励内容的角度可以将激励分为物质激励和精神激励，选项AB正确。从激励作用的角度可以将激励分为正向激励和负向激励。从激励对象的角度可以将激励分为他人激励和自我激励。

2.【答案】AB
【解析】选项AB是纵向比较，包括组织内与自我比较和组织外与自我比较。选项CDE是横向比较，包括组织内与他人比较和组织外与他人比较。

3.【答案】ABCE
【解析】目标管理有四个要素：目标具体化（明确具体可量化）、参与决策（群体共同制定）、限期完成和绩效反馈，选项ABCE正确。

4.【答案】BCDE
【解析】绩效薪金制通常采用的方式有计件工资、工作奖金、利润分成和按利分红等，选项BCDE正确。

5.【答案】ABC
【解析】领导有两个基本的特点：首先必须具有影响力，还必须具有指导和激励的能力，选项ABC正确。

6.【答案】CE
【解析】选项ABD都属于理性模型中的决策者所具备的特征，而选项CE是有限理性模型的内容。

7.【答案】BC
【解析】如果企业想鼓励创新、开放的组织文化，就需要降低组织的制度化程度和规范化程度，选项A错误。企业希望有一种冒险、创新的组织文化，则绩效评估体系应将重点放在评价创新的努力上，而不应该建立强调等级差异的绩效评估体系，选项 D 错误。不同级别间薪酬差别很大的薪酬体系适合于强调等级的组织文化，不适合崇尚平等的文化，选项 E 错误。

8. 【答案】ABDE

【解析】组织设计在形式上分为静态设计（关注对组织结构进行的设计）和动态设计（关注组织结构和运行制度进行的设计），选项 C 错误，选项 ABD 正确。组织设计影响组织文化的形成，选项 E 正确。

9. 【答案】ABD

【解析】与制度化相同，高度的规范化可能不利于形成鼓励多样化、革新的组织文化，选项 C 错误。管理层次多、结构复杂的组织，不利于培养员工自主性和参与决策的主动性，选项 E 错误。

10. 【答案】ABCD

【解析】一个好的团队具有四个方面的特征：规模小，能力互补，有共同的意愿、目标和工作方法，情愿共同承担责任，选项 ABCD 正确。

第二篇　人力资源管理

与 2020 年教材相比，本篇内容无实质性变化。

年份	单项选择题	多项选择题	案例分析题	合计
2018	28 题/28 分	11 题/22 分	4 题/8 分	43 题/58 分
2019	26 题/26 分	7 题/14 分	4 题/8 分	37 题/48 分
2020	23 题/23 分	7 题/14 分	12 题/24 分	42 题/61 分

说明：表中数据由参加当年考试的考生提供，数据较为完整。

基础轻松过

人力资源管理是指企业的一系列人力资源政策以及相应的管理工作，本篇把人力资源管理分为六大模块：人力资源规划、人员甄选、绩效管理、薪酬管理、培训与开发、劳动关系。诠释人力资源管理六大模块核心思想所在，帮助企业掌握员工管理及人力资源管理的本质。

人力资源规划是指组织根据自身战略的需要，采用科学的手段来预测组织未来可能会遇到的人力资源需求和供给状况，进而制订必要的人力资源获取、利用、保留和开发计划，满足组织对于人力资源数量和质量的需求，从而不仅帮助组织实现战略目标，而且确保组织在人力资源的使用方面达到合理和高效。

考点轻松过

第四章　战略性人力资源管理

第一节　战略性人力资源管理及其实施过程

本节视频详解
使用"会计云课堂"App/微信扫码听课

考点 1　战略性人力资源管理的概念及其内涵★

核心概念	战略匹配或战略契合 人力资源管理活动必须具有两个方面的一致性：外部契合（垂直一致性），内部契合（水平一致性）

续表

内涵	(1) 人力资源是一个组织的重要战略资产，甚至是获取竞争优势的首要资源 (2) 如果能够按照组织战略的要求，对人力资源进行合理的分析、配置、开发和激励，则人力资源管理活动将会对组织绩效以及战略的实现产生积极的、重要的作用 (3) 人力资源管理的职能在改善员工的技能以及组织盈利性方面扮演着至关重要的角色 (4) 战略性人力资源管理这一概念所要强调的核心理念就是人力资源管理必须能够帮助组织实现战略，赢得竞争优势
人力资源管理必须贯彻的思想	(1) 根据以利润为导向的观点，来分析和解决各种人力资源问题 (2) 对人力资源管理问题的成本和收益进行分析、评价及解释 (3) 提供人力资源管理方面的建议性对策报告 (4) 为人力资源管理职能人员提供培训，强调人力资源管理的战略重要性及对组织目标实现所做的重要贡献

考点 2 战略的三个层次★★

组织战略	组织战略又称公司战略、企业战略或组织发展战略，它主要回答"到哪去竞争"的问题，即做出组织应该选择经营何种业务以及进入何种行业或领域的决策。划分为成长战略、稳定战略和收缩战略
竞争战略	竞争战略又称经营战略，它主要回答"如何进行竞争"的问题，即应当如何在已经选定的行业领域中与竞争对手展开有效竞争，确立长期竞争优势。划分为总成本领先战略、差别化战略及市场集中战略
职能战略	主要回答的是"凭借什么来进行竞争"的问题，即如何获取、开发以及使用能打败竞争对手的资源去进行竞争。划分为市场营销战略、人力资源战略、财务管理战略等。人力资源战略或人力资源管理战略就是职能战略的一种

如图所示：

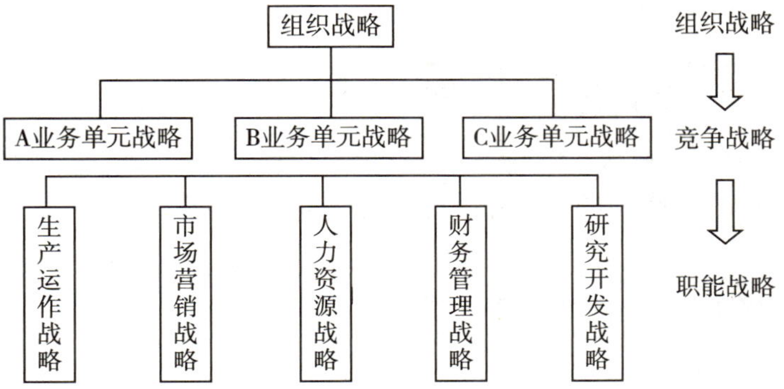

经典题解

【例题·单选题】某公司决定通过提高产品质量和性能来战胜竞争对手、提高市场份额。从战略层次的角度看，这种战略属于（　）。(2020 年)

A. 竞争战略

B. 组织发展战略

C. 职能战略

D. 稳定战略

【解析】竞争战略有时又称为经营战略，它主要回答如何进行竞争的问题。

【答案】A

考点3　战略管理模型与人力资源角色★

战略管理模型	（1）组织的战略管理过程包括战略制定和战略实施两个核心阶段 （2）战略执行阶段并非永远被动处于战略制定阶段之后 （3）战略管理就是一个制定战略、实施战略以及评价战略的完整过程，它的最终目的是通过使组织内部的优势和劣势与外部的机会和威胁相协调和适应，帮助组织赢得竞争优势
人力资源管理在战略中的角色	（1）人力资源管理是组织战略执行最关键的因素 （2）人力资源管理可能会导致组织战略的调整

考点4　战略规划的主要任务★

一个组织的战略制定过程所要完成的任务就是：确定组织的使命、愿景、价值观以及长期目标，然后在对组织所面临的外部机会和威胁以及内部优势和劣势进行分析的基础上，确定组织达成使命和实现长期目标的方式，即做出战略选择，并阐明组织在追求其目标实现的过程中，将如何分配自己的资源。

使命	描述了一个组织存在的理由、目的和意义
愿景	对组织未来发展方向的总体描述
价值观	在履行使命以及达成愿景过程中坚持的基本行为规范和道德伦理

考点5　人力资源管理与战略规划之间的联系★

行政管理联系	人力资源管理的注意力主要集中在日常行政事务性管理活动上，不参与组织战略制定阶段
单向联系	组织自行制定战略后告知人力资源部门配合进行落地实施
双向联系	战略规划和人力资源管理之间形成了有先后顺序的互动联系。组织在整个战略规划过程中都将人力资源问题考虑在内
一体化联系	战略规划与人力资源管理之间的互动是动态和全方位的。建立在战略规划和人力资源管理之间的持续互动基础上，而不是有一定先后顺序的单方向推进过程

考点6　组织战略执行过程中的五大要素★

（1）组织结构。

（2）工作任务设计。

（3）人员的甄选、培训与开发。

（4）报酬系统。

（5）信息系统。

经典题解

【例题·多选题】 组织战略执行过程中的五大要素除了信息系统外，还包括（　　）。（2020年）

A. 组织结构

B. 工作任务设计

C. 员工关系

D. 报酬系统

E. 人员甄选、培训与开发

【解析】 一个组织的战略是否能够得到成功的执行，主要取决于五个要素：组织结构，工作任务设计，人员的甄选、培训与开发，报酬系统，信息系统。

【答案】 ABDE

考点7　战略性人力资源管理的三大工具★★★

战略地图	对组织战略实现过程进行分解的一种图形工具，形象地展示了为确保组织战略得以成功实现而必须完成的各项关键活动及相互之间的驱动关系
人力资源管理计分卡	针对为实现组织战略目标所需完成的一系列人力资源管理活动链而设计的各种财务类和非财务类目标或衡量指标
数字仪表盘	它以桌面图形、表格及计算机图片的形式向领导者和管理者形象地展示在组织战略地图上出现的各项活动目前在组织中进展到了什么阶段以及正在向哪个方向前进，即在人力资源管理计分卡中确定的各项指标上，组织目前进展到了什么程度，从而有助于组织判断当前的工作活动方向是否正确，以及总体进度是否合理

考点8　战略性人力资源管理的主要流程与步骤★

1. 主要流程

制定组织战略
本组织的战略目标是什么

↓

确认对员工队伍的需求
为了确保组织战略目标的实现，人力资源管理部门应当保证组织获得哪些员工胜任素质和行为

↓

制定人力资源战略及相应的政策和措施
哪些人力资源政策与实践能够获得组织需要的员工胜任素质和行为

↓

确定详尽的人力资源计分卡衡量指标
人力资源管理部门衡量自己在战略执行方面的工作成效；通过调查是否获得了组织需要的那些员工胜任素质和行为来回答

2. 步骤

（1）确定组织的战略规划。

（2）描绘组织的价值链。

（3）设计战略地图。

（4）确定战略所要求的各项组织成果。

（5）确定组织需要的员工胜任素质和行为。

（6）明确需要实施的人力资源管理系统、政策以及活动。

（7）制作人力资源计分卡。

（8）通过数字仪表盘进行监控。

第二节　战略性人力资源管理的具体内容

本节视频详解
使用“会计云课堂”App/微信扫码听课

考点 1　人力资源战略的内涵★

所谓人力资源战略，就是人力资源管理部门及其管理者用来帮助组织实现战略目标的行动指南，它是一个组织将其人力资源管理的主要目标、政策以及程序整合为一个整体模式或规划的产物。

考点 2　人力资源组织总体战略的两个层次★★

战略层次	内容
组织的发展战略或组织战略 （成长战略、稳定战略、收缩战略）	解决组织是要扩张、稳定还是收缩的问题
组织的经营战略或竞争战略 （创新战略、成本领先战略、客户中心战略）	解决如何在既定的领域中通过一定的战略选择来战胜竞争对手的问题

经典题解

【例题·单选题】 某企业决定进入新业务领域，急需大量该业务领域的优秀人才，这表明影响其人力资源需求的因素是（　　）。（2018 年）

A. 组织战略

B. 组织结构调整

C. 技术变革

D. 业务流程再造

【解析】 根据企业进入新领域，是要扩张、稳定还是收缩的问题，得出答案为组织战略。

【答案】 A

考点 3　人力资源战略与不同组织战略的匹配★★★

内部成长战略	（1）概念：通过整合和利用组织所拥有的所有资源来强化组织优势的一种战略，它所注重的是自身力量的增强和自我扩张 （2）相应的人力资源战略：招募和甄选压力大；要培训全方位、多类型人才；强调内部晋升；重视绩效考核结果；薪酬与结果联系紧密

续表

外部成长战略	(1) 概念：这种战略往往是组织通过兼并、联合、收购等方式来扩展组织的资源或者强化其市场地位，试图通过纵向一体化、横向一体化或者多元化来实现一体化战略 (2) 相应的人力资源战略：员工重新配置的工作压力大；培训的重点是组织文化整合和价值观的统一；实现绩效管理以及薪酬结构和薪酬水平的规范化、标准化
稳定战略	(1) 概念：是一种强调市场份额或者运营成本的战略。这种战略要求组织在自己已经占领的市场中选择一个自己能够做得最好的部分，然后把它做得更好 (2) 相应的人力资源战略：保持员工稳定性及管理的规范性、一致性和内部公平性；招募需求不大；内部员工获得缓慢晋升；培训关注当前所从事工作的需要；考核重点是员工行为规范、工作能力和态度；薪酬的决策集中度比较高，决策基础是员工所从事的工作本身；福利水平比较高
收缩战略	(1) 概念：通常会被那些由于面临严重的经济困难因而想要缩小一部分经营业务的组织采用，这种战略有时又被称为精简战略 (2) 相应的人力资源战略：主要是剥离人员，提振士气；培训压力比较大；重视绩效考核结果；薪酬减少固定部分占比，增加浮动部分占比，力图实行员工股份所有权计划，鼓励员工与组织共担风险

考点 4 人力资源战略与不同竞争战略的匹配★★★

创新战略	(1) 概念：以产品的创新以及产品生命周期的缩短为导向的一种竞争战略 (2) 相应的人力资源战略：强调客户满意度和个性化需要；不重视职位等级结构，更愿意招聘富有创新精神和敢于承担风险的人；薪酬上强调组织与员工风险共担及成功分享，创新成功者能够得到高额的回报；在职位描述方面会保持相当的灵活性；绩效更关注创新结果，目标导向性很强
成本领先战略	(1) 概念：成本领先战略实际上就是低成本战略，即在产品本身的质量大体相同的情况下，组织以低于竞争对手的价格向客户提供产品的一种竞争战略 (2) 相应的人力资源战略：重视效率；详细和具体地对员工所要从事的工作内容和职责、任务进行描述；培训针对员工当前所从事工作的需要；绩效管理的重点在于员工行为规范和对工作流程的遵守；薪酬水平不高不低；提高浮动部分比例，奖励员工在成本节约方面的成绩
客户中心战略	(1) 概念：是一种以提高客户服务质量、服务效率、服务速度等来赢得竞争优势的战略，所关注的是如何取悦客户 (2) 相应的人力资源战略：客户满意度是主要绩效指标；招募环节重视客户服务能力、动机及经验；培训以服务客户为主；根据向客户提供服务的数量和质量支付薪酬，或按客户的评价结果支付奖金

经典题解

【例题·单选题】 下列人力资源管理活动中，与成本领先战略相匹配的是（　　）。(2020 年)

A. 对职位职责和工作流程规定比较宽松

B. 鼓励员工大胆创新

C. 薪酬水平领先市场水平

D. 重视提高运营效率

【解析】 成本领先战略，实际上就是低成本战略，即在产品本身的质量大体相同的情况下，组织以低于竞争对手的价格向客户提供产品的一种竞争战略。追求成本领先战略的组织都非常重视效率，尤其是对操作水平的要求很高，其目标是用较低的成本去做较多的事情。为了提高生产率，降低成本，这种组织通常会比较详细和具体地对员工所要从事的工作内容和职责、任务进行描述，强调员工在工作岗位上的稳定性。在薪酬水平方面，这类组织会密切关注竞争对手的薪酬状况，以确保本组织的薪酬水平既不低于竞争对手，最好也不要高于竞争对手。

【答案】 D

考点5 人力资源战略与人力资源管理实践选择★

职位分析与职位设计	少量任务←→多种任务 简单任务←→复杂任务 要求少量技能←→要求大量技能 具体的职位描述←→宽泛的职位描述
招募与甄选	外部来源←→内部来源 有限社会化←→全面社会化 评价特定技能←→评价一般技能 狭窄的职业发展通道←→广阔的职业发展通道
培训与开发	集中在当前的工作技能上←→集中在未来的工作技能上 个人导向←→群体导向 培训少数员工←→培训所有员工 随机的、无计划的←→系统的、有计划的
绩效管理	行为标准←→结果标准 开发导向←→管理导向 短期标准←→长期标准 个人绩效←→集体绩效
薪酬结构、奖金与福利	以薪酬和福利为重←→以奖金为重 短期奖励←→长期奖励 强调内部公平←→强调外部公平 奖励个人←→奖励群体
劳资关系与员工关系	集体谈判←→个人谈判 自上而下的决策←→员工参与决策 正规的既定程序←→无正规的既定程序 将员工看成费用支付项目←→将员工看成财富

考点6 高绩效工作系统特征与学习型组织特征★

高绩效工作组织的特征	美国劳工部列出的特征：多技能工作团队、得到授权的一线员工、全面的培训、劳资合作、对质量和客户满意度的承诺

续表

生产率最高的运营方式的特点	(1) 组织能够吸取一线员工的意见和建议 (2) 组织能够采取与自己的人员最匹配的战略，而不仅仅是模仿其他企业
学习型组织的关键特征	(1) 致力于持续学习 (2) 知识共享 (3) 普遍采用批判性和系统性的思维方式 (4) 具有一种学习文化 (5) 重视员工。这种组织能够认识到员工是知识的来源，因此非常关注并确保每一位员工都能得到发展，并且保持身心健康

考点 7　人才的特点及人才管理的主要内容★

人才管理与传统的人力资源管理的一个显著区别在于，它要求组织在人才的获取和保留方面必须具有明显的前瞻性、主动性和灵活性，能够针对外部环境变化做出更为快速的反应。

人才的重要特点	(1) 人才不是抽象的，更不是绝对的 (2) 人才不仅是指组织中最优秀的，已经表现出卓越绩效的少数员工，还包括那些构成员工队伍大多数的、有能力且绩效稳定的员工	
人才管理的主要内容	(1) 构建灵活多样的人才获取途径，实现动态人才匹配	——
	(2) 形成有助于降低风险的新型人才队伍调节机制（零库存模式）	①制造人才和购买人才同步；②小规模、多批次培养人才；③降低人才开发风险，提高人才开发的投资回报率；④通过平衡组织和员工之间利益来保护组织的培训与开发投资（保留更多的员工）
	(3) 建立多元化的员工价值主张，构建新型组织文化	①为不同员工提供为自己工作的理由；②由命令型领导转变为影响型领导；③建立统一、平等且富有同情心的组织文化
	(4) 加强人力资源能力建设，实现战略性人力资源管理	①整合职能，强化对人才的招募和保留的共同作用；②将员工管理流程整合到标准的组织流程中，各级管理者切实承担吸引和留住员工的责任；③提高人力资源管理专业人员的经营意识

经典题解

【例题·单选题】 关于战略性人力资源管理中人才管理的说法，正确的是（　　）。(2020 年)

A. 尽可能一次性的招募大量人才以应对人才竞争

B. 在人才的获取和保留方面要具有前瞻性和灵活性

C. 最优秀，绩效卓越的员工才是人才

D. 组织内部培养的员工才是真正的人才

【解析】 人才管理与传统的人力资源管理的一个显著区别在于，它要求组织在人才的获取和保留方面必须具有明显的前瞻性、主动性和灵活性，能够针对外部环境变化做出更为快速的反应，选项 B 正确。

【答案】 B

第五章　人力资源规划

第一节　人力资源规划及其供求预测

本节视频详解
使用“会计云课堂” App/ 微信扫码听课

考点 1　人力资源规划的概念及其主要内容和基本流程★

广义人力资源规划	（1）人力资源战略规划 （2）人员供求规划 （3）培训开发规划 （4）绩效管理规划 （5）薪酬福利规划 （6）员工关系规划 （7）中高层管理人员的接班或继任规划
狭义人力资源规划	专指组织的人员供求规划或雇用规划 基本步骤： （1）人力资源需求预测 （2）人力资源供给预测 （3）人力资源供求平衡分析 （4）实施人力资源供求平衡计划
人力资源规划的意义和作用	（1）有利于组织战略目标的实现 （2）有利于组织整体人力资源管理系统的稳定性、一致性和有效性 （3）有助于组织对人工成本的合理控制（它能够有效地预测组织在不同时期和阶段的人力资源需求）

考点 2　人力资源需求预测的内容及其影响因素★

预测内容	不考虑组织内部现有人力资源状况，是对组织未来经营所需要的人力资源总体情况做出的分析和评估
影响因素	（1）组织战略 （2）产品和服务 （3）技术 （4）组织变革

考点 3 人力资源需求预测的主要方法★★★

1. 定性的主观判断法

经验判断法	含义	它是最简单的人力资源需求预测方法。中高层管理人员凭借自己的经验和直觉，对组织未来所需人员数量和结构进行估计
	适用	适用于短期预测，以及那些规模较小或经营环境相对稳定、人员流动率不太高的组织
德尔菲法（专家预测法）	优点	（1）吸取和综合了众多专家的意见，避免个人预测的片面性 （2）匿名进行，避免从众行为和在一起开会的麻烦 （3）多轮预测，准确性较高
	原则	（1）专家人数达到 20~30 人 （2）专家的挑选要有代表性 （3）问题的设计要合理，不让专家一次回答过多问题 （4）给专家提供相对充分的资料和信息

2. 定量预测法

在人力资源需求预测方法中，定量方法在准确预测组织未来的人力资源需求方面可能是非常有效的。在相关条件能够得到满足的情况下，它所得到的预测结果比仅仅运用主观判断的方法所得出的预测结果要精确得多。

比率分析法	基于关键的经营或管理指标与组织的人力资源需求量之间的固定比率关系，来预测未来人力资源需求的方法。用比率分析法来预测人力资源需求时，实际上是假定了人均生产率
趋势预测法	一种简单的时间序列分析法，根据一个组织的雇佣水平在最近若干年的总体变化趋势，来预测组织在未来某一时期人力资源需求数量的方法
回归分析法	首先建立人力资源需求量与其影响因素之间的函数关系，然后将这些影响因素的未来估计值代入函数，从而计算出组织未来的人力资源需求量。根据回归方程所涉及的自变量数量，该方法可以划分为一元回归分析法和多元回归分析法。回归分析法也可以划分为线性回归和非线性回归两种类型

经典题解

【例题·单选题】关于人力资源需求预测的方法的说法，正确的是（ ）。（2020年）

A. 在数据比较充分的情况下，定量方法预测比较准确

B. 德尔菲法采用集体讨论的方式，汇集了专家意见

C. 趋势预测法能够在外部环境变化较大的情况下准确地进行预测

D. 经验判断法比较主观，应避免使用该方法

【解析】德尔菲法不采用集体讨论的方式，选项 B 错误。趋势预测法实际上是一种简单的时间序列分析法。它是根据一个组织的雇佣水平在最近若干年的总体变化趋势，来预测组织在未来某一时期人力资源需求数量的方法。如果外部环境变化较大，则不适用于趋势预测法，选项 C 错误。经验判断法

是一种最简单的人力资源需求预测方法，虽然比较主观，但并不应避免使用该方法，而是在适合的时候使用该方法，选项 D 错误。

【答案】A

【例题·多选题】人力资源需求预测的方法包括（　　）。(2019 年)

A. 德尔菲法

B. 人员替换分析法

C. 趋势预测法

D. 经验判断法

E. 比率分析法

【解析】人员替换分析法属于人力资源供给预测的方法。

【答案】ACDE

考点 4　人力资源供给预测的内容及方法★★★

定义	人力资源供给预测就是指一个组织对自己在未来的某一特定时期内能够获得的人力资源数量、质量以及结构等进行的估计。人力资源供给预测可以采取主观判断法和历史统计模型分析法
供给来源	(1) 外部来源，供给来源为学校的毕业生、失业人员、退役军人和其他组织中准备离职换工作的人 (2) 内部来源，需要了解现有人员的技能水平，很重要的一点是建立组织内部的员工技能数据库和管理技能数据库
影响因素	(1) 外部劳动力市场总体供给情况的影响 (2) 未来的国家经济形势、教育发展状况 (3) 所在地区的经济发展水平、人口数量以及劳动力参与率

人力资源供给预测的主要方法：

人员替换分析法	针对具体职位进行人力资源供给预测的方法。针对组织内部的某个或某些特定的职位，确定能够在未来承担该职位工作的合格候选人，强调内部选拔，有利于激励员工士气，降低招聘成本
马尔科夫分析方法	基于多种职位以及人员流动状况进行人力资源供给预测的方法。利用转移矩阵的统计分析程序来进行人力资源供给预测，找出过去人事变动的规律，以此推测未来的人事变动趋势 周期越长，根据过去人员变动所推测的未来人员变动就越准确

经典题解

【例题·单选题】某公司在进行人力资源供给预测时，针对某些关键职位，细致分析了组织内部能够填补该职位空缺的合格候选人，这种预测方法属于（　　）。(2020 年)

A. 马尔科夫分析法

B. 人员替换分析法

C. 趋势预测法

D. 转移矩阵

【解析】人员替换分析法的主要做法是针对组织内部的某个或某些特定的职位，确定能够在未来承担该职位工作的合格候选人。

【答案】B

【例题·多选题】关于人力资源规划的说法，正确的有（　　）。(2020 年)

A. 地区经济发展水平会影响人力资源供给情况

B. 人力资源供给预测主要就是预测企业未来需要的人员数量

C. 人力资源需求预测主要就是对劳动力市场形势进行预测分析

D. 人力资源规划要求进行人力资源需求和供给预测并进行平衡分析

E. 人力资源供给和需求预测可以采用定量和定性的方法

【解析】 人力资源的供给预测就是指一个组织对自己在未来的某一特定时期内能够获得的人力资源数量、质量以及结构等所进行的估计。人力资源需求预测是指预测一个组织在未来一段时期内到底需要多少名员工，以及需要的是哪些类型的员工，选项BC错误。人力资源需求预测，既可以采用定性的主观判断法，又可以使用定量的统计学方法。人力资源供给预测可以采取主观判断法和历史统计模型分析法，选项E错误。

【答案】 AD

第二节　人力资源供求平衡的基本对策与方法

本节视频详解

使用"会计云课堂" App/微信扫码听课

考点1　人力资源供求平衡的基本对策★★★

三种情形	平衡供需的措施
需求大于供给	（1）延长现有员工工作时间（加班） （2）从外部招募人员，返聘退休人员，以及雇用非全日制员工 （3）降低员工的流失率 （4）提高现有员工的工作效率 （5）将非核心业务外包，减少对人力资源的需求
需求小于供给	（1）冻结雇用（自然减员） （2）鼓励提前退休 （3）缩短工作时间、采用工作分享的方式同时降低员工的工资 （4）临时性解雇或永久性裁员 （5）对冗余员工实行培训，为未来发展做储备
结构性失衡（结构不匹配）	（1）加强对现有人员的培训开发 （2）通过到期或终止劳动合同、自然退休等方式减员，同时补充高素质新人，从而调整人员结构 （3）将技能不足的老员工替换到辅助岗位，将重要岗位留给后来招聘的有能力的候选人

经典题解

【例题·单选题】 当组织的人力资源供给小于需求时，正确的供需平衡方法是（　　）。（2013年）

A. 扩大经营规模

B. 延长工作时间

C. 裁员

D. 推行工作分享

【解析】 供给小于需求，说明组织缺少劳动力，可以延长现有员工的工作时间来达到供需平衡。

【答案】 B

【例题·多选题】当组织的内部人力资源供给小于需求时，恰当的平衡方法包括（　）。（2012年）

A. 将组织的某些业务外包

B. 裁员

C. 进行外部招聘，包括返聘退休人员

D. 扩大经营规模，开拓新的增长点

E. 延长工作时间，鼓励员工加班

【解析】供给小于需求，说明组织缺少劳动力，可以采用业务外包、外部招聘、退休返聘、延长工作时间等方式来达到供需平衡。

【答案】ACE

考点2　人力资源供求平衡的方法分析★★★

1. 减少未来出现劳动力过剩的方法

方法	速度	员工受伤害的程度
裁员	快	高
降薪	快	高
降级	快	高
职位调动	快	中等
职位分享	快	中等
冻结雇用	慢	低
自然减员	慢	低
鼓励提前退休	慢	低
进行重新培训	慢	低

2. 避免未来出现劳动力短缺的方法

方法	速度	可撤回程度
加班加点	快	高
雇用临时工	快	高
业务外包	快	高
再培训后换岗	慢	高
降低流动率	慢	中等
从外部雇用新员工	慢	低
技术创新	慢	低

3. 具体方法

<table>
<tr><td rowspan="2">裁员</td><td>原因：
（1）许多企业都在努力降低成本
（2）关闭过时和落后的工厂或者在原有的工厂中引进新的技术等，都会导致企业对人员需求减少
（3）改变了经营地点，如果员工难以随之迁移，则原有员工就会被裁减</td></tr>
<tr><td>问题：
（1）人才流失且破坏了激发员工创造性和灵活性所必需的一些社会网络
（2）放走的一些员工是企业无法替代的重要资产
（3）侥幸留在公司的员工对企业心存戒备，积极性下降
（4）产生负面公众印象，以后招募困难</td></tr>
<tr><td>提前退休</td><td>问题：
（1）年纪大的员工资历较老、薪酬水平较高，工作经验的价值无法弥补高成本，需要低成本新人替代
（2）阻碍雇用年轻员工和晋升年轻员工
（3）企业担心老员工退休，企业无人可用，但经济不景气对缺乏经验和技能的年轻员工影响更大
（4）很多国家的法律不允许强制退休，只能使用奖励或补偿等手段促使员工以自动离职的方式主动退休</td></tr>
<tr><td rowspan="2">雇用临时工或派遣工</td><td>优点：
（1）使企业免除很多管理任务及财务负担
（2）小公司往往通过临时雇用或使用劳务派遣人员的方式来甄选并最终雇用员工
（3）临时员工派遣前经过培训，降低了企业的培训成本
（4）有利于改进组织效率和绩效</td></tr>
<tr><td>关键点：
（1）招用临时工时，应离裁员时间久一点，避免员工反感
（2）与正式员工职责划分，避免正式员工感到受到威胁，使正式员工感到他们是受到重视的
（3）防止企业中形成一种双层社会的局面</td></tr>
<tr><td>外包</td><td>带来的好处：
（1）通过外包可以适当控制和精简企业自身直接雇用的人员数量
（2）把人力资源部门从很多日常事务中解放出来，使他们能够把精力更多地集中在战略层面的问题上</td></tr>
<tr><td>调整薪酬或工作时数</td><td>（1）企业在面对劳动力短缺时，可以让现有的员工每天工作更长的时间
（2）企业在面对劳动力冗余时，让员工接受降薪，或减少全体员工的工作时间来避免裁员
（3）企业在面对经济不景气时，采用非带薪休假或放假的方式来降低人工成本，避免解雇员工</td></tr>
</table>

经典题解

【例题·单选题】关于企业减少劳动力过剩的方法的说法，正确的是（　　）。（2020 年）

A. 鼓励提前退休的方法员工受伤害程度高

B. 冻结雇用的方法见效速度快

C. 自然减员的方法员工受伤害程度低

D. 职位分享的方法见效速度慢

【解析】鼓励提前退休的方法员工伤害程度低，选项 A 错误。冻结雇用的方法见效速度慢，选项 B 错误。职位分享的方法见效速度快，选项 D 错误。

【答案】C

【例题·单选题】为应对劳动力稀缺的情况，企业可以采取的见效速度快的方法是（　　）。(2018 年)

A. 加班加点

B. 技术创新

C. 招聘新员工

D. 降低员工离职率

【解析】避免劳动力短缺，企业可采取速度最快的方法是加班加点。

【答案】A

第六章　人员甄选

第一节　甄选及其有效性

本节视频详解

使用"会计云课堂" App/微信扫码听课

考点 1　甄选的概念及其意义★

含义	通过运用一定的工具和手段对已经招募到的求职者进行鉴别和观察，从而最终挑选出最符合组织需要的、最为恰当的人填补职位空缺的过程
对组织的价值与意义	（1）符合企业需要的优秀员工是确保组织战略目标达成的最根本保障 （2）弥补甄选决策失误的代价可能极高 （3）甄选决策失误可能会对员工本人造成伤害

考点 2　甄选的可靠性与有效性★★★

只有当一种甄选工具可靠和有效的时候，才有可能是合格的。任何一种甄选方法都应当达到一定的信度和效度，其中信度是效度的必要条件（但不是充分条件）。即一项甄选测试的信度如果不好，那么，其效度一定较差。相反，如果一项测试的效度较好，则其信度一定也比较高。

1. 信度

定义	一种测试手段不受随机误差干扰的程度，它反映了一个人在反复接受同一种测试或等值形式的测试时所得到的分数的一致性程度 信度的高低是用信度系数来表述的，信度系数介于 0 和 1 之间。0 表示信度最低，1 表示信度最高。一般情况下，信度系数不低于 0.7 的测试工具被视为信度较好

续表

常用指标	重测信度	又称再测信度，指用同一种测试工具在不同的时间对同一群人进行多次测试，所得到结果的一致性程度
	复本信度	是指在测试的结构、实际测试效果等方面与最初的测试工具基本保持一致的另一种测试工具，如考试中经常使用的A卷和B卷
	内部一致性信度	反映同一测试内容的各个题目之间的得分一致性程度。好的测试工具必须具有好的内部一致性 考察内部一致性信度的方式主要有两种：分半信度和同质性信度
	评价者信度	不同评价者在使用同一种测试工具时所给出的分数之间的一致性程度
保证信度的方法	(1) 测试过程要标准化 (2) 选取的样本有广泛代表性 (3) 保持良好的测试环境 (4) 注意测试的难度和长度	

2. 效度

定义	效度即测试的有效性程度，反映了一种测试工具对于它所要测量的内容或特质进行准确测量的程度	
常用指标	内容效度	指一项测试的内容与测试所要达到的目标之间的相关程度，即一项测试的内容能够代表它所要测量的主题或特质的程度。内容效度的检验主要采用专家判断法 一项测试要想具有较好的内容效度，通常必须满足两个条件：一是要确定好想要测试的内容的范围，并且使测试中的全部项目均在此范围之内。二是测试中的项目应当是已经界定好的内容范围中具有代表性的样本 两点局限： (1) 求职者在被雇用时已经具备一定的知识、技术或能力 (2) 主观判断的作用很大，因而必须设法将推测的成分减至最少，最好将评价者的评分建立在相对具体和可观察的行为的基础之上
	效标效度	也称效标关联效度，指一种测试或甄选技术对被测试者的一种或多种工作行为或工作绩效进行预测的准确程度 两种比较常见的效标效度是预测效度和同时效度 预测效度：所要考察的是员工被雇用之前的测试分数与其被雇用之后的实际工作绩效之间是否存在实证性联系（不同时间的两组数据） 同时效度：在同一时间获取两组数据（入职前员工测试分数/已入职员工实际绩效），选取已经在某种岗位上从事工作的任职者，让他们完成某种测试，得到测试分数，由于他们已经在岗位上，所以比较容易得到他们的绩效数据。考察这两组数据之间到底存在怎样的相关关系
	构想效度	也称结构效度，是指一项测试对于某种不可观察的、比较抽象的构想或特质进行测量的程度 影响构想效度的主要因素： (1) 理论上的构想代表性不足 (2) 构想代表性过宽，以至于包括了无关事物

经典题解

【例题·单选题】某项甄选测试的目的是评价求职者的逻辑能力，但是测试的题目设计不佳，变成了考察求职者的知识记忆情况，则该测试的（　　）比较低。(2020年)

A. 内容效度　　B. 同时效度

C. 预测效度　　D. 效标效度

【解析】内容效度是指一项测试的内容与测试所要达到的目标之间的相关程度。即一项测试的内容能够代表它所要测量的主题或特质的程度。

【答案】A

【例题·单选题】反映一种甄选测试或甄选技术对被测试者的工作绩效进行预测的准确程度的是（　　）。(2019年)

A. 内容效度　　B. 一致性效度

C. 构想效度　　D. 效标效度

【解析】效标效度也称效标关联效度，是指一种测试或甄选技术对被测试者的一种或多种工作行为或工作绩效进行预测的准确程度。

【答案】D

【例题·单选题】当企业同时使用同一种测试的A卷和B卷进行甄选测试时，A卷和B卷内容上的等值程度为（　　）。(2019年)

A. 复本信度　　B. 分半信度

C. 重测信度　　D. 预测效度

【解析】所谓复本，是指在测试的结构、实际测试效果等方面与最初的测试工具基本保持一致的另一种测试工具。这种工具常常作为最初测试工具的备用测验，如在高考以及很多重要考试中经常使用的A卷和B卷。

【答案】A

第二节　甄选的主要方法

考点1　心理测试★★

心理测试是一种通过一系列工具或手段将人的某些心理特征加以量化，从而衡量个体心理因素水平和个体心理差异的科学测量方法。从测试内容来看，心理测试可以划分为能力测试、人格测试和职业兴趣测试三大类。

1. 能力测试

认知能力测试	一般认知能力测试即智力测试或智商测试：测量的是记忆能力、数学能力和口头表达能力等一些基本脑力能力 特殊认知能力测试（职业能力倾向测试）：是针对一些比较具体的认知能力（如归纳和演绎能力、语言理解力、记忆力、空间关系能力、创造力等）设计的测试
运动和身体能力测试	心理运动能力测试是对一个人的精神运动能力或受个体意识支配的精细动作能力进行的测试。这种测试通常用于体力要求比较高的职位，如手表装配工等 身体能力测试是对一个人的动态强度、爆发力、广度灵活性、动态灵活性、身体协调性与平衡性等所进行的测试

2. 人格测试

自陈量表法	事先编制好一套人格测试问卷之后，由被测试者本人根据自己的实际情况或感受回答问卷中的全部问题，以此来衡量一个人的人格

续表

评价量表法	提供一组描述人的个性或特质的词或句子，让其他人对被测试者进行观察并对被测试者的人格或特质做出评价
投射法	提供一些未经组织的**刺激情境**，让被测试者在不受限制的情境下自由表现出自己的反应。这种人格测试方法在人员甄选中的使用并不普遍
MBTI 人格类型测试（使用较广泛）	根据4个维度、8种风格，将人格划分为16种类型，而不同人格类型的人可能适合从事不同的职业 MBTI人格类型测试从4个两极性的维度对人的行为风格进行测试： （1）外倾—内倾，一个人的注意力集中方向（外部世界还是内部世界） （2）感觉—直觉，获取信息的方式（通过感觉和经验，还是通过想象和抽象性思维） （3）理性—情感，处理信息和做出决策的方式（主要依赖逻辑关系，还是事物对自己和他人的价值和重要性） （4）判断—感知，通常表现出来的对待外界的方式（是判断性的、有计划的、有目的的，还是灵活的、好奇的、容易冲动的、适应性强的）
"大五"人格测试	"大五"人格测试，是指一个人在以下五个人格特征方面的表现：外向性、和悦性、公正性、情绪性和创造性

3. 职业兴趣测试（霍兰德提出）

现实型	基本人格倾向是：偏好与具体的物体（如工具、机械、电子设备等）打交道，喜欢有规则的具体劳动以及需要基本操作技能的工作，不喜欢跟人打交道，不适应社会性质的职业，厌恶从事教育、服务和说服性的工作。这些人往往适合从事技能性和技术性的职业
研究型	基本人格倾向是：聪明、理性、细致、喜欢批评，喜欢抽象的、分析性的、独立性的工作，愿意进行系统的创造性探究，偏好对各种现象进行观察、分析和推理，以理解和把握这些现象。缺乏组织和领导才能，不喜欢从事说服性或重复性的工作。这些人适合从事科学研究类工作以及工程设计类工作等
艺术型	基本人格倾向是：具有想象力，冲动、直觉、理想化、有创意，偏好模糊、自由和非系统化的活动，不重视实际，不善于从事事务性工作。他们厌恶明确、有秩序和系统化的活动，喜欢表现自己，喜欢单独活动。这些人适合从事文学艺术方面的工作
社会型	基本人格倾向是：合作、友善、善于言谈和社交，观察能力强，喜欢社会交往，关心社会问题，重视社会公正和正义，有教导、指点和培训别人的能力和愿望，不喜欢与材料、工具、机械等实物打交道。这些人适合从事教育、咨询等方面的工作
企业型	基本人格倾向是：冒险、乐观、自信、精力充沛、有进取心，喜欢担任有领导责任的工作，看重政治和经济方面的成就，喜欢追求财富、权力和地位，喜欢与人争辩，喜欢说服别人接受自己的观点，但是他们不喜欢从事研究性的活动。这些人适合担任企业领导或行政管理人员等
常规型	基本人格倾向是：顺从、谨慎、保守、实际、稳重，喜欢条理性强的工作，偏好对文字和数据等资料进行明确、有序的整理，喜欢使用文字和数据处理设备等协助组织实现目标或获取经济收益，厌恶模糊、不正规、非程序化或探究性的活动，不喜欢自己对事情作出判断和决策。这些人看重商业和经济方面的具体成就，看重财富和地位，适合从事办公室事务性工作、图书管理、会计、统计类工作

经典题解

【例题·单选题】根据霍兰德的职业兴趣理论，冒险、乐观、自信、有进取心、喜欢承担领导责任的职业兴趣类型是（ ）。（2020年）

A. 现实型　　B. 企业型

C. 常规型　　D. 艺术型

【解析】企业型的基本人格倾向是：冒险、乐观、自信、精力充沛、有进取心，喜欢担任有领导责任的工作，看重政治和经济方面的成就，喜欢追求财富、权力和地位，喜欢与人争辩，喜欢说服别人接受自己的观点，但是他们不喜欢从事研究性的活动。这些人适合担任企业领导或行政管理人员等。

【答案】B

【例题·单选题】MBTI人格类型测试从4个两极性的维度来测试人的行为风格，其中反映获取信息的方式的维度是（ ）。（2020年）

A. 外倾—内倾　　B. 感觉—直觉

C. 理性—情感　　D. 判断—感知

【解析】MBTI人格类型测试从4个两极性的维度对人的行为风格进行测试，其中反应获取信息的方式的维度是"感觉—直觉"。

【答案】B

【例题·单选题】从甄选测试分类的角度来看，通常所说的智商测试属于（ ）。（2019年）

A. 知识测试　　B. 特殊认知测试

C. 一般认知能力测试　　D. 成就测试

【解析】一般认知能力测试即通常所说的智力测试或智商测试，它所要测量的不是一个人的某种单一特质，而是同时测量一个人的多种能力，如记忆能力、口头表达能力以及数学能力等。

【答案】C

考点2　成就测试★★

成就测试和认知能力测试（智力测试、能力倾向测试）的测量对象都属于认知性特质，它们所要测量的都是一个人在与环境相互影响中发展出来的能力。

知识测试	就是我们通常所说的考试，通常都是以笔试的方式完成，但并非所有的笔试都属于知识测试。它要考查的是一个人在特定领域掌握的知识的广度和深度，可以划分为综合知识测试、专业知识测试、外语测试，例如：注册会计师考试、国家司法考试
工作样本测试	在一个对实际工作全部或部分模拟的环境中，让求职者实地完成某些具体的工作任务的一种测试方法，例如：电焊工、机械师、木工 优点：测试所要求的行为与实际工作所要求的行为之间具有高度的一致性，效标效度和内容效度都很高 缺点：普遍适用性低，开发成本相对较高

经典题解

【例题·单选题】注册会计师职业资格考试属于（ ）。（2020年）

A. 认知能力测试　　B. 人格测试

C. 知识测试　　D. 心理测试

【解析】知识测试就是我们通常所说的考试，它所要考查的是一个人在特定领域掌握的知识的广度和深度。

【答案】C

【例题·单选题】关于员工甄选中工作样本测试的说法，错误的是（ ）。（2018年）

A. 它所考查的内容与实际工作内容具有较高相似度

B. 它的开发成本较高

C. 它的效度比较高

D. 它的普遍适用性很高

【解析】工作样本测试普遍适用性低，只能针对不同的职位来开发不同的测试。

【答案】D

考点3 评价中心技术的三种测试方法★★

评价中心技术中所设计的练习主要着眼于对被测试者的行政管理能力以及人际交往能力作出评价。所要衡量的技能通常包括领导能力、问题解决能力、人际交往能力、行政管理能力以及压力承受能力等。由于评价中心技术所采用的甄选方法有很多种，所以它的效标效度一般都很高。它是通过情景模拟的方法来对求职者进行评价的。

公文筐测试	考查在规定的条件和限定的时间内对各种各样的文书问题处理和反应能力，适合对应聘管理人员进行评价。它是评价中心技术中最常用和最核心的技术之一，是一种情景模拟测试 优点：适合对应聘管理职位的被测试者进行评价，具有较高的内容效度和效标效度。它的操作比较简单，对场地没有过多的要求。表面效度较高，容易得到被测试者的理解和接受 缺点：编制成本较高，评分比较困难。不同的评价者由于自身的背景、工作经验、管理理念等不同，看法也不同。无法测试被测试者的人际交往能力和团队工作能力
无领导小组讨论	（1）它是经常使用的一种测评技术，它采用情景模拟的方式让一组求职者进行集体讨论，然后观察他们在讨论过程中的言行 （2）组织者不会为该小组指定一名领导人，而是让大家自由发言，大家的地位都是平等的 （3）评价者不参与讨论过程 （4）它对测试题目的要求较高，对评价者的评分技术要求较高，要求他们必须接受过专门的观察以及评价培训，避免结果受到个人的主观意见甚至偏见的影响
	试题形式： 开放式问题：是一种没有固定答案的问题，答案的范围可以很广 两难性问题：让被测试者在两种互有利弊的答案中选择一种 多项选择问题：让被测试者在多种备选答案中选择其中有效的几种 操作性问题：组织者会给被测试者提供一些材料、工具或者道具，然后让他们利用这些材料设计出一个或一些指定的物体 资源争夺性问题：让处于同等地位的被测试者就有限的资源进行分配，考查反应灵活性、说服他人的能力等
角色扮演	被测试者扮演一位管理者或者某岗位员工，然后让他们根据自己对角色的认识或担任相关角色的经验进行相应的语言表达和行为展示

经典题解

【例题·多选题】关于无领导小组讨论的说法，正确的有（　　）。(2020年)

A. 它对考官的评分技术要求低

B. 它鼓励求职者自由发言

C. 它可以使用两难性问题、多项选择问题作为试题

D. 在讨论过程中考官不事先指定领导者

E. 考官不参与讨论过程

【解析】无领导小组讨论对评价者的评分技术要求较高，要求他们必须接受过专门的观察以及评价培训，以免他们的评价结果过多地受到个人的主观意见甚至偏见的影响，选项A错误。

【答案】BCDE

考点 4 面试★★★

面试是实践中运用最广泛的一种人员甄选方法。它简便快捷、容易操作，不需要复杂的专用测试工具及方法。

按结构划分的面试类型	非结构化面试	特点：没有必须遵循的提纲和既定格式，面试中的问题可从多个不同的方向展开 优点：谈话自然顺畅，前后连贯，逻辑清晰 缺点：难以对所有的求职者公平；容易受考官个人兴趣或工作背景等因素影响，信度和效度比结构化面试低很多
	结构化面试	特点：有标准化问题提纲，用标准的面试评价标准来评价 优点：标准化程度高；确保所有被面试者都被问到相同的问题，公平性及面试的信度、效度都比较高 缺点：问题预先设定，考官没有发挥余地；不便追问，让面试者感觉僵硬，谈话不顺畅
	半结构化面试	介于以上两者之间，一部分预先设计好的问题，一部分随机问题。半结构化面试得到广泛应用
按组织形式划分的面试类型	单独面试	一对一面试，考官和被面试者两人单独见面 优点：双方注意力集中，谈话的连续性和逻辑性好，比较自然 缺点：双方的对话可能进展不顺利，一个考官难以确保甄选决策的准确性
	系列面试	顺序面试，根据某种特定的先后顺序安排若干考官对同一位被面试者进行多轮面试 优点：有利于确保面试结果的有效性，避免考官的个人偏见或疏忽出现的评价误差 缺点：参与人多，耗费时间长
	小组面试	一组面试考官在同一时间和同一场所共同对一位被面试者提问 优点：所提的问题全面、深入，避免重复的提问和回答 缺点：被面试者感觉压力大，回答问题时比较紧张或拘谨
	集体面试	多位被面试者在同一时间和同一场所接受一位或多位考官的询问 优点：有助于考查被面试者在群体中的思维方式及行为方式，从而考查他们的人际关系能力和语言表达能力
特殊面试形式	压力面试	考官故意制造紧张气氛，考查被面试者的应变能力
	电话或视频面试	面试考官与被面试者见面有困难时采取的方法

经典题解

【例题·单选题】 多位被面试者在同一时间和同一场合，共同接受面试官面对面的询问，这种面试称为（　　）。（2017年）

A. 单独面试　　B. 系列面试

C. 小组面试　　D. 集体面试

【解析】 集体面试是多位被面试者在同一时间和同一场合，共同接受面试考官面对面的询问这样一种面试形式。在集体面试中，面试考官既可以是多人，也可以是一个人。

【答案】 D

考点5 改善面试效果的主要方法★★

采用情境化结构面试	(1) 情境化结构面试有时又称为行为事件面试技术 (2) 通常需要遵循STAR原则：典型环境 (Situation)、任务 (Task)、行动 (Action)、结果 (Result) (3) 面试的题目可以划分为两类：一类是以过去的经验为依据，要求被面试者回答他们在过去的工作中遇到的某种情形，以及他们当时是如何处理的；另一类则是未来导向型的，要求被面试者回答，将来一旦遇到某种假设的情形，他们将会采取怎样的处理措施
面试前做好充分准备	(1) 安排好面试所需的时间、场地和资料 (2) 认真阅读简历材料和职位说明书，准备好相关的问题
系统培训面试考官	面试考官在面试过程中可能会犯的一些错误包括： (1) 说话过多，影响了本来能够从被面试者那里收集到的与工作相关的信息数量 (2) 对不同的被面试者提问的问题不一致，导致从不同被面试者那里收集到的信息类型不一样 (3) 提问与履行工作职责无关或者相关性不大的问题 (4) 对自己评价求职者的能力过于自信，导致对求职者匆忙下结论 (5) 受到求职者的一些非语言行为的影响或干扰 (6) 因前面一位求职者的表现而影响到对后一位求职者的评价等
	对面试考官的培训重点应当关注以下几个方面： (1) 明确面试考官的职责及其在面试过程中所扮演的角色 (2) 传授引导和控制面试过程的技巧 (3) 让面试考官学会如何与各种不同类型的被面试者打交道 (4) 使面试考官理解在进行面试评价时可能会出现的各种偏差，从而避免犯这些错误

经典题解

【例题·单选题】 情境化结构面试通常需要遵循“STAR”原则，其中“T”表示(　　)。(2019年)

A. 环境　　B. 任务

C. 结果　　D. 行动

【解析】 情境化结构面试通常需要遵循所谓的“STAR”原则，即首先向被面试者描述他们可能会面对的典型环境(Situation)或需要完成的主要工作任务(Task)，然后询问他们实际上采取了何种行动(Action)，最后让他们说明这种行动产生了怎样的结果(Result)。

【答案】 B

【例题·单选题】 “如果将来客户投诉你的某位下属存在工作态度问题，你会怎么做?”这种面试问题属于(　　)。(2018年)

A. 知识性问题　　B. 人格性问题

C. 经验性问题　　D. 情境化问题

【解析】 情境化面试分为以过去经验为依据和未来导向型，题干属于“假设未来”的情况，是未来导向型，选项D正确。

【答案】 D

考点6　履历分析★

基本假设	履历分析又称资历分析或评价技术。履历分析技术的最基本假设是人的行为具有一致性，即一个人过去的行为是对其未来行为进行预测的最佳依据
三个方面要求	履历信息必须真实、全面、相关

第七章　绩效管理

第一节　绩效管理概述

本节视频详解
使用"会计云课堂"App/微信扫码听课

考点1　绩效考核与绩效管理的区别和联系★★

项目	绩效考核	绩效管理
定义	它是一套正式的、结构化的制度，用来衡量、评价、反馈并影响员工的工作特性、行为和结果	它是管理者与员工通过持续开放的沟通，就组织目标和目标实现方式达成共识的过程，也是促进员工作出有利于组织的行为、达成组织目标、取得卓越绩效的管理实践
联系	（1）绩效考核是绩效管理的一部分，它的顺利实施不仅取决于评价过程本身，而且取决于与评价相关的整个绩效管理过程 （2）有效的绩效考核是对绩效管理的有力支撑，成功的绩效管理也会推动绩效考核的顺利开展	
区别	（1）绩效管理是一个完整的管理过程，而绩效考核只是绩效管理中的一个环节 （2）绩效管理侧重于信息的沟通和绩效的提高，绩效考核则侧重于绩效的识别、判断和评估	

经典题解

【例题·单选题】关于绩效考核和绩效管理的说法，正确的是（　　）。(2017年)

A. 绩效考核与绩效管理是等价的

B. 绩效管理是一个完整的管理过程

C. 绩效管理侧重于绩效的识别、判断和评估

D. 绩效考核侧重于信息沟通和绩效提高

【解析】绩效考核与绩效管理并不是等价的。它们的区别主要体现在以下两点：

第一，绩效管理是一个完整的管理过程，而绩效考核只是绩效管理中的一个环节；

第二，绩效管理侧重于信息的沟通和绩效的提高，绩效考核则侧重于绩效的识别、判断和评估。

【答案】B

考点 2 绩效管理的作用★

在组织管理中的作用	在人力资源管理中的作用
(1) 有助于组织内部的沟通 (2) 有助于管理者节约成本 (3) 有助于促进员工的自我发展 (4) 有助于建设和谐的组织文化 (5) 是实现组织战略的重要手段	(1) 绩效管理为其他人力资源管理环节的有效实施提供依据 (2) 绩效管理可以用来评估人员招聘、员工培训等计划的执行效果

经典题解

【例题·单选题】关于绩效管理与绩效考核的说法，正确的是（ ）。(2020 年)

A. 绩效考核侧重于信息的沟通和绩效的提高

B. 绩效管理有助于组织战略目标的实现

C. 绩效管理是绩效考核的重要组成部分

D. 绩效考核有助于建设和谐的组织文化

【解析】绩效管理侧重于信息的沟通和绩效的提高，选项 A 错误。绩效管理是一个完整的管理过程，而绩效考核只是绩效管理中的一个环节，选项 C 错误。绩效管理有助于建设和谐的组织文化，选项 D 错误。

【答案】B

考点 3 有效的绩效管理的特征★★

有效的绩效管理应当具备敏感性、可靠性、准确性、可接受性和实用性五个特征。一般来说，只要绩效管理体系满足敏感性、可靠性和准确性即可认为它是有效的。

敏感性	可以明确地区分高效率员工和低效率员工
可靠性	不同评价者对同一个员工所做的评价基本相同
准确性	把工作标准和组织目标联系起来确定绩效的好坏。为实现绩效管理体系的准确性，组织必须对工作分析、工作标准、绩效考核体系进行周期性的调整和修改
可接受性	组织上下共同支持绩效工作才能促成绩效管理的成功
实用性	绩效管理体系的建立和维护成本要小于绩效管理体系带来的收益

经典题解

【例题·单选题】“不同评价者对同一员工的评价基本相同”体现的有效绩效管理的特征是（ ）。(2020 年)

A. 敏感性

B. 可靠性

C. 实用性

D. 可接受性

【解析】有效的绩效管理应当具备五个特征：敏感性、可靠性、准确性、可接受性、实用性。可靠性体现在不同的评价者对同一个员工所作的评价基本相同。

【答案】B

【例题·单选题】关于有效的绩效管理体系的说法，错误的是（ ）。(2014 年)

A. 有效的绩效管理体系可以明确区分高绩效员工和低绩效员工

B. 有效的绩效管理体系应该把工作标准

和组织目标联系起来确定绩效的好坏

C. 有效的绩效管理体系应该具有一定的可靠性和准确性

D. 敏感性和实用性不是有效的绩效管理体系的特征

【解析】有效的绩效管理的特征：敏感性、可靠性、准确性、可接受性、实用性。

【答案】D

考点4 战略性绩效管理★★

1. 适用于取得竞争优势战略的绩效管理

组织可以根据所处的内、外部环境选择成本领先战略和差异化战略来获得持续的竞争优势。这两种战略对应着不同的绩效管理策略。

成本领先战略	含义	成本领先战略是指组织在内部加强成本控制，在研发、生产、销售、服务等领域内都力图将成本降到最低，从而成为行业的成本领先者
	策略	（1）选择以结果为导向的、实施成本较低的评价方法（目标管理法） （2）选择客观的财务指标引导员工的工作行为 （3）选择直接上级作为评价主体，以节约实施成本 （4）绩效考核周期不宜过短，因为频繁的绩效考核会增加组织的管理成本 （5）在绩效改进时，选择标杆超越法，将行业领先者作为标杆 （6）绩效考核的结果要充分应用于成本的改进和控制
差异化战略	含义	差异化战略指组织通过提供与众不同的产品和服务满足客户的特殊需求，形成竞争优势，这种战略的核心是独特的产品与服务，而不是标准化
	策略	（1）选择以行为为导向的评价方法，因为创新的成果难以量化衡量 （2）为了对员工的结果进行客观地评价，评价的主体也应当多元化 （3）考核周期不宜过短，因为革新的效果不一定能够在短期内见到成效 （4）评价的结果可以充分应用于员工的开发和培训

2. 适用于不同竞争态势战略的绩效管理

组织在处于不同的环境中时，会选择不同的战略以适应市场竞争，通常会选择防御者战略、探索者战略或者跟随者战略。这三种不同的战略需要搭配不同的绩效管理策略。

防御者战略	特点	为了适应外部市场环境，防御型组织应尽量维持内部的稳定性，将更多的精力放在组织的长期发展上
	策略	考核方法：选择系统化评价的方法，多角度选择考核指标（平衡计分卡法） 考核周期：与奖金发放周期一致，便于考核的操作 沟通环节：调动员工潜能、发挥员工工作的积极性 考核结果运用：员工的开发、培训、职业生涯规划
探索者战略	特点	探索型组织总是不断地开发新产品、挖掘新市场，寻找更广阔的市场机会。探索型组织要不断适应新的市场环境，在新市场中迅速立足
	策略	考核方法：选择以结果为导向的评价方法，强化员工对新产品、新市场的开发成功率 沟通环节：将组织目标融入员工的个人发展目标，使组织和员工的利益趋向一致 考核结果运用：影响薪酬分配，激励员工最大限度地发挥潜能

续表

跟随者战略	特点	通过复制探索者战略取得成功。实行这种战略的核心是学习
	策略	考核方法：通过树立标杆组织来确定绩效指标和衡量标准（**标杆超越法**） 考核主体：尽量多元化 沟通环节：采用与标杆组织进行对照的方式与员工分析绩效现状并加以改进 考核结果运用：员工绩效的改进、与标杆组织的对比

经典题解

【例题·单选题】 关于企业在不同竞争战略下的绩效管理策略的说法，正确的是（　　）。（2019 年）

A. 采用成本领先战略的企业，应尽量使绩效考核的主体多元化

B. 采用差异化战略的企业，应尽量缩短绩效考核的周期

C. 采用差异化战略的企业，应尽量使绩效评价的主体简单化

D. 采用成本领先战略的企业，应选取以结果为导向的绩效考核方法

【解析】 成本领先战略考核主体单一，应选取以结果为导向的考核方法；差异化战略考核周期不能过短，应使考核主体多元化。

【答案】 D

【例题·单选题】 关于在不同竞争战略下的绩效管理策略的说法，正确的是（　　）。（2018 年）

A. 企业在采用探索者战略时，绩效考核应尽量采用以内部流程为导向的评价方法

B. 企业在采用跟随者战略时，绩效考核应尽量采用平衡计分卡法

C. 企业在采用探索者战略时，绩效考核应尽量采用以行为为导向的评价方法

D. 企业在采用防御者战略时，绩效考核应尽量采用多角度选择考核指标

【解析】 探索者战略选择以结果为导向的评价方法，选项 AC 错误。采用跟随者战略时，在绩效考核方法的选择上，跟随者战略可以考虑选择标杆超越法，选项 B 错误。防御者战略选择系统化的评价方法，多角度选择考核指标（如平衡计分卡法），选项 D 正确。

【答案】 D

第二节　绩效计划与绩效监控

本节视频详解
使用“会计云课堂”App/微信扫码听课

考点 1　绩效计划★

概念	（1）绩效计划是绩效管理的第一个环节，也是**绩效管理过程的起点**，它是一个确定组织对员工的绩效期望并得到员工认可的过程 （2）绩效计划不但包括组织对员工工作成果的期望，还包括组织希望员工表现的行为和使用的技能 （3）绩效计划还是主管人员与员工在绩效年开始之初围绕绩效目标进行反复沟通的过程 （4）绩效计划的制订需要组织中不同人群的参与：人力资源管理部门、各级主管人员、员工 （5）绩效计划的制订是一个**自上而下**的过程，也是将组织绩效分解成个人绩效目标的过程

续表

目标种类	绩效计划的目标分为绩效目标和发展目标两类 绩效目标：来源于组织目标、部门目标和个人目标，主要用于描述员工应执行的职位职责和应完成的量化产出指标 发展目标：支持员工实现绩效目标、促进员工自身发展的能力标准，强调与组织目标相一致的价值观、能力和核心行为
内容	在绩效计划开始执行前，管理者需要和员工签订针对员工的工作目标达成一致的合同，在绩效合同中，应包括以下几方面内容： （1）员工在该绩效周期内的工作目标以及各工作目标的权重 （2）完成目标的结果 （3）结果的衡量方式和判别标准 （4）员工工作结果信息的获取方式 （5）员工在完成工作中的权限范围 （6）员工完成工作需要利用的资源 （7）员工在达到目标的过程中可能遇到的困难和障碍，以及管理者能够提供的帮助和支持 （8）管理者与员工进行沟通的方式
制订原则	价值驱动原则、战略相关性原则、系统化原则、职位特色原则、突出重点原则、可测量性原则和全员参与原则
制定步骤	①准备阶段；②沟通阶段

考点2 绩效监控及辅导★

绩效监控和绩效辅导是两个目的完全不同的绩效实施环节。

绩效监控	在绩效考核期间内管理者为了掌握下属的工作绩效情况而进行的一系列活动。通过管理者和员工持续地沟通，观测、预防或解决绩效周期内可能存在的问题，更好地完成绩效计划。管理者需要完成两项任务：①记录关键事件；②就绩效执行情况与员工进行必要的沟通交流
绩效辅导	在掌握了下属工作绩效的前提下，管理者为提高员工绩效水平和自我效能感而进行的一系列活动，包括探讨绩效现状和寻找改进绩效的方法。绩效辅导贯穿于绩效实施的整个过程中，是一种经常性的管理行为，它帮助员工解决当前绩效实施过程中出现的问题 实施步骤：①收集资料；②定好基调；③达成一致；④探索可能；⑤制订计划；⑥给予信心

经典题解

【例题·单选题】关于绩效监控与绩效辅导的说法，正确的是（　　）。（2020年）

A. 绩效辅导是管理者为掌握下属的工作绩效情况进行的一系列活动

B. 绩效辅导是绩效监控的基础

C. 绩效监控是在已经掌握下属工作绩效前提下，管理者为提高绩效水平进行的一系列活动

D. 绩效辅导贯穿于绩效实施的整个过程

【解析】绩效辅导指的是在掌握了下属工作绩效的前提下，管理者为提高员工绩效水平和自我效能感而进行的一系列活动，选项A错误。绩效监控和绩效辅导是两个目的完全不同的绩效实施环节，选项B错误。绩效监控指的是在绩效考核期间内管理者为了掌握下属的工作绩效情况而进行的一系列相对正式的活动，选项C错误。

【答案】D

第三节　绩效评价与绩效管理工具

本节视频详解

使用“会计云课堂”App/微信扫码听课

考点1　绩效评价★★

绩效评价技术的方法分为三大类：量表法，比较法，描述法。

1. 量表法

图尺度评价法	概念	也被称为等级评价法，是最简单也最常用的绩效评价方法。该方法列举一些特征要素，并分别为每个特征要素列举绩效的取值范围
	优点	具有普遍适应性、实用且开发成本小
	缺点	(1) 与组织战略之间差异较大 (2) 只有模糊和抽象的绩效标准，被考评者的绩效评估结果受评估者的主观因素影响较大 (3) 无法为员工改进工作提供具体的指导，不利于绩效评估的反馈
行为锚定法	概念	将每项工作的特定行为用一张等级表来反映，该等级表将每项工作划分为各种行为级别（从最积极的行为到最消极的行为），评价时评估者只需将员工的行为对号入座即可
	优点	(1) 它使工作的计量更为准确 (2) 使工作绩效的评价标准更为明确 (3) 排除了评估者的主观臆断，评估结果具有较高的信度 (4) 评估结果具有良好的反馈功能 (5) 通过等级尺度上的关键事件，评估者很容易向员工解释其优势与不足，同时使员工明确改进方向
	缺点	(1) 开发成本很高，操作流程复杂 (2) 需要付出大量人力、物力、财力才能够制定出合理的行为等级表
行为观察量表法	概念	由工作绩效所要求的一系列合乎组织期望的行为组成的表单
	优点	(1) 内部一致性令人满意，所有区分成功和不成功绩效的行为都被包括在量表中 (2) 用使用者提供的数据针对使用者而开发，因而便于使用者对量表的理解和使用 (3) 有利于进行清晰的绩效反馈，鼓励管理者和员工之间就员工优缺点进行有意义的讨论，清晰的绩效反馈结合明确的目标设定，可以促进员工产生和保持积极的行为变化 (4) 可以单独作为职位说明书的补充
	缺点	(1) 根据行为清单对员工进行观察，很难包含所有的行为指标的代表性样本，效度有待提高 (2) 主管人员单独考核工作量太大，不具有可操作性

2. 比较法

排序法	概念	将员工的业绩按照从高到低的顺序排列，分为简单排序法和交替排序法
	优点	操作简单，评估结果简单明了，实施成本低廉
	缺点	容易使员工有心理压力，员工不容易接受评估的结果，并且很难提供详细具体的绩效评估结果
配对比较法	概念	根据某项评价标准将每位员工逐一与其它员工比较，选出每次比较的优胜者，最后根据每位员工获胜的次数进行绩效排序
	优点	比排序法更科学，能在人数较少时快速比较出员工绩效水平
	缺点	员工人数增加时，评估的工作量将成倍地增加。该方法只能得到员工绩效的排名，不能反映员工绩效的差距和工作能力的差距
强制分布法	概念	要求评估者将被评估者的绩效结果放入一个类似于正态分布的标准中
	优点	有效避免考核结果可能出现的弱化评估分数差距的趋中趋势，有利于管理手段的实施
	缺点	这种方法基于一个有争议的假设：在被评估者中，优秀、一般和较差的员工同时存在

3. 描述法

关键事件法	概念	评估者在绩效周期内，将发生在员工身上的关键事件记录下来，并作为绩效评估的事实依据，关键事件包括员工在工作中非同寻常的行为
	优点	（1）将员工的工作行为与绩效评估结果联系在一起，使评价结果更客观 （2）通过分析关键事件确定员工的优势与不足，有针对性地对其进行培训 （3）关键事件也为绩效反馈面谈奠定基础
	缺点	（1）关键事件法非常费时，占据评估者大量的精力 （2）无法提供员工之间、部门之间和团队之间的业绩比较信息
不良事故评估法	概念	通过预先设计不良事故的清单对员工的绩效进行考核
	优点	使企业尽量避免巨大的损失
	缺点	（1）不能提供丰富的绩效反馈信息 （2）不能用来比较员工、部门、团队的绩效水平

考点 2　绩效评价常见误区及应对方法★★

晕轮效应	对一个人进行评价时因为对他的某一特质强烈而清晰的感知，而掩盖了该人其他方面的品质。如给自己信任和喜爱的部下较高的分数，对不喜欢的员工给予较低的评价 应对方法：消除主管的偏见

续表

趋中倾向	有些主管由于不愿意得罪人或所辖范围过大，很难全面了解所有员工的工作表现，将员工的考核分数集中在某一固定范围的变动中，使评价结果缺少好与坏的差异 应对方法：一方面，主管需要密切地与员工接触、彻底与评价标准对比，全面、准确了解被评价者的工作情况；另一方面，可以采取强制分配法、排序法等非系统的绩效考核方法加以解决
过宽或过严倾向	主管人员采取了主观评价标准，忽略了客观评价标准，有过分严厉或过分宽大评定员工的倾向 应对方法：建立评价者的自信心或举行角色互换培训；另外，还可以采用强制分配法消除评价误差
年资或职位倾向	主管倾向于给予那些服务年资较久、担任职务较高的被评价者较高的分数 应对方法：通过各种方式使评价者建立起“对事不对人”的观念
盲点效应	主管难以发现员工身上存在的与主管自身相似的缺点和不足 应对方法：将更多类型的考核主体纳入考核
刻板印象	个人对他人的看法往往受到他人所属群体的影响 应对方法：注意从员工的工作行为出发，而不是关注员工的个人特征
首因效应	根据第一印象（最初的印象）去判断一个人 应对方法：采取多角度的考核方式
近因效应	最近的或最终的印象往往是最强烈的，可以冲淡之前产生的各种印象因素 应对方法：在进行绩效考核前，先由员工进行自我总结，以使评价者能够全面地回顾被考核人员在整个绩效考核周期内的表现

经典题解

【例题·单选题】（　　）指个人对他人的看法往往受到他人所属群体的影响。(2019 年)

A. 晕轮效应

B. 趋中倾向

C. 刻板印象

D. 首因效应

【解析】 刻板印象指个人对他人的看法往往受到他人所属群体的影响。例如，有些主管可能错误地认为，男性的工作能力普遍比女性的工作能力强。

【答案】 C

【例题·单选题】 关于绩效评价误区的说法，正确的是（　　）。(2017 年)

A. 上级根据过宽或过严的标准对员工进行绩效评价的误区，称为趋中效应

B. 上级根据对员工的最初印象做出绩效评价的误区，称为晕轮效应

C. 上级根据对员工的最终印象做出绩效评价的误区，称为近因效应

D. 上级对员工的某种强烈而清晰的特质感知导致其忽略了员工在其他方面的表现，这种评价误区称为盲点效应

【解析】 选项 A 应为过宽或过严倾向；选项 B 应为首因效应；选项 D 应为晕轮效应。

【答案】 C

考点3　绩效管理工具★★★

绩效管理工具作为管理实践与管理理论之间的桥梁与纽带，直接来源并应用于管理实践，主要包括目标管理法、标杆超越法、关键绩效指标法和平衡计分卡法。

1. 目标管理法

概念	目标管理是一种沟通的程序或过程，它强调企业上下一起协商，将企业目标分解成个人目标，并将这些目标作为公司经营、评估、奖励的标准
适用情况	企业战略在一定时期内相对稳定，适合使用目标管理方法进行考核
设计流程	（1）绩效目标的确定：①各层级目标必须与企业层次上所设定的目标相一致；②目标必须是具体的、相关的、可实现的、具有挑战性的、可测量的 （2）确定考核指标的权重 （3）将实际绩效水平与绩效目标相比较 （4）制定新的绩效目标
优势	（1）有效性 （2）目标管理法启发了员工的自觉性，调动了员工的积极性 （3）目标管理法操作比较容易 （4）目标管理法较为公平
劣势	（1）目标管理法倾向于聚焦短期目标，实现这种短期目标，可能以牺牲企业长远利益为代价 （2）假设之一是认为员工是乐于工作的，高估了企业内部自觉、自治氛围形成的可能性 （3）可能增加企业的管理成本 （4）目标有时可能难以制定

2. 标杆超越法

概念	标杆超越的实质是企业的变革：通过学习同行业经验，改掉制约企业发展陋习的过程
	（1）标杆指的是最佳实践或最佳标准，是企业在产品或服务、经营管理、运作方式等方面的榜样 （2）标杆的寻找范围并不局限在同行业 （3）相比其他系统的考核方法更重视比较和衡量
设计流程	发现“瓶颈”—选择标杆—收集数据—通过比较分析确定绩效标准—沟通与交流—采取行动
	选择标杆应遵循两个标准：一是标杆企业要有卓越的业绩；二是标杆企业被瞄准的领域与本企业有相似特点。根据标杆对象所处的位置不同，可以将其划分为内部标杆、竞争标杆、行业标杆和最优标杆四类
优势	（1）有助于激发企业中员工、团队和整个企业的潜能，提高企业的绩效 （2）促进企业经营者激励机制的完善，如董事会把标杆超越作为经营者业绩的标准，以此激发经营者的工作热情和工作动力
劣势	（1）容易使企业陷入模仿标杆企业的漩涡中，失去自身的特色 （2）一旦标杆的选取出现偏差，也可能导致自身经营决策失误

3. 关键绩效指标法

概念	(1) 它是对企业战略目标的分解，是连接个人绩效与企业绩效的桥梁 (2) 它是由主管人员决定并被员工认可的绩效指标，它使评估者和被评估者在工作业绩上的认识保持一致，并为未来的绩效沟通奠定基础 (3) 它是对重点经营活动的反映，而不是对所有业务流程活动的概括 (4) 必须是可量化的或可行为化的 (5) 不是一成不变的，需要随企业战略的变化而调整
适用情况	当企业战略有重大调整时，适合关键绩效指标法
设计流程	(1) 确定考核指标：要遵守 SMART 原则，即具体的（Specific）、可测量的（Measurable）、可实现的（Attainable）、相关的（Realistic）、有时限的（Time-bound） 关键绩效指标有四种类型： ①数量类，如产品的数量、销售量等 ②质量类，如合格产品的数量、不合格品比率等 ③成本类，如单位产品的成本、投资回报率等 ④时限类，如及时性、供货周期等 (2) 确定评估标准： ①基本标准（基本绩效工资的实施依据） ②卓越标准（额外的奖金、晋升等的奖励依据）
注意事项	(1) 关键绩效指标的数量不宜过多 (2) 同类型职位的关键绩效指标必须保持一致 (3) 关键绩效指标要彻底贯彻企业战略重点
优势	(1) 将企业绩效指标与企业战略目标紧密联系在一起 (2) 自上而下地确定各个级别的绩效目标，将企业目标和个人目标很好地整合在一起
劣势	(1) 某些职位设计关键绩效指标比较困难，如知识型员工的贡献是无形的 (2) 缺少一套完整的、对操作具有指导意义的指标框架体系

4. 平衡计分卡法

概念	从四个角度关注企业的绩效，即客户角度指标、内部流程角度指标、学习与发展角度指标、财务角度指标
适用情况	当企业战略有重大调整时，适合平衡计分卡法
设计流程	(1) 审视企业战略和竞争目标 (2) 设立绩效指标 (3) 开发各级平衡计分卡 (4) 设定各级指标的评估标准 (5) 进行绩效考核 (6) 分析考核结果并修正指标及标准

续表

注意事项	（1）高层管理者需要积极参与平衡计分卡的实施，鼓励员工参与绩效体系的设计过程，提高员工对绩效考核的理解度与支持度 （2）防止平衡计分卡法使用目的的单一。它既是绩效考核方法，又是战略管理的工具 （3）要谨慎选择考核指标。要能够正确反映企业的战略目标，要能够客观、可量化，同时指标数量不宜过多 （4）要充分重视平衡计分卡法实施的连续性和持久性
优势	（1）消除了财务角度指标一统天下的局面 （2）从企业的战略层次考虑问题，并揭示了四个考核角度之间的因果关系，发展了战略管理系统 （3）实现了评估系统与控制系统的结合 （4）迫使管理者将所有的重要绩效指标放在一起综合考虑，提高了企业发展的协调性
劣势	实施成本很高，需要耗费大量的人力、物力和财力

经典题解

【例题·多选题】 关于绩效管理中的标杆超越法的说法，正确的有（　　）。（2020 年）

A. 标杆企业可以没有卓越的业绩

B. 标杆的寻找范围应局限在同行业

C. 标杆超越的实质是企业的变革

D. 标杆企业被瞄准的领域应与本企业有相似的特点

E. 标杆超越法更加重视比较和衡量

【解析】 选择标杆应该遵循以下两个标准：一是标杆企业要有卓越的业绩；二是标杆企业被瞄准的领域与本企业有相似的特点。标杆的寻找范围并不局限在同行业，应该有更广阔的视角，选项 AB 错误。

【答案】 CDE

【例题·多选题】 关于绩效管理工具中目标管理法的说法，正确的有（　　）。（2020 年）

A. 它的假设之一是员工是不愿意工作的

B. 它聚焦于短期目标

C. 它较为公平

D. 它适用于企业战略在一定时期内相对稳定的企业

E. 它可能增加企业的管理成本

【解析】 目标管理法的假设之一是认为员工是乐于工作的，选项 A 错误。

【答案】 BCDE

第四节　绩效反馈与结果应用

本节视频详解
使用"会计云课堂"App/微信扫码听课

考点 1　绩效反馈面谈★★

目的	（1）向员工反馈绩效考核结果 （2）向员工传递组织远景目标 （3）弄清员工绩效不合格的原因 （4）为下一个绩效周期工作的展开做好准备

续表

操作流程	(1) 面谈准备阶段 (2) 面谈实施阶段 (3) 面谈评价阶段
内容及注意事项	实施阶段要确保完成: (1) 就绩效现状达成一致 (2) 探讨绩效中可改进之处,并确定行动计划 (3) 商讨下一年的工作目标 注意事项: (1) 主管人员应当采取赞扬与建设性批评相结合的方式,避免员工产生抵触情绪 (2) 把重点放在解决问题上 (3) 鼓励员工积极参与到反馈过程中
面谈中评价者的误区	(1) 不适当发问 (2) 理解不足 (3) 期待预期结果 (4) 自我中心和感情化的态度 (5) 以对方为中心及同情的态度
绩效面谈的技巧	(1) 时间场所的选择:要尽量避开上下班、开会等让人分心的时段,为员工营造一种轻松、平等的氛围,便于沟通的顺利进行 (2) 认真倾听:最忌讳主管人员喋喋不休,时常打断员工的谈话 (3) 鼓励员工多说话:让下属充分表达自己的观点,不要打压和压制 (4) 以积极的方式结束对话:尽量采用积极的、令人振奋的方式结束面谈,在结束面谈时给予员工必要的鼓励而非打击

考点 2 绩效改进★★

1. 概念

绩效改进是指通过找出组织或员工工作绩效中的差距,制订并实施有针对性的改进计划来提高员工绩效水平的过程。

2. 程序

绩效诊断与分析	它是绩效改进过程的第一步,也是基本环节
选择绩效改进方法	(1) 卓越绩效标准,改进组织的整体效率和能力 (2) 六西格玛管理,减少企业业务流程中的偏差,提升组织绩效水平,运用科学的方法提高效率,减少失误率,使整个流程达到最优状态,从而满足客户的要求 (3) ISO 质量管理体系,特点:①明确了管理层在质量管理中的职责;②强调纠正和预防措施;③强调不断地审核和监督 (4) 标杆超越

续表

绩效改进实施管理	（1）恰当选择绩效改进方案执行的时机 （2）给予员工改善绩效的机会 （3）绩效改进方案要以正式的文件传达下来 （4）采取进一步行动前，要与人力资源顾问及组织的高层管理者进行充分的沟通
绩效改进效果评价	4个维度： （1）反应，即员工、客户、供应商对改进结果的反应 （2）学习或能力，即绩效改进实施后，员工能力素质的提升程度 （3）转变，即改进活动对工作方式的影响 （4）结果，即绩效改进所达成的结果与预期的对比

经典题解

【例题·单选题】 通过减少企业业务流程中的偏差，提升组织绩效水平的绩效改进方法是（　　）。（2019年）

A. 卓越绩效标准

B. 标杆超越法

C. 六西格玛管理

D. ISO质量管理体系

【解析】 六西格玛管理通过减少企业业务流程中的偏差，使组织的绩效提升到更高的水平。

【答案】 C

【例题·单选题】 一家企业在整个业务流程的所有环节上都努力运用科学的方法提高效率，减少失误率，以使整个流程达到最优状态来满足客户的要求。这种绩效改进方法是（　　）。（2017年）

A. 标杆超越法

B. ISO质量管理体系

C. 卓越绩效标准

D. 六西格玛管理

【解析】 六西格玛管理通过减少企业业务流程中的偏差，使组织的绩效提升到更高的水平。它的核心理念是：在企业整个业务流程的所有环节上，都运用科学的方法提高效率、减少失误率，使整个流程达到最优状态，从而满足客户的要求。

【答案】 D

考点3　绩效考核结果的分析与应用★

通过绩效考核，组织可以掌握员工的工作态度和工作能力。通过这两个维度的交叉分析，可以将组织中的员工划分成四种类型。

贡献型	组织要给予必要的奖励
安分型	组织要对其进行必要的培训以提升其工作技能
堕落型	组织要对其进行适当的惩罚、敦促其改进绩效
冲锋型	主管人员应当对其进行绩效辅导

绩效考核结果的应用：

衡量招聘结果	通过新员工在一段时间内的绩效考核结果来衡量
人员调配	为员工晋升、调整、淘汰提供决策支持
奖金分配	将薪酬与绩效挂钩，挂钩的方式主要有两种： （1）绩效与一次性绩效工资或奖金的发放对接 （2）绩效与固定工资基数的调整对接
培训与开发	（1）制订更有针对性的员工培训计划，帮助员工弥补不足，提升绩效 （2）用于衡量培训的有效性
员工职业生涯发展规划	通过绩效考核的结果，认识到员工的优势和不足，经过沟通和讨论，员工便能更加了解工作目标、明确自身的发展路径

经典题解

【例题·多选题】 绩效考核后，组织可以通过对员工（　　）的交叉分析，将员工划分成安分型等四种类型。（2018 年）

A. 年龄、性别　　B. 人际关系

C. 工作能力　　D. 工作态度

E. 工作经验

【解析】 通过绩效考核，组织可以掌握员工的工作态度和工作能力，通过这两个维度交叉分析，将员工划分为四种类型。

【答案】 CD

【例题·多选题】 企业可以根据绩效考核结果划分出四种类型的员工，关于针对这四种员工应当采取的措施的说法，正确的有（　　）。（2018 年）

A. 应该对堕落型员工进行适当的惩罚以促使其改善绩效

B. 应该对贡献型员工给予必要的奖励

C. 应该对冲锋型员工进行绩效辅导

D. 应该对安分型员工进行必要的培训以提升其工作技能

E. 应该对防守型员工加以更严密的监督

【解析】 企业依据绩效考核划分了四种员工类型：贡献型、安分型、堕落型、冲锋型。没有防守型，选项 E 错误。

【答案】 ABCD

第五节　特殊群体的绩效考核

本节视频详解
使用"会计云课堂" App/微信扫码听课

考点 1　团队绩效考核★

团队层面绩效考核指标的确定方法	（1）利用客户关系图来确定团队绩效考核的指标 （2）利用组织绩效指标确定团队绩效指标 （3）利用绩效金字塔来确定团队绩效考核指标 （4）利用工作流程图确定团队绩效考核指标

续表

知识型团队的绩效考核方法	知识型团队的绩效考核以结果为导向，而不是以行为为导向。需要综合以下四个角度的指标： （1）效益型指标（可以直接用来判断知识型团队的工作产出成果，即团队的产出满足客户需求的程度） （2）效率型指标（为获得效益指标所付出的成本和投入产出的比例） （3）递延型指标（团队的工作过程和工作结果对客户、投资者、团队成员的长远影响） （4）风险型指标（判断不确定性风险的数量和对团队及其成员的危害程度的指标） 四类指标加权平均即可得到知识型团队的综合绩效成绩
跨部门团队的绩效考核方法	矩阵形式的组织结构比较适宜于跨部门的团队绩效考核。做好跨部门团队考核，关键是做好标准化工作

经典题解

【例题·单选题】 下列知识型团队的绩效考核指标中，用来判断工作产出成果的是（　　）。（2020年）

A. 效益型指标　　B. 风险型指标

C. 效率型指标　　D. 递延型指标

【解析】 效益型指标，可以直接用来判断知识型团队的工作产出成果，即团队的产出满足客户需求的程度。

【答案】 A

【例题·多选题】 关于知识型团队的绩效考核的说法，正确的有（　　）。（2019年）

A. 效率型指标能够反映知识型团队的工作产出成果

B. 风险型指标能够判断不确定性风险的数量和对团队及其成员的危害程度

C. 效益型指标能够反映知识型团队所付出的成本和投入产出比

D. 递延型指标能够反映知识型团队的工作过程和工作结果对客户、投资者、团队成员的长远影响

E. 知识型团队的绩效考核应该以行为为导向

【解析】 效益型指标（可以直接用来判断知识型团队的工作产出成果，即团队的产出满足客户需求的程度）、效率型指标（知识型团队为获得效益指标所付出的成本和投入产出的比例），选项AC错误。知识型团队的绩效考核要以结果为导向，而不是行为，选项E错误。

【答案】 BD

考点2　国际人力资源的绩效考核★

供给来源	（1）母公司派遣驻外人员 （2）东道主国选聘人员 （3）第三国选聘人员 因此，对国际人力资源的绩效考核也就是对这三类人员的考核
特点	（1）不仅关注业绩，而且突出战略方向，强调企业的长远发展 （2）重视个人、团队和公司目标的密切结合 （3）更倾向于基于结果的绩效考核，而不是基于员工特征的绩效考核 （4）在绩效评价与反馈过程中更加注重管理者和员工的沟通

第八章　薪酬管理

第一节　薪酬管理概述

本节视频详解
使用"会计云课堂" App/微信扫码听课

考点 1　战略性薪酬管理★★★

1. 适用于企业不同发展战略下的薪酬管理

成长战略	成长战略是一种关注市场开发、产品开发、创新等内容的战略，可以分为内部成长战略和外部成长战略 指导思想：企业与员工共担风险、共享收益
	薪酬管理：短期内，提供相对**较低的基本薪酬**；长期来讲，实行奖金或股票选择权等计划，能够使员工得到较为丰厚的回报
稳定战略或集中战略	稳定战略是一种强调市场份额或者运营成本的战略 指导思想：要稳定现有的掌握相关工作技能的员工
	薪酬管理：薪酬决策集中度比较高，薪酬的确定基础是职位本身，在薪酬结构上**基本薪酬和福利所占的比重较大**；采取市场跟随或**略高于**市场水平的薪酬，但长期内不会有太大增长
收缩战略或精简战略	采取收缩战略的企业一般都面临困境 指导思想：将企业的经营业绩与员工收入挂钩
	薪酬管理：在薪酬结构上**基本薪酬所占比例相对较低**，一些企业尝试实行员工股份所有权计划，鼓励员工共担风险

2. 适用于不同竞争战略下的薪酬管理

创新战略	经营重点：强调产品在市场上的领袖地位和客户满意度
	薪酬管理：注重对产品创新、技术创新和新的生产方法给予足够的报酬或奖励。其基本薪酬以劳动力市场的通行水平为准且**略高于**市场水平
成本领先战略	经营重点：追求效率最大化、成本最小化
	薪酬管理：薪酬水平比竞争对手的薪酬相对**较低**，奖金部分所占的比例相对较大
客户中心战略	经营重点：强调客户满意度
	薪酬管理：根据员工向客户提供服务的数量和质量来支付薪酬，或者根据客户对员工或员工群体所提供服务的评价来支付奖金

经典题解

【例题·单选题】关于企业不同发展战略下的薪酬管理特征的说法，正确的是（　　）。(2019 年)

A. 在采用稳定战略的企业中，基本薪酬和福利在薪酬结构中所占的比例较高

B. 采用成长战略的企业会在短期内提供相对较高的基本薪酬

C. 在采用收缩战略的企业中，基本薪酬在薪酬结构中所占的比例较高

D. 采用稳定战略的企业一般采取低于市场水平的薪酬

【解析】采用成长战略的企业在短期内提供相对低的基本薪酬；采用稳定战略的企业从薪酬水平来说，一般采取市场跟随或略高于市场水平的薪酬；采用收缩战略的企业薪酬结构上基本薪酬所占的比例相对较低。

【答案】A

考点 2　薪酬体系设计的基本步骤★

第一步	明确企业基本现状及战略目标	进行薪酬决策的重要前提条件
第二步	工作分析及职位评价	工作分析是确定薪酬体系的基础，明确企业内部各职位的职责权限、任职资格 职位评价解决薪酬的内部公平性问题，职位评价的作用：①确定企业内部各职位的相对价值，得出职位等级序列；②为薪酬调查建立一套统一的职位评估标准，使不同职位之间具有可比性
第三步	薪酬调查	为了解决薪酬的外部竞争性问题 薪酬调查的步骤：①确定调查目的；②确定调查范围；③选择调查方式；④统计分析调查数据；⑤提交薪酬调查分析报告
第四步	确定薪酬水平	结合企业所处的内外部环境确定薪酬水平，可以选择领先策略、跟随策略或滞后策略
第五步	薪酬结构设计	是对薪酬的内部一致性和外部竞争性之间进行平衡的一种结果 完整的薪酬结构包括：薪酬等级、薪酬等级内部变动范围和相邻薪酬等级间的关系等
第六步	薪酬预算与控制	预先性的成本分析过程

经典题解

【例题·单选题】关于薪酬体系设计的说法，错误的是（　　）。(2020 年)

A. 工作分析是确定薪酬体系的基础

B. 薪酬调查主要是为了解决薪酬的外部竞争性问题

C. 职位评价主要是为了解决薪酬的内部公平性问题

D. 奖励性薪酬在薪酬体系中所占的比重越高越好

【解析】薪酬结构设计是薪酬的内部一致性和外部竞争性，对这两种薪酬有效性标准之间进行平衡的一种结果。而不是奖励性薪酬在薪酬体系中所占的比重越高越好，选项 D 的说法错误。

【答案】D

考点3 职位评价流程★

定义	职位评价是在工作分析的基础上，系统地对各职位的价值进行评价，从而确定各职位在企业内部的相对价值及相互关系的过程
需要注意	（1）职位评价是对职位的评价而非对任职者的评价 （2）它是对正常或一般水平的评价而非特殊业绩的评价 （3）它是对目前而非过去或未来职位状况的评价
原则	（1）系统性原则 （2）战略性原则 （3）标准化原则 （4）员工参与原则 （5）结果公开原则 （6）实用性原则
流程	（1）准备阶段：明确职位评价的目的、了解企业现状、确定职位说明书、建立职位评价委员会（常见的职位评价委员会的类型包括职位评价指导委员会、职位评价实施委员会、分析小组和申诉委员会）、选择标杆职位、建立职位评价体系 （2）实施阶段：对职位评价者进行培训、职位的初评和正式评价、与员工进行沟通并建立申诉机制和程序 （3）完善与维护阶段：日常维护、定期维护

考点4 职位评价方法★★

职位评价方法主要是找出企业内各职位的共同付酬因素，根据一定的评价方法，按每个职位对企业贡献的大小，确定其在企业内部的相对价值。职位评价的方法主要有四种，即排序法、分类法、要素计点法和因素比较法。

从比较基础和比较范围两个维度对以上四种职位评价方法进行划分：

比较基础	**比较范围**	
	定量方法	**定性方法**
直接职位比较法	因素比较法	排序法
职位尺度比较法	要素计点法	分类法

（1）定性方法。

排序法	定义	它是职位评价中使用较早的一种较为简单、最易于理解的评价方法。排序法可分为直接排序法、交替排序法和配对比较法三类
	优点	简单易行、成本较低、易于与员工沟通
	缺点	没有详细具体的评价标准，主观成分很大，不能确定所排序职位之间的相对价值
	适用于	规模较小、结构简单、职位类型较少、员工对本企业各项职位都较熟悉的企业

续表

分类法	定义	预先制定一套供参考的等级标准（即所谓的标尺），再将各待定级别的职位与之对照（即所谓的套级），从而确定该职位的相应级别
	优点	简单、容易解释，等级结构能真实反映有关企业的结构
	缺点	等级定义比较困难，存在较大的主观因素
	适用于	职位类别较为简单的小型企业

（2）定量方法。

要素计点法	定义	是一种比较复杂的量化评价方法，先设计出一套供比较的评级标准尺度，将职位在各报酬要素上进行分解，得出该职位的相对价值
	优点	更为精确，评价结果更容易被员工接受，同时允许对职位之间的差异进行微调
	缺点	设计与实施都比较复杂，对管理水平要求较高
	适用于	大规模企业中的管理类职位
因素比较法	定义	无须预先开发一个“评比标尺”，而是先在本企业中找出若干有代表性的标杆职位作为评价时的参考物。因素比较法舍弃了代表职位相对价值的抽象分数，直接使用相应的具体薪酬值来表示各职位的价值，从而省略了“分数—薪酬”的转换
	优点	较为完善，可靠性高，不同职位之间具有可比性，且可由职位内容直接求得具体薪酬金额
	缺点	评价体系设计复杂，难度较大，成本较高。这种方法不易理解，员工对其准确性和公平性容易产生质疑
	适用于	处在劳动力市场相对稳定环境下的规模较大的企业

经典题解

【例题·单选题】 关于职位评价方法分类的说法，正确的是（　　）。（2020年）

A. 职位尺度比较法包括要素计点法和分类法

B. 定量方法包括要素计点法和排序法

C. 直接职位比较法包括因素比较法和分类法

D. 定性方法包括因素比较法和分类法

【解析】 直接职位比较法包括因素比较法、排序法。职位尺度比较法包括要素计点法和分类法。定量方法包括因素比较法和要素计点法。定性方法包括排序法和分类法。

【答案】 A

【例题·单选题】 关于职位评价方法的说法，正确的是（　　）。（2015年）

A. 排序法是比较复杂的量化评价方法

B. 分类法的缺点是等级定义困难

C. 要素计点法的最大优点在于简单易行

D. 因素比较法的准确性和公平性容易得到员工的肯定

【解析】 排序法是职位评价中使用较早的一种较为简单、最易于理解的评价方法，选项A错误；分类法的缺点在于等级定义比较困难，存在较大的主观因素，选项B正确；要素计点法的设计与实施都比较复杂，对管理水平要求较高，选项C错误；因素比较法不易理解，员工对其准确性和公平性容易产生质疑，选项D错误。

【答案】 B

第二节 股权激励

本节视频详解
使用“会计云课堂”App/微信扫码听课

考点1 上市公司股权激励★★

1. 股票期权

概念	也称经营者股票期权，是指上市公司授予激励对象在未来一定期限内（行权期）以预先确定的价格（行权价）和条件购买本公司一定数量股票的权利
特征	（1）股票期权是一种权利而不是义务，收益人可以买、也可以不买公司股票 （2）股票期权只有在行权价低于行权时本企业股票的市场价格才有价值 （3）股票期权是公司无偿给予经营者等激励对象的
优点	（1）把经营者利益与股东利益及企业发展结合起来，使企业股东的资产权益首先得到保障 （2）对于经营者而言，可以让经营者分享企业的预期收益，突破只分享当期收益的局限性，经营者可以在风险较小的前提下得到较大的激励 （3）激励手段比较灵活，便于个案处理
局限性	（1）股票期权只适用于上市公司，而且是成长性较好、股价呈强势上涨的上市公司 （2）股票期权需要依托规范而有生气的股票市场，需要公司建立规范的法人治理结构 （3）股票期权容易诱发弄虚作假、恶意操纵和短期炒作等不良行为 （4）股票期权难以准确地衡量经营者的表现和企业真实的经营状况
激励范围和对象	（1）激励对象包括上市公司的董事、高级管理人员、核心技术人员或者核心业务人员，以及公司认为应当激励的对公司经营业绩和未来发展有直接影响的其他员工，但不应当包括独立董事和监事 （2）外籍员工任职上市公司董事、高级管理人员、核心技术人员或核心业务人员的，可以成为激励对象 （3）单独或合计持有上市公司5%以上股份的股东或实际控制人及其配偶、父母、子女，不得成为激励对象 （4）激励对象不能同时参加两个或两上以上上市公司的股权激励计划
激励额度	（1）上市公司全部有效的股权激励计划所涉及的标的股票总数累积不得超过公司股本总额的10% （2）非经股东大会特别决议批准，任何一名激励对象通过全部有效的股权激励计划获授的本公司股票累计不得超过公司股本总额的1%
股票来源	公司发行新股票；通过留存股票账户回购股票；从二级市场购买股票
资金来源	行权资金来源是困扰激励对象获得股权的最大障碍。上市公司不得为激励对象依股权激励计划获取有关权益提供贷款以及其他任何形式的财务资助，包括为其贷款提供担保
股票期权时间规定	（1）授权日：授予股票期权的日期，授权日必须是交易日 （2）等待期：股票期权授予日与获授股票期权首次可以行权日之间的间隔不得少于1年 （3）股票期权有效期：从授权日计算不得超过10年 （4）行权期：在公司定期报告公布后的第2个交易日，至下一次定期报告公布前10个交易日内行权 （5）股权激励计划有效期：自股东大会通过之日起计算，一般不超过10年

续表

行权价格	股票期权行权价格分为实值法、平值法和虚值法三种。我国采用平值法，规定以股权激励计划草案摘要公布前 1 日的公司标的股票收盘价与公布前 30 个交易日的公司标的股票平均收盘价“孰高原则”确定行权价格
执行方式	（1）现金行权。个人向企业指定的证券商支付行权费用及相应的税金和费用，证券商收到付款凭证后，以行权价格执行股票期权 （2）无现金行权。个人不需要以现金或支票支付行权费用，证券商以出售部分股票获得的收益来支付行权费用，并将余下股票存入经理人个人账户 （3）无现金行权并出售。个人决定对部分或全部可行权的股票期权行权并立刻出售，以获取行权价与市场价的差价带来的利润。个人决定对部分或全部可行权的股票期权行权前，需以书面形式通知企业表示期权行使及行使的股份数量，每次通知单必须附有按行使价计算的相应股份认购汇款单，企业在接到附有审计员确认书的通知单及汇款单 28 日内，将把相应股份全部划拨到获授人账户上

2. 限制性股票和股票增值权

限制性股票	定义	它是指激励对象按照股权激励计划规定的条件，从上市公司无偿或者低价获得一定数量的本公司股票，激励对象只有在工作年限或业绩目标符合股权激励计划规定条件的，才可以出售限制性股票并从中获益
	限制性股票的时间规定	（1）禁售期，指公司员工取得限制性股票后不得通过二级市场或其他方式进行转让的期限，禁售期不得低于 2 年 （2）解锁期，不得低于 3 年，原则上采取匀速解锁办法 （3）限制性股票的有效期、授予日的规定与股票期权相同
	授予价格	即上市公司向激励对象授予限制性股票时所确定的激励对象获得上市公司股份的价格，为避免股价操纵，同样遵循“孰高原则”
股票增值权	定义	它是指上市公司授予激励对象在一定时期和条件下，获得规定数量的股票价格上升所带来的收益的权利
	适用于	发行境外上市外资股的公司
	特点	（1）行权期一般超过任期 （2）激励对象拥有规定数量的股票股价上升所带来的收益，但不拥有这些股票的所有权、表决权、配股权 （3）可全额兑现，也可部分兑现 （4）股票增值权的实施可用现金，也可折合成股票，还可以两者结合
	实质	股票增值权实质上是一种虚拟的股票期权，是公司给予计划参与人的一种权利，不实际买卖股票 （1）通过模拟股票市场价格变化的方式，在规定时段内获得行权价格与行权日市场价格之间的差额 （2）股票期权的现金结算，比照实施期权计划可获得的收益，由公司以现金形式支付给激励对象 （3）也可以说，股票增值权实质上是企业奖金的延期支付

3. 上市公司三种股权激励模式的优缺点和适用企业类型

激励模式	优点	缺点	适用企业类型
股票期权	(1) 降低委托代理成本 (2) 可以锁定激励对象的风险，股票期权持有人不行权就没有任何额外损失 (3) 降低企业激励成本，并且让企业有现金流入 (4) 激励力度比较大，具有长期激励效果	(1) 可能带来大量经理人的短期行为 (2) 公司股本变化，原股东的股权可能被稀释 (3) 过分依赖股票市场有效性	成长性较好、股价呈强势上涨的上市公司
限制性股票	(1) 有可能是免费或低价获得，激励更强 (2) 通过对业绩条件、禁售期限的严格规定，使激励与约束对等	(1) 业绩目标或股价的科学确定较困难 (2) 现金流压力较大 (3) 会促使经理人放弃对高风险、高回报项目的投资	成熟型企业；对资金投入要求不是非常高的企业
股票增值权	(1) 激励对象无须现金付出 (2) 操作方便、快捷 (3) 无须证监会审批，无须解决股票来源问题	(1) 激励对象不能获得真正意义上的股票，激励的效果相对较差 (2) 对资本市场有效性依赖较大，可能导致公司高管层与股东合谋操纵公司股价等问题 (3) 公司的现金压力较大	现金流量比较充裕且股价比较稳定的上市公司；境外上市公司

经典题解

【例题·单选题】 下列公司成员中，不属于股票期权的激励对象的是（　　）。(2020 年)

A. 上市公司的独立董事

B. 上市公司的外籍核心业务人员

C. 上市公司的外籍董事

D. 上市公司的高级管理人员

【解析】 股票期权的激励对象包括上市公司的董事、高级管理人员、核心技术人员或者核心业务人员，以及公司认为应当激励的对公司经营业绩和未来发展有直接影响的其他员工，但不应当包括独立董事和监事。

【答案】 A

【例题·单选题】 关于股票期权的说法，正确的是（　　）。(2019 年)

A. 股票期权受益人须在规定时期内购买公司的股票

B. 股票期权适合于非上市公司

C. 股票期权是一种权利也是一种义务

D. 股票期权是企业无偿给予经营者等激励对象的

【解析】 股票期权是在行权期内进行购买公司的股票，而不是规定时期，选项 A 错误。股票期权适用于上市公司，选项 B 错误。股票期权是一种权利而不是义务，选项 C 错误。

【答案】 D

【例题·单选题】 关于我国股票期权的说法，正确的是（　　）。(2018 年)

A. 激励对象可以同时参加两个上市公司的股权激励计划

B. 激励对象包括独立董事，监事

C. 股票期权只适用于上市公司

D. 激励对象数量可以超过员工总数的10%

【解析】激励对象不可以同时参加两个或两个以上上市公司的股权激励计划，选项A错误。激励对象不应当包括独立董事和监事，选项B错误。股票期权只适用于上市公司，选项C正确。上市公司全部有效的员工持股计划所持有的股票总数累计不超过公司股本总额的10%，选项D错误。

【答案】C

考点2 非上市公司股权激励★

股份期权	又称期股模式，指公司授予激励对象在未来一定期限内以预先确定的价格和条件购买本公司一定数量股份的权利
业绩股份	确定一个较为合理的业绩目标，如果激励对象一定期限内达到预定目标，则公司授予其一定股份或提取一定的奖励基金购买公司股份，激励对象在以后的若干年内经业绩考核通过后可以获准兑现规定比例的业绩股份
虚拟股票期权	又称为股票增值权模式，是股份期权模式的一种变通。它是指公司授予激励对象一种“虚拟”的股票，当公司股份增值时，则被授予者可以据此享受股份的溢价收益，期权人只是在名义上持有而非真的购买公司股份，期权人没有表决权、股份不能转让和出售，离开公司时自动失效

考点3 员工持股计划★★

员工持股计划对企业发展具有重要的作用，一套科学合理的员工持股计划不仅能激励员工努力工作，吸引人才，提高企业的核心竞争力，起到“留人”的作用，而且还可以令企业获得资金来源，而这种资金来源于员工持股，因而是低成本资金，并且是稳定的、长期的，能够减轻企业的税务负担。

1. 员工持股计划概述

特点	（1）持股人或认购者必须是本企业的员工 （2）员工所认购的股份在转让、交易等方面受到一定的限制
认购形式	（1）员工以现金认赎 （2）通过员工持股专项贷款资金贷款认购 （3）将企业的奖励或红利转换成员工持股 （4）企业将历年累计的公益金转为员工股份
设计员工持股计划的原则	（1）应能够促进企业的长远发展 （2）应能够激发员工的工作积极性 （3）应能够改善企业的法人治理结构
证监会发布的基本原则	（1）依法合规原则 （2）自愿参与原则 （3）风险自担原则（盈亏自负）

续表

种类	（1）杠杆型员工持股计划：主要是利用信贷杠杆来实现，涉及员工持股计划基金会、公司、公司股东和贷款银行四个方面 （2）非杠杆型员工持股计划：也称“股票奖金计划”，依据资金的来源分为自付型（员工自己交钱购买企业的股票）和他付型（是一种纯粹的员工福利计划，员工本身不必交钱）

2. 员工持股计划的主要内容

激励对象	（1）在企业工作满一定时间的正式员工 （2）公司的董事、监事、经理 （3）企业派往投资企业、代表处工作，劳动人事关系仍在本企业的外派人员 （4）企业在册管理的离退休人员
持股期限和持股规模	（1）每期员工持股计划的持股期限不得低于 12 个月 （2）以非公开发行方式实施员工持股计划的持股期限不得低于 36 个月 （3）上市公司全部有效的员工持股计划所持有的股票总数累计不得超过公司股本总额的 10% （4）单个员工所获股份权益对应的股票总数累计不得超过公司股本总额的 1%
资金来源	（1）从工资基金节余、公益金、福利费中拨付 （2）从员工工资中按月扣除 （3）以员工持股机构未来将拥有的股票作为质押向银行申请贷款
股票来源	（1）上市公司回购本公司股票 （2）二级市场购买 （3）认购非公开发行股票 （4）股东自愿赠与 （5）法律、法规允许的其他方式
股份设置	（1）参与员工持股计划的员工能够购买的企业的股票数量由他的工资在员工全体薪金总额的比例确定 （2）员工持股严格限定在本企业正式聘用的员工范围内 （3）参与员工持股计划的员工不低于员工总数的 90%
持股比例	（1）明确界定员工持股占企业总股本的比例，一般不宜超过 20% （2）明确界定企业内部员工持股额度的分配比例，一般企业高管人员与一般职工的认购比例不宜拉得太大，原则上控制在 4∶1的范围之内

经典题解

【例题·单选题】关于员工持股计划的说法，正确的是（　　）。（2020 年）

A. 企业高管与一般职工的认购比例，原则上控制在 3∶1的范围内

B. 持股员工数量不得低于员工总数的 90%

C. 员工所持股份占企业总股本的比例，一般不宜超过 30%

D. 持股员工可以是正式聘用的，也可以是非正式聘用的

【解析】一般企业高管人员与一般职工的认购比例不宜拉得太大，原则上控制在4∶1的范围之内，选项 A 错误。员工持股占

企业总股本的比例，一般不宜超过20%，选项C错误。应该把员工持股严格限定在本企业正式聘用的员工的范围以内，选项D错误。

【答案】B

【例题·多选题】关于员工持股计划主要内容的说法，正确的有（　　）。（2020年）

A. 上市公司全部有效的员工持股计划所持有的股票总数累计不得超过公司股本总额的10%

B. 它的激励对象包括企业在册管理的离退休人员

C. 以非公开发行方式实施员工持股计划的持股期限不得低于36个月

D. 单个员工所获股份权益对应的股票总数累计不得超过公司股本总额的2%

E. 每期员工持股计划的持股期限不得低于24个月

【解析】单个员工所获股份权益对应的股票总数累计不得超过公司股本总额的1%，选项D错误。每期员工持股计划的持股期限不得低于12个月，选项E错误。

【答案】ABC

第三节　特殊群体的薪酬管理

本节视频详解
使用“会计云课堂”App/微信扫码听课

考点1　年薪制★★

概念	它是以企业会计年度为时间单位，根据经营者的业绩好坏而计发薪酬的一种薪酬制度。年薪制是一种高风险的薪酬制度，依靠的是约束和激励互相制衡的机制
构成	基本薪酬（基本收入）+奖金（短期奖励）+长期奖励（股票期权）+福利津贴（休假和各种保险福利待遇）
优势	（1）设置上比较灵活，根据企业经营者一个年度以及任期内的经营管理业绩，确定与其贡献相当的年度和长期薪酬水平及薪酬支付方式 （2）年薪结构中加大了风险收入的比例，有利于在责任、风险和收入对等的基础上加大激励力度 （3）年薪制可以把年薪收入的一部分直接转化为股权激励形式，从而把经营者薪酬与资产所有者利益及企业发展前景紧密结合
局限性	由于经营者的薪酬水平与年度企业业绩密切相关，因此，年薪制容易导致经营者的短期行为，做出不利于企业长期发展的决策
模式	一元结构：将全部收入设计为风险收入 风险收入=企业职工平均工资×调整系数×（1±主要业绩指标的增减比例） 二元结构：将年薪分为基本年薪和风险收入两部分 三元结构：进一步将风险收入分为效益年薪和奖励年薪，即经营者年薪分为基本年薪、效益年薪和奖励年薪三部分，效益年薪与企业绩效紧密联系，奖励年薪则视超额完成指标情况而定
基本年薪	基本年薪=本企业职工平均工资×调整系数

续表

风险收入两种计算方法	（1）风险收入=基本薪酬×倍数考核指标完成系数 （2）风险收入=超额利润×比例系数×考核指标完成系数 第二种计算方法的特征：比较符合国际惯例；风险收入具有边际递减的特征；能够阻止经营者通过不正常的途径增加当年的利润，防止经营者的短期行为

经典题解

【例题·多选题】 关于经营者年薪制的说法，正确的有（　　）。（2019年）

A. 年薪制确定了经营者的最低业绩目标，当经营者未完成最低计划指标时会受到惩罚

B. 年薪制确定了经营者的封顶奖金，当计划指标超额完成时经营者会有更多奖励

C. 在年薪制结构中加大风险收入的比例，有利于在责任、风险和收入对等的基础上加大激励力度

D. 企业可以根据经营者在一个年度或任期内的经营管理业绩，确定与其贡献相当的薪酬水平及薪酬支付方式

E. 年薪制是一种高风险的薪酬制度，体现约束和激励相互制衡的机制

【解析】 年薪制没有确定经营者的最低业绩目标和封顶奖金，选项AB错误。

【答案】 CDE

考点2　销售人员薪酬、驻外人员薪酬、专业技术人员薪酬★★

1. 销售人员薪酬

单纯佣金制	销售人员的薪酬中**没有基本薪酬**的部分，其全部薪酬收入都来自佣金。销售人员的佣金通常是以销售额的一定百分比来确定，所以在实践中又常被称为销售提成 优点：把薪酬收入与工作绩效直接挂钩，薪酬管理成本也较低 缺点：薪酬缺乏稳定性，易受外部环境因素的影响而引起大幅的波动；不利于培养销售人员对企业的归属感
基本薪酬加佣金制	由每月的基本薪酬和按**销售业绩**提取的佣金组成。分为直接佣金（按销售额的一定百分比计算）和间接佣金（将销售业绩转化为一定的点值，再根据点值来计算佣金数量）
基本薪酬加奖金制	佣金直接由**绩效表现**决定，而奖金与业绩之间的关系是间接的，通常销售人员所达成的业绩只有超过某一销售额，才能获得一定数量的奖金
基本薪酬加佣金加奖金制	这种薪酬制度将佣金和奖金结合在一起，可以从多角度引导并激励员工的行为和绩效
薪酬制度的选择	（1）**保险行业**、**饮食行业**等对销售人员的薪酬设计大多是“高佣金加低基本薪酬”的薪酬制度 （2）对于**技术含量较高**，市场较为狭窄，销售周期较长的产品来说，其销售人员的素质及稳定性要求都比较高，适宜采用“**高基本薪酬加低佣金或奖金**”的薪酬制度

2. 驻外人员薪酬

基本薪酬	基本薪酬的确定可以采用三种方法：基于本国薪酬的方法；基于东道国的方法；基于总部的方法
激励薪酬	(1) 驻外津贴，鼓励员工接受在海外的工作而发放的激励薪酬 (2) 困难补助，补偿驻外员工为海外工作所做出的牺牲，补偿他们在国外艰苦的生活和工作条件而发放的激励薪酬 (3) 流动津贴，对员工变换工作地点的奖励
福利	(1) 标准福利，包括保障计划和带薪休假 (2) 额外福利，包括搬家补助、驻外人员子女教育津贴、探亲假和差旅补助、带薪休假及津贴

3. 专业技术人员薪酬

基本薪酬与加薪	基本薪酬：取决于专业技术人员所掌握的专业知识与技术的广度与深度以及运用专业知识与技术的熟练程度，而不是所从事岗位的重要性 加薪：取决于专业技术人员的专业知识和技能的积累程度以及熟练水平的提高
奖金	(1) 专业技术人员通常会获得较高的基本薪酬，奖金所占比重较小 (2) 对于研发出为企业带来较多利润的新产品的专业技术人员或团队，企业会给予一次性奖励，或分享新产品上市后一段时期内产生的利润
福利与服务	专业技术人员非常看重继续受教育和受培训的机会。企业会尽量为员工提供一些在国内外进修深造的机会，为他们参加各种学术活动提供费用和时间上的便利

第四节 薪酬成本预算与控制

考点1 薪酬成本预算的方法★

自上而下的薪酬成本预算方法	高层管理者先决定企业的薪酬预算总额、提薪幅度和分配政策，再将整个预算额度分配给企业内部各部门，最后由各部门管理者再将部门的薪酬额度按照企业分配政策和员工的实际工作情况分配给每位员工 优点：可以很好地控制企业的整体薪酬成本和部门薪酬成本，便于调控人力成本开支与企业支付能力及企业绩效的对称性 缺点：缺乏灵活性，所以受主观因素影响较大，降低了预算的准确性，不利于调动员工的积极性
自下而上的薪酬成本预算方法	通过基层单位各部门管理者提前预报本部门在下一年度的薪酬预算，从而计算出各部门的薪酬开支，编制企业整体薪酬预算方案

考点2 薪酬成本的控制★

控制雇佣量	雇佣量是企业雇佣人数与他们的工时数量的乘积，企业不仅控制员工数量，而且控制工时数量
控制基本薪酬	控制基本薪酬加薪的规模（或幅度）、加薪的时间和员工覆盖面
控制奖金	控制支付规模、时间和覆盖面，利用一次性支付性质来改善劳动力成本的可调节幅度
控制福利支出	企业的福利支出可以分为三类： （1）与基本薪酬相联系的福利 （2）与基本薪酬无联系的福利 （3）福利管理费用 在控制福利支出时，要针对这三类福利的特性分别管理和控制
利用适当的薪酬技术手段	利用工作评价、薪酬调查、薪酬结构、薪酬宽带、计算机辅助管理、最高最低薪酬水平控制、成本分析、薪酬比例比较等薪酬技术手段，来促进或改善薪酬成本控制

经典题解

【例题·多选题】 薪酬成本控制的方法有（　　）。(2011年)

A. 控制雇佣量

B. 控制基本薪酬

C. 控制差旅支出

D. 控制福利支出

E. 控制奖金

【解析】 企业薪酬成本控制的基本方法不包括控制差旅支出。

【答案】 ABDE

考点3 企业人工成本★

常用的人工成本分析指标有三类：人工成本总量指标、人工成本结构指标和人工成本分析比率型指标。

人工成本总量指标	反映的是企业的人工成本总量水平，考虑到企业规模的差异，通常用人均人工成本指标对企业的支付能力进行分析和控制。该指标能够显示本企业员工平均收入的高低，也就能作为企业向劳动力市场提供的劳动力价格信号
人工成本结构指标	它是指人工成本各组成部分占人工成本总额的比例，它能够反映人工成本投入构成的情况与合理性
人工成本分析比率型指标	它是一组能够将人工成本与经济效益联系起来的相对数，一般包括劳动生产率、人工费比率、劳动分配率、人工成本占总成本的比重等指标。通过这些指标可以衡量企业对劳动的投入与收益，从而寻求最佳的人工成本投入和产出的“度”

第九章　培训与开发

本节视频详解
使用"会计云课堂" App/ 微信扫码听课

第一节　培训与开发决策分析

考点　培训与开发决策的分析与制定★★

概念	组织在决定是否进行某项培训与开发活动之前对成本—收益进行的权衡考虑
考虑因素	培训与开发的支出（C）；员工参加培训与开发将会给组织带来的收益（B）；组织支付给员工的加薪（S）；只有 B-S>C，培训与开发才会提高组织的收益 如果 B 大于 C，需要注意两种极端情况： （1）若 S=0，B-S 就自然大于 C，组织自然会乐于支付培训与开发的费用 （2）若 S=B，组织将不愿意支付培训与开发的费用，但是员工获得了收益，因此，员工会愿意支付部分或全部费用 影响培训与开发利润的因素包括受训员工可能的服务年数、受训员工技能可能提高的程度、受训员工的努力程度和对组织的忠诚度等
决策的误区	培训与开发不是一项无回报的开支，而是一种对人力资源的投资。在实际工作中，管理层往往会出现决策的误区： （1）由于对人力资源投资的回报比其他类型的投资回报更难量化，从而更容易遭到管理层的反对 （2）由于培训与开发效果评估的滞后性等因素，管理层更愿意投资那些容易衡量或反馈时间短的培训与开发课程，而不愿意做那些难以衡量或反馈周期长的培训与开发投资 （3）将培训与开发视为一项开支或员工福利，而非一项投资。培训与开发的预算经常落后于经营战略计划

经典题解

【例题·单选题】从投资的成本—收益角度分析，组织适合做培训投资的条件是（　）。

A. C-S>B　　B. B-S>C

C. S-B>C　　D. B>C

【解析】只有 B-S 大于 C 时，培训与开发才会提高组织的收益，这种情况下，组织才愿意支付员工的培训费。

【答案】B

【例题·多选题】在进行培训与开发决策时，管理层容易出现的决策误区有（　）。

A. 人力资源投资回报难以量化，容易被管理层拒绝

B. 认为培训与开发成本高

C. 培训与开发效果评估滞后，不愿意投资

D. 从投资角度看待培训与开发工作

E. 从福利角度看待培训与开发工作

【解析】培训与开发决策分析中管理层常见的误区有：人力资源投资回报难量化，管理层容易反对；培训与开发评估效果滞后性等因素管理层不愿意投资；多数组织把培训视为一项开支或员工福利而非一项投资。

【答案】ACE

第二节 培训与开发的组织管理

本节视频详解
使用"会计云课堂" App/微信扫码听课

考点1 培训与开发的组织体系★

考虑因素	(1) 组织的规模 (2) 人力资源管理在组织中的地位和作用
中小型组织	在中小型组织中，由于员工规模不大，一般不需要设置专门的培训与开发机构
大型组织	在大型组织中，由于员工数量多，培训与开发任务繁重，一般设置专门的培训与开发机构，具有以下两种模式 (1) 培训与开发机构隶属于人力资源部，是其的一个部门 优点：便于形成一个协调、统一的培训与开发计划 缺点：无法体现培训与开发在组织中的战略位置，而且会受其他工作的影响，难以保证培训与开发的力度和连续性 (2) 培训与开发机构与人力资源部并列，是组织的一个独立部门 优点：可以体现培训与开发在组织中的战略位置。不受其他工作影响，可以保证培训与开发的力度和连续性 缺点：两个部门是并列的，难免会发生冲突，因此需要在两部门之上设置一个领导，充当组织和协调的角色 一些大型的、实行分权化管理的组织有时会组建企业大学来负责组织的培训与开发。企业大学是独立的培训与开发机构的一种扩大发展的模式

考点2 培训与开发工作的组织管理★

职能	(1) 制定支持企业经营战略的培训与开发战略 (2) 分析和明确公司和各类职位、各级各类人员的培训与开发需要 (3) 形成如何满足这些需要的建议和计划 (4) 制订企业年度的培训与开发计划 (5) 制定年度培训与开发预算 (6) 确定企业内部和外部的培训与开发资源 (7) 实施各类培训与开发计划，具体安排各种培训与开发课程或活动 (8) 帮助和指导员工个人职业发展计划 (9) 管理好员工培训与开发的档案 (10) 维护培训和开发的场地和设施，充分开发与利用各类培训与开发的资源
责任	尽管各级管理层都需要对培训与开发承担不同程度的管理责任，但对员工进行培训与开发的责任最终落实到直线经理身上，包括： (1) 关注下属员工的职业生涯发展 (2) 提供给下属员工发展其能力的机会 (3) 在日常工作中鼓励员工持续不断地学习 (4) 充当下属的教练、导师、榜样等角色 (5) 帮助下属去识别和利用日常工作中的所有学习机会 (6) 上岗培训的主要讲师

考点3 培训与开发效果评估★★★

1. 评估的内容

培训与开发效果评估中应用最广的是层次评估模型，它把评估内容分为反应、学习、工作行为、结果和投资收益五个方面。

概念	培训与开发效果的评估是一个运用科学的理论、方法和程序，从结果中收集数据，并将其与整个组织的需求和目标联系起来，以确定培训与开发项目的优势、价值和质量的过程
缺点	由于培训与开发效果的滞后性，以及员工个体的差异性，要客观、科学地评估培训与开发的效果相当困难，因此，效果评估是培训与开发体系中最难实现的一个环节
反应评估	重点是评估受训人员对培训与开发的主观感受和看法。反应评估易于进行，是最基本、最常用的评估方式 常用方法：访谈、问卷调查(最为普遍)
学习评估	评估受训人员的学习获得程度（学到了什么）：①知识（笔试）；②技能（实际操作）；③态度（自我评价的态度量表）
工作行为评估	重点是评价培训与开发是否带来了受训人员行为上的改变，以及受训人员把所学的内容运用到工作上的程度。工作行为评估是组织高管层和直接主管特别关心的 评估方法：面谈、直接观察、绩效监测和行为评价量表（最常用的方法）等
结果评估	（1）结果评估的目标是评估受训人员工作行为改变对其所服务的组织或部门绩效的影响作用 （2）结果如何是组织进行培训与开发效果评估的最重要内容，是最具说服力的评价指标，也是组织高层最关心的评估内容 （3）结果评价指标包括硬指标和软指标：①硬指标包括产出、质量、成本和时间四大类，易被衡量和量化，容易被转化为货币价值，而且评价也更为客观；②软指标包括工作习惯、工作满意度、主动性、顾客服务等方面，难以被衡量和量化，也难以被转化为货币价值，而且评价具有主观性
投资收益评估	目标是确定或比较组织进行培训与开发的成本收益。投资收益通常表示为一个百分数，或成本与收益的比率。在实际工作中，组织很少进行投资收益评估，因为对其进行评估是一个困难且昂贵的过程

2. 评估的时机和方法

评估时机	（1）培训与开发结束时的评估 （2）培训与开发后的回任工作评估（更重要）	
评估方法	控制实验法（最规范化）	优点：可以确定员工绩效的提高是否确实是由培训与开发所引发的，而不是由企业的其他方面变化引起的。可以提高评估的准确性和有效性 缺点：操作复杂、费用高 不适用：难以找到量化绩效指标的培训与开发项目或活动，如管理技能培训与开发等
	问卷调查法	收集的信息包括受训人员对培训与开发项目的看法；受训人员所学的知识和技能；受训人员应用所学新知识的能力；培训与开发的目标是否达成等

3. 具体的评估方法

培训与开发结束时的评估方法	(1) 利用知识或技能测验来评定培训与开发的效果 (2) 设计相关工作态度调查问卷来评定培训与开发的效果 (3) 利用调查表来征询受训人员对于培训与开发的改进建议 (4) 记录培训与开发期间受训人员的出席情况 (5) 根据培训与开发的责任人、协助人员等的报告来评估培训与开发的效果 (6) 根据受训人员在培训与开发结束时的成绩来评估培训与开发的效果
回任工作评估的方法	(1) 在培训与开发结束后一段时期，通过调查受训人员工作绩效的改善来评估培训与开发的效果 (2) 通过实地观察受训人员的工作实况来评估培训与开发的效果 (3) 调查或访问受训员工的上级主管或下属，根据所获得的反馈信息来评估培训与开发的效果 (4) 通过分析受训人员的人事记录资料来评估培训与开发的效果 (5) 通过比较受训人员与未受训人员的工作效率来评估培训与开发的效果 (6) 根据受训人员是否达到工作标准来评估培训与开发的效果 (7) 根据培训与开发活动的目标来评估培训与开发的效果

经典题解

【例题·多选题】 在培训与开发效果评估中，结果评估的软指标包括（ ）。（2020 年）

A. 工作满意度

B. 主动性

C. 产出

D. 工作习惯

E. 成本

【解析】 结果评估指标包括硬指标和软指标。硬指标包括产出、质量、成本和时间四大类，易被衡量和量化，容易被转化为货币价值，而且评价也更为客观。软指标包括工作习惯、工作满意度、主动性、顾客服务等方面，难以被衡量和量化，也难以被转化为货币价值，而且评价具有主观性。

【答案】 ABD

【例题·多选题】 关于培训与开发效果评估中的结果评估的说法，正确的有（ ）。（2019 年）

A. 它的评估软指标包括工作满意度、时间与成本等

B. 它是组织高管层最关心的评估内容

C. 它的评估硬指标包括产出、质量等

D. 它是培训与开发效果评估中最具有说服力的评价指标

E. 它是培训与开发效果评估中最重要内容

【解析】 硬指标包括产出、质量、成本和时间四大类，选项 A 的说法错误。

【答案】 BCDE

第三节　职业生涯管理

本节视频详解
使用“会计云课堂”App/微信扫码听课

考点1　职业生涯管理概述★

内涵	（1）狭义：职业生涯是个体在其整个工作生涯中选择从事工作的一个总的行为过程 （2）广义：职业生涯是贯穿个体一生的系列活动，包括有薪的和无薪的 （3）职业生涯规划的焦点是放在个人目标与现实可行的机会的匹配上	
内容	组织主动实施的职业生涯管理	两者之间是相辅相成的。积极进行个体职业生涯管理的员工，通常会获得更多的组织职业生涯管理机会。组织方面实施的职业生涯管理要充分考虑、尊重个体的职业生涯管理，只有这样，才能保证职业生涯管理的有效性。两者匹配才会提高员工的满意度，降低离职率
	个人主动进行的职业生涯管理	

考点2　职业生涯管理的方法★★

组织层次	提供职业生涯信息	（1）公布职位空缺信息 （2）介绍组织内的职业生涯通道（也称职业生涯路线或职业生涯道路，是指个体在职业生涯过程中所经历的一系列岗位和层级所形成的链条，是个体一生的职业生涯轨迹）。①横向通道：员工在同一个管理层级或同一个技术、技能等级上不同岗位或工种之间的变动路径。②纵向通道：员工在不同管理层级、技术等级、技能等级之间的上下变动路径。③双通道：员工同时承担管理工作和技术工作，俗称“双肩挑”，主要是为组织中**技术人员**或**专业人员**设计的，也是组织培养**高层管理人员**的主要方式之一 （3）建立职业生涯信息中心
	成立潜能评价中心	包括：评价中心；心理测验；替换或继任规划 主要用于：专业人员、管理人员、技术人员
	实施培训与发展项目	（1）工作轮换 （2）利用公司内、外人力资源发展项目对员工进行培训 （3）参加组织内部或外部的专题研讨会 （4）专门对管理者进行培训或实行双通道职业生涯设计
个人层次	给个人提供自我评估工具和机会	（1）职业生涯讨论会 （2）提供职业生涯手册 （3）退休前讨论会
	职业生涯指导与咨询	实施职业生涯指导与咨询的人员来源： （1）人力资源部的专业人员或具体负责人 （2）员工的直接主管 （3）组织外的专业指导师或咨询师

经典题解

【例题·单选题】关于职业生涯通道的说法，错误的是（ ）。(2020 年)

A. 它是个体一生的职业生涯轨迹

B. 它的四种基本类型中的双通道是为管理人员设计的

C. 它也称职业生涯路线

D. 它是个体在职业生涯中经历的一系列岗位和层级所形成的链条

【解析】双通道，即员工同时承担管理工作和技术工作，俗称"双肩挑"，主要是为组织中技术人员或专业人员设计的，也是组织培养高层管理人员的主要方式之一。

【答案】B

考点 3 职业生涯管理效果的评估★

一般认为，可以用以下四个方面的标准来衡量职业管理生涯的有效性：

（1）是否达到个人或组织目标及其程度。

（2）具体活动的完成情况。

（3）绩效指数变化。

（4）态度或心理变化。

考点 4 职业生涯管理的注意事项★★★

1. 职业兴趣

职业兴趣在个体的职业生涯中起着重要的作用，它影响个体的职业选择、职业生涯目标，也是组织进行职业生涯管理的重要依据。尽管霍兰德的职业兴趣测试理论有助于职业生涯指导与咨询过程的分析、解释和诊断。但个人的个性特征并非是职业生涯选择的决定性因素，也并非是职业成功的决定因素，还要考虑发展因素、社会因素等。

霍兰德的职业兴趣类型包括现实型、研究型、艺术型、社会型、企业型、常规型。

2. 职业生涯发展阶段及主要任务

	探索期	建立期	维持期	衰退期
发展任务	确定兴趣、能力，让自我与工作匹配	晋升、成长、安全感，生涯类型的确立	维持成就感，更新技能	退休计划，改变工作与非工作之间的平衡
活动	协助、学习、遵循方向	独自做出贡献	训练、帮助、政策制定	退出工作
身份	学徒	同事	导师	顾问
年龄	30 岁以下	30～45 岁	45～60 岁	60 岁以上
专业资历	2 年以下	2～10 年	多于 10 年	多于 10 年

3. 职业生涯锚

定义	职业生涯发展实际上是一个持续不断的探索过程。职业生涯锚是指当个人不得不做出选择的时候，无论如何都不会放弃的职业生涯中的那种至关重要的东西或价值观

续表

内容	（1）自省的才干与能力 （2）自省的动机与需要 （3）自省的态度与价值观
特点	（1）产生于早期职业生涯阶段，以个体习得的工作经验为基础 （2）强调个人能力、动机和价值观三方面的相互作用与整合 （3）不可能根据各种测试提前进行预测 （4）并不是完全固定不变的
重要作用	在个人的职业生涯发展中或在组织的职业生涯管理中，职业生涯锚都能发挥重要的作用： （1）有助于识别个人的职业生涯目标和职业生涯成功的标准 （2）能够促进员工预期心理契约的发展，有利于个人与组织稳固地相互接纳 （3）有助于增强个人职业技能和工作经验，并提高个人和组织的绩效 （4）为个人中后期职业生涯发展奠定基础

职业生涯锚的类型：

技术/职能能力型	强调实际技术/职能等业务工作；拒绝一般性管理工作，但愿意在其技术/职能领域管理他人；追求在技术/职能区的成长和技能不断提高。他们大多从事工程技术、营销、财务分析、系统分析等工作
管理能力型	追求一般性管理工作，且责任越大越好；具有强烈的升迁动机，以提升等级和收入作为衡量成功的标准；具有分析能力、人际沟通能力和情绪控制能力的强强组合特点，但对组织有很强的依赖性
安全稳定型	追求安全、稳定的职业前途是这一类职业生涯锚员工的驱动力和价值观
自主独立型	自主独立型职业生涯锚的人总是希望随心所欲地安排自己的工作方式和生活方式，追求能够施展个人能力的工作环境，最大限度地摆脱组织的束缚，但有很强的职业承诺
创造型	创造型职业生涯锚的人具有独有的特征：有强烈的创造需求和欲望，发明创造是他们工作的强大驱动力；具有冒险精神

经典题解

【例题·单选题】在个体的职业生涯发展阶段中，建立期的主要任务与活动是（　　）。（2019年）

A. 独自做出贡献

B. 训练与帮助他人

C. 帮助组织制定政策

D. 协助与学习

【解析】选项BC属于维持期的任务，选项D属于探索期的任务。

【答案】A

【例题·单选题】从事工程技术、营销、财务分析、系统分析等工作的人具有（　　）职业生涯锚。（2019年）

A. 技术/职能能力型

B. 管理能力型

C. 安全稳定型

D. 自主独立型

【解析】技术/职能能力型。其特点是强调实际技术/职能等业务工作；拒绝一般性管理工作，但愿意在其技术/职能领域管理他人；追求在技术/职能区的成长和技能不断提高。他们大多从事工程技术、营销、财务分析、系统分析等工作。

【答案】A

【例题·单选题】具有分析能力，人际沟通能力和情绪控制能力的强强组合特点的职业生涯锚，属于（　　）。（2018 年）

A. 自主独立型

B. 创造型

C. 管理能力型

D. 技术/职能能力型

【解析】管理能力型：追求一般性管理工作，且责任越大越好；具有分析能力、人际沟通能力和情绪控制能力的强强组合特点。

【答案】C

第十章　劳动关系

第一节　劳动关系概述

考点 1　劳动关系的概念★★

定义	劳动者与劳动力使用者以及相关组织为实现劳动过程所构成的社会关系
目的	实现劳动者与生产资料结合并完成劳动过程
性质	基本性质是**社会经济关系**，本质上是一种经济利益关系；涉及和影响的不只是社会经济，还涉及政治领域
主要特点	从属性是劳动关系最主要的特点
基本形式	冲突与合作贯穿于劳动关系整个过程，形成劳动关系运行的两种基本形式
具体内容	劳动过程中涉及的劳动标准、管理规则

劳动关系的主体：

劳动者	指具有劳动权利能力和劳动行为能力，依照劳动法律法规被用人单位雇用并在其管理下从事劳动以获取工资收入的人员 劳动者的概念包括四层含义： （1）被用人单位依法雇用（录用）的人员，**不包括自雇用者** （2）在用人单位管理下从事劳动的人员 （3）以工资收入为主要生活来源的人员 （4）仅限定在国家劳动法律所规定的范围之内
工会	指在市场经济条件下，为维护和改善劳动者的劳动条件和生活条件而设立的组织。设立工会的主要目标是为工会成员争取利益和价值 中华全国总工会（简称"全总"）及其下工会体系是我国唯一合法的工会组织 按**组织结构形式**划分：职业工会、产业工会、总工会 按**层级**划分：企业工会、区域性（或地方性）工会、全国性工会

续表

用人单位	具有法定用人资格，使用劳动力组织生产劳动且向劳动者支付工资报酬的单位 法律界定的用人单位： （1）企业，是指包括国有企业、集体企业、外商投资企业、私营企业等依法成立、进行生产经营活动的各类经济组织 （2）个体经济组织，是指雇工 7 人以下（包括 7 人）的个体工商户 （3）民办非企业单位，是指企业事业单位、社会团体和其他社会力量以及公民个人利用非国有资产举办的，从事非营利性社会服务活动的社会组织 （4）国家机关，包括国家权力机关、国家行政机关、司法机关等 （5）事业组织，是指为了社会公益目的，由国家机关举办或者其他组织利用国有资产举办的、从事教育、科技、文化、卫生等活动的社会服务组织 （6）社会团体，是指中国公民自愿组成、为实现成员共同意愿、按照其章程开展活动的非营利性社会组织
雇主组织	由雇主依法组成的组织，目的是通过群体优势同工会组织抗衡，最终促进并维护每个雇主成员的具体利益 中国企业联合会是雇主组织在我国的具体体现形式之一，是企业、企业经营者的联合组织 主要作用包括： （1）参与集体谈判。同工会进行谈判、签订集体协议、协调劳动关系，是雇主组织发展的最基本原因，也是雇主组织最基本的功能 （2）参与劳动立法和政策制定。一般体现在国家级雇主组织上 （3）在劳动争议处理过程中向其成员提供法律服务 （4）通过雇主组织的培训机构为会员企业提供培训服务
政府	政府协调劳动关系的作用必不可少，在制定政策、执法监察和处理重大的、突发性劳动争议事件等方面发挥着主导作用，作用如下： （1）劳动关系的规制者 （2）劳动关系运行的监督者 （3）劳动争议的重要调解仲裁者 （4）劳动关系重大冲突的控制者 （5）协调劳动关系制度和机制建设的推动者

考点 2 劳动关系的类型与模式★

类型	按劳动关系双方利益关系的性质和处理原则来划分： （1）利益冲突型：英国 （2）利益协调型：德国 （3）利益一体型：主要是指亚洲一些国家的劳动关系，如日本、新加坡
	按劳动关系双方力量对比等因素来划分： （1）均衡型（相互制衡） （2）倾斜型（资方主导） （3）政府主导型

续表

模式	按照国别的劳动关系划分： （1）以美国为代表的自由多元化模式 （2）以德国为代表的劳资协议自治式 （3）以日本为代表的家族式劳动关系模式

考点 3　劳动关系系统及其运行★★

1. 劳动关系系统的概念和特点

概念	也称产业关系或劳资关系系统，是指现代社会系统中以劳动关系为基本关系所构成的，劳动关系的内部构成和外部环境因素交流互动构成的有机整合体。劳动关系系统的基本要素是以个体或群体身份出现的
特点	劳动关系系统理论，将环境因素作为劳动关系构成的基本内容之一，提出了劳动关系系统与环境之间是一种相互交换、相互影响、相互制约的辩证关系 政治和社会环境的投入是劳动关系系统存在的社会条件；三方主体（即劳动者与工会、雇主与雇主组织、政府）是劳动关系系统的直接参与者；意识形态对于三方关系处理发挥着重要的作用；三方博弈的结果又对于劳动关系的环境产生影响；劳动关系系统运行或转换过程的结果或产出是规则，规则又反过来直接规范劳动关系的运行

2. 劳动关系系统的运行

概念	指劳动关系系统的组织构成、权利分配，以及关系处理和作用发挥的过程和方式
内容	一是组织机构与相互关系 二是关系处理的规则和程序
阶段	第一阶段，劳动关系的构成 第二阶段，劳动标准的确定和实施 第三阶段，劳动争议的处理和解决
基本形式	有两种基本形式，即劳动关系的冲突和合作：冲突与合作是劳动关系系统运行中的一对矛盾，冲突和合作在劳动关系系统运行中会交替出现，而运行的基本方向则是劳动关系的合作
功能	动力功能：具有启动劳动关系并使之运行的作用 约束功能：具有对这一运行加以控制的作用 从本质上来说，劳动关系系统的运行是以人与人之间的经济利益关系为主的
状态	良性运行和谐发展、中性运行常态发展、恶性运行畸形发展
作用	促使劳动关系良性的运行，是劳动关系系统运行的基本目标，也是劳动关系系统运行机制的基本作用
机制	要建立和完善劳动关系系统构成、运行和冲突处理的机制体系。这个体系应该包括劳动力合理配置的市场机制、劳动关系建立的契约机制、劳动标准确立的协商谈判机制、劳动关系规制的法律机制、劳动关系管理的监察机制等

3. 劳动关系运行的程序规则和实体规则

劳动关系运行的规则网络是由法律、权力、传统和道德四个方面所构成的。法律规范是构成劳动关系运行的规则网络的基本构成，这一构成又分为程序规则和实体规则。

程序规则	指劳动关系系统运行中关系处理的方法和过程的规则要求 劳动关系运行的规则首先是程序规则，因为没有程序规则就没有实体规则。程序法制化是程序规则建立的基本要求，具体规则主要包括： （1）个别劳动关系处理规则，即劳动者个人与雇主之间关系处理的规则。个别劳动关系是构成劳动关系系统的基础关系。基本方式即劳动合同制度 （2）集体劳动关系处理规则，即劳动者集体与雇主或雇主组织之间关系处理的规则。集体劳动关系处理规则是劳动关系系统运行的核心规则。基本表现方式是集体合同 （3）劳动争议处理规则实际上是劳动关系系统运行中的救济规则，是对前两个规则的补充
实体规则	主要内容是关于劳动者权利的维护，其主要法律表现形式为劳工标准 按照权利主体的不同来区分： （1）劳动者个人权利（即个别劳权），包括劳动就业权、工资报酬权、休息休假权、社会保障权、职业安全卫生权、职业培训权、劳动争议提请处理权 （2）劳动基本权（即集体劳权），包括团结权、集体谈判权、集体行动权、民主参与权 集体劳权是以个别劳权为基础形成的。集体劳权所体现的是劳动者一方或劳动者集体的利益和要求，而不仅是个别劳动者的利益和要求

第二节 我国劳动关系调整机制

本节视频详解
使用"会计云课堂"App/微信扫码听课

考点1 劳动关系调整的原则★

原则	内容
劳动关系主体权利义务统一	在劳动关系中，劳动者和用人单位都享有权利和负有义务，双方的权利义务相互对应，彼此依存，这不仅表现了劳动关系主体之间对劳动过程的共同支配，而且反映了主体间相互制约的辩证关系
保护劳动关系主体权益	（1）全面保护，一是指双维护，即要对劳动者和用人单位的权益实施保护，任何一方都不得随意侵犯对方的权益；二是对劳动关系双方来说，无论是法定权益还是约定权益，无论是财产权还是人身权，都要置于保护范围内 （2）平等保护：一是对各类用人主体的权益平等保护；二是对各种劳动者平等保护 （3）优先保护和特殊保护：对劳动者实施优先保护
以劳动关系双方自主协调为基础	劳动关系的建立、存续和终止以及劳动关系双方的纠纷处理，主要是由劳动关系双方依法自主协商决定。劳动者和用人单位通过平等协商一致，依法签订劳动合同，明确双方的权利和义务
促进经济发展和社会进步	劳动关系作为基本的社会经济关系，其状况深刻影响着企业乃至国家的经济发展和社会的进步

经典题解

【例题·单选题】 以下属于我国劳动关系调整的原则的是（　　）。（2020 年）

A. 促进经济发展和社会进步的原则

B. 以政府协调为基础的原则

C. 重点保护劳动者权益的原则

D. 强调劳动关系主体各自义务的原则

【解析】 劳动关系调整的原则：①劳动关系主体权利义务统一的原则。②保护劳动关系主体权益的原则。③以劳动关系双方自主协调为基础的原则。④促进经济发展和社会进步的原则。

【答案】 A

考点 2　我国调整劳动关系的制度和机制★

劳动合同制度	是市场经济条件下劳动者个人与用人单位建立劳动关系的契约，是落实劳动保障法律法规、规范劳动关系双方权利和义务的重要载体
集体合同制度	指用人单位与本单位职工根据法律法规、规章的规定，就劳动报酬、工作时间、休息休假、劳动安全卫生、职业培训、保险福利等事项，通过集体协商签订的书面协议。集体合同制度是调整集体劳动关系的基本制度
劳动规章制度	是用人单位依法制定并在本单位实施的组织劳动过程和进行劳动管理的规则和制度的总和
职工民主管理制度	主要体现形式是职工代表大会制度，它一直是公有制企业实行职工民主管理的一种法定必要形式
劳动争议处理制度	指由法定的机构依法对劳动关系主体双方因劳动权利和义务发生的纠纷进行处理的一项制度。我国实行的是“一调、一裁、两审”的争议处理体制
协调劳动关系三方机制	三方机制是由政府、工会代表、雇主代表组成的三方劳动关系协调制度
劳动监察制度	劳动监察是指劳动行政管理机关依法对用人单位遵守劳动法律法规情况进行监督检查，发现和纠正违法行为，并对违法行为依法进行行政处理或行政处罚的行政执法活动

第三节　发展和谐劳动关系

本节视频详解

使用“会计云课堂”App/微信扫码听课

考点 1　发展和谐劳动关系的重要意义★

1. 劳动关系是最基本和最重要的社会关系

劳动关系的本质属性决定其成为现代社会经济生活中最基本、最重要的社会关系。

2. 发展和谐劳动关系是构建和谐社会的重要内容

经济利益是劳动关系的核心，劳动关系涉及企业和劳动者最关心、最直接、最现实的利益问题。

3. 发展和谐劳动关系是保持经济又好又快发展的重要前提

建设和谐社会需要强大的物质基础，经济的健康协调可持续发展是获得物质基础的根本保障。

考点2　发展和谐劳动关系的基本思路和主要任务★

基本思路	以习近平新时代中国特色社会主义思想为指导，按照党中央关于构建社会主义和谐社会的要求，以发展和谐劳动关系为目标，在解决劳动关系突出问题的同时，推进治理体系与治理能力现代化相适应的劳动关系协调体制，形成发展和谐劳动关系的长效机制和制度，构建**规范有序、公正合理、互利共赢、和谐稳定**（社会主义新型劳动关系特点）的社会主义新型劳动关系
主要任务	（1）进一步完善劳动合同制度，制定《中华人民共和国劳动合同法》的配套规章政策 （2）积极推进集体合同制度实施 （3）健全国家劳动标准体系。完善特殊工时制度，加强对企业实行特殊工时制度的审批管理；加强劳动定额定员标准工作，为企业合理确定劳动定额、计件单价，核算劳动者劳动报酬提供依据；依法维护企业职工休息休假权利 （4）完善协调劳动关系三方机制 （5）加强企业工资收入分配制度改革。推进工资集体协商制度建设。改革国有企业工资总额管理办法。健全以工资指导线、人力资源市场工资指导价位、行业人工成本信息为主要内容的企业工资宏观调控体系。完善并落实最低工资制度 （6）完善劳动争议处理体制 （7）加大劳动保障执法监察力度

经典题解

【例题·单选题】对发展和谐劳动关系具有促进作用的做法是（　　）。（2020年）

A. 强制已经建立工会的企业必须开展集体协商

B. 加强对企业实行特殊工时制度的审批管理

C. 劳动仲裁和劳动监察人员社会化、弹性化

D. 国有企业按照工资总额的固定比例提高员工工资

【解析】发展和谐劳动关系的主要任务：①进一步完善劳动合同制度。②积极推进集体合同制度实施。③健全国家劳动标准体系，完善特殊工时制度，加强对企业实行特殊工时制度的审批管理。④完善协调劳动关系三方机制。⑤加强企业工资收入分配制度改革。⑥完善劳动争议处理体制。⑦加大劳动保障执法监察力度。选项B正确。

【答案】B

【例题·单选题】不属于社会主义新型劳动关系的特点的是（　　）。（2020年）

A. 和谐稳定

B. 权责明确

C. 规范有序

D. 互利共赢

【解析】社会主义新型劳动关系的特点：规范有序、公正合理、互利共赢、和谐稳定。

【答案】B

第四节　企业解决劳动争议的制度和方法

本节视频详解
使用“会计云课堂”App/微信扫码听课

考点 1　员工申诉管理★★

定义	指组织成员以口头或书面等正式方式，表达对组织有关事项的不满 （1）员工申诉是通过一种正式的、制度化的方式表达不满 （2）员工通过申诉渠道表达的不满，通常是由于企业违反了集体协议、劳动法律，或者违背了过去的惯例、规章制度以及没有承担企业应承担的责任而引起的 （3）申诉管理有利于发挥企业层面上的纠纷处理主体的作用，有利于劳动关系双方的协商，确保员工的问题能得到及时处理
范围	员工申诉范围一般限于与工作有关的问题，与工作无关的问题，通常排除在申诉范围之外（如员工的家庭问题、私人问题）。员工通过申诉制度处理的事项包括： （1）因现行制度、规章、办法或措施未尽事宜或执行的疏忽，损害其合法权益的 （2）对绩效考评及奖惩的决定有异议，且有具体证明的 （3）对培训、薪酬、福利等方面有异议的 （4）对劳动合同的签订、续签、变更、解除、终止等方面有异议的 （5）认为受到上级或同事的违法、滥用职权或不当行为对待，侵犯其权益或影响其正常工作的 （6）认为职务升迁或工作调派处置不当，而影响其权益的 （7）申诉人有证据证明自己权益受到侵犯的其他事项
原则	（1）合法原则 （2）公平原则。一是员工与企业是平等互惠的关系；二是当管理者确实触犯公司制度甚至国家法律时，应当一视同仁 （3）明晰原则。要明确界定员工的申诉范围，避免员工将本可以通过正常管理渠道解决的问题也通过申诉方式提出 （4）及时原则。一是及时地预防；二是及时地处理 （5）反馈原则 （6）保密原则
处理程序	**非正式的**申诉处理程序： 主要是依靠第三方调解实现的，依靠训练有素的中立的第三方，协调处理申诉双方当事人的意见分歧，以解决有关问题。实现调解成功的必要保障是争议的双方当事人都同意并积极参与调解 **正式的**申诉处理程序： ①向申诉受理人提交员工申诉表。应写明申诉缘由，并尽量列举可靠的依据。②申诉受理。申诉受理人接到员工申诉后，应在第一时间内作出是否受理的答复。③查明事实。申诉受理人需要填写员工申诉调查记录表。④解决问题。申诉受理人了解事实真相后，根据调查情况在 3 至 5 个工作日内，及时将问题处理结果告知员工，并制作员工申诉答复表
解决方法	（1）调查矛盾发生有关的原因 （2）迅速了解事实真相，做出解释 （3）尊重申诉人，对其困境和苦恼表示理解和同情 （4）对员工进行与申诉相关的辅导，让员工了解申诉制度建立的目的和意义 （5）帮助员工消除顾虑，解决问题

经典题解

【例题·单选题】关于员工申诉管理的说法，正确的是（　　）。（2020 年）

A. 非正式的申诉处理程序就是由双方共同的上级进行说和

B. 员工申诉是一种表达不满的途径

C. 员工不满全都可以通过申诉程序进行申诉

D. 正式的申诉程序中，员工无须举证，由受理部门查明事实

【解析】非正式的申诉处理主要依靠训练有素的中立的第三方，协调处理申诉双方当事人的意见分歧，以解决有关问题，选项 A 错误。员工申诉范围一般限于与工作有关的问题，与工作无关的问题，通常排除在外（如员工的家庭问题、私人问题），选项 C 错误。员工申诉时向申诉受理人提交员工申诉表。应写明申诉缘由，并尽量列举可靠的依据，选项 D 错误。

【答案】B

考点 2　劳动争议调解管理★★

1. 劳动争议调解

概念	指依法设立的调解劳动争议的机构或者其他机构，依照法律、法规和有关政策，对发生劳动争议的双方当事人运用说服教育、劝导协商的方式，促使其在互谅互让的基础上解决争议的一种活动
广义	各种组织以各种方式对劳动争议案件进行调解。例如，劳动人事争议仲裁委员会处理劳动争议时的仲裁庭调解人民法院审判中的调解，政府有关行政部门的调解，劳动争议诉前的专家调解等
狭义	指企业劳动争议调解委员会对本企业发生的劳动争议案件进行的调解

2. 企业劳动争议调解委员会的设立

《企业劳动争议协商调解规定》第十三条、第十四条规定，大中型企业应当依法设立劳动争议调解委员会，并配备专职或者兼职工作人员。

3. 企业劳动争议调解委员会、调解员的职责

调解委员会职责	（1）宣传劳动保障法律、法规和政策 （2）对本企业发生的劳动争议进行调解 （3）监督和解协议、调解协议的履行 （4）聘任、解聘和管理调解员 （5）参与协调履行劳动合同、集体合同、执行企业劳动规章制度等方面出现的问题 （6）参与研究涉及劳动者切身利益的重大方案 （7）协助企业建立劳动争议预防预警机制
调解员职责	（1）关注本企业劳动关系状况，及时向企业劳动争议调解委员会报告 （2）接受企业劳动争议调解委员会指派，调解劳动争议案件 （3）监督和解协议、调解协议的履行 （4）完成企业劳动争议调解委员会交办的其他工作

4. 企业劳动争议调解委员会调解劳动争议前应做的准备工作

（1）审查调解申请。

（2）通知被申请人。

（3）告知与征询。

（4）弄清案件的基本情况，掌握相关的法律依据。

（5）进一步调查事实。

（6）分析证据。

（7）做好当事人的思想工作。

名师加油站

学到这里，恭喜你，你已经打败了考证路上的一大批竞争对手，你的竞争对手可能连进考场的勇气都没有。勇士，前行吧，打败他。

习题轻松过

扫一扫　“码”上做题、看解析

本书同步强化练习题均配备二维码，使用“会计云课堂”App扫码，即可在线做题、看解析。

【“会计云课堂”App下载二维码见封底】

本篇同步强化练习题

一、单项选择题

1. 采取创新战略的企业不适合采用的人力资源管理方式是（　　）。

A. 招募富有创新精神和敢于承担风险的员工

B. 设计精细的职位等级结构，并进行细致的职位分析

C. 重视评价员工取得的创新结果

D. 为创新成功者提供高水平的薪酬回报

2. 战略性人力资源管理的核心概念是（　　）。

A. 战略匹配　　B. 战略管理

C. 外部战略　　D. 组织战略

3. 人力资源战略属于（　　）战略。

A. 组织　　B. 公司

C. 竞争　　D. 职能

4. 为了形成有助于降低风险的新型人才队伍调节机制，企业在人才管理方面可以采取的做法是（　　）。

A. 采用大规模、少批次的人才培养策略

B. 同时采用制造人才和购买人才两种策略

C. 建立统一、平等和富有同情心的组织文化

D. 将相对对立的各种人力资源管理职能加以整合

5. 由多名专家采用多轮、匿名方式对组织未来人力资源需求进行预测的方法是（　　）。
A. 德尔菲法　　B. 时间序列法
C. 比率分析法　　D. 回归分析法

6. 为应对企业整体人员过剩的情况，企业不可以采取的方法是（　　）。
A. 职位外包　　B. 裁员
C. 鼓励提前退休　　D. 冻结雇用

7. 企业在预测未来人力资源需求时，有时会根据某一种关键的经营或管理指标与人力资源需求量之间的关系来进行预测，这种方法属于（　　）。
A. 趋势预测法
B. 比率分析法
C. 马尔科夫分析法
D. 人员替换分析法

8. 在对人力资源的供给与需求进行综合平衡的过程中，速度快、对员工伤害程度高的方法是（　　）。
A. 裁员　　B. 自然减员
C. 冻结雇用　　D. 提前退休

9. 既能在未来一定时期减少企业人员数量，又能使员工受到的伤害较轻的劳动力供求平衡措施是（　　）。
A. 等待自然减员
B. 裁减人员
C. 降低员工薪酬
D. 雇用临时工

10. 人员甄选中的重测信度反映的是（　　）。
A. 不同评价人员评分结果的一致性
B. 同一测验在不同时间上的一致性
C. 不同测试在内容上的等值程度
D. 同一测验内部不同题目测试结果的一致性

11. 关于内容效度的说法，正确的是（　　）。
A. 内容效度的检验主要采用专家判断法
B. 内容效度是指能够测量出理论构想的程度
C. 内容效度反映的是不同评价人员评价结果的一致性
D. 内容效度反映的是两个测验在内容上的等值性程度

12. 一个测评工具的信度系数达到（　　）时，表明该测评工具信度较好。
A. 0.5　　B. 0.6
C. 0.7　　D. 0.8

13. 关于员工甄选的说法，错误的是（　　）。
A. 从一开始就甄选到正确的人有利于培养一流员工
B. 企业的甄选决策出现失误可能会使其付出很大的代价
C. 甄选工作做好了，其他人力资源管理工作就不重要了
D. 甄选到优秀的员工对于确保企业战略目标的达成至关重要

14. 某公司在新员工甄选过程中采用了人格测试，要求求职者基于自身感受实事求是地填写一套包括是非题、选择题的书面问卷。这种人格测试的方法属于（　　）。
A. 投射法　　B. 自陈量表法
C. 评价量表法　　D. 标杆法

15. （　　）指因对被评价者的某一特质强烈而清晰的感知，而掩盖了该人其他方面的品质。
A. 晕轮效应　　B. 趋中倾向
C. 刻板印象　　D. 首因效应

16. 从组织的战略目的出发，从财务、客户、内部流程和学习与发展四个角度关注组

织绩效的绩效管理办法是（　　）。

A. 关键事件法　　B. 平衡计分卡法

C. 强制分布法　　D. 因素比较法

17. 对于采用差异化战略的企业，适宜的绩效管理策略是（　　）。

A. 选择以结果为导向的评价方法

B. 评价指标选择一些客观的财务指标

C. 选择直接上级作为评价主体

D. 选择以行为导向的评价方法

18. 不属于平衡计分卡法关注组织绩效角度的是（　　）。

A. 财务角度　　B. 客户角度

C. 内部流程角度　　D. 竞争对手角度

19. 开发成本很高，操作流程复杂，需要付出大量的人力、物力、财力才能够制定出合理的行为等级表是（　　）评估方法。

A. 行为观察量表法

B. 排序法

C. 行为锚定法

D. 配对比较法

20. 销售人员的薪酬中没有基本薪酬的部分，其全部薪酬收入都来自于佣金，这种薪酬制称为（　　）。

A. 单纯佣金制

B. 基本薪酬加佣金制

C. 基本薪酬加奖金制

D. 基本薪酬加佣金加奖金制

21. 基本薪酬和福利所占比重较大的薪酬结构适用的企业发展战略类型是（　　）。

A. 成长战略　　B. 收缩战略

C. 稳定战略　　D. 精简战略

22. 对于采用稳定战略的企业，适合的薪酬管理思路是（　　）。

A. 在短期内提供较低的基本薪酬，在长期实行奖金或股票期权计划

B. 基本薪酬所占比重较大，薪酬水平略高于市场平均水平

C. 奖金所占比重较大，薪酬水平略低于市场平均水平

D. 将企业的经营业绩与员工的收入挂钩，基本薪酬所占比重相对较低

23. 对于采用创新战略的企业而言，薪酬管理最突出的特点是（　　）。

A. 对于产品和技术方面的创新给予足够的奖励

B. 将企业的经营业绩与员工收入挂钩，鼓励员工与企业共担风险

C. 基本薪酬比市场平均水平略低

D. 在薪酬结构方面，基本薪酬和福利所占比重相对较高

24. 关于股票期权时间的规定，错误的是（　　）。

A. 授予股票期权的日期，授权日必须是交易日

B. 有效期是从授权日计算起不超过 5 年

C. 行权期是定期报告公布后的第 2 个交易日，至下一次定期报告公布前 10 个交易日内行权

D. 等待期是股票期权授予日与获授股票期权首次可以行权日之间的间隔不得少于 1 年

25. （　　）是指一个人不得不做出选择的时候，他/她无论如何都不会放弃的职业生涯中的那种至关重要的东西或价值观。

A. 职业兴趣　　B. 职业生涯锚

C. 职业生涯管理　　D. 职业价值观

26. 追求施展个人才能，摆脱组织约束，有很强的职业承诺特点的职业生涯锚，属于（　　）职业生涯锚。

A. 自主独立型

B. 创造型

C. 管理能力型

D. 技术/职能能力型

27. 在职业生涯发展过程中，个体的任务是确定兴趣和能力，让自我与工作匹配，这一阶段属于（　　）。
A. 探索期　　B. 建立期
C. 维持期　　D. 衰退期

28. 下列职业生涯类型中，追求安全稳定特征的是（　　）。
A. 技术/职能能力型
B. 管理能力型
C. 安全稳定型
D. 创造型

29. 关于培训与开发评估方法中的控制实验法的说法，错误的是（　　）。
A. 是最规范化的评估方法
B. 确定员工绩效的提高是否由培训引发
C. 操作简单、费用高
D. 不适用于管理技能培训与开发

30. 按照劳动关系双方力量对比等因素来划分劳动关系类型，可以将劳动关系分为均衡型（相互制衡）、倾斜型（资方主导）和（　　）。
A. 政府主导型　　B. 利益冲突型
C. 利益协调型　　D. 利益一体型

二、多项选择题

1. 战略性人力资源管理的三大工具包括（　　）。
A. 战略地图
B. 资源周期平衡
C. 人力资源管理计分卡
D. 数字仪表盘
E. 绩效考核

2. 在制定战略规划阶段，关于人力资源管理与战略规划之间联系的说法，正确的有（　　）。
A. 所谓单向联系，是指人力资源部门能够参与战略制定的过程
B. 所谓双向联系，是指战略规划和人力资源管理之间形成了互动联系
C. 所谓一体化联系，是指战略规划与人力资源管理之间的互动是动态和全方位的
D. 所谓行政管理联系，是指人力资源部门不参与组织战略制定的过程
E. 单向联系，是指在这种联系层次上，组织自行制定战略规划，然后再将这种战略规划告知人力资源管理部门

3. 当组织的人力资源供给大于需求时，正确的供需平衡方法有（　　）。
A. 降薪　　B. 延长工作时间
C. 裁员　　D. 推行工作分享
E. 聘用退休员工

4. 下列人力资源需求预测方法中，属于定量预测方法的有（　　）。
A. 时间序列分析法
B. 德尔菲法
C. 回归分析法
D. 比率分析法
E. 经验预测法

5. 实施德尔菲法的原则包括（　　）。
A. 专家挑选有代表性
B. 专家应达到 20~30 人
C. 不要让专家一次回答过多的问题
D. 向专家提供的资料和信息要相对充分
E. 专家应达到 10~20 人

6. 履历分析技术对作为分析对象的履历有以下三个方面的要求（　　）。
A. 履历信息必须真实
B. 履历信息必须全面
C. 履历信息必须考察
D. 履历信息必须相关
E. 履历信息必须分析

7. 保证信度的方法有（　　）。
A. 测试过程尽量标准化

B. 选取的样本有广泛代表性
C. 保持良好的测试环境
D. 注意测试的难度和长度
E. 保持内部一致性

8. 关于有效的绩效管理体系的说法，正确的有（　　）。
A. 有效的绩效管理体系能够确保不同的评价者对同一个员工的评价基本相同
B. 有效的绩效管理体系可以明确区分高效率员工和低效率员工
C. 有效的绩效管理体系能够将工作标准和组织目标相联系
D. 绩效管理工作能够得到组织上下的接受和支持
E. 绩效管理带来的收益要小于绩效管理体系的建立和维护成本

9. 有效的绩效管理应当具备的特征有（　　）。
A. 敏感性　　B. 可靠性
C. 经济性　　D. 可接受性
E. 实用性

10. 关于年薪制的说法，正确的有（　　）。
A. 年薪制是一种高稳定、低风险的薪酬制度
B. 年薪制根据经营者业绩好坏而计发薪酬
C. 年薪制可以把年薪收入的一部分直接转化为股权激励形式
D. 年薪制可以根据企业经营者年度的经营业绩，灵活确定与其贡献相当的年度和长期薪酬水平及支付方式
E. 年薪制通常会确保经营者有一个最低薪酬

11. 关于股票期权的说法，正确的有（　　）。
A. 股票期权是一种权利而不是一种义务
B. 收益人既可以购买公司股票，也可以不买
C. 股票期权只有在行权价高于本企业股票的市场价格时才有价值
D. 股票期权是公司无偿给予经营者等激励对象的
E. 股票期权只有在行权价低于本企业股票的市场价格行权时，才有价值

12. 下列职业生涯管理方法中，属于组织层次的方法有（　　）。
A. 提供职业生涯信息
B. 给个人提供自我评估工具和机会
C. 成立潜能评价中心
D. 实施培训与发展项目
E. 提供个人职业生涯指导与咨询

13. 关于职业生涯锚的说法，正确的有（　　）。
A. 它是可以通过各种测试提前预测得出来的
B. 它并非完全固定不变的
C. 它强调个人能力、动机和价值观三方面的相互作用与整合
D. 它产生于一个人的早期职业生涯阶段，以个体习得的工作经验为基础
E. 它是一个人无论如何都不会放弃的职业生涯中的某种至关重要的东西或价值观

14. 发展和谐劳动关系的主要任务包括（　　）。
A. 进一步完善劳动合同制度
B. 积极推进集体合同制度实施
C. 健全国家劳动标准体系
D. 完善协调劳动关系双方机制
E. 加大劳动保障执法监察力度

15. 劳动关系的主体包括（　　）。
A. 劳动者　　B. 工会
C. 用人单位　　D. 雇主组织
E. 消费者

本篇同步强化练习题参考答案及解析

“扫码看解析”

使用微信或“会计云课堂”App扫码，即可在线对答案、看解析，错题随手收藏，及时复习巩固。

一、单项选择题

1.【答案】B

【解析】从人员招募和甄选的角度来说，采用创新战略的组织不重视职位等级结构，选项B错误。

2.【答案】A

【解析】战略性人力资源管理的核心概念是战略匹配或战略契合，选项A正确。

3.【答案】D

【解析】人力资源战略或人力资源管理战略就是职能战略的一种。

4.【答案】B

【解析】形成有助于降低风险的新型人才队伍调节机制的方法：

(1) 同时利用制造人才和购买人才两种策略应对人才供求两个方面的风险，并保持适当的平衡；

(2) 适应人才需求的不确定性，小规模、多批次地培养人才；

(3) 降低人才开发风险，提高人才开发的投资回报率；

(4) 通过平衡组织和员工之间的利益来保护组织的培训与开发投资。

5.【答案】A

【解析】德尔菲法特点：吸收和综合了众多专家的意见，避免了个人预测的片面性；不采用集体讨论的方式，而是匿名进行，避免了从众行为；采取多轮预测的方法，具有较高的准确性，选项A正确。

6.【答案】A

【解析】劳动力过剩的应对方法包括裁员、提前退休、冻结雇用等；职位外包为避免出现劳动力短缺的应对方法。

7.【答案】B

【解析】比率分析法是基于某种关键的经营或管理指标与组织的人力资源需求量之间的固定比率关系，来预测未来人力资源需求的方法，选项B正确。

8.【答案】A

【解析】在人员供需平衡中速度快、员工受伤害程度高的方法有裁员、降薪、降级，选项A正确。

9.【答案】A

【解析】在劳动力供求平衡措施中，既减少员工数量，又使员工受伤害较轻的措施有自然减员、冻结雇用、鼓励提前退休，选项A正确。

10.【答案】B

【解析】重测信度又称再测信度，是指用同一种测试工具在不同的时间对同一群人进行多次测试所得到的结果的一致性程度，选项B正确。

11.【答案】A

【解析】内容效度是指一项测试的内容与测试所要达到的目标之间的相关程度。主要采用专家判断法检验，选项A正确。

12.【答案】C

【解析】信度的高低是用信度系数来表

述的，信度系数介于 0 和 1 之间。0 表示信度最低，1 表示信度最高。一般情况下，信度系数不低于 0.7 的测试工具被视为信度较好，选项 C 正确。

13. 【答案】C

【解析】即使甄选工作做好了，其他人力资源管理工作同样很重要，选项 C 的说法错误。

14. 【答案】B

【解析】自陈量表法，即事先编制好一套人格测试问卷之后，由被测试者本人根据自己的实际情况或感受来回答问卷中的全部问题，以此来衡量一个人的人格，选项 B 正确。

15. 【答案】A

【解析】晕轮效应指对一个人进行评价时，往往会因为对他的某一特质强烈而清晰的感知，而掩盖了该人其他方面的品质，选项 A 正确。

16. 【答案】B

【解析】平衡计分卡法从四个角度关注组织的绩效：财务、客户、内部流程和学习与发展，选项 B 正确。

17. 【答案】D

【解析】对于采用差异化战略的企业，适宜的绩效管理策略：①以行为为导向的评价方法；②客观评价，多元化主体评价；③考核周期不宜太短，选项 D 正确。

18. 【答案】D

【解析】平衡计分卡法从组织战略目的出发，从四个角度关注组织的绩效，它包括财务、客户、内部流程和学习与发展，选项 D 错误。

19. 【答案】C

【解析】行为锚定法的开发成本很高，操作流程复杂，需要付出大量的人力、物力、财力才能够制定出合理的行为等级表，选项 C 正确。

20. 【答案】A

【解析】单纯佣金制指在销售人员的薪酬中没有基本薪酬的部分，其全部薪酬收入都来自佣金，选项 A 正确。

21. 【答案】C

【解析】稳定战略在薪酬管理方面，决策集中度比较高，薪酬的确定基础主要是员工从事的职位本身，在薪酬结构上基本薪酬和福利所占的比重较大，选项 C 正确。

22. 【答案】B

【解析】稳定战略在薪酬结构上基本薪酬和福利所占的比重较大，从薪酬水平来说一般采取市场跟随或略高于市场水平的薪酬，选项 B 正确。选项 A 是成长战略，选项 C 是成本领先战略，选项 D 是收缩战略。

23. 【答案】A

【解析】创新战略薪酬体系：非常注重对产品创新、技术创新和新的生产方法给予足够的报酬或奖励，其基本薪酬以劳动力市场通行水平为准且略高于市场水平，选项 A 正确。

24. 【答案】B

【解析】股票期权的有效期是从授权日计算起不超过 10 年，选项 B 的说法错误。

25. 【答案】B

【解析】职业生涯锚是指当个人不得不做出选择的时候，无论如何都不会放弃的职业生涯中的那种至关重要的东西或价值观。

26.【答案】A

【解析】自主独立型职业生涯锚的人在选择职业时绝不放弃自身的自由，并且视自主为第一需要。他们总是希望随心所欲地安排自己的工作方式和生活方式，追求能够施展个人能力的工作环境，最大限度地摆脱组织的束缚，但有很强的职业承诺，选项 A 正确。

27.【答案】A

【解析】探索期的发展任务：确定兴趣、能力，让自我与工作匹配，选项 A 正确。

28.【答案】C

【解析】职业生涯锚有五种基本类型，其中追求安全、稳定的职业前途是安全稳定型职业生涯锚员工的驱动力和价值观，选项 C 正确。

29.【答案】C

【解析】控制实验法操作起来较为复杂，且费用也高，选项 C 的说法错误。

30.【答案】A

【解析】按照劳动关系双方力量对比等因素来划分劳动关系类型，可以将劳动关系分为均衡型（相互制衡）、倾斜型（资方主导）和政府主导型。

二、多项选择题

1.【答案】ACD

【解析】战略性人力资源管理的三大工具是战略地图、人力资源管理计分卡和数字仪表盘，选项 ACD 正确。

2.【答案】BCDE

【解析】在单向联系层次上，组织自行制定战略规划，然后再将这种战略规划告知人力资源管理部门，让人力资源管理部门配合战略规划的实施或落地，选项 A 错误。

3.【答案】ACD

【解析】选项 BE 属于供给小于需求时的基本对策，选项 BE 错误。

4.【答案】ACD

【解析】定量预测法包括趋势预测法（时间序列分析法）、回归分析法和比率分析法，选项 ACD 正确。选项 BE 属于定性的主观判断法。

5.【答案】ABCD

【解析】实施德尔菲法的原则是专家的人数不能太少，要达到 20～30 人，选项 E 错误。

6.【答案】ABD

【解析】履历分析技术对作为分析对象的履历有以下三个方面的要求：履历信息必须真实、全面和相关，选项 ABD 正确。

7.【答案】ABCD

【解析】要想达到较高的信度，需要注意以下几个问题：第一，测试过程要标准化。第二，选取的样本要具有广泛的代表性。第三，要注意保持良好的测试环境。第四，要注意测试的难度和长度，选项 ABCD 正确。

8.【答案】ABCD

【解析】实用性是指绩效管理体系的建立和维护成本要小于绩效管理体系带来的收益，选项 E 错误。

9.【答案】ABDE

【解析】有效的绩效管理应当具备五个特征：敏感性、可靠性、准确性、可接受性和实用性，选项 ABDE 正确。

10.【答案】BCD

【解析】年薪制是以企业会计年度为时间单位，根据经营者的业绩好坏而计发薪酬的一种薪酬制度，选项 B 正确。年薪制在设置上比较灵活，可以根据企业经营者一个年度以及任期内的经营管理业绩，相应确定与其贡献相当的年度和长期薪酬水平及薪酬支付方式，选项 D 正确。年薪制可以把年薪收入的一部分直接转化为股权激励形式，从而把经营者薪酬与资产所有者利益及企业发展前景紧密结合，选项 C 正确。

11. 【答案】ABDE

【解析】股票期权只有在行权价低于本企业股票的市场价格时才有价值，选项 C 错误。

12. 【答案】ACD

【解析】组织层次职业生涯管理的方法：提供职业生涯信息、成立潜能评价中心和实施培训与发展项目，选项 ACD 正确。

13. 【答案】BCDE

【解析】职业生涯锚不可能根据各种测试提前进行预测，选项 A 错误。

14. 【答案】ABCE

【解析】发展和谐劳动关系的主要任务包括进一步完善劳动合同制度、积极推进集体合同制度实施、健全国家劳动标准体系、完善协调劳动关系三方机制、加强企业工资收入分配制度改革、完善劳动争议处理体制、加大劳动保障执法监察力度。

15. 【答案】ABCD

【解析】劳动关系的主体包括：劳动者；工会；用人单位；雇主组织；政府。

第三篇　人力资源管理经济分析

与 2020 年教材相比，本篇内容无实质性变化。

年份	单项选择题	多项选择题	案例分析题	合计
2018	14 题/14 分	4 题/8 分	4 题/8 分	22 题/30 分
2019	11 题/11 分	4 题/8 分	8 题/16 分	23 题/35 分
2020	14 题/14 分	3 题/6 分	4 题/8 分	21 题/28 分

说明：表中数据由参加当年考试的考生提供，数据较为完整。

基础轻松过

人力资源管理经济分析，是指为了适应企业的人力资源管理与开发的需要，科学地运用经济计量、数学模型统计和会计等方法及工具，对企业的人力资源所进行的综合经济分析。本书主要从劳动力市场理论、工资与就业理论、人力资本投资理论三个部分进行分析。

劳动力市场理论主要从供给与需求两个角度，通过多种曲线图，更直观地分析供求变化的影响，以及如何达到供求均衡。

人力资本理论起源于经济学研究。该理论认为人力资本表现为蕴含于人身上的各种生产知识、劳动与管理技能以及健康素质的存量总和。

考点轻松过

第十一章　劳动力市场理论

第一节　劳动力市场概论

本节视频详解

使用“会计云课堂”App/微信扫码听课

考点 1　劳动力市场的概念与特征★★

概念	劳动力市场是进行劳动力交易的一种要素市场。在市场经济条件下，劳动力市场是对劳动力这种生产性资源进行有效配置的根本手段。它通过为劳动力供求双方提供一个接触、谈判、交易的机制，以一定的工资率将一个国家的劳动力有效地分配到不同的行业、职业、地区和企业之中
宏观角度	它是由各种各样的局部性或单一性劳动力市场构成的一个总劳动力市场体系
微观角度	它是指特定的劳动力供求双方在通过自由谈判达成劳动力使用权转让的合约时所处的市场环境

续表

基本特征	(1) 特殊性： 劳动力不可能脱离劳动者独立存在，它与一般商品的买卖性质不同 (2) 多样性： 由于不同劳动力包含的知识、技能和经验存在差异，所以不同劳动力之间不能相互替代或不能完全相互替代，这便形成了不同类型的劳动力市场；在不同的劳动力市场上，劳动力的价格也不同 (3) 不确定性： 劳动力市场的分散性和难以辨认性导致劳动力供求双方之间的匹配变得更为困难，很难保证劳动力供求双方之间的匹配是最佳的 (4) 交易对象的难以衡量性： 每位劳动者的实际生产能力不仅会因劳动者的年龄、性别、个人天赋、受教育程度、工作经验以及接受过的培训等方面因素的不同而存在非常大的差别，而且会受到劳动者个人的性格特征、工作态度以及价值取向等方面的重要影响。人力资源部门除了利用劳动者的受教育程度、工作经历以及在职训练等客观指标来作为筛选员工的依据之外，往往还不得不利用面试、笔试、心理测验等多种甄选手段对求职者进行筛选 (5) 交易的延续性： 劳动力市场上的交易使得交易双方之间的关系在一定的时期内被固化下来。这是因为，购买劳动力的企业无法在交易达成之后，直接将劳动力这种特殊商品从劳动者身上剥离使用 (6) 交易条件的复杂性： 除工资之外的劳动力市场的交易条件中，工作条件和工作环境的好坏也是交易能否达成的一个重要决定因素 (7) 劳动力出售者地位的不利性： 在经济不景气、失业率上升的情况下，劳动者的不利地位尤其明显
普遍情况	在劳动力市场上，我们可以看到这样一些情况：第一，很多机构为劳动力供求双方进行接触和联系提供方便，如招聘网站或其他刊登招聘信息的传统媒体、各类职业介绍机构、工会的就业服务机构、各类组织的人力资源部门等。第二，劳动力供求双方一旦有了接触和联系，就会通过求职申请、面试，甚至通过第三者来交换劳动力质量和价格方面的信息。第三，劳动力的供求双方一旦达成协议，就会签订某种形式的雇用合同，其中包括劳动报酬、工作条件、合同期限等内容。大多数情况下，这种合同是书面形式的，有些也可能仅仅是双方的一种默契

经典题解

【例题·单选题】 劳动力市场是一种（　　）市场。(2020 年)

A. 期货　　B. 资本

C. 要素　　D. 产品

【解析】 劳动力市场是进行劳动力交易的一种要素市场。

【答案】 C

【例题·多选题】 关于劳动力市场的说法，正确的有（　　）。(2020 年)

A. 在劳动力市场上有很多机构为劳动力供求双方的接触和联系提供方便

B. 劳动力供求双方在劳动力市场，会通过某种方式交换劳动力质量和价格信息

C. 劳动力供求双方通过劳动力市场达成协议后最终都会签订书面的正式雇用合同

D. 在劳动力市场上通常可以看到正在招聘员工的企业

E. 在劳动力市场上通常可以看到正在通

过各种方式找工作的劳动者

【解析】劳动力的供求双方一旦达成协议，就会签订某种形式的雇用合同，其中包括劳动报酬工作条件、合同期限等内容。大多数情况下，这种合同是书面形式的，有些也可能仅仅是双方的一种默契，选项C错误。

【答案】ABDE

【例题·多选题】关于劳动力市场的说法，正确的有（　　）。(2019年)

A. 它能够以一定的工资率将劳动力有效分配到不同的行业、职业、地区和企业之中

B. 它是由各种局部性劳动力市场构成的一个总劳动力市场体系

C. 它是特定的劳动力供求双方通过自由谈判达成劳动力使用权转让合约时所处的市场环境

D. 它是在市场经济条件下对劳动力这种生产性资源进行有效配置的根本手段

E. 它是一种特殊的产品市场

【解析】劳动力市场是进行劳动力交易的一种要素市场，选项E错误。

【答案】ABCD

考点2　劳动力市场的结构★★

全国与地区性劳动力市场	全国性	它是指劳动力供求双方在全国范围内彼此搜寻而形成的劳动力市场。某类劳动力越稀缺，需求方对这种劳动力的知识水平和技能要求越高，受到地域限制的可能性越小，从而形成全国性劳动力市场的可能性越大
	地区性	它是指劳动力供求双方仅仅在某一局部地区范围内彼此搜寻而形成的区域性的劳动力市场
	结论	无论是全国性的劳动力市场还是地区性的劳动力市场，关键都取决于劳动力供求双方相互进行搜寻的地理范围大小
外部与内部劳动力市场	外部	一般性劳动力市场，它是指处于组织外部、不受单个企业的人力资源管理政策与实践的影响，由大量的企业和劳动者共同参与的市场
	内部	(1) 它是指在大型组织内部存在的，由一系列规则和程序指导组织内部的雇佣关系调整而形成的一种有序的管理体系。其重要特征之一是，企业通常只从外部雇用填补较低级别岗位的劳动者，中高层职位一般都是通过内部晋升来实现 (2) 通过创建内部劳动力市场，企业就可以通过一段较长的时间来观察这些员工的真实生产率特征。企业可以在为更高一级岗位选拔任职者时做出更可靠的决策。可以保护组织通过在职培训等方式在员工身上的大量人力资本投资 (3) 采月内部劳动力市场需要较高的成本，它将竞争局限于组织内部，但内部员工未必是担任更高一级岗位的最佳人选 (4) 内部劳动力市场可能会因为竞争不足而导致组织内的激励水平下降，甚至出现所谓的员工之间的串谋行为。因此，内部劳动力市场不能脱离外部劳动力市场而独立存在，它不能是完全自我封闭的，在薪酬水平、福利等方面必须与外部劳动力市场保持适度一致

续表

优等与次等劳动力市场	优等市场	就业条件好，工资福利水平较高，工作环境良好，工作保障性较强；对劳动力供给者的要求较高，只有具备一定的教育程度、技术熟练程度较高或具备某种技能的人才可能进入
	次等市场	就业不稳定、工资率较低、工作条件较差，工作的社会地位相对较低。如商业服务人员、建筑业杂工、工厂工人等所在的劳动力市场 大部分知识技能水平较低、就业机会较差的劳动者很难从次等劳动力市场流入优等劳动力市场。而贫穷、歧视以及受教育程度不高导致的技能缺乏等是造成两种劳动力市场之间出现相对隔离的主要原因

经典题解

【例题·多选题】 关于内部劳动力市场的说法，正确的有（ ）。(2015 年)

A. 它是在某些特定行业内形成的有多家企业和大量劳动者参与的劳动力市场

B. 它是在大型组织内形成的借助一系列规则和程序指导组织内部雇佣关系调整的有序管理体系

C. 它是有助于企业对员工的生产率和工作动机等做出准确判断，保护企业的大量在职培训投资

D. 它有可能会因为员工之间竞争不足而导致组织内部的激励水平下降

E. 它是独立于外部劳动力市场的一种自我封闭型劳动力市场

【解析】 内部劳动力市场是指内部存在的，由一系列规则和程序指导组织内部的雇佣关系调整而形成的一种有序的管理体系，选项 A 错误。内部劳动力市场有可能会因为竞争不足而导致组织内的激励水平下降，甚至出现所谓的员工之间的串谋行为。因此，内部劳动力市场不能脱离外部劳动力市场而独立存在，它不能是完全自我封闭的，选项 E 错误。

【答案】 BCD

考点 3 效率工资和晋升竞赛★★

效率工资	概念	它是指企业提供的一种高于市场均衡水平的工资。企业愿意支付高工资是基于一个基本假设，即高工资往往能够带来高生产率
	理由	(1) 高工资能够帮助组织吸引到更为优秀的、生产率更高的员工 (2) 高工资有利于降低员工的离职率，强化他们的实际生产率 (3) 高工资能够让人产生公平感（高工资有助于提高员工的外部公平感和对内部不公平的忍耐程度）
	适用企业	(1) 从降低员工流动性中所能获得的收益最大的企业，如内部运营系统比较复杂的大型现代企业 (2) 很难通过基于产出的工资制度来激励员工，或者对员工进行监督的难度很大的企业
	条件	劳动者期望与企业保持长期雇佣关系

续表

晋升竞赛	概念	在存在内部劳动力市场的情况下，企业为员工设计出若干个晋升层次，员工为了晋升机会而展开激烈的竞争。若这种竞争是在规则明确的条件下展开的，就能够避免不正当竞争对组织利益造成损害，并且会出现一种类似于体育竞赛的局面，这便是晋升竞赛
	基本特点	（1）在企业中，更高一级的职位通常是事先设计好的，而与每个职位对应的则是一个确定的工资率或一个工资浮动区间，职位级别越高，对应的工资率也就越高 （2）与同事相比，一位员工之所以晋升到更高职位，往往是因为他们比其他人更有优势一些，至于这种优势是大还是小，则不会影响到他们被晋升后得到的工资水平高低 （3）被晋升者将得到更高一级新职位对应的全部报酬，即工资水平上涨；而失败者将不会因为参加晋升竞赛而得到任何报酬
	设计要点	选手在竞赛中的努力程度取决于两个因素： （1）获胜可能性 （2）获胜后的奖金数量
		对晋升竞赛的设计启示： （1）要想让晋升竞赛激发候选人的最大努力，必须使参与晋升竞赛的候选人之间在知识、能力或经验等方面具有较高的可比性，没有人有把握能够晋升，也没有人认为自己没有晋升的希望 （2）要在参与晋升竞赛者当前的职位和拟晋升职位之间创造出一种合理的工资差距，工资差距太小会削弱竞赛参与者的努力动机
		要设计合理的工资差距，有以下两个因素需要考虑： （1）晋升的综合价值（加薪、继续晋升的机会、更好的福利、更大的权力、个人成就感） （2）晋升风险（晋升是因为实力和绩效原因，尽可能减少运气等不确定因素对竞赛结果产生的影响）

经典题解

【例题·多选题】关于晋升竞赛的说法，正确的有（　　）。（2019年）

A. 晋升竞赛获胜者与失败者会共享奖金，只不过获胜者得到的比例更大

B. 若其他条件相同，晋升竞赛获胜者获胜后得到的奖励越多，在竞赛中就会越努力

C. 晋升竞赛通常出现在内部劳动力市场存在的情况下

D. 晋升竞赛获胜者的成绩超过失败者的越多，可获得的奖金越多

E. 在晋升竞赛中要尽可能减少运气等不确定因素对竞赛结果产生的影响

【解析】被晋升者将得到更高一级新职位对应的全部报酬，即工资水平上涨；而失败者将不会因为参加竞赛而得到任何报酬，选项A错误。要设计晋升竞赛的合理工资差距需要考虑晋升的综合价值和晋升风险，而不是超越失败者的数量，选项D错误。

【答案】BCE

第二节　劳动力供给

本节视频详解
使用“会计云课堂”App/微信扫码听课

考点 1　劳动力供给总量★★

劳动力供给总量包括质量和数量两个方面。

（1）劳动力质量：指劳动力队伍的身体健康状况以及受教育和训练的程度。

（2）劳动力数量：主要受到人口总量、劳动力参与率以及劳动者的周平均工作时间三个因素的影响。

人口总量	（1）它主要取决于一个国家或地区的人口出生率、死亡率以及净流入率三个方面 （2）劳动年龄内人口：①劳动适龄就业人口；②失业人口；③就学人口或在校人口；④家务劳动人口；⑤现役军人；⑥劳动年龄内其他人口 （3）劳动年龄外人口：①未成年就业人口；②老年就业人口；③劳动年龄外其他人口
劳动力参与率	（1）它是指就业人口与失业人口之和在一个国家或地区的 16 岁以上总人口中所占的百分比 劳动力参与率（%）=（就业人口+失业人口）÷16 岁以上总人口×100% 劳动力参与率（%）= 经济活动人口或劳动力人口÷16 岁以上总人口×100% （2）保留工资是指为了使一位劳动者愿意到市场上来工作，而不是待在家里所必须达到的最低工资水平，是一种工资的心理价位，每个人的具体情况不同，保留工资水平也存在差异
周平均工作时间	它是指劳动者平均每周在劳动力市场上愿意提供的工作小时数的总和

经典题解

【例题·单选题】人口普查发现，某地区共有人口 10 万人，其中 16 岁以上的人口总数为 8 万人，就业人口为 5 万人，失业人口为 1 万人。则该地区的劳动力参与率为（　　）。（2011 年）

A. 80%　　B. 75%

C. 70%　　D. 60%

【解析】劳动力参与率主要是指就业人口与失业人口之和在 16 岁以上总人口中所占的百分比，即（5+1）÷8×100%＝75%。

【答案】B

考点 2　个人及市场劳动力供给★★★

1. 收入效应和替代效应

收入效应	工资率↑—劳动收入↑（富有）—闲暇时间消费↑—劳动力供给时间↓ 工资率的上升有可能会导致劳动者减少工作时间而增加闲暇时间的消费，这种由于工资率上升而带来的个人劳动力供给时间减少的情况被称为工资率上升的收入效应。类似的，在其他条件不变而工资率下降时，收入效应导致的是劳动力供给时间的增加

续表

替代效应	工资率↑—闲暇时间成本↑—闲暇时间消费↓—劳动力供给时间↑ 工资率上升导致人们享受闲暇时间的成本更高，这种情况会促使劳动者在工资率上升时减少对闲暇的消费，将更多的时间用到工作上。这就是工资率上升对劳动力供给产生的替代效应。类似的，在其他条件不变而工资率下降的情况下，替代效应则会导致劳动者减少劳动力供给时间
两者作用	工资率上涨对劳动力供给产生的收入效应和替代效应的作用是方向相反的 当工资率上涨时： 收入效应>替代效应，则劳动供给时间减少 收入效应<替代效应，则劳动供给时间增加
非劳动收入与个人偏好	（1）非劳动收入：是指个人在不参加工作的情况下能够获得的收入，如遗产及其他馈赠、资本利息等 （2）个人非劳动收入或财富总量越大，劳动者的劳动力供给动机越弱 （3）每位劳动者对于工作和闲暇的个人偏好也存在差异 （4）偏好闲暇的人比偏好工作的人更不愿意增加劳动力供给。而个人偏好的形成一方面取决于每个人的性格、爱好及受教育程度等，另一方面也取决于社会的整体氛围、社会发展阶段以及文化等方面的因素

经典题解

【例题·单选题】 关于工资率上涨对个人劳动力供给产生的影响的说法，正确的是（　　）。（2019年）

A. 工资率上涨的收入效应和替代效应都导致个人劳动力供给时间减少

B. 工资率上涨的替代效应导致个人劳动力供给时间减少

C. 工资率上涨的收入效应和替代效应都导致个人劳动力供给时间增加

D. 工资率上涨的收入效应导致个人劳动力供给时间减少

【解析】

工资率	收入效应	替代效应	收入效应>替代效应	替代效应>收入效应
上升	供给时间减少	供给时间增加	供给时间减少	供给时间增加
下降	供给时间增加	供给时间减少	供给时间增加	供给时间减少

【答案】 D

【例题·单选题】 工资率上升对劳动者产生的作用之一在于，它使劳动者享受闲暇的机会成本比过去更高了，而这会使劳动者产生一种增加劳动力供给时间的倾向。工资上升对劳动者产生的这种作用称为（　　）。（2016年）

A. 收入效应　　B. 替代效应

C. 规模效应　　D. 产出效应

【解析】 在其他条件不变而工资率上升时，除了收入效应之外，同时还会发生另外一种效应，这就是工资率的上升同时使人们享受闲暇时间的成本更高了，因为如果劳动者此时去工作而不是享受闲暇，他们在每个小时能够挣到的钱比过去更多了。这种情况会促使劳动者在工资率上升时减少对闲暇的消费，将更多的时间用到工作上。这就是工资率上升对劳动力供给产生的替代效应。

【答案】 B

2. 个人及市场劳动力供给曲线与劳动力供给弹性

（1）个人劳动力供给曲线。

含义：个人劳动力供给曲线描述单个劳动者愿意提供的劳动力时间供给数量与市场工资率之间的关系，即个人的劳动力供给小时数量是如何随工资率的变化而变化的。

变化规律：当工资率上升对个人劳动力供给产生的收入效应小于替代效应时，则个人劳动力供给时间上升，如下图中的 *AB* 段所示。此时的个人劳动力供给曲线呈现自左下向右上方向倾斜的形状，曲线具有正的斜率。而当工资率上升的收入效应大于替代效应时，个人劳动力供给数量则会下降，如下图中的 *BC* 段所示。这时个人劳动力供给曲线呈现出由右下向左上方向倾斜的形状，曲线具有负的斜率。

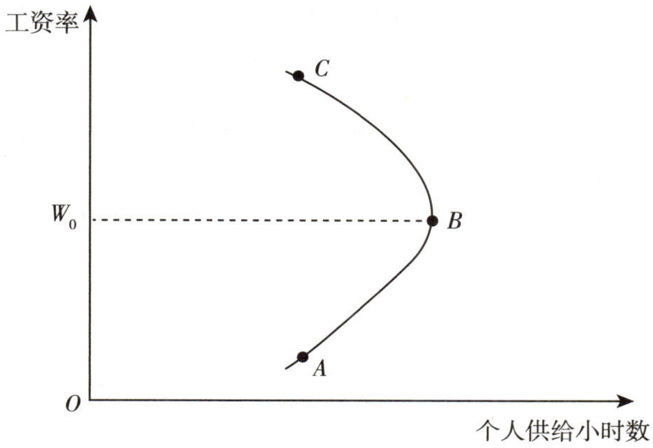

实际应用：在低收入阶段，工资率上升的替代效应大于收入效应，劳动者的收入水平较低，他们的首要目标是获取更多的收入，因此工资率一旦有所提高，劳动者就有强烈的增加劳动力供给时间的愿望。而到了收入水平较高的某一阶段，工资率上升则很可能会促使人们为追求整体生活质量提高而增加闲暇时间，减少劳动力供给时间。正因为如此，个人劳动力供给曲线就呈现出一条“**向右弯曲的**”曲线。

（2）市场劳动力供给曲线。

含义：市场劳动力供给曲线显示的是市场工资率的变化对于整个市场上所有企业共同面临的总劳动力供给状况的变化。

类型	具体内容
向右上倾斜的市场劳动力供给曲线	随着工资率的提高，市场劳动力供给总量不断增加；相反，随着工资率下降，市场劳动力供给总量有所减少 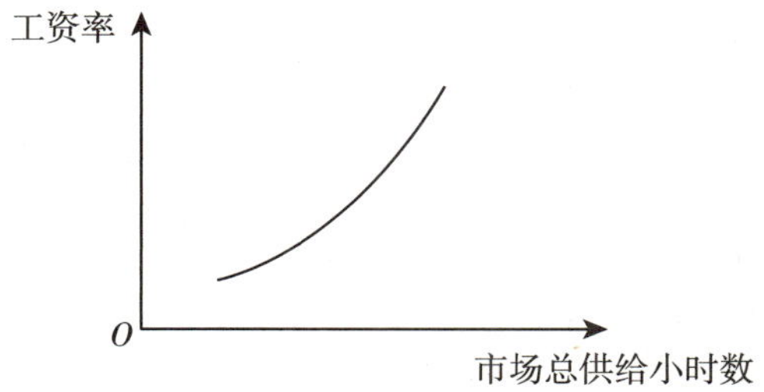

续表

类型	具体内容
垂直形状的市场劳动力供给曲线	这种市场劳动力供给曲线反映的是市场工资率变动对于市场上的劳动力供给数量完全没有影响的情况。原因是：某种类型的劳动力在短时间内非常稀缺，而培养这种类型的劳动力又需要一段时间，即劳动力供给存在滞后性，如顶级的运动员或歌星；或在封闭的条件下，一个国家的劳动者已经实现了充分就业，则工资率提高并不能增加劳动力供给 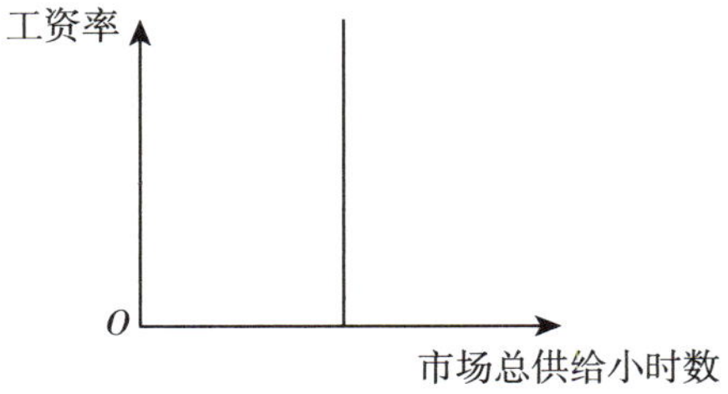
水平形状的劳动力供给曲线	当工资率为 W_0 时，劳动力市场上可以得到任意数量的劳动力供给，这种曲线通常反映了欠发达国家面对的无限劳动力供给的情形 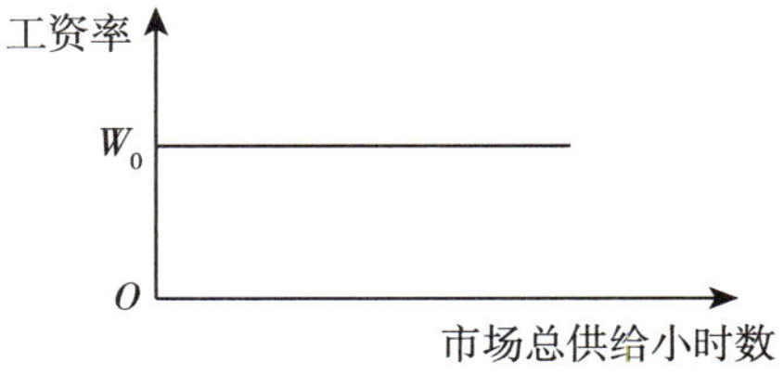

（3）劳动力供给弹性。

概念	劳动力供给数量随着工资率变动而发生变动的灵敏程度，一般可以用劳动工时变动百分比与工资率变动百分比之间的比率来显示
弹性符号	劳动力供给弹性的符号可能为正，也可能为负。但通常情况下，工资率的上升带来劳动力供给数量增加的情况更常见，因此劳动力供给弹性通常为正
公式	劳动力供给弹性＝劳动工时变动百分比÷工资率变动百分比 劳动工时变动百分比＝工时增加或减少绝对数量÷初始工时×100% 工资率变动百分比＝工资率上升或下降绝对数量÷初始工资率×100%
五种情况	供给弹性的绝对值>1，富有弹性，工时变动百分比>工资率变动百分比 供给弹性的绝对值<1，缺乏弹性，工时变动百分比<工资率变动百分比 供给弹性的绝对值＝1，单位弹性，工时变动百分比＝工资率变动百分比 供给弹性＝0，无弹性，工资率变动不会带来劳动力供给时间的任何变动，图形上表现为垂直的劳动力供给曲线 在某种工资率下，市场上可以获得任意数量的劳动力供给，则此时的供给弹性为无穷大，劳动力供给曲线有无限弹性，在图形上表现为水平的劳动力供给曲线

经典题解

【例题·单选题】 在一个以工作小时数为横轴，工资率为纵轴的坐标系中，个人劳动力供给曲线的形状为（　　）。(2012 年)

A. 平行于横轴的一条直线

B. 垂直于横轴的一条直线

C. 自左下方向右上方倾斜的一条直线

D. 一条向右弯曲的曲线

【解析】 个人劳动力供给曲线呈现出一条“向右弯曲的”曲线。

【答案】 D

【例题·单选题】 个人劳动力供给曲线的形状表明，工资率上涨（　　）。(2011 年)

A. 必然导致个人的劳动力供给时间增加

B. 必然导致个人的劳动力供给时间减少

C. 会导致个人的劳动力供给时间先增加后减少

D. 对个人的劳动力供给时间没有影响

【解析】 个人劳动力供给曲线呈现为“向右弯曲的”曲线，工资率上涨会导致个人的劳动力供给时间先增加后减少。

【答案】 C

考点 3　家庭劳动力供给与周期性劳动力供给★★

1. 家庭生产理论

概念	它是以家庭为单位来分析一个家庭的劳动力供给问题。一个家庭会把它生产出来的家庭物品看成效用的直接来源，即一个家庭必须用收入购买商品或服务，再加上一些家庭时间，才能生产出可供家庭消费并产生效用的家庭物品 家庭可支配时间分为：①市场工作时间；②家庭生产时间（在家里做家务或放松的时间）
如何分配时间	一个家庭多少时间从事市场工作、多少时间从事家庭生产，要回答以下三个问题： （1）家庭需要消费什么样的家庭物品 （2）家庭希望怎样生产这些家庭物品 生产方式分为时间密集型和商品密集型。①时间密集型指在生产家庭物品时，家庭生产时间所占比重较大，而购买的商品或服务所占的比重相对较小。②商品密集型则与之相反。家庭生产时间和商品或服务之间存在替代性 （3）家庭成员之间如何分配各自在劳动力市场工作和家庭生产两部分活动中的时间耗费 家庭内部分工决策适用比较优势原理，即每个家庭成员都应当去从事生产率相对效率最高或最擅长的工作

2. 经济周期中的劳动力供给

无论是家庭的劳动力供给决策，还是劳动者个人的劳动力供给决策，都有可能受到经济周期的影响。

附加的劳动者效应	它是指当家庭中的主要收入获取者失去工作或工资被削减以后，其他家庭成员（如带孩子的女性或待业的年轻人）有可能会临时性地进入劳动力队伍，通过工作来增加家庭收入，保持家庭原先的效用水平不变。附加的劳动者效应在经济衰退时期表现得尤为明显，它的潜在作用类似于收入效应
灰心丧气的劳动者效应	它是指一些本来可以寻找工作的劳动者由于对在某一可行的工资率水平下找到工作变得非常悲观而停止寻找工作，临时成为非劳动力参与者的情况

续表

共同作用结果	（1）附加的劳动者效应与灰心丧气的劳动者效应在作用方向上是相反的，它们的强弱对比会直接影响到失业率的高低 （2）一方面，在其他条件相同的情况下，附加的劳动者进入劳动力市场很可能会导致政府公布的失业率上升，因为寻找工作的失业人数增加了；另一方面，如果灰心丧气的劳动者在失业后退出了劳动力市场，则失业者人数会减少，从而导致失业率下降 结论：灰心丧气的劳动者效应比较强，并且占据着主导地位。换言之，在其他条件相同的情况下，劳动力队伍在经济衰退期倾向于萎缩，而在经济复苏期则倾向于扩张

3. 生命周期中的劳动力供给

供给规律	（1）由于在生命周期的不同阶段，一个人的市场工作生产率（用市场工资率来代表）和家庭生产率是在不断变化的，因而人们总在不断调整自己在市场上的劳动力供给时间 （2）一个人在生命周期不同阶段的市场工作生产率不同，从而市场工资率也不同，与之对应的劳动力供给水平也不同。市场工资率高时，劳动力供给水平也较高，反之则较低。①在刚成年阶段，接受正规教育时间多，工作时间少；②人们在工资率相对较高的中年时期，会将较多时间用于市场工作；③接近老年阶段，人们则会部分或彻底退休。因此，时间密集型的闲暇活动通常发生在成长的早期阶段及晚年阶段。如外出旅游的人中，青年人和老年人占比较大，因为处在这些年龄段的人享受闲暇的时间机会成本比较低 （3）发达国家劳动力市场发生的一个最为剧烈的变化就是女性（尤其是已婚女性）的劳动力参与率大幅度上升。劳动力参与的第二个变化，是男性尤其是青年男性和老年男性的劳动力参与率出现了下降
女性的劳动力参与率变化因素	（1）女性的相对工资率上升 （2）女性的劳动力市场工作偏好和态度发生了改变 （3）家庭生产活动的生产率提高 （4）出生率下降 （5）离婚率上升 （6）工作机会增加
老年人的劳动力参与率变化	（1）老年人的工资率与过去相比是在不断提高的，而工资率上升既有可能带来收入效应，又有可能带来替代效应。对老年人来说，收入效应通常大于替代效应，此外，老年人健康状况的下降也使得他们更倾向于享受闲暇。这样，大部分老年人会选择逐渐减少劳动力供给时间，并且逐渐退出劳动力市场 （2）养老金福利的增加会导致退休时的收入大大提高，从而鼓励老年人更早退休。收入效应和替代效应的作用方向都是一样的，都鼓励老年人减少劳动力供给或提前退休

经典题解

【例题·单选题】 附加的劳动者效应和灰心丧气的劳动者效应都是在（　　）中可能发生的促使劳动者进入和退出劳动力市场的因素。(2017年)

A. 经济周期

B. 生命周期

C. 家庭

D. 企业

【解析】 在现实中，无论是家庭的劳动力供给决策还是劳动者个人的劳动力供给决策，都有可能会受到经济周期的影响。

【答案】A

【例题·单选题】导致女性劳动力参与率下降的因素是（　　）。（2017 年）

A. 女性的相对工资率上升

B. 家庭生产活动的生产率提高

C. 出生率上升

D. 离婚率上升

【解析】出生率的下降使得女性劳动力参与率上升，出生率的上升使得女性劳动力参与率下降。

【答案】C

【例题·单选题】家庭生产理论认为，家庭效用的直接来源是（　　）。（2011 年）

A. 闲暇时间

B. 通过市场工作获得的工资收入

C. 用工资收入购买的产品或服务

D. 产品或服务与家庭时间相结合生产出来的家庭物品

【解析】家庭生产理论中，一个家庭会把它生产出来的家庭物品看成效用的直接来源。即一个家庭必须用收入购买商品或服务，再加上一些家庭时间，才能生产出可供家庭消费并产生效用的家庭物品。

【答案】D

第三节　劳动力需求

考点 1　劳动力需求及其影响因素★★★

1. 劳动力需求的性质与劳动力需求曲线

劳动力需求的性质	微观上	劳动力需求是指在一定的市场工资率水平上，企业愿意雇用的某种劳动力数量
	宏观上	劳动力需求是指在一定的市场工资率下，市场上的所有企业需要雇用的劳动力数量总和
	直接需求	它是指人们对那些能够直接满足自己的某种需要的商品所产生的需求，如对食品和服装的需求
	间接需求（派生需求）	这种需求是人们由于对某种能够给人带来满足的最终产品存在需求，进而延伸出来的对生产这种产品的生产要素的需求。由于劳动力属于一种生产要素，因而，对劳动力的需求是一种间接需求或派生需求，除此之外，对资本或机器设备等生产资料的需求也是一种派生需求
劳动力要求与资本需求的紧密联系	（1）劳动力需求和资本需求都会受到产品需求变化的影响 （2）劳动力需求还会受到企业的资本数量需求变化所产生的影响	

续表

劳动力需求曲线	（1）劳动力需求曲线是自左上向右下方向倾斜的一条曲线，斜率为负 （2）当工资率上升时，劳动力需求数量会有所减少 （3）当工资率下降时，劳动力需求数量会有所增加 （4）无论是在短期，还是在长期，劳动力需求曲线的这种倾斜的形状都是不变的 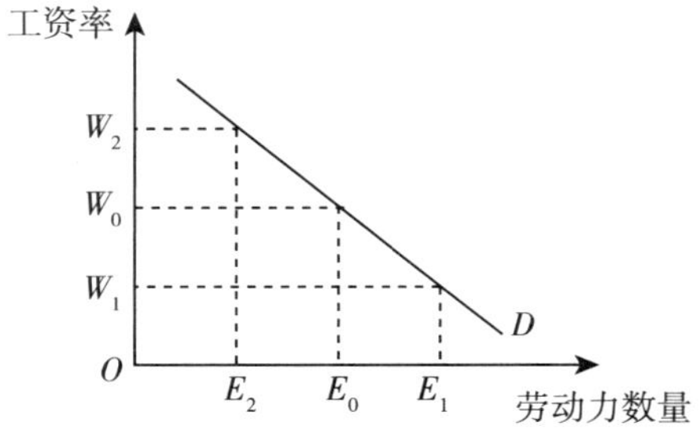

2. 工资率变化对长期劳动力需求数量的影响

规模效应（产出效应）	它是指工资率变动首先直接作用于生产规模或产出规模，从而进一步影响劳动力需求量的作用过程及其结果
	在其他条件（生产技术、资本供给条件、产品需求以及产品质量等）不变的情况下： （1）工资率的上升，意味着企业的成本上升，从而提高产品销售价格，导致消费者减少购买，为了不亏损企业不得不缩减生产规模，导致劳动力需求数量下降 （2）工资率的下降，会导致企业扩大生产规模，从而劳动力需求数量上升
替代效应	它是指工资率的变动会作用于企业愿意使用的资本和劳动力相对投入比例，从而影响到劳动力需求数量
	在其他条件不变的情况下： （1）工资率上升，而另一种生产要素（即资本的价格）未变，因此，劳动力价格相对于资本价格上升了，追求利润最大化的企业通常会愿意使用更多的资本和更少的劳动力来进行生产，即会出现资本替代劳动力的现象，从而导致企业向更加资本密集化的生产方式转变 （2）工资率下降，会导致劳动力价格相对于资本价格的下降，进而促使企业用劳动力代替资本，从而导致劳动力需求数量增加
作用	在其他条件不变的情况下，无论哪个方向的工资率变动所产生的规模效应和替代效应的作用方向都是相同的，即在其他条件不变的情况下，工资率上升的规模效应和替代效应都导致劳动力需求量下降，而工资率下降的规模效应和替代效应都导致劳动力需求量的上升

3. 产品需求与资本价格对劳动力需求量的影响

产品需求变化	（1）其他条件不变的情况下，产品需求↑—生产规模↑—同等工资率下企业的或市场总体的劳动力需求数量↑ （2）其他条件不变的情况下，产品需求↓—生产规模↓—劳动力需求↓—同等工资率下企业的劳动力需求量↓ （3）产品需求变化只会对劳动力需求数量产生规模效应，而不会产生替代效应

续表

资本价格变化	规模效应	（1）其他条件不变的情况下，资本价格↓—生产规模↑—同等工资率下企业总生产成本↓—生产规模↑—劳动力需求↑ （2）其他条件不变的情况下，资本价格↑—企业总生产成本↑—生产规模↓—劳动力需求↓
	替代效应	其他条件不变的情况下，资本价格↓—资本替代劳动力—劳动力需求↓ 其他条件不变的情况下，资本价格↑—劳动力替代资本—劳动力需求↑
	作用	资本价格变化产生的规模效应和替代效应对于劳动力需求数量的影响在作用方向上是相反的。资本价格变化对于劳动力需求数量的最终影响将取决于哪种效应的力量更大。如果资本价格上升的规模效应大于替代效应。则最终的劳动力需求数量将下降；反之则上升。如果资本价格下降的规模效应大于替代效应，则最终的劳动力需求数量将上升；反之则下降

经典题解

【例题·单选题】关于劳动力需求的说法，错误的是（　　）。（2018年）

A. 劳动力需求是一种派生需求

B. 其他条件一定，工资率上升的规模效应和替代效应都必然导致劳动力需求数量下降

C. 劳动力需求与资本价格无关

D. 长期来看，工资率变动会对劳动力需求同时产生规模效应和替代效应

【解析】资本价格会影响劳动力需求，选项C的说法错误。

【答案】C

【例题·单选题】在其他条件一定的情况下，关于劳动力需求的说法，正确的是（　　）。（2016年）

A. 在工资率上升时，劳动力需求量会下降

B. 在劳动力供给增加时，劳动力需求数量下降

C. 在产品需求增加时，劳动力需求数量会下降

D. 资本的价格对于劳动力需求数量不会产生影响

【解析】对劳动力需求量产生影响的因素有工资率、产品需求和资本价格，不包括劳动力供给，选项BD错误。在其他条件不变的情况下，产品需求上升带来的规模效应会导致在工资率不变的情况下，企业的或市场总体的劳动力需求数量增加，选项C错误。

【答案】A

总结（归纳速记）：

变动因素	个人劳动力供给		企业劳动力需求	
	收入效应	替代效应	规模效应	替代效应
工资率上升	供给时间减少	供给时间增加	需求量减少	需求量减少
工资率下降	供给时间增加	供给时间减少	需求量增加	需求量增加
产品需求上升	——	——	需求量增加	——
产品需求下降	——	——	需求量减少	——
资本价格上升	——	——	需求量减少	需求量增加
资本价格下降	——	——	需求量增加	需求量减少

经典题解

【例题·单选题】在其他条件不变的情况下，会导致劳动力需求量上升的是（　　）。（2020年）

A. 资本价格下降的收入效应

B. 资本价格上升的替代效应

C. 资本价格下降的替代效应

D. 资本价格上升的规模效应

【解析】资本价格上升，导致企业用劳动力替代资本，从而导致劳动力需求上升，选项B正确。

【答案】B

考点2　劳动力需求的自身工资弹性与交叉工资弹性★★

1. 自身工资弹性

含义	即某种劳动力的工资率（W）变化1%所引起的自身劳动力需求数量（L）发生变化的百分比		
公式	劳动力需求的自身工资弹性（η）= 劳动力需求量（L）变动÷工资率（W）变动×100% 劳动力需求量（L）变动 = $\Delta L \div L$ =（$L_1 - L_0$）÷L_0 工资率（W）变动 = $\Delta W \div W$ =（$W_1 - W_0$）÷W_0		
绝对值	由于工资率变动方向与劳动力需求数量的变动方向是相反的，因而劳动力需求的自身工资弹性值为负。由于自身工资弹性重点考察的是劳动力需求数量变动对于工资率变动的反应敏感程度，因此关注的是这种弹性的绝对值		
关系	$\vert\eta\vert > 1$	富有弹性	当工资率上升1%，引起的劳动力需求数量下降的幅度大于1%，劳动力的工资总量（工资率×劳动力需求总水平或总就业量）下降。当工资率下降时，这类劳动力的工资总量是上升的
	$\vert\eta\vert < 1$	缺乏弹性	当工资率上升1%，引起的劳动力需求数量下降的幅度小于1%，劳动力的工资总量会上升。若工资率下降，则这类劳动力的工资总量也下降
	$\vert\eta\vert = 1$	单位弹性	当工资率上升1%，引起的劳动力需求数量下降也为1%，无论工资率上升还是下降，劳动力的工资总量不变

2. 交叉工资弹性

含义	它是指一种劳动力的工资率变化1%所引起的另一类劳动力需求量变化的百分比
关系	（1）如果两种劳动力的交叉工资弹性为正值，则一种劳动力的工资率提高会导致另一种劳动力的需求数量上升，两种劳动力之间是总替代关系 （2）如果两种劳动力的交叉工资弹性值为负，则一种劳动力的工资率提高会促使另一种劳动力的需求量减少，两种劳动力之间是总互补关系

经典题解

【例题·单选题】如果劳动力需求是富有弹性的，在只看绝对值的情况下，劳动力需求数量的变化规律是（　　）。（2020年）

A. 变化百分比大于其工资率变化百分比

B. 变化百分比小于其工资率变化百分比

C. 变化值大于其工资率变化值

D. 变化值小于其工资率变化值

【解析】当劳动力需求数量变化的百分

比超过工资率变化的百分比时，劳动力需求弹性的绝对值大于1，这种情况被称为劳动力需求曲线富有弹性。

【答案】 A

【例题·单选题】 某类劳动力的工资率为每小时10元，某城市对这类劳动力的需求总量为10万小时，已知该市对这类劳动力的需求弹性为单位弹性，则当这种劳动力的工资率上涨到每小时15元，该市对此类劳动力的需求总量会变成（　　）万小时。（2017年）

A. 2　　B. 4

C. 5　　D. 15

【解析】 劳动力需求的自身工资弹性=劳动力需求量变动÷工资率变动×100%，本题中，劳动力需求弹性为1，劳动力需求量变动÷工资率变动=1，$(\Delta L \div 10) \div (5 \div 10) = 1$，$\Delta L=5$，由于工资率变动方向与劳动力需求数量的变动方向是相反的，因此，劳动力的需求总量减少5万小时，该市对此类劳动力的需求总量会变成（10－5）＝5（万小时）。

【答案】 C

【例题·单选题】 某地区汽车生产工人工资率从每小时30元上升到33元，该地区汽车制造商对汽车生产工人的劳动力需求将会从原来的10000人减少到8000人，则该地汽车生产工人的劳动力需求自身工资弹性属于（　　）。（2013年）

A. 缺乏弹性

B. 富有弹性

C. 单位弹性

D. 无弹性

【解析】 $\eta = [(L_1-L_0) \div L_0] \div [(W_1-W_0) \div W_0]$，即 $[(8000-10000) \div 10000] \div [(33-30) \div 30] = -2$，因为 $|-2|>1$，所以为富有弹性。

【答案】 B

考点3　派生需求定理★

含义	影响劳动力需求的自身工资弹性的因素被归纳为四条，通称派生需求定理，又称“希克斯—马歇尔派生需求定理”
内容	（1）最终产品需求的价格弹性。产品价格变动1%导致的产品需求量变动的百分比，若其他条件相同，产品需求弹性越大，劳动力需求的自身工资弹性（η）越大 （2）要素替代的难易度。当某种劳动力的工资率上升时，企业倾向于用相对便宜的其他生产要素（资本或其他类型的劳动力）对其进行替代。若其他条件相同，其他生产要素对劳动力替代越容易，劳动力需求的自身工资弹性（η）就越高 （3）其他生产要素的供给弹性。某类生产要素的价格变动1%导致的此类生产要素供给量变动的百分比。若其他条件相同，其他生产要素的供给弹性越大，劳动力需求的自身工资弹性（η）越大，反之则越小 （4）产品总成本中劳动力成本所占的比重。某种劳动力成本占总成本的比重是影响劳动力需求自身工资弹性大小的主要因素。劳动力成本在总成本中占的比重越大，劳动力需求的自身工资弹性（η）越大，反之则越小

第四节　劳动力市场均衡与非均衡

本节视频详解
使用"会计云课堂"App/微信扫码听课

考点1　劳动力市场均衡及其变动★★★

1. 劳动力市场均衡

含义	它是指市场上的劳动力供求相等，从而市场出清的一种劳动力市场状态。这时，市场上既不存在失业，也不存在劳动力短缺
曲线	在工资率上升之后，会出现两种情况： (1) 更多的人愿意进入这一市场来求职（从 *F* 点沿着劳动力供给曲线向 *A* 点扩张） (2) 随着工资率的上涨，企业需要雇用更少的员工（从 *E* 点沿劳动力需求曲线向 *A* 点收缩） (3) 劳动力供求的共同变动结果在到达 *A* 点后实现均衡 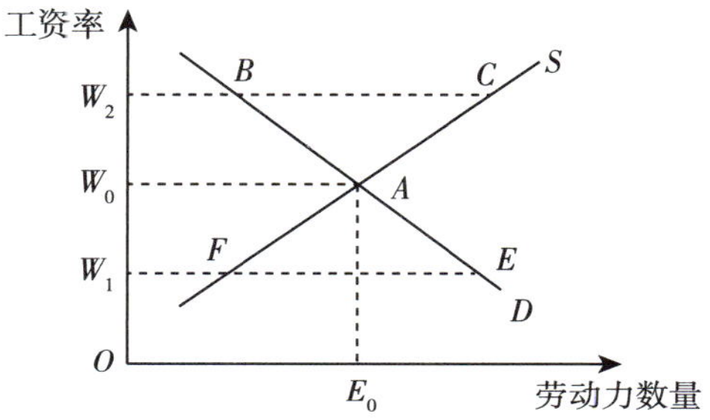

2. 劳动力市场均衡的破坏与重建

劳动力市场的均衡就是在不断建立、不断被打破、然后再重新建立这样一种循环中运行的。

不同情况	具体内容
需求曲线移动对均衡位置的影响	(1) 劳动力需求曲线的移动方式有两种，一是向左移动，二是向右移动 (2) 向左移动意味着在工资率不变的情况下，劳动力需求整体萎缩了；向右移动意味着在工资率不变的情况下，劳动力需求整体扩大了 (3) 当劳动力供给曲线不变，而劳动力需求曲线右移时，新的均衡点 A_2 对应的均衡工资率 W_2 和均衡就业量 E_2，都比初始均衡点 A_0 所对应的均衡工资率 W_0 和均衡就业量 E_0 数值更大，这说明均衡工资率和就业量均随需求曲线右移而上升 (4) 反之，当劳动力供给曲线不变而劳动力需求曲线左移时，均衡工资率和均衡就业量同时下降 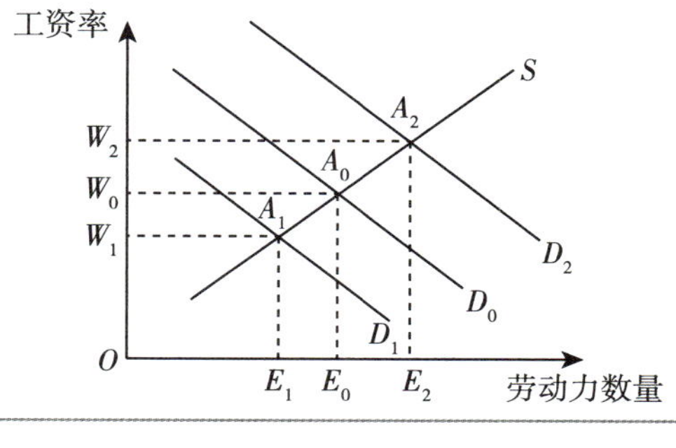

续表

<table>
<tr><th>不同情况</th><th>具体内容</th></tr>
<tr><td>供给曲线移动对均衡位置的影响</td><td>
(1) 劳动力供给曲线的移动方式也有两种：一是向右移动，二是向左移动
(2) 劳动力供给曲线右移表示在工资率不变的情况下，劳动力供给整体上增加了；左移则表示劳动力供给整体上减少
(3) 劳动力需求曲线 D 保持不变，S_0 为初始劳动力供给曲线，A_0 为初始均衡点，S_1 为 S_0 的右移线，S_2 为 S_0 的左移线，A_1、A_2 分别为 S_0 右移和左移之后所形成的新的劳动力市场均衡点。S_0 右移后的均衡工资率 W_1 小于初始均衡工资率 W_0，而新的均衡就业量 E_1 大于初始的均衡就业量 E_0，这说明，在劳动力需求曲线不变、劳动力供给曲线右移时均衡工资率会下降，而均衡就业量却会上升
(4) 同理，当劳动力需求曲线不变而劳动力供给曲线左移时，则会导致均衡工资率上升 ($W_2>W_0$) 和均衡就业量下降 ($E_2<E_0$)
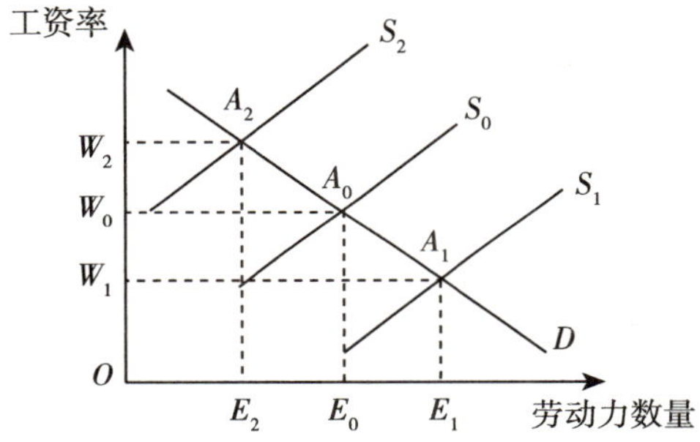

</td></tr>
<tr><td>供求曲线同时移动对劳动力市场均衡的影响</td><td>结果取决于两种力量的对比：当劳动力需求曲线移动幅度更大时，均衡工资率上升；而当劳动力供给曲线的移动幅度更大时，均衡工资率下降</td></tr>
</table>

经典题解

【例题·单选题】 在劳动力市场均衡分析图形中，假定劳动力需求曲线不变，而劳动力供给却由于退休人口增加和新成长劳动力不足而出现了下降，则可能出现的情况是（　　）。(2019 年)

A. 均衡工资率和均衡就业量同时下降

B. 均衡工资率上升，均衡就业量下降

C. 均衡工资率和均衡就业量同时上升

D. 均衡工资率下降，均衡就业量上升

【解析】 当劳动力需求曲线不变而劳动力供给曲线左移时，则会导致均衡工资率上升和均衡就业量下降。

【答案】 B

考点2 劳动力市场非均衡及其影响因素★★

1. 劳动力需求方遇到的摩擦力

企业并非必须支付市场通行的工资率	(1) 企业不仅会向员工支付工资，而且会提供福利以及其他一些员工认为有价值的报酬因素 (2) 有些企业为了激励员工的工作积极性，会有意提供超过（而不是等于）市场工资率的工资水平，即效率工资 (3) 在现代市场经济条件下，很多国家的政府颁布最低工资立法等方面的法律法规，一定程度上阻止了企业根据劳动力市场均衡工资率来支付与市场工资水平相当的工资 (4) 在很多市场经济国家中，工会通过集体谈判迫使企业将工资水平确定在高于市场通行工资率的水平上
企业并非可以自由调整雇用量	(1) 企业在雇用和解雇劳动力的过程中都需要支付很多成本，所以企业不可以自由调整雇用量 (2) 解雇员工的做法可能会被视为对员工的不公平对待，从而影响企业未来在市场上招募员工的能力，甚至会损害留用员工的生产率 (3) 政府往往以立法的形式要求企业在解雇员工时必须支付遣散费或提供其他补偿，而这也会增加企业解雇员工的成本

2. 劳动力供给方遇到的摩擦力

劳动者并非可以零成本自由流动	(1) 劳动力流动是有成本的，不仅包括寻找就业信息的成本，而且包括因为离开原来的雇主而失去的很多经济或非经济收益 (2) 转换工作往往还造成一些在原来企业学习到的技能失效，同时需要在新企业中重新接受培训，以掌握新的技能而产生新的成本
劳动者对工资率的反应并非极其敏感	(1) 由于劳动力流动是有成本的，而且从一家企业到另外一家企业，存在时间间隔。因此，即使是劳动者认为当前企业所支付的工资水平低于市场水平，他们往往也不会马上辞职，去寻找能支付更高工资的企业，而是会不断权衡，确保不会因为两份工作之间出现空当而失去工资性报酬这种经济来源 (2) 工资水平并非是劳动者唯一的考虑因素，福利水平、交通便利程度、企业的地理位置、能否满足照顾家庭的需要等也是劳动者的重要考虑因素 (3) 在现实中存在明显的工资刚性或工资黏性的现象，即劳动者很不愿意接受甚至会主动抵制工资水平的下降

经典题解

【例题·单选题】不属于导致劳动力市场非均衡现象出现的原因的是（　　）。(2020年)

A. 有些企业可能会支付超过市场通行水平的工资

B. 劳动者跨企业流动是有成本的

C. 劳动力对工资率的反应是极其敏感的

D. 企业往往并不能随意调整所雇用的员工人数

【解析】劳动者对工资率的反应并非极其敏感，选项C的说法错误。

【答案】C

考点 3 劳动力市场政策★

1. 政府促进就业的宏观经济政策

货币政策	分为扩张性的货币政策和紧缩性的货币政策。它是政府通过控制货币供应量调节经济运行的一种手段
财政政策	分为扩张性的财政政策和紧缩性的财政政策。它是利用政府预算来影响总需求的一种政策，其主要手段是调整税率和政府支出水平
收入政策	实际上是一种工资、物价管理政策。政府实行普遍的工资—物价指导的思想 工资指导线的制定原则是，使年度报酬增加的百分比不超过劳动生产率的增长趋势
人力政策	它主要是针对劳动力市场的结构性失业而提出的一种扩大就业的政策。政府通过对劳动力进行重新训练与教育，把非熟练的劳动力训练成技术成熟程度达到一定水平的劳动者，以缓和因劳动力市场所需要的技能与劳动者实际供给的技能不匹配而造成的失业问题
产业政策	它是指一个国家对其产业结构实施引导、调节、管理的方针和政策。产业结构通常有两种划分办法：①以产品的生产、销售、服务过程为序来划分，即三次产业划分法，第一产业是初级产业，第二产业是制造业，第三产业是服务业。②以各产业所使用的投入组合的特点为标志来划分。根据这一方法，一般把产业部门划分为劳动密集型产业、资本密集型产业、技术密集型产业以及知识密集型产业

2. 最低工资立法及其影响

政府的最低工资立法对于收入分配的不平等程度有可能会同时产生压缩效应和扩大效应。

压缩效应	(1) 提高了原来所获得的工资率低于最低工资的那些工人的收入水平 (2) 有可能通过缩小其他低工资工人以及技术工人与监督管理人员之间的收入差距来压缩收入的不平等程度
扩大效应	最低工资立法同时也有可能会扩大收入差距。低薪人员工资增长，使企业不再愿意雇用生产率水平低的人员，导致其失业

经典题解

【例题·单选题】 在经济不景气时期，某国的一些产业受到严重打击，裁员现象严重，为此该国政府拿出专项财政拨款，建立了一些针对失业人员的再就业培训计划，政府采取的这种政策称为（　　）。(2016 年)

A. 财政政策

B. 货币政策

C. 产业政策

D. 人力政策

【解析】 所谓人力政策，就是政府通过对劳动力进行重新训练与教育，把非熟练的劳动力训练成技术熟练程度达到一定水平的劳动者，以缓和因劳动力市场所需要的技能与劳动者实际供给的技能不匹配而造成的失业问题。

【答案】 D

第十二章　工资与就业理论

第一节　工资水平与工资差别

考点 1　工资水平★★

1. 货币工资与实际工资

货币工资	又称名义工资，指雇主以货币形式支付给员工的劳动报酬
实际工资	它是指货币工资所能购买到的商品和服务量。它可用来说明货币工资的购买能力。实际工资是经过某种价格调整之后的货币工资
公式	实际工资 = 货币工资 ÷ 物价指数
二者关系	（1）货币工资并不等于实际工资，这两者之间的差别取决于物价水平。物价水平变化越大，货币工资和实际工资之间的差别越大。正因为如此，有可能会出现货币工资水平上升而实际工资水平反而下降的情况 （2）劳动者的劳动供给决策是根据实际工资的变动做出的。企业所面临的劳动力供给是随实际工资水平而不是随货币工资水平的波动而变动的。企业在确定员工工资水平时必须了解实际工资水平 （3）政府在制定其宏观经济政策时，不能停留在对货币工资的掌握上，更重要的是要了解市场实际工资水平

2. 确定工资水平的实际因素

（1）劳动者个人及其家庭所需的生活费用。

（2）同工同酬的原则。处于不同行业、部门或职业中的劳动者的工资水平的对比关系要符合同工同酬的原则。对于完成同等价值工作的劳动者应支付同等水平的工资。

（3）部门或企业的工资支付能力。在竞争性经济中，如果产品需要是稳定的，那么决定一个部门或企业的工资支付能力的主要因素是该部门或企业的生产率。

3. 工资水平与生产率和企业规模的关系

一般认为，较高的工资能够吸引较好的员工，因为高工资扩大了企业的求职者人才库，使得企业能够选择更有经验，独立工作能力和工作动机都更强的员工。支付较高工资的做法可以使企业从员工那里获得较高的生产率。

通常情况下，在规模较大的企业中工作的员工，其工资随着经验的增长而增加的速度也要快得多。

（1）大企业已经付出了成本，为员工提供了更多的特殊培训机会，因此它们有更强的动力去培训员工，并鼓励员工与企业建立长期的雇佣关系。

（2）大企业通常更多地使用具有较高相互依赖性的生产过程，而这种生产过程要求员工高度地相互依赖（一位员工消极怠工就有可能降低整个班组的产出）和遵守纪律。他们的高工资可以被看成是一种补偿性的工资差别。

（3）大企业可以为员工提供一个职业晋升方面的“工作阶梯”，员工可以从中得到多层次晋升的机会，因此员工和企业之间保持长期雇佣关系的做法在大企业中比在小企业中更富有吸引力。

（4）较大的企业可能会发现，岗位空缺的出现对于他们而言是成本很高的。

经典题解

【例题·单选题】关于实际工资的说法，错误的是（　　）。（2020年）

A. 实际工资是企业支付给员工的货币工资

B. 政府在制定相关宏观经济政策时，应了解市场上的实际工资水平

C. 消费品价格指数越高，相同货币工资所代表的实际工资水平越低

D. 实际工资是劳动力供给决策的依据

【解析】实际工资是指货币工资所能购买到的商品和服务量，它可用来说明货币工资的购买能力，选项A的说法错误。

【答案】A

【例题·单选题】在竞争性经济中，如果市场对企业的产品需求是稳定的，则决定一家企业工资支付能力的最主要因素是（　　）。（2018年）

A. 市场工资水平高低

B. 企业的劳动生产率

C. 同工同酬的要求

D. 劳动者个人及其家庭的生活费用需求

【解析】确定工资水平的实际因素：

（1）劳动者个人及其家庭所需的生活费用。

（2）同工同酬的原则。

（3）企业的工资支付能力。在竞争性经济中，如果产品需要是稳定的，那么决定一个部门或企业的工资支付能力的主要因素是该部门或企业的生产率。

【答案】B

【例题·多选题】关于工资水平的说法，正确的有（　　）。（2018年）

A. 实际工资就是指员工实际拿到手的货币工资

B. 实际工资就是指名义工资

C. 企业在确定工资水平时必须了解实际工资水平

D. 货币工资上涨时，实际工资有可能是下降的

E. 物价指数越高，相同的货币工资代表的实际工资水平越低

【解析】实际工资是货币工资所能购买到的商品和服务量，可说明货币工资的购买能力，选项A错误。货币工资又称名义工资，是指雇主以货币形式支付给员工的劳动报酬，选项B错误。

【答案】CDE

考点2　工资差别★★★

工资差别从本质上讲是同劳动相联系的，只要劳动者的素质和技能不能完全相同，劳动条件的差别无法消除，工资差别就不可能消除。

工资差别的存在同市场经济中价格差别的存在一样，具有在整个社会范围内不断重新配置资源的功能，它会激励劳动者从低生产率的工作岗位、企业、职业、行业或产业部门甚至国家向高生产率的地方转移，从而优化劳动力资源配置，对于社会经济的发展具有积极的作用。

1. 不同产业部门间工资差别形成的原因

熟练劳动力所占比重	高技能员工比例大，则平均工资高
技术经济特点	规模大、人均占有资本投资比例高的产业部门，人均工资水平也较高
发展阶段	兴盛期产品需求量大，工资高
工会化程度	传统的高工资产业一般也具有较高的工会化程度
地理位置	高工资水平地区便于找到技术较高的熟练工人。工资水平较低的产业（如纺织业），则更多地集中在低工资地区，因为劳动力成本在纺织企业的总成本中占的比例较大，在低工资水平地区建厂可以以较低的工资招募劳动力，从而节约劳动力费用

2. 不同职业之间工资差别形成的原因

（1）不同职业在劳动强度和劳动条件方面的差别（如建筑业、快递业）。

（2）不同职业引起的愉快或不愉快程度有差别（如殡葬业）。

（3）不同职业具备从业能力的难易程度有差别（如医生和律师）。

（4）不同职业所具有的社会安全程度即工作保障和职业稳定程度不同（如受经济周期影响程度高的职业）。

（5）不同职业要求从业者所承担的责任程度是有差别的（如金银匠、宝石匠）。

3. 职业间的工资差别

补偿性工资差别	它是指在知识技能上无质的差别的劳动者，因从事职业的工作条件和社会环境的不同而产生的工资差别。因劳动强度和劳动条件、从业时的不愉快程度、工作保障和职业稳定程度、承担的责任程度而引起的工资差别，均属于补偿性工资差别
竞争性工资差别	又称为技能性工资差别。它指的是在劳动力和生产资料可以充分流动的竞争条件下，劳动者之间所存在的工资差别。在外部环境条件和机会一致的条件下，劳动者之间的这种工资差别显然只能归结于不同劳动者的劳动力在质上的差异。高质量劳动力通常有高的劳动效率，从而工资也较高
垄断性工资差别	垄断性工资收入又称为租金性工资收入。这种工资差别出现的主要原因是不同质劳动者之间的流动受到了自然的或者非自然的力量的限制，有两种情况： （1）非自然垄断，某种职业所需要的劳动力出现短缺，但受外力限制（如国家行政权力或社会经济体制的限制），其他劳动者又无法转入这个职业就业 （2）自然性垄断，从事某职业的劳动力非常稀缺或较为稀缺，但由于这种劳动力在质量上的自然特征或其质量要求，使得对这种劳动力的补充很难实现或很难马上实现（如文体影视明星）

经典题解

【例题·单选题】下列选项中，不属于导致不同产业部门之间形成工资差别的主要原因的是（　　）。（2020年）

A. 劳动力规模

B. 熟练劳动力所占的比重

C. 技术经济特点

D. 所处的发展阶段

【解析】不同产业部门间工资差别形成的原因：熟练劳动力所占比重、技术经济特点、发展阶段、工会化程度、地理位置。

【答案】A

【例题·多选题】补偿性工资差别是由于不同的职业在（ ）方面存在差异造成的。(2019年)

A. 劳动强度

B. 从业者需要具备的从业能力

C. 劳动条件

D. 令人愉快程度

E. 从业者需承担的责任

【解析】因劳动强度和劳动条件、从业时的不愉快程度、工作保障和职业稳定程度、承担的责任程度而引起的工资差别，均属于补偿性工资差别。

【答案】ACDE

考点3 工资性报酬差别与劳动力市场歧视★★

1. 不同群体间的工资性报酬差别与歧视

通常情况下，不同性别、种族等的劳动者群体之间会存在工资性报酬的差别。在这些工资性报酬差别中，有些是属于可以从经济学上得到解释的差别，有些则是暂时无法得到解释的差别。以不同性别劳动者之间的工资性报酬差异为例：

经济学解释	(1) 年龄和受教育程度：年纪较大的女性的受教育程度往往低于男性；生育原因造成的职业中断会使女性受到的平均在职培训时间少于男性，会使女性的工资性报酬低于男性 (2) 职业：女性和男性劳动者在高工资职业和低工资职业中所占的比例不同，必然会引起他们之间的工资性报酬比率存在差异 (3) 工时和工作经验：女性尤其是那些需要抚育孩子的女性往往需要承担更多的家庭责任，所以女性的总体市场工作时间通常要比男性更少，直接影响她们的工资性报酬水平及以后的工资增长
非经济学解释	(1) 存在与性别有关的且会对生产率产生影响的某些因素，但是这些因素却是研究者们无法观察到的 (2) 劳动力市场上存在性别歧视

2. 歧视的界定及其分类

歧视的界定	这里的歧视是指劳动力市场歧视，它是指具有相同生产率特征的劳动者仅仅因为所属的人口群体的不同而受到区别对待
歧视的分类	(1) **工资歧视**，是指雇主针对既定的生产率特征支付的价格因劳动者所属的人口群体不同而呈现系统性的差别。例如，雇主支付给女性员工的工资要低于在相同条件下工作，且从事同种职业、具有相同工作经验的男性员工的工资，这就是对不同性别的劳动者实施的工资歧视 (2) **职业歧视**，是指对具有相同的受教育水平和其他生产率特征的不同类型的劳动者加以区别对待，将其中某一类或某些类别的劳动者有意安排到那些低工资的职业当中，或者是有意让这些类别的劳动者去承担工作责任要求较低的工作岗位，而把那些高工资岗位留给某些特定类型的劳动者

3. 关于歧视来源的市场歧视理论

以歧视产生的根源的角度来看，经济学家提出了三种可能的劳动力市场歧视来源，包括个人歧视、统计性歧视、非竞争性歧视。

个人歧视	它是指雇主、客户或者员工当中至少有一方是对员工存在有偏见的 （1）雇主歧视。雇主很可能因为某些特定的原因对某些特定类型的员工产生歧视 （2）客户歧视。顾客可能更偏好于让某种类型的劳动者来为自己提供服务，这就迫使雇主不得不根据自己希望服务的客户的偏好来雇用员工 （3）员工歧视。某种类型的员工可能希望刻意避开那些他们不喜欢的属于某些特定人口群体的同事。会出现两种情况：一种情况是雇主不会满足歧视性员工的需求，因而他们不得不自动离职；另外一种情况是，雇主会主动对这些歧视性员工的需求作出妥协
统计性歧视	它与雇主的招募和甄选过程有关，企业经常会利用一些历史经验来帮助自己作出判断，雇主曾经雇用过的各种不同类型的劳动者的总体绩效表现等很可能会成为这种历史经验，企业经常会用这些信息来帮助自己预测属于这些群体的求职者的未来生产率状况
非竞争性歧视	它是指劳动力市场处于非竞争状态下产生的歧视。如果由于企业具有某种垄断力量，那么，企业不仅有能力制造出职业隔离的局面，而且可以控制支付给员工的工资水平，这样，这些企业就会同时产生职业歧视和工资歧视

经典题解

【例题·单选题】下列做法中，属于工资歧视的是（　　）。（2020年）

A. 对于生产率存在差异的劳动者支付不同水平的工资

B. 对于其他条件均相同且从事相同工作的不同性别劳动者支付不同的工资

C. 故意将女性劳动者安排到低工资的职位或岗位上去

D. 对于从事相同工作但所处地理位置不同的劳动者支付不同水平的工资

【解析】工资歧视是指雇主针对既定的生产率特征支付的价格因劳动者所属的人口群体不同而呈现系统性的差别。例如，雇主支付给女性员工的工资要低于从事同种职业、具有相同工作经验以及在相同条件下工作的男性员工的工资，这就是对不同性别的劳动者实施的工资歧视。

【答案】B

第二节　就业与失业

考点1　就业与就业统计★★

1. 就业与就业统计的国际标准

就业的含义	（1）劳动者必须要既有劳动能力，又有劳动意愿 （2）劳动者所参加的劳动必须是某种形式的社会劳动，而不是家庭劳动 （3）劳动必须能够获得报酬或收入，而不是公益性或义务性的

续表

国际劳工组织定义的就业人口	（1）正在工作的人 （2）虽然有工作，但由于某种特殊原因暂时脱离了工作状态的人，如疾病、工伤等 （3）雇主和自雇用人员，或者正在协助家庭经营企业或农场，但并不领取劳动报酬的人
美国劳工部关于就业人口的界定	（1）劳动者年满 16 岁及以上，并且必须在被调查的前一周为了获得工资性报酬而工作了 1 个小时以上，或是尽管没有得到工资性报酬，但却在家庭企业中至少工作了 15 个小时 （2）由于疾病、休假或天气恶劣等原因而暂时脱离工作 （3）在界定是否属于就业时，劳动者所从事的是全日制工作还是非全日制工作并不重要，重要的是劳动者是否进入市场工作。据此标准，家务劳动者不属于就业人口

2. 中国的就业统计

中国并没有对就业作出明确的定义，而只是在进行统计时界定了何谓就业者或就业人口。

2003 年	劳动和社会保障部正式对就业人员和失业人员的概念进行了界定，就业人员： （1）男在 16 至 60 岁，女在 16 至 55 岁的法定劳动年龄内，从事一定的社会经济活动，并取得合法劳动报酬或经营收入的人员 （2）劳动报酬达到和超过当地最低工资标准的，为充分就业 （3）劳动时间少于法定工作时间，且劳动报酬低于当地最低工资标准、高于城市居民最低生活保障标准，本人愿意从事更多工作的，为不充分就业
2005 年 11 月	对就业人口的界定： 就业人口指在一定年龄以上，有劳动能力从事一定社会劳动并取得劳动报酬或经营收入的人员。在 1%人口调查中，将具有劳动能力并符合以下条件之一的 16 岁及以上城镇人口定义为就业人口 （1）为取得报酬或经营利润，在调查周内从事了 1 小时以上（含 1 小时）的劳动的人 （2）由于学习、休假等原因在调查周内暂时处于未工作状态，但有工作单位或场所的人

考点 2 失业与失业统计★★

1. 国际劳工组织的失业定义

失业者或失业人口是指那些在参照期内无工作，但目前能够工作并且正在寻找工作的某一特定年龄以上（通常是 16 岁及以上）的所有人员。

2. 中国对失业人员的界定与失业统计

我国在传统计划经济时期没有失业人员的概念，只有一个名为待业人员的类似概念。随着改革开放的深入以及社会主义市场经济体制的确立，我国从 1994 年起正式使用“失业”和“失业率”的概念，同时公开发布城镇登记失业率和城镇登记失业者人数。

1994 年	失业人员是在规定的劳动年龄内，具有劳动能力，但在调查期内无职业并以某种方式寻找工作的人，具体包括： （1）16 周岁以上各类学校毕业或肄业的学生中，初次寻找工作但是尚未找到工作者 （2）企业宣告破产后尚未找到工作的人员 （3）被企业终止、解除劳动合同或辞退后，尚未找到工作的人员 （4）辞去原单位工作后尚未找到工作的人员 （5）符合失业人员定义的其他人员

续表

2003年	失业人员是指在法定劳动年龄内，有工作能力，无业且要求就业而未能就业的人员。某类人员虽然从事一定社会劳动，但劳动报酬低于当地城市居民最低生活保障标准的情况视同失业
2005年	将具有劳动能力并同时符合以下各项条件的16岁及以上人员列为失业人员 （1）在调查周内未从事为取得报酬或经营利润的劳动，也没有处于就业定义中的暂时未工作状态 （2）在某一特定期间内采取了某种方式寻找工作 （3）当前如有工作机会可以在一个特定期间内应聘就业或从事自营职业

经典题解

【例题·单选题】关于我国在就业和失业方面规定的说法，错误的是（　　）。（2017年）

A. 虽然从事社会劳动，但劳动报酬低于当地城市居民最低生活保障标准的情况视同失业

B. 超出法定劳动年龄的劳动者外出找工作，但没找到的情况，不属于失业

C. 16周岁以上各类学校毕业或肄业的学生，初次寻找工作但未找到，不属于失业人员

D. 劳动者获得的劳动报酬达到和超过当地最低工资标准的，属于充分就业

【解析】16岁以上各类学校毕业或肄业的学生中，初次寻找工作但未找到的，属于失业人员，选项C的说法错误。

【答案】C

【例题·多选题】在我国关于失业人员的统计中，失业人员必须满足的条件包括（　　）。（2016年）

A. 在法定劳动年龄之内

B. 有工作能力

C. 有工作意愿

D. 尚未实现就业

E. 正在领取失业保险金

【解析】在我国关于失业人员的统计中，失业人员是指在法定劳动年龄内，有工作能力，无业且要求就业而未能就业的人员。

【答案】ABCD

考点3　失业率统计★★

1. 失业率与劳动力市场的存量—流量模型

概念	（1）一个社会的总人口可以被划分为经济活动人口和非经济活动人口两类。其中经济活动人又可以被划分就业人口和失业人口两类。我们可以将一个社会的总人口归纳为三部分人：就业者、失业者以及非劳动力 （2）在有些国家，军人有时候也被列为非劳动力 （3）经济学上通常用失业人口与劳动力总人口（即失业人口和就业人口之和）之比来定义一个非常重要的概念，这就是失业率
公式	失业率＝失业人数÷劳动力人数×100%＝失业人数÷（失业人数+就业人数）×100%

续表

模型	在就业者、失业者以及非劳动力三种存量之间存在以下彼此流动方向相对的三对流量 (1) 就业者很可能因为被解雇，又没有马上找到工作而变成失业者（EU）；失业者也可能因为找到工作或重新找到工作而变成就业者（UE） (2) 非劳动力（大学生）在某个时间点上（毕业时）找到工作成为就业者（NE）；非劳动力一时找不到工作成为失业者（NU） (3) 就业者由于退休等原因退出劳动力市场成为非劳动力（EN）；失业者决定不再找工作，停止劳动力供给，成为非劳动力（UN） 劳动力市场的存量—流量模型，如图所示： 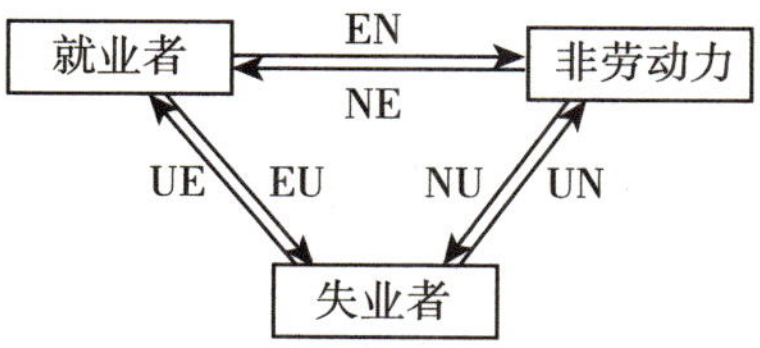
长期失业率	即失业时间满一年以及超过一年的失业者在劳动力总人口中所占的比例

2. 中国的失业率统计问题

中国从 1994 年开始用“失业人员”的概念替代“待业人员”的概念，同时开始用“城镇登记失业率”的概念取代了“城镇登记待业率”。

城镇登记失业率	它是指报告期末城镇登记失业人数占期末城镇从业人员总数与期末实有城镇登记失业人数之和的比重 城镇单位从业人员不包括使用的农村劳动力、聘用的离退休人员、港澳台人员、外籍人员
公式	城镇登记失业率＝城镇登记失业人数÷（城镇从业人数+城镇登记失业人数）×100%

经典题解

【例题·单选题】长期失业率是指在劳动总人口中，失业时间达到（　　）的失业者所占的比例。(2020 年)

A. 2 年以及 2 年以上

B. 3 年以及 3 年以上

C. 半年以及半年以上

D. 1 年以及 1 年以上

【解析】长期失业率，即失业时间满一年以及超过一年以上的失业者在劳动力总人口中所占的比例。

【答案】D

【例题·单选题】在其他相同的情况下，会导致失业率上升的情形是（　　）。(2015 年)

A. 因退休而退出劳动力市场的人数增加

B. 找到工作的失业者人数迅速上升

C. 绝大部分应届大中专毕业生都找到工作

D. 一部分长时间找不到工作的失业者决定放弃寻找工作

【解析】失业率＝失业人数÷（失业人数+就业人数）×100%，“因退休而退出劳动力市场的人数增加”退休人员由就业人员转变成非劳动力，使就业人数减少，失业人数不变，从而导致失业率上升，选项 A 正确。

【答案】A

考点4　失业的类型及其成因与对策★★★

摩擦性失业	概念	因劳动力市场运转存在“摩擦”或“不完善”而形成的失业
	产生原因	（1）劳动力市场的动态属性（基本原因） （2）信息不完善性
	特点	它是竞争性劳动力市场的一个自然特征，是一种正常性的失业，与充分就业并不矛盾。正常性的失业也就是美国经济学家弗里德曼所说的“自然失业率”，即劳动力市场处于均衡状态时的失业率。自然失业率在4%~6%，它的存在并不影响充分就业的实现
	对策	注意加强劳动力市场的情报工作，加快劳动力市场的信息传递速度和加大其扩散范围，疏通信息渠道，减少劳动者寻找工作的时间，使其尽快就业
结构性失业	产生原因	（1）结构性失业中最主要的是技术性失业，先进的科学技术（包括先进的机器设备、生产方法）以及经营管理方式等通过提高劳动生产率取代了一部分劳动力，即由于劳动力需求方需要的技术和劳动力供给方能够提供的技术之间存在差异或错位而导致的失业现象（失业与职位空缺并存的现象） （2）除了技术性失业之外，在专业结构或产品结构调整过程中，因衰落部门的失业者与扩展部门的工作要求不相符合，或现有的职位空缺同失业者在地理位置上失调而造成的失业被称为结构性失业 （3）国际竞争、消费习惯的改变、因原材料缺乏而不得不削减某些产品的产量等，都有可能导致结构性失业的出现
	特点	（1）属于竞争性劳动力市场上的一种不可避免的较低水平的失业，即是正常性的失业 （2）与摩擦性失业不同的是，结构性失业是指空缺职位所需要的技能与失业工人所具有的技能不相符，或空缺职位不在失业工人所居住的地区所造成的失业 （3）与摩擦性失业相同的是，结构性失业也可以由劳动力市场的信息不完善或获得信息需要一定的代价而引起 （4）引起结构性失业的更主要原因是失业工人无力支付学习技术或转移到新地区的费用；或此过程较长，失业工人短期内无法掌握新工作所需要的技术，从而不能填补职位空缺
	对策	（1）加强劳动力市场的情报工作，使求职人员及时了解劳动力市场的供求情况 （2）由政府提供资金，向愿意从劳动力过剩地区迁到劳动力短缺地区的失业工人提供安置费 （3）制订各种培训计划，使工人的知识更新与技术发展同步，以适应新职业的需要 （4）提供更好的职业指导和职业供求预测

续表

季节性失业	概念	它是指由于季节变化而导致的定期性的劳动者就业岗位的丧失，是一种**正常性的失业**
	产生原因	（1）一些部门或行业对劳动力的需求随季节的变化而波动，如农业、旅游业、建筑业、航运业等 （2）一些行业会随季节的不同而遇到购买的高峰和低谷，如服装业、制鞋业、汽车业等，从而造成季节性失业
	对策	（1）政府加强对季节性失业期的预测工作，以利于相关人员尽早作出就业淡季的安排 （2）建议政府规定一个合理的失业补助期限，以减少季节性失业的劳动者的生活困难
周期性失业	概念	它是指由于经济周期或经济波动引起劳动力市场供求失衡所造成的失业。经济活动的周期性膨胀和收缩的时间长于一年
	产生原因	（1）基本原因是总量需求不足 （2）一个产业经受周期性波动的程度主要依赖于其产品需求的**收入弹性** （3）经济周期对投资性商品生产行业的影响最重 （4）对于耐用消费品制造业而言，周期性的波动较大；非耐用消费品制造业的周期性波动较小。在周期性经济波动不能得到克服的情况下，周期性失业就在所难免

经典题解

【例题·单选题】关于技术性失业的说法，错误的是（　　）。（2019 年）

A. 政府为失业者提供培训有助于应对技术性失业

B. 政府为失业者提供企业用工需求信息是解决技术性失业的有效手段

C. 技术性失业经常出现在产业结构调整时期

D. 技术性失业属于最主要的结构性失业

【解析】提供企业用工需求信息是解决摩擦性失业的有效手段。技术性失业是由于劳动力需求方需要的技术和劳动力供给方能够提供的技术之间存在差异或错位而导致的失业现象，选项 B 的说法错误。

【答案】B

【例题·单选题】由于某市生产企业大批引入自动生产设备而在未来可能引发的失业属于（　　）。（2019 年）

A. 摩擦性失业　　B. 周期性失业

C. 结构性失业　　D. 季节性失业

【解析】结构性失业中最主要的是技术性失业，即由于劳动力需求方需要的技术和劳动力供给方能够提供的技术之间存在差异或错位而导致的失业现象。

【答案】C

【例题·单选题】不属于在劳动力均衡状态下正常性失业的是（　　）。（2018 年）

A. 季节性失业　　B. 摩擦性失业

C. 周期性失业　　D. 结构性失业

【解析】摩擦性失业、结构性失业（包括技术性失业）以及季节性失业均属于竞争性劳动力市场上的一种不可避免的较低水平的失业，即是正常性的失业。

【答案】C

第十三章　人力资本投资理论

第一节　人力资本投资的一般原理

本节视频详解
使用"会计云课堂" App/ 微信扫码听课

考点 1　人力资本投资理论的产生及其发展★

发展及意义	人力资本概念将人力即人的劳动能力储备也视为一种资本。人力资本投资分析的现代奠基人是 1980 年诺贝尔经济学奖获得者西奥多·舒尔茨 人力资本投资的重点在于它的**未来导向性**。人力资本投资的利益就如同任何投资一样发生在未来，并且在通常情况下，这些投资所产生的利益会在相当一段时期内持续不断地出现，而其成本则产生在目前
含义	人力资本投资活动包括：①**各级正规教育**；②**在职培训活动**所花费的支出；③**增进健康**；④加强学龄前**儿童营养**；⑤**寻找工作**；⑥**工作流动**
	一位劳动者所具有的知识和技能（既能从教育和培训中获得，又能够在实际工作过程中学到）形成了一种特定的生产资本储备

经典题解

【例题·单选题】人力资本投资的一个重要特征是（　　）。(2013 年)

A. 投资者与获益者是同一主体

B. 具有未来导向性

C. 具有低成本性

D. 当前投资，当前获益

【解析】人力资本投资的重点在于它的未来导向性。人力资本投资的利益在未来，其成本则产生在目前。

【答案】B

考点 2　人力资本投资的基本模型★★

特点	(1) 当一家企业投资于物质资本的时候，它实际上是获得了一些可望在未来的一段时间里增加其净利润流量的资产 (2) 人力资本投资同物质资本投资一样，**并不是支出越多越好**。在进行物质资本投资时，人们必须考虑投资的成本以及收益，当投资成本等于收益时，再多追加投资便会成为低效或无效投资了 (3) 人力资本投资的成本和收益与物质资本投资相比更为复杂
投资模型	与人力资本投资相联系的成本支出和收益取得分别发生在不同的时间里。而货币在不同的时间点上有不同的价值，因此，如果要使比较有意义，就必须把成本和收益都按某一共同时点上的货币价值来衡量，如都按当前的货币价值来衡量。那么，将未来的货币折算为现在的价值，即为现值，这一过程便称作贴现

续表

公式方法	人们在进行教育和培训选择时都是以终身收入为依据来对近期的投资成本和未来的收益现值之间进行的比较 $B_0(1+r)=B_1$，式中，B_0 表示货币的当前价值，B_1 表示当前货币在一年后的价值，r 为利率。$1+r$ 意味着不仅可收回其原值或本金，还要加上利息 $B_1/(1+r)+B_2/(1+r)^2+B_3/(1+r)^3+\cdots+B_n/(1+r)^n>C$ 式中，C 表示人力资本投资总成本，r 表示利息率（在这里也称贴现率），只要 r 为正值，未来收入将会被进行累进贴现，r 越大，则未来收入的现值就越低 （1）现值法：首先规定利率或贴现率 r 的值，再比较等式两端数值能否使公式成立 （2）内部收益率法：先判断可承受的最高贴现率是多少，再进行比较
结论	（1）如果最高贴现率（通过使收益现值与成本相等来求出收益率 r，也叫内部收益率）大于其他投资的报酬率（如银行利率等），则人力资本投资计划是可行的，否则，就是不可行的 （2）利率越高（r 越大），相同人力资本投资收益的实际价值越小（未来收入的现值就越低）

经典题解

【例题·单选题】关于人力资本投资模型的说法，错误的是（　　）。(2019 年)

A. 人力资本投资的收益等于未来若干年中获得的货币收益之和

B. 在人力资本投资模型中，通常把利率作为贴现率

C. 利率越高，相同人力资本投资收益的实际价值越小

D. 内部收益率越高，人力资本投资有利可图的可能性越大

【解析】当且仅当未来收益的现值大于人力资本投资总成本时，进行人力资本投资才是值得的。因此，人力资本投资的收益并不等于未来若干年中获得的货币收益之和。

【答案】A

【例题·单选题】人力资本投资的（　　）越高，则投资价值越大。(2016 年)

A. 直接成本　　B. 机会成本

C. 收益率　　D. 边际成本

【解析】在人力资本投资模型中，r 表示利息率，只要 r 为正值，未来收入将会被进行累进贴现，r 越大，则未来收入的现值就越低。相反，现值一定，r 越大（收益率），未来收益越多，投资价值越大。

【答案】C

【例题·单选题】关于人力资本投资的说法，正确的是（　　）。(2015 年)

A. 人力资源成本越高，则越有投资价值

B. 人力资本投资的内部收益越高，则越有投资价值

C. 工作流动方面的支出不属于个人资本投资

D. 人力资源投资的基本要求是投资收益直接相加必须超过成本

【解析】人力资本投资同物质资本投资一样，并不是支出越多越好，选项 A 错误。不仅各级正规教育和在职培训活动所花费的支出属于人力资本投资，而且增进健康、加强学龄前儿童营养、寻找工作、工作流动等活动也同样属于人力资本投资活动，选项 C 错误。人们在进行教育和培训选择时都是以终身收入为依据来对近期的投资成本和未来的收益现值之间进行比较，要把未来的收益进行贴现来做比较，人力资本投资的基本要求是最高贴现率大于其他投资的报酬率，选项 D 错误。

【答案】B

第二节　人力资本投资与高等教育

本节视频详解
使用“会计云课堂”App/微信扫码听课

考点1　高等教育投资决策的基本模型★★

成本收益分析框架	上大学从根本上说是一种经济决策。接受高等教育会产生： （1）成本。包括直接成本（学费、书费、学习用品费及其他直接相关的成本）、机会成本（因上大学放弃的收入、工作之初的工资低于已有几年工作经验的高中毕业生工资的部分）和心理成本（心理压力） （2）收益。包括经济收益和心理收益
决策模型	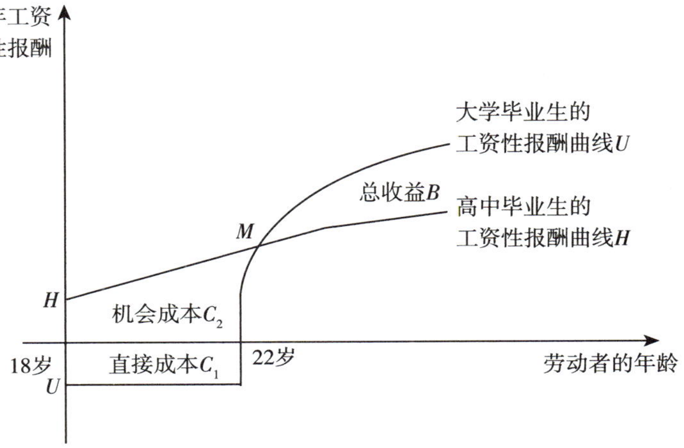
	若 B 部分的面积大于 C_1+C_2 部分的面积，则一个人上大学就是值得的，否则，从经济角度来说，就是没有意义的
基本推论	（1）在其他条件相同的情况下，投资后的收入增量流越长，则上大学的净现值越可能为正，从而上大学的可能性更大 （2）在其他条件相同的情况下，上大学的成本越低，则愿意上大学的人相对就会越多。比如：①当经济处于衰退期时，上大学的机会成本下降，愿意上大学的人就越多；②能力强者不仅用更少时间完成高等教育，而且可以从事勤工俭学活动，从而降低上大学的机会成本；③能力较强的人完成大学学业较为容易，心理成本也比较低 （3）在其他条件相同的情况下，大学毕业生与高中毕业生之间的工资性报酬差距越大，则愿意投资于大学教育的人相对来说就会越多。上大学的总收益是指一个人在接受大学教育之后的终身职业生涯中获得的超过高中毕业生的工资性报酬 （4）在其他条件相同的情况下，在折算上大学的未来收益时所使用的贴现率越高，则上大学的可能性就越小

续表

上大学的合理年限决策	对于任何人来说，能够达到效用最大化的高等教育投资数量都是在“边际收益=边际成本”的那个点上取得的，我们假定一个人从大学教育中所能够获得的边际收益也是递减的，即上大学的时间到了一定的年限之后，一个人每多上一年大学所能够获得的终身工资性报酬增长幅度是在递减的
	学习能力强—上大学边际成本更低—上大学年限更长
	不同的人最好选择不同的上大学年限。在接受了同样数量和质量的高等教育的情况下，那些能力强的人可能比另外一些能力相对较差的人挣到更多的工资性报酬

经典题解

【例题·单选题】在决定上大学的合理年限决策的基本依据是上大学的（　　）。(2020 年)

A. 平均成本等于平均收益

B. 边际成本等于平均收益

C. 边际成本等于边际收益

D. 总成本等于总收益

【解析】对于任何人来说，能够达到效用最大化的高等教育投资数量都是在边际收益等于边际成本的那个点上取得的，选项 C 正确。

【答案】C

【例题·单选题】在其他条件相同的情况下，上大学的成本越低，则愿意上大学的人越多，符合这种推论现象的是（　　）。(2015 年)

A. 在经济衰退时期选择上大学的高中毕业生所占的比例更大

B. 在经济繁荣时期选择上大学的高中毕业生所占的比例更大

C. 大学毕业后可以工作的年限越长，愿意上大学的人越多

D. 大学毕业生的工资超出高中毕业生越多，愿意上大学的人越多

【解析】通常情况下，当经济处于衰退期时，高中毕业生不仅找到工作的可能性更小，而且即使找到工作之后所能够赚得的收入更低，这样就会使上大学的机会成本下降，从而有更大比例的高中毕业生愿意上大学。反之，在经济高速增长期，高中毕业生中愿意上大学的人所占的比例会有所下降，选项 A 正确，选项 B 错误。选项 CD 都是从上大学后的收益来说的，不是成本的问题，不符合题干要求。

【答案】A

【例题·单选题】其他条件一定的情况下，一个人大学毕业以后的工作时间越长，意味着此人上大学的（　　）越高。(2012 年)

A. 直接成本

B. 机会成本

C. 总收益

D. 心理收益

【解析】一个人大学毕业以后的工作时间越长，则获得人力资本投资收益的时间就越长，这会扩大总收益。

【答案】C

考点 2　教育投资的收益估计及高等教育的信号模型★★★

教育投资不仅能够产生较高的私人收益率，而且能带来较高的社会收益或外部收益，这种收益也许是被投资者本人没有直接获益但是整个社会却能够获得的利益，这主要表现在以下几个方面：

<table>
<tr><td rowspan="2">社会收益</td><td colspan="2">（1）提高整个国家和社会的福利水平
（2）教育投资有助于降低失业率，减少失业福利支出，起到预防犯罪的作用，减少了执行法律的支出
（3）有助于提高政策决策过程的质量和决策效率
（4）父母的受教育水平在很大程度上会影响下一代的健康以及受教育状况
（5）有助于提高整个社会的道德水平和信用水平，降低社会以及经济中的交易费用，提高市场效率</td></tr>
<tr><td colspan="2">在上大学之前受到的教育所产生的那些收益中，社会收益所占的比重可能更大（如九年义务教育）。对于整个社会而言，它必须在人力资本投资和物力资本投资之间进行平衡，以使人力资本投资的社会收益率与物力资本投资的社会收益率之间达到平衡</td></tr>
<tr><td rowspan="3">私人收益估计偏差</td><td>高估偏差</td><td>也称能力偏差，经济学家们很可能会过高地估计一个人能够从教育投资中所能获得的收益，将把工资性报酬当中不应当归于教育的部分也认为是教育做出的贡献，例如：一些能力强的人获得更高水平的工资性报酬，并非完全是高等教育的作用</td></tr>
<tr><td>低估偏差</td><td>（1）经济学家们低估了教育尤其是高等教育所产生的私人收益
（2）上大学的收益并不仅表现为较高的生产率，还表现为心理上的收益或非货币收益，例如：受过良好教育的人更有机会获得较高职业声望和社会地位；在大学里结交朋友、参与社团活动，提高文艺鉴赏能力、音乐欣赏水平（消费性收益）
（3）上大学所获得的超过高中毕业生的货币报酬并不仅包括工资性报酬部分，实际上还应该包括福利部分，除此之外，还有职务福利或特权</td></tr>
<tr><td>选择性偏差</td><td>（1）一个在从事高知识技能工作方面有优势的人，可能在从事低技能工作方面反而能力不足。换言之，上大学的人之所以选择上大学，是因为他们“不得不”去上大学。反过来说，那些实际上没有上大学的人即使是上了大学，所获得终身工资性报酬也不大可能像实际上大学的人那么多。因此，这里所谓的选择性实际上是当事人及其家庭根据自己的能力状况所做出的一种理性选择
（2）传统的高等教育收益率研究，一方面会高估实际没上大学的人因没上大学而放弃的收益，同时又低估大学毕业生们从上大学中实际获得的收益
（3）选择性偏差实际上是很小的，但在进行受教育年限和职业选择时，遵循比较优势的原理是非常重要的</td></tr>
<tr><td rowspan="3">高等教育的信号模型</td><td colspan="2">能够获得的标记就被称为信号，包括：
（1）劳动者本人可以通过自身的努力去争取获得的（如经验、受教育程度）
（2）其本身会自行改变的（如年龄）</td></tr>
<tr><td colspan="2">文凭至上的理由：高等教育本身并没有导致生产率的提高，但它却表明了一个受过高等教育的人是一个具有较高生产率的人，即高等教育是一种高生产率的信号</td></tr>
<tr><td colspan="2">如果高等教育能够以较高的概率表明持有大学毕业文凭者确实比持有高中文凭者的生产率要高，那么，企业利用大学毕业文凭作为筛选工具可能确实是一种既简单明确而且预测准确率也比较高的好方法</td></tr>
</table>

经典题解

【例题·单选题】下列情况中，会在高等教育投资收益估计中造成高估偏差的是（　　）。（2020年）

A. 上大学者可能本来就比没上大学者能力更强

B. 在上大学的收益中包括无法被估算的心理收益

C. 在上大学的成本中包括心理成本

D. 假如大学毕业生不上大学，他们的工资报酬比高中毕业生更低

【解析】所谓高估偏差，也被称为能力偏差。经济学家们在对教育投资的回报率进行估计时，很可能会过高地估计一个人能够从教育投资中所能获得的收益，将把工资性报酬当中不应当归于教育的部分也认为是教育做出的贡献。上大学者的收益高，不是因为高等教育投资收益高，而是上大学者可能本来就比没上大学者的能力更强，选项A正确。

【答案】A

【例题·单选题】高等教育信号模型认为（　　）。（2020年）

A. 从社会角度来说，高等教育投资是没有意义的

B. 企业利用大学文凭对求职者进行筛选是没有意义的

C. 高等教育投资是证明劳动者具有高生产率的信号

D. 即使没有高等教育投资信号，企业也能判断出求职者的实际生产率

【解析】高等教育本身并没有导致生产率的提高，但是它却表明了一个受过高等教育的人是一个具有较高生产率的人，即高等教育只不过是一种高生产率的信号而已，它表明，能够完成高等教育的人通常是生产率较高的人。

【答案】C

【例题·多选题】在高等教育投资收益估计中可能存在选择性偏差的原因有（　　）。（2020年）

A. 在上大学的收益中还包括无法被计算的心理收益

B. 大学毕业生即使不上大学，也能比高中毕业就工作的人获得更多的工资性报酬

C. 高中毕业就工作的人即使上大学，其工资性报酬可能也比实际的大学毕业生更低

D. 大学毕业生如果不上大学，其工资性报酬可能会比高中毕业就工作的人更低

E. 高中毕业就工作的人如果上了大学，也能获得与大学毕业生相同的工资性报酬

【解析】一个在从事高知识技能工作方面有优势的人，可能在从事低技能工作方面反而能力不足。换言之，上大学的人之所以选择上大学，是因为他们“不得不”去上大学，因为如果他们不上大学，而是在高中毕业之后就去工作的话，他们所得到的工资性报酬可能还不如那些实际上没有上大学的高中毕业生。反过来说，那些实际上没有上大学的人做出不上大学的选择也是很明智的，因为他们即使是上了大学，所获得终身工资性报酬也不大可能像实际上大学的那些人那样多，选项CD正确。

【答案】CD

【例题·多选题】在其他条件相同的情况下，使高等教育投资的价值变得越高的情形包括（　　）。（2018年）

A. 上大学的心理成本越低

B. 大学毕业生比高中毕业生的工资性报酬高出越多

C. 上大学期间的劳动力市场工资水平越高

D. 上大学的学费越低

E. 大学毕业后工作的年限越长

【解析】上大学的成本越低，则上大学的人相对就会越多，选项AD正确。大学毕业生与高中毕业生之间的工资性报酬差距越大，上大学的人越多，选项B正确。投资后的收入增量流越长，从而上大学的可能性更大，选项E正确。

【答案】ABDE

第三节　人力资本投资与在职培训

1013793
本节视频详解
使用“会计云课堂”App/微信扫码听课

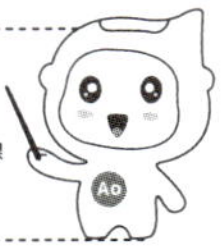

考点 1　在职培训及其基本类型★

在职培训是许多经济学家所强调的除正规教育以外的另一种重要的人力资本投资形式，可以分成一般培训和特殊培训两类。

一般培训	培训所带来的技能对所有的行业和企业都有用（如管理能力、打字技巧）
特殊培训	培训所产生的技能只对提供培训的企业有用，而对其他企业则没有用处的情况（如特殊工艺、特殊产品制作）
区别与联系	大多数在职培训都是非正式的，以至于难以衡量甚至难以觉察。许多在职培训都是既包括一般培训因素，也包括特殊培训因素，因而很难将两种训练内容严格区分开 区分的意义： （1）它有助于解释员工或企业是不是愿意为在职培训付费 （2）它会使我们更容易理解为什么有些企业特别热衷于留住他们所培训过的一些员工

考点 2　在职培训的成本与收益及其安排★★

成本	（1）直接成本开支（师资、场地、设备等成本） （2）受训者参加培训的机会成本（职工全脱产或半脱产参加培训，会给企业带来损失） （3）利用机器或有经验的职工从事培训活动的机会成本
收益	在职培训的收益主要表现在受训者生产率的提高上。这种收益有时是比较明显的，如操作性技术培训；而有些要经过一段时间才表现出来，如机械工作原理的培训、文化培训等
成本与收益安排	一般培训： （1）通常情况下，员工负担成本，并享受其收益（一般培训所赋予员工的技能和知识是可以转移的） （2）员工对成本的负担并不一定采取直接付费的方式，而往往是通过下面这种方式来对培训的成本和收益作出安排，即员工在接受培训期间接受一种与较低的生产率相对应的较低工资率，同时在培训以后又获得与较高的生产率相对应的较高工资率
	特殊培训： （1）通常情况下，企业负担特殊培训的成本（员工通过特殊培训所学得的特殊技能是不能转移的或不能转售的） （2）在培训期间，企业向员工支付一种介于市场工资率和低工资率之间的工资率，这实际上意味着员工与企业共担成本 （3）在培训完成后，企业向员工支付一种介于市场工资率和高工资率之间的工资率，这实际上意味着劳动者与企业共享收益
	实践中，先分摊成本然后再分享收益这种双赢的安排方式是很普遍的

经典题解

【例题·单选题】 关于在职培训的说法，正确的是（　　）。（2019 年）

A. 特殊在职培训有助于提高劳动者在任何企业中的劳动生产率

B. 绝大多数在职培训既包括一般在职培训因素也包括特殊在职培训因素

C. 一般在职培训只对劳动者有用，对企业没用

D. 在职培训的成本就是指企业因提供培训而直接支出的全部费用

【解析】 特殊培训是指培训所产生的技能只对提供培训的企业有用，而对其他企业则没有用处时的情况，选项 A 错误；一般培训是指培训所带来的技能对所有的行业和企业都有用，选项 C 错误；在职培训的成本包括一些直接成本开支、受训者参加培训的机会成本、利用机器或有经验的职工从事培训活动的机会成本，选项 D 错误。

【答案】 B

【例题·单选题】 关于在职培训的说法，错误的是（　　）。（2018 年）

A. 企业承担在职培训的全部成本，并获得全部收益

B. 在职培训属于人力资本投资的一种

C. 在职培训对企业和劳动者的行为都会产生影响

D. 大多数在职培训都是以非正式的形式完成的

【解析】 在管理实践中，企业所进行的一般培训和特殊培训实际上是很难完全区分开的，因此，在企业的各种在职培训活动中，普遍运用先分摊成本然后再分享收益这种双赢的方式，选项 A 错误。

【答案】 A

【例题·单选题】 培训的机会成本是指（　　）。（2013 年）

A. 支付给外部培训的讲课费

B. 因在郊区度假村租用培训场地而支付的租金

C. 受训者因为参加培训而不能全力以赴的工作而引起的损失

D. 在培训中由于需要实战演练而耗费的原材料

【解析】 培训的机会成本：在职员工参加培训均需花费一定的时间，有的需要全脱产，有的需要半脱产，还有一些培训虽然是在业余时间进行的，但是受训员工也往往要提前下班或请假。另外，参加培训的员工常常不能全力工作，这些都会给企业的生产和工作带来一定的损失。

【答案】 C

考点 3　在职培训对企业及员工行为的影响★

（1）企业会尽力降低受过特殊培训的员工的流动率或辞职率。

（2）接受过特殊培训的员工，可能愿意在本企业中工作较长的时间，这样他们的流动倾向就会受到削弱。

（3）在经济衰退时期，企业一般不愿解雇受过特殊培训的工人，这些工人的失业率在整个经济周期内很少变化。

（4）企业中资格越老的工人失业的可能性越小。

（5）上学时间越长，越有可能接受更多的在职培训。

（6）员工的年龄越大，他们进行在职培训投资的意愿也就越低。

经典题解

【例题·单选题】关于在职培训对企业和员工产生的影响的说法，错误的是(　　)。(2019年)

A. 接受特殊在职培训较多的员工通常离职动机更强

B. 企业在经济衰退时期也会尽可能避免解雇受过大量特殊在职培训的员工

C. 接受一般在职培训较多的员工更容易在其他企业中找到工作，因为流动更容易

D. 劳动者年龄越大，对在职培训进行投资的意愿往往越弱

【解析】大多数接受过特殊培训的员工可能愿意在本企业中工作较长的时间，他们的流动倾向会受到削弱。

【答案】A

第四节　劳动力流动

本节视频详解
使用“会计云课堂” App/微信扫码听课

考点1　劳动力流动及其利弊★

劳动力流动及其意义	由于劳动力的流动通常能使劳动力得到更有效的利用，从而增加收入，所以人们为劳动力流动所垫支的费用也被视为一种投资。需要适当的劳动力流动来保证整个经济的效率，即促使劳动者从衰落的或发展缓慢的职业、行业（企业）或地区向发展迅速的职业、行业（企业）或地区流动。合理的劳动力流动也是人们实现个人就业选择自由的一个重要手段 劳动力流动应该有个合理的限度。劳动力过度流动同劳动力流动不足一样，都会产生不好的效果。这是因为流动是有代价的，在追求利益的过程中同时也要付出成本，这一点正如其他人力资本投资一样
对员工的影响	(1) 自愿离职的员工不仅要放弃已积累的资历、工作等级的提升机会，而且还要放弃已经培养起来的较为亲密的同事关系等 (2) 在新的工作中，他要从低等级工作开始干起，努力去建立新的同事关系，因为没有资历，从而缺乏职业安全感
对企业的影响	(1) 企业向离职者支付的训练费用尤其是特殊培训费用的丧失 (2) 企业必须重新培训新员工，并且要在一定时期里承担因新员工效率低而带来的损失

经典题解

【例题·单选题】关于劳动力流动对企业和员工的影响的说法，错误的是(　　)。(2020年)

A. 劳动力流动可能会导致企业提供的一部分培训投资损失

B. 劳动力流动对员工来说是收益大于成本的

C. 无论对企业还是劳动者而言，劳动力流动都应有一个合理的限度

D. 劳动力流动可能会使企业增加培训新员工的成本

【解析】自愿离职的员工不仅要放弃已积累的资历、工作等级的提升机会，而且还要放弃已经培养起来的较为亲密的同事关系等。在新的工作中，他要从低等级工作开始干起，努力去建立新的同事关系，因为没有资历，从而缺乏职业安全感，所以劳动力流动对员工来说，未必是收益大于成本的，选项B错误。

【答案】B

【例题·单选题】关于劳动力流动对企业和劳动者产生的影响的说法，错误的是(　　)。(2018年)

A. 有经验员工的离职通常导致企业增加培训新员工的成本

B. 自愿离职的情况下，员工的劳动力流失是没有成本的

C. 劳动力流动对于企业和劳动者都有利有弊

D. 资深员工离职会导致企业的一部分培训成本无法回收

【解析】劳动者的劳动力流动是有成本的，流动对于企业和整个经济也可能会带来较高的代价。

【答案】B

考点2 劳动力流动的主要影响因素★★

1. 企业因素

企业规模	企业的规模越大，则员工的流动率越低。主要原因包括： (1) 大企业通常会支付相对较高水平的工资 ①通过实现规模经济来增加利润，从而可以承受更高的工资成本；②生产过程本身要求员工们相互之间高度依赖和相互协作，因而对于员工的可靠性和稳定性有着更大的需要；③严格纪律约束所提供的一种补偿性的工资差别；④更有动力对员工进行培训（原因：平均成本低；保持长期雇佣关系） (2) 大企业能够为员工提供工作轮换和多次晋升的机会 ①为员工提供在多种不同的职业发展阶梯中得到多次晋升的机会；②工作岗位类型的多样性，有更多的机会实现员工和岗位之间的匹配
地理位置	大型都市地区，员工流动率较高，在其他企业找到机会的概率会增加，找新工作更便利、成本低，换工作的同时不用换居住地
组织文化以及领导风格	劳动者在一个组织中的心理成本过高或者心理收益太低会导致员工流失，例如：个人价值观与组织价值观冲突、不喜欢组织文化、对直接上级的管理水平或领导力不满、与同事相处不愉快、个人没有受到足够的尊重以及个人成就感得不到满足

2. 劳动者因素

年龄	劳动者年轻时流动频率高于他们中年以后的流动频率 (1) 工作匹配质量：年轻时对自己的职业兴趣、能力特长等认识不清楚 (2) 人力资本投资动机：年轻时人力资本投资的机会成本低
任职年限	任职的年限越长，流动率越低 (1) 工作匹配质量：对工作的满意度高 (2) 积累的特殊人力资本丰厚
性别	女性员工的离职率比男性员工的离职率高，在职年限更短 (1) 因生育行为而造成职业中断，所接受的企业特殊人力资本投资比较少 (2) 家庭的角色分工

3. 市场周期因素

（1）劳动力市场处于宽松状态时，即供给大于需求时，已经就业的劳动者的流动动机受到削弱；劳动力市场处于紧张状态时，即需求大于供给时，市场工资率上升，导致劳动力流动率上升。

（2）在离职率和失业率之间存在着一种负相关关系；临时解雇率，也与离职率之间呈现一种负相关关系。

（3）劳动力市场周期与经济同期同步，在经济快速增长期，劳动力流动率会比较高；在经济停滞期甚至衰退期，劳动力的流动率会比较低。

4. 社会环境因素

（1）整个社会对于劳动者流动的态度以及流动的传统习惯会影响劳动力的流动率，例如：美国、澳大利亚等传统移民国家，劳动力流动率通常比其他国家要高一些。日本这种在传统上有长期雇用习惯的国家中，对于一个组织的忠诚是整个社会文化当中很重要的一个组成部分，倾向于从内部培养人才，流动率较低。

（2）不同国家的社会制度也会使劳动者的直接流动成本不同，例如：欧洲和日本的住房制度使得劳动者在这些国家的居住成本比美国员工要高，所以导致流动率低。

经典题解

【例题·单选题】 关于劳动力流动的说法，错误的是（　　）。（2020 年）

A. 领导风格等非经济因素会对劳动力流动产生影响

B. 劳动力市场越宽松，劳动力流动越频繁

C. 企业支付给劳动者的工资水平越低，流动的可能性越大

D. 女性劳动者离职率相对较高的原因之一是需要考虑家庭角色分工

【解析】 劳动力市场处于宽松状态时，已经就业的劳动者的流动动机会受到削弱，选项 B 错误。

【答案】 B

【例题·单选题】 关于影响劳动力流动的市场周期因素的说法，正确的是（　　）。（2015 年）

A. 在劳动力市场处于宽松状态时，劳动力流动率上升

B. 在劳动力市场处于紧张状态时，劳动力流动率上升

C. 离职率和失业率之间存在正相关关系

D. 解雇率较高时，离职率也较高

【解析】 当劳动力市场处于宽松状态时，已经就业的劳动者的流动机会受到削弱；相反，当劳动力市场处于紧张状态时，已经就业的劳动者往往可以利用跳槽的机会要求新雇主增加工资，劳动力的流动率自然会上升，选项 A 错误，选项 B 正确。研究表明，在离职率和失业率之间存在着一种负相关关系，也就是在失业率高时离职率低，而在失业率低时离职率会比较高，选项 C 错误。衡量劳动力市场松紧状况的另外一个指标临时解雇率也与离职率之间呈现一种负相关关系，即临时解雇率高（在经济衰退时期）时离职率低，临时解雇率低时离职率高，选项 D 错误。

【答案】 B

考点 3 劳动力的跨地区流动★★

主要原因	(1) 劳动力跨地区流动的原因极其复杂，它涉及经济、文化和社会各个方面，但经济原因是最基本的原因。地区之间存在着经济发展的不平衡，劳动力流动总是向着经济增长最快、投资扩大最迅速的地区 (2) 引起就业增长的因素：①与全国经济增长率相比的预期地区增长率；②地区工业组合；③地区优势和地区劣势
考虑因素	(1) 地区间人均收入差别。差别越大，劳动力地区间迁移的可能性就越大 (2) 工作机会的多少。就业机会多对劳动力地区流动的吸引力就大，反之则小 (3) 迁移距离。距离越远越不利于流动，越近则越利于流动 (4) 迁移成本。包括直接成本、机会成本和心理成本三个方面 (5) 劳动力迁出地区和迁入地区的关系密切程度。两个地区的各种条件越相似，越有利于劳动力地区流动；反之，越不利于劳动地区流动。在地区劳动力流动中，存在着一种“回归迁移”现象，即许多人从一地区迁移到另一地区，但经过一段工作时间后，又迁回到原地区。回归迁移的原因：迁移者的动机（只是为了挣钱，而不是定居）；工资水平与工作机会并不如预料中的好；心理压力大，难以适应新环境

考点 4 劳动力的跨职业流动★★

(1) 劳动力职业流动符合经济发展的需要。劳动力市场上最需要的职业，其报酬水平会大大高于劳动力市场平均工资水平，吸引其他职业的劳动力改换职业。

(2) 收入高于或接近中值水平的职业，普遍存在劳动力净流入。收入低于中值水平的职业，普遍存在劳动力净流出。服务业是例外，就业机会易得，收入低于中值水平，却普遍存在净流入。

(3) 劳动力职业流动的方向按职业等级差别分为向上流动、向下流动和水平流动。自愿性职业流动基本上属于向上流动，而非自愿性职业流动也会追求向上的目标或要求水平流动，但在经济萧条时期或者个人劳动技能相对下降时会有向下流动的情况。

(4) 家庭两代人之间的职业转移。“子承父业”越多，说明非竞争性力量对职业选择的决定性越强，劳动力配置中的不合理成分越大。反之，两代人职业差异越明显，竞争对职业选择的作用越大，劳动力资源配置则越趋于合理。

经典题解

【例题·单选题】关于劳动力跨职业流动的说法，错误的是（　　）。(2020 年)

A. 自愿性职业流动往往是向上流动的

B. 在经济繁荣时期更容易看到自上而下的职业流动

C. 服务业吸引大量劳动力的原因之一是该行业中的就业机会较多

D. 两代人之间的职业转移差异越明显，则表明劳动力市场上的竞争越充分

【解析】劳动力职业流动的方向可按照职业等级差别分为向上流动、向下流动和水平流动。向上职业流动会占较大的比例，这不仅是因为劳动力自身追求上进的倾向所致，而且因为经济发展会使较好的职业发展更快，提供的就业机会更多。在经济繁荣时期更容易看到自下而上的职业流动。

【答案】B

考点5　劳动力的跨产业流动以及劳动力的产业内流动★★

农业劳动力向工业部门的流动	（1）农业劳动力向工业部门的流动，是排斥力和吸引力共同作用的结果 （2）劳动力从农业向工业部门流动，不仅取决于工、农业收入差异，而且还取决于获得工业部门就业机会的可能性 （3）农业劳动力获得工业部门职业的可能性及其所需时间长短与经济周期有密切关系。经济危机期间，工业部门就业机会缩减、失业严重 （4）从农业流入工业部门的劳动者大多数首先进入“蓝领阶层”。“蓝领阶层”和农业劳动者一样都从事体力劳动，两者具有同一性 （5）农村劳动力流动的两种现象：①离土又离乡，即与农业生产断绝联系；②离土不离乡，即在从事工业部门劳动的同时还从事一些农业劳动 （6）农业中，劳动力过剩不是表现为失业，而表现为不完全就业，可以理解为隐蔽性失业
非农产业部门内部的劳动力流动	（1）产业内部的劳动力流动是企业选择员工和劳动者选择受雇单位两方面行为共同作用的结果 （2）不同的产业内部劳动力流动的情况不同。一般来说，工资越高，吸引力越强，自动辞职的劳动者越少。工资水平与劳动力流出呈相反方向变化，与劳动力流入呈相同方向变化。高失业率部门劳动力流动率也较高 （3）企业不希望员工自动离职，员工不希望被解雇，而都想保有主动的权利 流动是一种有代价的机制，它的作用过程会自然而然地形成一种动态稳定性，既使劳动者各得其所，又使经济活动获得其所需要的各类劳动力

名师加油站

我们中国人骨子里就带着自律、自强、奋进的基因。因为如此，我们在不断进步，也因为如此，您也在不断前进。

习题轻松过

扫一扫　“码”上做题、看解析

本书同步强化练习题均配备二维码，使用“会计云课堂”App扫码，即可在线做题、看解析。

【“会计云课堂”App下载二维码见封底】

本篇同步强化练习题

一、单项选择题

1. 人口普查发现，某地区共有人口10万人，其中16岁以上的人口总数为9万人，就业人口为6万人，失业人口为2万人。则该地区的劳动力参与率为（　　）。

A. 80%　　B. 89%
C. 70%　　D. 60%

2. 在劳动力市场中，每位劳动者的实际生产能力因劳动者的年龄、性别、个人天赋、受教育程度、工作经验以及接受过的培训等方面因素的不同而存在非常大的差别，这种情况说明了劳动力市场的（　　）特征。
A. 交易对象的难以衡量性
B. 不确定性
C. 特殊性
D. 交易的延续性

3. 关于劳动力需求曲线的说法，正确的是（　　）。
A. 劳动力需求曲线是自右向左的倾斜曲线
B. 当工资率上升时，劳动力需求数量会有所减少
C. 当工资率下降时，劳动力需求数量会有所减少
D. 劳动力需求曲线的形状都是随着时间的变化而变化的

4. 劳动者工资率的上升有可能会导致劳动者减少劳动力供给时间而增加闲暇时间的消费。工资上升对劳动者产生的这种作用称为（　　）。
A. 收入效应
B. 替代效应
C. 规模效应
D. 产出效应

5. 利用政府预算来影响总需求的一种政策是（　　）。
A. 收入政策
B. 货币政策
C. 财政政策
D. 人力政策

6. 在劳动力市场均衡分布图形中，如果劳动力需求曲线不变、劳动力供给曲线右移时，可能出现的情况是（　　）。
A. 均衡工资率下降，均衡就业量上升
B. 均衡工资率上升，均衡就业量下降
C. 均衡工资率和均衡就业量同时上升
D. 均衡工资率和均衡就业量同时下降

7. 下列不属于决定一个国家或地区的劳动力供给数量因素的是（　　）。
A. 人口总量
B. 劳动力参与率
C. 人力资本投资水平
D. 周平均工作时间

8. 自身工资弹性是指某种劳动力的工资率变化（　　）所引起的自身劳动力的需求数量发生变化的百分比。
A. 0.5%　　B. 1%
C. 1.5%　　D. 2%

9. 雇主支付给女性员工的工资要低于从事同种职业、具有相同工作经验以及在相同条件下工作的男性员工的工资，这就是对不同性别的劳动者实施的（　　）。
A. 职业歧视　　B. 个人歧视
C. 工资歧视　　D. 员工歧视

10. 在某地区劳动力市场上出现的下列情况中，有助于失业率下降的是（　　）。
A. 一大批到达退休年龄的劳动者退出劳动力市场
B. 很多刚毕业的大学生找不到工作
C. 很多企业因为经济不景气而不得不裁员
D. 一部分失业者在经过相关技能培训后重新就业

11. 在不同职业之间工资差别形成的原因中，医生属于（　　）差别。
A. 不同职业在劳动强度和劳动条件方面的差别

B. 不同职业引起的愉快或不愉快程度有差别

C. 不同职业具备从业能力的难易程度有差别

D. 不同职业要求从业者所承担的责任程度是有差别的

12. 由于经济周期或经济波动引起劳动力市场供求失衡所造成的失业属于（　　）失业。

A. 摩擦性　　B. 结构性

C. 季节性　　D. 周期性

13. 造成周期性失业的基本原因是（　　）。

A. 一些部门或行业对劳动力的需求随季节的变化而波动

B. 地理状况的差异

C. 劳动力市场的动态属性

D. 总量需求不足

14. 劳动力市场上出现职位空缺和失业者并存的状态，且失业者没有填补职位空缺的能力，表明存在（　　）失业。

A. 摩擦性　　B. 结构性

C. 季节性　　D. 周期性

15. 导致上大学的机会成本上升的因素是（　　）。

A. 高中毕业生的市场工资水平上涨

B. 大学学费上涨

C. 上大学的人数增加

D. 大学毕业生的市场工资水平上涨

16. 从人力资本投资的角度来说，大学毕业生因为上大学而收获的总收益表现为（　　）。

A. 大学毕业生在毕业后的一生中获得的全部工资性报酬

B. 大学毕业生从毕业到退休之前获得的全部工资性报酬

C. 大学毕业生的平均工资乘以工资年限

D. 大学毕业生在一生中比同龄高中生多挣的那部分工资性报酬总额

17. 教育投资的私人收益表现在（　　）。

A. 教育投资能够带来整个社会财富的增值

B. 教育投资有助于降低失业率和预防犯罪

C. 教育投资有助于提高政策决策的质量和效率

D. 教育投资能够提高被投资者在未来的收入能力

18. 关于教育投资的说法，错误的是（　　）。

A. 教育投资有助于提高整个国家和社会的福利水平

B. 教育投资会带来国民收入和社会财富的增长

C. 教育投资的全部收益应当归投资者个人所有

D. 教育投资的主体包括国家、劳动者个体及其家庭等多个方面

19. 关于劳动力职业流动的说法，正确的是（　　）。

A. 经济不景气时期，一些劳动者失去了原来较好的职业，不得不接受条件较差的职业，这属于跨职业流动中的水平流动

B. 家庭两代人之间的职业相似性越高，则表明竞争对于职业选择的作用越大

C. 劳动者进行跨职业流动的主要目的在于获得更多的报酬以及更高的职业地位

D. 只有职业收入高于或接近中值水平的职业才会有劳动力的净流入

20. 关于劳动力在产业流动和产业内部流动的说法，正确的是（　　）。

A. 劳动者因工厂倒闭而回乡务农的情况不属于劳动力跨产业流动

B. 从农业部门流入工业部门的劳动者通

常一开始只能从事蓝领工作

C. 在劳动力跨产业流动中，相对工资水平高的产业往往呈现人员净流出状态

D. 失业率较高的产业部门往往面临更低的劳动力流动率

二、多项选择题

1. 劳动力市场的基本特征有（　　）。

A. 特殊性和多样性

B. 时效性

C. 交易对象的难以衡量性

D. 交易的延续性

E. 交易条件的复杂性和劳动力出售者地位的不利性

2. 关于劳动力市场的说法，正确的有（　　）。

A. 劳动力市场是一种有形的市场

B. 在劳动力市场的交易中转移的是劳动力所有权

C. 劳动力市场的决定因素并非仅仅工资这一条件

D. 当劳动力市场上存在供小于求的情况时，劳动者的议价能力更强

E. 对劳动力市场的交易对象进行衡量并不困难

3. 劳动力供给弹性的绝对值有几种不同的情况，包括（　　）。

A. | 供给弹性 | >1，富有弹性，工时变动百分比大于工资率变动百分比

B. | 供给弹性 | <1，缺乏弹性，工时变动百分比小于工资率变动百分比

C. | 供给弹性 | =1，单位弹性，工资率变动百分比与工时变动百分比相同

D. 供给弹性=0，无弹性，在某种工资率下，工资率变动不会带来供给时间的任何变动

E. | 供给弹性 | >1，富有弹性，工时变动百分比小于工资率变动百分比

4. 补偿性工资差别是由于（　　）而导致的收入差异。

A. 性别　　B. 工作条件

C. 社会环境　　D. 国籍

E. 雇主喜好

5. 不同产业部门间工资差别形成的原因有（　　）。

A. 熟练劳动力所占比重，高技能员工比例大则平均工资高

B. 劳动者喜好程度

C. 发展阶段，兴盛期产品需求量大，工资高

D. 工会化程度，传统的高工资产业一般也具有较高的工会化程度

E. 地理位置，高工资水平地区便于找到技术较高的熟练工人

6. 从歧视产生的根源的角度来看，经济学家提出了三种可能的劳动力市场歧视来源，包括（　　）。

A. 工资歧视

B. 个人歧视

C. 职业歧视

D. 统计性歧视

E. 非竞争性歧视

7. 2005 年以后，中国对失业的定义包括（　　）。

A. 在调查周内未从事为取得报酬或经营利润的劳动，也没有处于就业定义中的暂时未工作状态，同时具有劳动能力并且在 16 岁及以上的人员

B. 在某一特定期间内采取了某种方式寻找工作，同时具有劳动能力并且在 16 岁及以上的人员

C. 当前如有工作机会可以在一个特定期间内应聘就业或从事自营职业，同时具有劳动能力并且在 16 岁及以上的人员

D. 指那些在参照期内有工作的所有人员

E. 有劳动能力，在调查期间无工作，但没有意愿工作的人员

8. 若其他条件相同，则（　　），进行人力资本投资的合理性越强。
   A. 人力资本投资后获得收益的时间越长
   B. 人力资本投资的成本越低
   C. 人力资本投资前后的收入差别越大
   D. 人力资本投资的机会成本越高
   E. 人力资本投资的总量越大

9. 关于劳动力流动的说法，正确的有（　　）。
   A. 在劳动力市场宽松时，劳动力流动动机更强
   B. 适度的劳动力流动有助于劳动力资源的有效配置
   C. 大企业工资水平较高是导致其劳动力流动率较低的主要原因之一
   D. 自愿的劳动力流动可以被视为一种人力资本投资行为
   E. 社会制度对劳动力流动的成本没有影响

10. 关于能力差的人和能力强的人在上大学成本方面的说法，正确的有（　　）。
   A. 能力强的人比能力弱的人上大学的心理成本更低
   B. 能力强的人有精力在上大学时勤工俭学，这有助于降低他们上大学的机会成本
   C. 能力强的人比能力差的人上大学的直接成本更高
   D. 能力强的人上大学的边际成本更低
   E. 能力弱的人上大学的心理成本更低

本篇同步强化练习题参考答案及解析

“扫码看解析”

使用微信或“会计云课堂”App扫码，即可在线对答案、看解析，错题随手收藏，及时复习巩固。

1014046

一、单项选择题

1. 【答案】B
   【解析】劳动力参与率主要是指就业人口与失业人口之和在一个国家或地区的16岁以上总人口中所占的比例，即（6＋2）÷9×100%＝89%，选项B正确。

2. 【答案】A
   【解析】劳动力市场的交易对象的难以衡量性是指每位劳动者的实际生产能力不仅会因劳动者的年龄、性别、个人天赋、受教育程度、工作经验以及接受过的培训等方面因素的不同而存在非常大的差别，而且会受到劳动者个人的性格特征、工作态度以及价值取向等方面的重要影响，选项A正确。

3. 【答案】B
   【解析】劳动力需求曲线是自左上向右下向方倾斜的一条曲线，斜率为负，选项A错误。当工资率上升时，劳动力需求数量会有所减少，选项B正确。当工资率下降时，劳动力需求数量会有所增加，选项C错误。无论是在短期还是在长期，劳动力需求曲线的这种倾斜的形状都是不变的，选项D错误。

4. 【答案】A
   【解析】工资率的上升就有可能会导致劳动者减少劳动力供给时间而增加闲暇时间的消费。这种由于工资率上升而带来的个人劳动力供给时间减少的情况被称为工资率上升的收入效应，选项A正确。

5. 【答案】C

【解析】财政政策是利用政府预算来影响总需求的一种政策，其主要手段是调整税率和政府支出水平，选项 C 正确。

6. 【答案】A

【解析】在劳动力需求曲线不变、劳动力供给曲线右移时，均衡工资率会下降，而均衡就业量却会上升，选项 A 正确。

7. 【答案】C

【解析】劳动力数量主要受到人口总量、劳动力参与率和周平均工作时间三个因素的影响。

8. 【答案】B

【解析】通常说的劳动力需求弹性又被称为劳动力需求的自身工资弹性，它是指某种劳动力的工资率变化 1% 所引起的自身劳动力的需求数量发生变化的百分比，选项 B 正确。

9. 【答案】C

【解析】工资歧视是指雇主针对既定的生产率特征支付的价格因劳动者所属的人口群体不同而呈现系统性的差别。例如，雇主支付给女性员工的工资要低于从事同种职业、具有相同工作经验以及在相同条件下工作的男性员工的工资，这就是对不同性别的劳动者实施的工资歧视，选项 C 正确。

10. 【答案】D

【解析】失业率 = 失业人数 ÷ 劳动力人数 × 100% = 失业人数 ÷（失业人数 + 就业人数）× 100%，选项 A 会减少劳动力人数，使失业率升高；选项 B 会使劳动力人数与失业人数同时增加，但劳动力人数变动低于失业人数变动，失业率增加；选项 C 会使失业人数增加，导致失业率增加。

11. 【答案】C

【解析】不同职业之间工资差别形成的原因有五个要素：

（1）不同职业在劳动强度和劳动条件方面的差别（如快递）；

（2）不同职业引起的愉快或不愉快程度有差别（如殡葬）；

（3）不同职业具备从业能力的难易程度有差别（如医生），选项 C 正确；

（4）不同职业所具有的社会安全程度即工作保障和职业稳定程度不同（受经济影响程度高的职业）；

（5）不同职业要求从业者所承担的责任程度是有差别的（如宝石工匠、财务总监）。

12. 【答案】D

【解析】周期性失业是指由于经济周期或经济波动引起劳动力市场供求失衡所造成的失业，选项 D 正确。

13. 【答案】D

【解析】周期性失业产生的基本原因是总量需求不足，选项 D 正确。

14. 【答案】B

【解析】结构性失业是指空缺职位所需要的技能与失业工人所具有的技能不相符，或空缺职位不在失业工人所居住的地区所造成的失业，选项 B 正确。

15. 【答案】A

【解析】上大学的机会成本，是指因上大学放弃的收入、工作之初的工资低于已有几年工作经验高中毕业生工资的部分。所以高中毕业生的市场工资水平上涨将导致上大学的机会成本上升，选项 A 正确。

16. 【答案】D

【解析】上大学的总收益是指大学毕业生的终身职业生涯中获得的工资性报酬

超过高中毕业生工资性报酬的那个部分就构成大学毕业生接受高等教育所产生的总收益，选项 D 正确。

17. 【答案】D

【解析】教育投资不仅能够产生较高的私人收益率，还能带来较高的社会收益或外部收益。其中，私人收益率表现为被投资者未来收入的提高，选项 D 正确。

18. 【答案】C

【解析】教育投资不仅能够产生较高的私人收益率，还能带来较高的社会收益或外部收益，这种收益也许是被投资者本人没有直接获益但是整个社会却能够获得的利益。

19. 【答案】C

【解析】经济不景气时期一些劳动者失去了原来较好的职业，不得不接受条件较差的职业，属于向下流动，选项 A 错误。两代人从事相同职业的比例越多，非竞争性力量对职业选择的决定性越强，劳动力配置中的不合理的成分越大，选项 B 错误。服务业收入低于中值水平，却普遍存在净流入，选项 D 错误。

20. 【答案】B

【解析】劳动者因工厂倒闭而回乡务农的情况属于劳动力跨产业流动，选项 A 错误。工资水平与劳动力流出呈相反方向变化，与劳动力流入呈相同方向变化，选项 C 错误。高失业率部门劳动力流动率也较高，选项 D 错误。

二、多项选择题

1. 【答案】ACDE

【解析】劳动力市场的基本特征有：①特殊性；②多样性；③不确定性；④交易对象的难以衡量性；⑤交易的延续性；⑥交易条件的复杂性；⑦劳动力出售者地位的不利性，选项 ACDE 正确。

2. 【答案】CD

【解析】劳动力市场是进行劳动力交易的一种要素市场，选项 A 错误。在劳动力交易中，劳动力这种特殊商品的所有权并没有转移，转移的只是其使用权，选项 B 错误。劳动力市场交易对象具有难以衡量性，选项 E 错误。

3. 【答案】ABCD

【解析】劳动力供给弹性的绝对值有以下几种不同的情况：

｜供给弹性｜>1，富有弹性，工时变动百分比大于工资率变动百分比，选项 A 正确，选项 E 错误。

｜供给弹性｜<1，缺乏弹性，工时变动百分比小于工资率变动百分比，选项 B 正确。

｜供给弹性｜=1，单位弹性，工资率变动百分比与工时变动百分比相同，选项 C 正确。

供给弹性=0，无弹性，在某种工资率下，工资率变动不会带来劳动力供给时间的任何变动，选项 D 正确。

4. 【答案】BC

【解析】补偿性工资差别揭示了由于工作条件和社会环境原因而导致的收入差异，选项 BC 正确。

5. 【答案】ACDE

【解析】不同产业部门间工资差别形成的原因有：

(1) 熟练劳动力所占比重（高技能员工比例大则平均工资高），选项 A 正确；

(2) 技术经济特点（规模大、人均占有资本投资比例高的产业部门，人均工资水平也较高）；

(3) 发展阶段（兴盛期产品需求量大，

工资高），选项 C 正确；
（4）工会化程度（传统的高工资产业一般也具有较高的工会化程度），选项 D 正确；
（5）地理位置。高工资水平地区便于找到技术较高的熟练工人，选项 E 正确。

6. 【答案】BDE
【解析】从歧视产生的根源来看，市场歧视理论包括个人歧视、统计性歧视和非竞争性歧视，选项 BDE 正确。

7. 【答案】ABC
【解析】2005 年以后中国对失业的定义：具有劳动能力并同时符合以下各项条件的 16 岁及以上人员列为失业人员。
（1）在调查周内未从事为取得报酬或经营利润的劳动，也没有处于就业定义中的暂时未工作状态，选项 A 正确；
（2）在某一特定期间内采取了某种方式寻找工作，选项 B 正确；
（3）当前如有工作机会可以在一个特定期间内应聘就业或从事自营职业，选项 C 正确。

8. 【答案】ABC
【解析】人力资本投资的机会成本越低，则进行人力资本投资的合理性就越强，选项 D 错误。人力资本投资并不是支出越多越好，选项 E 错误。

9. 【答案】BCD
【解析】当劳动力市场处于宽松状态时，已经就业的劳动者的流动机会受到削弱，选项 A 错误；不同国家的社会制度也会使劳动者的直接流动成本不同，选项 E 错误。

10. 【答案】ABD
【解析】直接成本是直接支出的学费以及其他与接受高等教育直接相关的成本，因此与能力的强弱无关，选项 C 错误。能力强的人比能力弱的人上大学的心理成本更低，选项 E 错误。

第四篇　人力资源与社会保险政策

与 2020 年教材相比，本篇内容的主要变化如下。

（1）第十四章，将《中华人民共和国民法总则》改为《中华人民共和国民法典》。

（2）第十五章，将“新型农村社会养老保险和城镇居民社会养老保险”改为“城乡居民基本养老保险”，将“新型农村合作医疗和城镇居民基本医疗保险”改为“城乡居民基本医疗保险”。

（3）第十九章，修改国家科学技术奖的相关内容。

年份	单项选择题	多项选择题	案例分析题	合计
2018	7 题/7 分	2 题/4 分	8 题/16 分	17 题/27 分
2019	9 题/9 分	5 题/10 分	4 题/8 分	18 题/27 分
2020	9 题/9 分	4 题/8 分	4 题/8 分	17 题/25 分

说明：表中数据由参加当年考试的考生提供，数据较为完整。

基础轻松过

社会保险是指一种为丧失劳动能力、暂时失去劳动岗位或因健康原因造成损失的人口提供收入或补偿的一种社会和经济制度。《中华人民共和国社会保险法》是一部着力保障和改善民生的重要法律。在我国，社会保险方面的法律规范属于社会法。

社会保障体系是指国家通过立法而制定的社会保险、救助、补贴等一系列制度的总称。我国的社会保险制度体系主要包括养老保险、医疗保险、失业保险、工伤保险、生育保险。

考点轻松过

第十四章　劳动合同管理与特殊用工

第一节　劳动合同履行与变更

本节视频详解

使用“会计云课堂”App/微信扫码听课

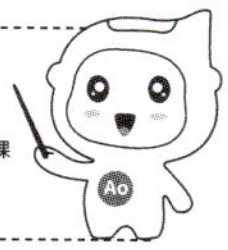

考点 1　劳动合同履行的原则★

原则	（1）全面履行原则：劳动合同双方当事人在任何时候，均应当履行劳动合同约定的全部义务 （2）合法原则：劳动合同双方当事人在履行劳动合同过程中，必须遵守法律法规，不得有违法行为
	劳动合同履行地与用人单位注册地不一致的，有关劳动者的最低工资标准、劳动保护、劳动条件、职业危害防护和本地区上年度职工月平均工资标准等事项，执行劳动合同履行地的有关规定；用人单位注册地的有关标准高于劳动合同履行地的有关标准，且用人单位与劳动者约定按照用人单位注册地的有关规定执行的，从其约定

考点 2 用人单位与劳动者履行劳动合同的义务★★

用人单位的义务	(1) 用人单位应当按照劳动合同约定和国家规定，向劳动者及时足额支付劳动报酬。用人单位拖欠或者未足额支付劳动报酬的，劳动者可以依法向当地人民法院申请支付令，人民法院应当依法发出支付令 (2) 用人单位应当严格执行**劳动定额标准**，不得强迫或者变相强迫劳动者加班。用人单位安排加班的，应当按照国家有关规定向劳动者**支付加班费** (3) 用人单位应当保护劳动者的生命安全和身体健康。劳动者拒绝用人单位管理人员违章指挥、强令冒险作业的，不视为违反劳动合同。劳动者对危害生命安全和身体健康的劳动条件，也有权对用人单位提出批评、检举和控告
劳动者的义务	(1) 遵守国家法律法规和用人单位的规章制度 (2) 应当完成劳动合同约定的工作内容，兼职工作不能影响本单位的工作任务 (3) 遵守劳动合同中约定的特定事项（服务期、保守商业秘密和与知识产权相关的保密事项等）的义务

经典题解

【例题·多选题】关于用人单位义务的说法，正确的有（　　）。(2015 年)

A. 用人单位安排劳动者加班，应当向劳动者支付餐费

B. 用人单位应当保护劳动者的生命安全和身体健康

C. 用人单位应当按照劳动合同约定和国家规定，向劳动者及时足额支付劳动报酬

D. 用人单位应当严格执行劳动定额标准

E. 用人单位应当按照劳动者要求提供劳动条件和劳动工具

【解析】用人单位的义务：

(1) 用人单位应当按照劳动合同约定和国家规定，向劳动者及时足额支付劳动报酬；

(2) 用人单位应当严格执行劳动定额标准，不得强迫或者变相强迫劳动者加班。用人单位安排加班的，应当按照国家有关规定向劳动者支付加班费；

(3) 用人单位应当保护劳动者的生命安全和身体健康。

【答案】BCD

考点 3 特殊情形下的劳动合同履行★

(1)《中华人民共和国劳动合同法》（以下简称《劳动合同法》）第三十三条规定，用人单位变更**名称**、**法定代表人**、**主要负责人**或者**投资人**等事项，不影响劳动合同的履行。相关事项依法进行变更登记后，劳动合同**继续有效**，双方当事人应当按照劳动合同的约定继续履行，也**不需要重新签订**劳动合同。

(2)《劳动合同法》第三十四条规定，用人单位发生**合并**或者**分立**等情况，原劳动合同**继续有效**，劳动合同由承继其权利和义务的用人单位继续履行。根据《中华人民共和国民法典》，企业法人分立的，其权利和义务由分立后的法人享有连带债权，承担连带债务，但是债权人和债务人另有约定的除外。

经典题解

【例题·单选题】符合法律规定的劳动合同处理方式是（　　）。(2017年)

A. 甲公司更改名称为乙公司，甲公司为劳动者签订的劳动合同不再有效

B. 甲公司分立为乙公司和丙公司，甲公司与劳动者签订的劳动合同不受分立影响继续履行

C. 甲公司更换法定代表人后，新的法定代表人应与劳动者重新签订劳动合同

D. 甲公司和乙公司合并为丙公司后，丙公司应与甲乙公司的劳动者重新签订劳动合同

【解析】用人单位变更名称、法定代表人、主要负责人或者投资人等事项，不影响劳动合同的履行。相关事项依法进行变更登记后，劳动合同继续有效，双方当事人应当按照劳动合同的约定继续履行，也不需要重新签订劳动合同，选项AC错误。用人单位发生合并或者分立等情况，原劳动合同继续有效，劳动合同由承继其权利和义务的用人单位继续履行，选项D错误。

【答案】B

考点4　劳动合同变更★

定义	劳动合同双方对已生效的劳动合同条款达成修改或补充协议的行为
注意事项	(1)《劳动合同法》规定，用人单位与劳动者协商一致，可以变更劳动合同约定的内容 (2) 变更劳动合同，应当采用**书面形式**。变更劳动合同未采用书面形式，但已经实际履行了口头变更的劳动合同超过一个月，且变更后的劳动合同内容不违反法律、行政法规、国家政策以及公序良俗，当事人以未采用书面形式为由主张劳动合同变更无效的，人民法院不予支持 (3) 变更后的劳动合同文本由用人单位和劳动者各执一份。劳动合同变更时，如在协商过程中无法达成一致，发生争议，任何一方都可以向劳动人事争议仲裁委员会申请仲裁
变更的情形	(1) 双方当事人经协商，达成一致变更劳动合同 (2) 订立劳动合同时所依据的法律法规已经修改或废止，导致劳动合同中的部分条款内容与之相悖或失去依据而必须修改 (3) 企业受有关产业政策影响或根据市场变化决定转产或调整生产任务等经济因素影响，导致劳动合同需要变更 (4) 劳动合同订立时所依据的客观情况发生重大变化，致使劳动合同无法履行，导致劳动合同需要变更 (5) 劳动者患病或者非因工负伤，在规定的医疗期满后不能从事原工作，由用人单位另行安排工作，需要变更劳动合同 (6) 劳动者不能胜任工作，被调整了工作岗位，需要变更劳动合同

第二节　劳动合同解除与终止

本节视频详解

使用“会计云课堂”App/微信扫码听课

考点1　劳动合同解除★★

1. 协商一致解除劳动合同

《劳动合同法》第三十六条规定，用人单位与劳动者协商一致，可以解除劳动合同，即劳

动合同当事人双方对解除劳动合同达成一致意见时，劳动合同可以协商解除。

2. 用人单位解除劳动合同

单位可以随时解除	前提：因**劳动者过失**用人单位可以**随时解除**劳动合同 《劳动合同法》第三十九条规定，劳动者有下列情形之一的，用人单位可以解除劳动合同：①在试用期间被证明不符合录用条件的；②严重违反用人单位的规章制度的；③严重失职、营私舞弊，给用人单位造成重大损害的；④劳动者同时与其他用人单位建立劳动关系，对完成本单位的工作任务造成严重影响，或者经用人单位提出，拒不改正的；⑤因劳动者以**欺诈**、**胁迫**的手段或者乘人之危，使用人单位在违背真实意思的情况下订立或者变更劳动合同致使劳动合同无效的；⑥被依法追究刑事责任的。
单位可以解除劳动合同	前提：用人单位**提前 30 日**以**书面形式**通知劳动者，或者**额外支付一个月工资** 《劳动合同法》第四十条规定，有下列情况之一的，用人单位提前 30 日以书面形式通知劳动者本人或者额外支付劳动者一个月工资后，可以解除劳动合同：①劳动者患病或者非因工负伤，在规定的医疗期满后不能从事原工作，也不能从事由用人单位另行安排的工作的；②劳动者不能胜任工作，经过培训或者调整工作岗位，仍不能胜任工作的；③劳动合同订立时所依据的客观情况发生重大变化，致使劳动合同无法履行，经用人单位与劳动者协商，未能就变更劳动合同内容达成协议的。选择额外支付劳动者一个月工资解除劳动合同的，其额外支付的工资应当按照该劳动者**上一个月的工资标准**确定
单位实施裁员解除	前提：用人单位因实施**裁员**解除劳动合同 《劳动合同法》第四十一条规定，有下列情形之一，需要裁减人员 20 人以上或者裁减不足 20 人但占企业职工总数 10%以上的，用人单位提前 30 日向工会或者全体职工说明情况，听取工会或者职工的意见后，裁减人员方案经向劳动行政部门报告，可以裁减人员：①依照企业破产法规定进行重整的；②生产经营发生严重困难的；③企业转产、重大技术革新或者经营方式调整，经变更劳动合同后，仍需裁减人员的；④其他因劳动合同订立时所依据的客观经济情况发生重大变化，致使劳动合同无法履行的 裁减人员时应当优先留用下列人员： ①与本单位订立较长期限的固定期限劳动合同的；②与本单位订立**无固定期限**劳动合同的；③家庭无其他就业人员，有需要扶养的老人或者未成年人的。用人单位依照本法第四十一条的第一款规定裁减人员，在 6 个月内重新招用人员的，应当通知被裁减的人员，并在同等条件下优先招用被裁减的人员

3. 劳动者解除劳动合同

（1）《劳动合同法》第三十七条规定，劳动者提前 30 日以书面形式通知用人单位，可以解除劳动合同。劳动者在试用期内提前 3 日通知用人单位，可以解除劳动合同。

（2）《劳动合同法》第三十八条规定，用人单位有下列情形之一的，劳动者可以解除劳动合同，且无须提前通知用人单位：①未按照劳动合同约定提供劳动保护或者劳动条件的；②未及时足额支付劳动报酬的；③未依法为劳动者缴纳社会保险费的；④用人单位的规章制度违反法律、法规的规定，损害劳动者权益的；⑤因用人单位以**欺诈**、**胁迫**的手段或者乘人之危，使劳动者在违背真实意思的情况下订立或者变更劳动合同致使劳动合同无效的；⑥法律、行政法规规定劳动者可以解除劳动合同的其他情形。用人单位以暴力、威胁或者非法限制人身自由的手段强迫劳动者劳动的，或者用人单位违章指挥、强令冒险作业危及劳动者人身安全的，劳动者可以立即解除劳动合同，不需事先告知用人单位。

考点2　对用人单位解除劳动合同的限制★★

解除限制	《劳动合同法》第四十二条规定，劳动者有下列情形之一的，用人单位不得依照本法第四十条、第四十一条的规定解除劳动合同：①从事接触职业病危害作业的劳动者未进行离岗前职业健康检查，或者疑似职业病病人在诊断或者医学观察期间的；②在本单位患职业病或者因工负伤并被确认丧失或者部分丧失劳动能力的；③患病或者非因工负伤，在规定的医疗期内的；④女职工在孕期、产期、哺乳期的；⑤在本单位连续工作满15年，且距法定退休年龄不足5年的；⑥法律、行政法规规定的其他情形
医疗期	医疗期是指企业职工因患病或非因工负伤停止工作治疗休息不得解除劳动合同的时限 职工医疗期的期限为：①实际工作年限10年以下的，在本单位工作年限5年以下的为3个月；5年以上的为6个月。②实际工作年限10年以上的，在本单位工作年限5年以下的为6个月；5年以上的10年以下的9个月；10年以上15年以下的为12个月；15年以上20年以下的为18个月；20年以上的为24个月 医疗期内（包括公休、假日和法定节日），对某些患特殊疾病（如癌症、精神病、瘫痪等）的职工，在24个月内尚不能痊愈的，经企业和劳动主管部门批准，可以适当延长医疗期
妇女权益保障	《中华人民共和国妇女权益保障法》规定，任何单位不得以结婚、怀孕、产假、哺乳等为由，降低女职工的工资，辞退女职工，单方解除劳动（聘用）合同或者服务协议。但是，女职工要求终止劳动（聘用）合同或者服务协议的除外

考点3　对用人单位解除劳动合同的要求★

《劳动合同法》第四十三条规定：

（1）用人单位单方解除劳动合同，应当事先将理由通知工会。

（2）用人单位违反法律、行政法规规定或者劳动合同约定的，工会有权要求用人单位纠正。用人单位应当研究工会的意见，并将处理结果书面通知工会。

建立了工会组织的用人单位解除劳动合同符合《劳动合同法》第三十九条、第四十条规定，未按照《劳动合同法》第四十三条规定事先通知工会，劳动者以用人单位违法解除劳动合同为由请求用人单位支付赔偿金的，人民法院应予支持，但起诉前用人单位已经补正有关程序的除外。

经典题解

【例题·单选题】《劳动合同法》规定，用人单位单方解除劳动合同，应当事先通知（　　）。（2015年）

A. 工会

B. 劳动者

C. 劳动行政部门

D. 劳动争议仲裁委员会

【解析】 用人单位单方解除劳动合同，应当事先将理由通知工会，选项A正确。

【答案】 A

考点 4　劳动合同终止★

概念	劳动合同双方当事人在劳动合同中约定的合同期限届满或达到其他法定终止条件的情形
正常终止	依据《劳动合同法》第四十四条规定，有下列情形之一的，劳动合同终止： （1）劳动合同期满的 （2）劳动者开始依法享受基本养老保险待遇的 （3）劳动者死亡，或者被人民法院宣告死亡或者宣告失踪的 （4）用人单位被依法宣告破产的 （5）用人单位被吊销营业执照、责令关闭、撤销或者用人单位决定提前解散的 （6）法律、行政法规规定的其他情形 对上述第（2）项规定的情形，《劳动合同法实施条例》又补充规定，劳动者达到法定退休年龄的，劳动合同终止
续延至终止	《劳动合同法》第四十五条规定，劳动合同期满，有本法第四十二条规定情形之一的，劳动合同应当续延至相应的情形消失时终止（职业病检查期、工作丧失劳动力、医疗期、女工三期、退休不足五年、其他）

考点 5　用人单位解除、终止劳动合同的附随义务★

（1）用人单位应当在解除或者终止劳动合同时出具解除或者终止劳动合同的证明，并在 **15 日内**为劳动者办理档案和社会保险关系转移手续。

（2）用人单位出具的解除、终止劳动合同的证明，应当写明劳动合同期限、解除或者终止劳动合同的日期、工作岗位、在本单位的工作年限。

（3）用人单位对已经解除或者终止的劳动合同的文本，至少**保存 2 年**备查。

经典题解

【例题·单选题】甲公司与小张订立的劳动合同期满终止后，甲公司应保存劳动合同文本至少（　　）备查。（2016 年）

A. 2 年　　B. 1 年

C. 6 个月　　D. 30 日

【解析】用人单位对已经解除或者终止的劳动合同的文本，至少保存 2 年备查。

【答案】A

考点 6　培训服务期★

（1）用人单位为劳动者提供专项培训费用，对其进行专业技术培训的，可以与该劳动者订立协议，约定服务期。劳动者违反服务期约定，应当按照约定向用人单位支付违约金，违约金数额不得超过用人单位提供的培训费用。用人单位要求劳动者支付的违约金不得超过服务期尚未履行部分所应分摊的培训费用。培训费用包括用人单位对劳动者进行专业技术培训而支付的有凭证的培训费用、培训期间的差旅费用以及因培训产生的用于该劳动者的其他直接费用。

（2）用人单位与劳动者约定服务期的，不影响按照正常的工资调整机制提高劳动者在服务期期间的劳动报酬。劳动合同期满，但约定的服务期尚未到期的，劳动合同应当续延至服务期满；双方另有约定的，从其约定。

考点7 竞业限制★★

（1）用人单位与劳动者可以在劳动合同中约定保守用人单位的商业秘密和与知识产权相关的保密事项。在解除或者终止劳动合同后，在竞业限制期限内按月给予劳动者经济补偿。劳动者违反竞业限制约定的，应当按照约定向用人单位支付违约金。

（2）竞业限制的人员限于用人单位的高级管理人员、高级技术人员和其他负有保密义务的人员。竞业限制的范围、地域、期限由用人单位与劳动者约定，竞业限制的约定不得违反法律法规的规定。竞业限制期限不得超过2年，除约定培训服务期和约定竞业限制的情形外，用人单位不得与劳动者约定由劳动者承担违约金。

（3）关于竞业限制的规定：①当事人在劳动合同或者保密协议中约定了竞业限制，但未约定解除或者终止劳动合同后给予劳动者经济补偿，劳动者履行了竞业限制义务，要求用人单位按照劳动者在劳动合同解除或者终止前12个月平均工资的30%按月支付经济补偿的，人民法院应予支持。如月平均工资的30%低于劳动合同履行地最低工资标准的，按照劳动合同履行地最低工资标准支付。②当事人在劳动合同或者保密协议中约定了竞业限制和经济补偿，当事人解除劳动合同时，除另有约定外，用人单位要求劳动者履行竞业限制义务，或者劳动者履行了竞业限制义务后要求用人单位支付经济补偿的，人民法院应予支持。③当事人在劳动合同或者保密协议中约定了竞业限制和经济补偿，劳动合同解除或者终止后，因用人单位的原因导致3个月未支付经济补偿，劳动者请求解除竞业限制约定的，人民法院应予支持。④在竞业限制期限内，用人单位请求解除竞业限制协议时，人民法院应予支持。在解除竞业限制协议时，劳动者请求用人单位额外支付劳动者3个月的竞业限制经济补偿的，人民法院应予支持。⑤劳动者违反竞业限制约定，向用人单位支付违约金后，用人单位要求劳动者按照约定继续履行竞业限制义务的，人民法院应予支持。

经典题解

【例题·多选题】可以约定竞业限制的人员包括（　　）。（2018年）

A. 保洁员

B. 高级管理人员

C. 高级技术人员

D. 门卫

E. 负有保密义务的人员

【解析】竞业限制的人员限于用人单位的高级管理人员、高级技术人员和其他负有保密义务人员。

【答案】BCE

【例题·单选题】关于竞业限制的说法，正确的是（　　）。（2016年）

A. 竞业限制的人员限于用人单位的普通管理人员

B. 竞业限制期限应当超过3年

C. 竞业限制的范围由用人单位自行确定

D. 劳动者违反竞业限制约定的，应当按照约定向用人单位支付违约金

【解析】竞业限制的人员限于用人单位的高级管理人员、高级技术人员和其他负有保密义务的人员，选项A错误。竞业限制期限不得超过2年，选项B错误。竞业限制的范围、地域、期限由用人单位与劳动者约定，竞业限制的约定不得违反法律法规的规定，选项C错误。

【答案】D

考点 8　解除与终止劳动合同的经济补偿★★

经济补偿范围	(1) 劳动者依照《劳动合同法》第三十八条规定解除劳动合同的 (2) 用人单位向劳动者提出解除劳动合同并与劳动者协商一致解除劳动合同的 (3) 用人单位依照《劳动合同法》第四十条规定解除劳动合同的 (4) 用人单位依照《劳动合同法》实施裁减人员而解除劳动合同的 (5) 除用人单位维持或者提高劳动合同约定条件续订劳动合同，劳动者不同意续订的情形外，因劳动合同期满而终止固定期限劳动合同的 (6) 用人单位被依法宣告破产或用人单位被吊销营业执照、责令关闭、撤销或者用人单位决定提前解散而终止劳动合同的 (7) 以完成一定工作任务为期限的劳动合同因任务完成而终止的 (8) 用人单位依法终止工伤职工的劳动合同的，除依法支付经济补偿外，还应当依照国家有关工伤保险的规定支付一次性工伤医疗补助金和伤残就业补助金
特殊情形	(1) 劳动者非因本人原因被调动的，在原用人单位的工作年限合并计算为新用人单位的工作年限 (2) 劳动者依照《劳动合同法》第三十八条规定与新用人单位解除劳动合同，或者新用人单位向劳动者提出解除、终止劳动合同，在计算支付经济补偿或赔偿金的工作年限时，劳动者请求把在原用人单位的工作年限合并计算为新用人单位工作年限的，人民法院应予支持 (3) 政府安置就业困难人员提供的给予岗位补贴和社会保险补贴的公益性岗位，其劳动合同不适用《劳动合同法》有关无固定期限劳动合同以及支付经济补偿的规定
计算标准	(1) 补偿时间：①每满 1 年向劳动者支付 1 个月工资的经济补偿（6 个月以上不满 1 年的，按 1 年计算）。②不满 6 个月的，支付半个月工资的经济补偿 (2) 补偿标准：①劳动者在劳动合同解除或终止前 12 个月的平均工资，高于用人单位所在直辖市、设区的市级人民政府公布的本地区上年度职工月平均工资 3 倍的，经济补偿按职工月平均工资 3 倍的数额支付且年限最高不超过 12 年。②低于当地最低工资标准的，按照当地最低工资标准计算。③劳动者工作不满 12 个月的，按照实际工作的月数计算平均工资。④经济补偿的月工资按照劳动者应得工资计算，包括计时工资或者计件工资以及奖金、津贴和补贴等货币性收入
纳税	(1) 个人因与用人单位解除劳动关系而取得的一次性补偿收入（包括用人单位发放的经济补偿金、生活补助费和其他补助费用），其收入在当地上一年职工平均工资 3 倍数额以内的部分，免征个人所得税；超过部分按照有关规定，计算征收个人所得税 (2) 个人领取一次性补偿收入时按照国家和地方政府规定的比例实际缴纳的住房公积金、医疗保险费、基本养老保险费、失业保险费，可以在计征其一次性补偿收入的个人所得税时予以扣除 (3) 企业依照国家有关法律规定宣告破产，企业职工从该破产企业取得的一次性安置费收入，免征个人所得税

经典题解

【例题·单选题】 关于协商一致解除劳动合同的说法，正确的是（　　）。(2019 年)

A. 必须由于法定原因，且与当事人达成一致

B. 用人单位应支付经济补偿

C. 应采取书面形式

D. 用人单位无须支付经济补偿

【解析】劳动合同协商解除指合同双方当事人因某种原因，完全自愿的情况下，互相协商，彼此达成一致的基础上提前解除，某种原因，可以是法定，也可以是非法定，选项A错误。解除劳动合同，如果是用人单位提出的，属于经济补偿范围的，则要依法支付劳动者经济补偿金，如果是劳动者主动提出的，则用人单位可以不支付经济补偿金，选项BD错误。

【答案】C

第三节　用人单位劳动规章制度

考点1　劳动规章制度制定的程序、公示和效力★

程序	建立劳动规章制度既是用人单位的权利又是用人单位的义务 （1）用人单位在制定、修改或者决定有关劳动报酬、工作时间、休息休假、劳动安全卫生、保险福利、职工培训、劳动纪律以及劳动定额管理等直接涉及劳动者切身利益的规章制度或者重大事项时，应当经职工代表大会或者全体职工讨论，提出方案和意见，与工会或者职工代表平等协商确定 （2）国有企业制定劳动规章应当经职工代表大会讨论通过。非国有企业制定劳动规章制度，法律没有强制必须经职工代表大会讨论通过 （3）在规章制度和重大事项决定实施过程中，工会或者职工认为不适当的，有权向用人单位提出，通过协商予以修改完善
公示	用人单位应当将直接涉及劳动者切身利益的规章制度和重大事项决定公示，或者告知劳动者
效力	劳动规章制度要具有法律效力，应满足三个条件： （1）内容合法，不违背有关法律法规及政策 （2）经过民主程序制定 （3）要向劳动者公示

经典题解

【例题·单选题】不属于用人单位规章具有法律效力前提条件的是（　　）。（2018年）

A. 经过民主程序

B. 经劳动者同意

C. 公示或者公告劳动者

D. 不违反法律、行政法规及政策

【解析】劳动规章制度的效力应满足3个条件：

（1）内容合法、不违背有关法律法规及政策。

（2）经过民主程序制定。

（3）要向劳动者公示。

【答案】B

【例题·单选题】关于制定劳动规章制度的说法，正确的是（　　）。（2014年）

A. 劳动规章制度应当由工会制定

B. 劳动规章制度应当经过民主程序制定

C. 劳动规章制度应当在劳动行政部门领导下制定

D. 劳动规章制度必须经劳动者同意方可制定

【解析】用人单位在制定、修改或者决定有关劳动方面的，直接涉及劳动者切身利益的规章制度或者重大事项时，应当经职工代表大会或者全体职工讨论，提出方案和意见，与工会或者职工代表平等协商确定。

【答案】B

考点 2　违法劳动规章制度的处理★

两种处理方式	（1）允许劳动者以此为由随时提出解除劳动合同，并有获得经济补偿的权利。用人单位的规章制度违反法律、法规的规定，损害劳动者权益的，劳动者可以解除劳动合同，用人单位应当向劳动者支付经济补偿 （2）由劳动行政部门责令改正。用人单位直接涉及劳动者切身利益的规章制度违反法律、法规规定的，由劳动行政部门责令改正，给予警告；给劳动者造成损害的，应当承担赔偿责任

经典题解

【例题·单选题】 关于用人单位劳动规章制度的说法，正确的是（　　）。（2015年）

A. 用人单位制定的劳动规章制度公示后，即对职工具有法律约束力

B. 用人单位制定的劳动规章制度，无须告知职工即可实施

C. 在劳动规章制度实施过程中，工会认为不适当的内容，用人单位应当按工会要求予以修改

D. 用人单位制定的劳动规章制度违反法律规定，则由劳动行政部门责令改正

【解析】 劳动规章制度要具有法律效力，应满足三个条件：一是内容合法，不违背有关法律法规及政策；二是经过民主程序制定；三是要向劳动者公示，选项 A 错误。《劳动合同法》规定：用人单位应当将直接涉及劳动者切身利益的规章制度和重大事项决定公示，或者告知劳动者，选项 B 错误。在规章制度和重大事项决定实施过程中，工会或者职工认为不适当的，有权向用人单位提出，通过协商予以修改完善，选项 C 错误。

【答案】 D

第四节　特殊用工

本节视频详解

使用“会计云课堂” App/微信扫码听课

考点 1　劳务派遣★★★

劳务派遣是指劳务派遣单位与被派遣劳动者建立劳动关系后，将该劳动者派遣到用工单位从事劳动的一种特殊用工形式。劳务派遣单位与劳动者建立劳动关系，但是不使用劳动者，即不直接管理和指挥劳动者从事劳动。用工单位直接管理和指挥劳动者，但是与劳动者之间没有建立劳动关系。

1. 经营劳务派遣业务的条件

经营劳务派遣业务，应当向劳动行政部门依法申请行政许可，有效期为 3 年。未经许可，任何单位和个人不得经营劳务派遣业务。申请条件：

（1）注册资本不得少于人民币 200 万元；

（2）有与开展业务相适应的固定的经营场所和设施；

（3）有符合法律、行政法规规定的劳务派遣管理制度；

（4）法律、行政法规规定的其他条件。

用人单位不得设立劳务派遣单位向本单位或者所属单位派遣劳动者。

劳务派遣单位名称、住所、法定代表人或者注册资本等改变的，应当向许可机关提出变更

申请。符合法定条件的，许可机关应当自收到变更申请之日起10个工作日内依法办理变更手续，并换发新的劳务派遣经营许可证或者在原劳务派遣经营许可证上予以注明；不符合法定条件的，许可机关应当自收到变更申请之日起10个工作日内作出不予变更的书面决定，并说明理由。

劳务派遣单位分立、合并后设立新公司的，应当依法重新申请劳务派遣行政许可。劳务派遣单位需要延续行政许可有效期的，应当在有效期届满60日前向许可机关提出延续行政许可的书面申请，并提交3年以来的基本经营情况；劳务派遣单位逾期提出延续行政许可的书面申请的，按照新申请经营劳务派遣行政许可办理。

2. 劳务派遣的劳动合同

劳务派遣单位属于《劳动合同法》调整的用人单位，应与被派遣劳动者订立2年以上的固定期限劳动合同，按月支付劳动报酬。被派遣劳动者在无工作期间，劳务派遣单位应当按照所在地人民政府规定的最低工资标准，向其按月支付报酬。劳务派遣单位可以依法与被派遣劳动者约定试用期，但与同一被派遣劳动者只能约定一次试用期。

3. 劳务派遣协议

劳务派遣单位派遣劳动者应当与用工的单位订立劳务派遣协议，劳务派遣协议应当载明下列内容：①派遣的工作岗位名称和岗位性质；②工作地点；③派遣人员数量和派遣期限；④按照同工同酬原则确定的劳动报酬数额和支付方式；⑤社会保险费的数额和支付方式；⑥工作时间和休息休假事项；⑦被派遣劳动者工伤、生育或者患病期间的相关待遇；⑧劳动安全卫生以及培训事项；⑨经济补偿等费用；⑩劳务派遣协议期限；⑪劳务派遣服务费的支付方式和标准；⑫违反劳务派遣协议的责任；⑬法律、法规、规章规定应当纳入劳务派遣协议的其他事项。

用工单位不得将连续用工期限分割订立数个短期劳务派遣协议。

4. 劳务派遣单位的法定义务

（1）如实将劳务派遣协议的内容、工作内容、工作条件、工作地点、职业危害、安全生产状况、劳务报酬等告知被派遣劳动者。

（2）建立培训制度，对被派遣劳动者进行上岗知识、安全教育培训。

（3）按国家规定和劳务派遣协议约定，依法支付被派遣劳动者的劳动报酬和相关待遇。

（4）依法为被派遣劳动者缴纳社会保险费，并办理社会保险相关手续。

（5）督促用工单位依法为被派遣劳动者提供劳动保护和劳动安全卫生条件。

（6）依法出具解除或者终止劳动合同的证明。

（7）协助处理被派遣劳动者与用工单位的纠纷。

（8）劳务派遣单位不得克扣用工单位按照劳务派遣协议支付给被派遣劳动者的劳动报酬。劳务派遣单位与被派遣劳动者订立的劳动合同和与用工单位订立的劳务派遣协议，载明或者约定的向被派遣劳动者支付的劳动报酬应当符合同工同酬规定。

（9）劳务派遣单位不得向被派遣劳动者收取费用。

（10）跨地区派遣时，应当保证被派遣劳动者享有的劳动报酬和劳动条件，符合用工单位所在地规定的标准。

（11）因劳务派遣单位存在违法行为，给被派遣劳动者造成损害的，劳务派遣单位与用工单位承担连带赔偿责任。

（12）劳务派遣单位不得以非全日制用工形式招用被派遣劳动者。

5. 被派遣劳动者的权利

（1）享有与用工单位的劳动者同工同酬的权利。

（2）有权在劳务派遣单位或者用工单位依法参加或者组织工会，维护自身的合法权益。

（3）可以与劳务派遣单位协商一致解除劳动合同，也可以在劳务派遣单位存在《劳动合同法》第三十八条规定的情形时，与其解除劳动合同。

（4）被派遣劳动者提前30日以书面形式通知劳务派遣单位，可以解除劳动合同。被派遣劳动者在试用期内提前3日通知劳务派遣单位，可以解除劳动合同。劳务派遣单位应当将被派遣劳动者通知解除劳动合同的情况及时告知用工单位。

6. 用工单位的义务

（1）执行国家劳动标准，提供相应的劳动条件和劳动保护。

（2）告知被派遣劳动者的工作要求和劳动报酬。

（3）支付加班费、绩效奖金，提供与工作岗位相关的福利待遇。

（4）对在岗被派遣劳动者进行工作岗位所必需的培训。

（5）连续用工的，实行正常的工资调整机制。

（6）用人单位不得将被派遣劳动者再派遣到其他用人单位。

7. 用工单位退回被派遣劳动者与劳务派遣单位解除或终止劳动合同

（1）被派遣劳动者有以下情形之一，用工单位可以将被派遣劳动者退回劳务派遣单位，劳务派遣单位可以依法解除劳动合同：①在试用期间被证明不符合录用条件的；②严重违反用人单位的规章制度的；③严重失职、营私舞弊，对用人单位造成重大损害的；④劳动者同时与其他用人单位建立劳动关系，对完成本单位的工作任务造成严重影响，或者经用人单位提出，拒不改正的；⑤因劳动者以欺诈、胁迫的手段或者乘人之危，使用人单位在违背真实意思的情况下订立或者变更劳动合同致使劳动合同无效的；⑥被依法追究刑事责任的；⑦劳动者患病或者非因工负伤，在规定的医疗期满后不能从事原工作，也不能从事由用人单位另行安排的工作的；⑧劳动者不能胜任工作，经过培训或者调整工作岗位，仍不能胜任工作的。

（2）用工单位有下列情形之一，可退回派遣劳动者：①劳动合同订立时所依据的客观情况发生重大变化，致使劳动合同无法履行，经用人单位与劳动者协商，未能就变更劳动合同内容达成协议的；②依照企业破产法规定进行重整的；③生产经营发生严重困难的；④企业转产、重大技术革新或者经营方式调整，经变更劳动合同后，仍需裁减人员的；⑤其他因劳动合同订立时所依据的客观经济情况发生重大变化，致使劳动合同无法履行的；⑥用工单位被依法宣告破产、吊销营业执照、责令关闭、撤销、决定提前解散或者经营期限届满不再继续经营；⑦劳务派遣协议期满终止。

被派遣劳动者被用工单位退回后，劳务派遣单位重新派遣时维持或者提高劳动合同约定条件，被派遣劳动者不同意的，劳务派遣单位可以解除劳动合同；劳务派遣单位重新派遣时降低劳动合同约定条件，被派遣劳动者不同意的，劳务派遣单位不得解除劳动合同。但被派遣劳动者提出解除劳动合同的除外。

被派遣劳动者退回后在无工作期间，劳务派遣单位应当按照不低于所在地人民政府规定的最低工资标准，向其按月支付报酬。

（3）劳务派遣单位行政许可有效期未延续或者劳务派遣经营许可证被撤销、吊销的，已经与被派遣劳动者依法订立的劳动合同应当履行至期限届满。双方经协商一致，可以解除劳动合同。

（4）劳务派遣单位被依法宣告破产、吊销营业执照、责令关闭、撤销、决定提前解散或者经营期限届满不再继续经营的，劳动合同终止。

（5）解除或终止劳动合同时，应当依法向被派遣劳动者支付经济补偿。

（6）劳务派遣单位违法解除或者终止被派遣劳动者劳动合同，应当依照《劳动合同法》规定的经济补偿标准的2倍向劳动者支付赔偿金。

8. 劳务派遣岗位的范围和比例

劳动合同用工是我国的企业**基本用工形式**。劳务派遣用工是补充形式，只能在临时性、辅助性或者替代性的工作岗位上实施。**临时性**工作岗位是指存续时间**不超过六个月**的岗位；**辅助性**工作岗位指为主营业务岗位提供服务的非主营业务岗位；**替代性**工作岗位指用工单位的劳动者因脱产学习、休假等原因无法工作的一定期间内，由其他劳动者替代工作的岗位。

用工单位决定使用被派遣劳动者的辅助性岗位，应当经职工代表大会或者全体职工讨论，提出方案和意见，与工会或者职工代表平等协商确定，并在用工单位内公示；用工单位应当严格控制劳务派遣用工数量，使用的被派遣劳动者数量不得超过其用工总量的10%。

9. 违反劳务派遣规定的法律责任

（1）违反规定，未经许可擅自经营劳务派遣业务的，由劳动行政部门责令停止违法行为，没收违法所得，并处违法所得1倍以上5倍以下罚款。没有违法所得的，可以处50000元以下的罚款。

（2）劳务派遣单位、用工单位违反有关劳务派遣规定的，由劳动行政部门责令限期改正；逾期不改正的，以每人5000元以上10000元以下的标准处以罚款，对劳务派遣单位，吊销其劳务派遣业务经营许可证。用工单位给被派遣劳动者造成损害的，劳务派遣单位与用工单位承担连带赔偿责任。

经典题解

【例题·单选题】根据我国有关规定，关于劳务派遣的说法，错误的是（　　）。（2020年）

A. 劳务派遣单位注册资本发生变化，应当向许可机关提出变更申请

B. 经营劳务派遣业务，注册资本不少于200万元

C. 劳务派遣许可证有效期限为3年

D. 劳务派遣单位与劳动者，月工单位与劳动者之间均建立劳动关系

【解析】用工单位直接管理和指挥劳动者，但是与劳动者之间没有建立劳动关系，选项D错误。

【答案】D

【例题·单选题】下列情形中属于劳务派遣用工单位义务的是（　　）。（2019年）

A. 依法出具解除或终止劳动合同的证明

B. 依法支付被派遣劳动者的劳动报酬和相关待遇

C. 依法为被派遣劳动者缴纳社会保险费，并办理社会保险相关手续

D. 向被派遣劳动者提供相应的劳动条件

【解析】选项ABC描述的是劳务派遣单位的法定义务。

【答案】D

【例题·单选题】关于劳务派遣的说法，正确的是（　　）。（2018年）

A. 被派遣劳动者的社会保险费应由用工单位缴纳

B. 被派遣劳动者被遣回后，无工作期间，劳务派遣单位可暂停支付工资待遇

C. 设立劳务派遣公司注册资本不得少于20万元

D. 被派遣劳动者有权在派遣单位或用工单位参加或组织工会

【解析】 劳务派遣单位给劳动者缴纳社会保险费，选项A错误；被派遣劳动者在无工作期间，劳务派遣单位应当按照所在地人民政府规定的最低工资标准，向其按月支付报酬，选项B错误；经营劳务派遣业务应当具备的条件之一是注册资本不得少于人民币200万元，选项C错误。

【答案】 D

【例题·多选题】 关于劳务派遣岗位的范围，说法正确的有（　　）。(2018年)

A. 临时性工作岗位指存续时间不超过6个月的岗位

B. 辅助性工作岗位指为主营业务提供服务的非主营业务岗位

C. 劳务派遣用工是我国企业基本用工形式

D. 用工单位应严格控制劳务派遣用工数量，不得超过其用工总量的10%

E. 劳动合同用工是补充形式

【解析】 劳动合同用工是我国企业的基本用工形式，选项C错误。劳务派遣用工是补充形式，只能在临时性、辅助性或替代性的工作岗位上实施，选项E错误。

【答案】 ABD

【例题·多选题】 劳务派遣单位的法定义务包括（　　）。(2017年)

A. 依法支付被派遣劳动者的劳动报酬

B. 依法向被派遣劳动者提供相应的劳动条件

C. 依法为被派遣劳动者缴纳社会保险费

D. 不得向被派遣劳动者收取费用

E. 依法向被派遣劳动者支付加班费

【解析】 选项BE是用工单位的法定义务，不是劳务派遣单位的法定义务。

【答案】 ACD

【例题·多选题】 关于劳务派遣的说法，正确的有（　　）。(2016年)

A. 劳务派遣单位属于《劳动合同法》调整的用人单位

B. 劳务派遣单位与同一被派遣劳动者每派遣一次可以约定一次试用期

C. 用人单位可以合资设立劳务派遣单位向本单位派遣劳动者

D. 劳务派遣单位不得向被派遣劳动者收取费用

E. 劳务派遣用工是我国企业基本用工形式

【解析】 劳务派遣单位与同一被派遣劳动者只能约定一次试用期，选项B错误。用人单位不得设立劳务派遣单位向本单位或者所属单位派遣劳动者，选项C错误。劳动合同用工是我国企业的基本用工形式，劳务派遣用工是补充形式，选项E错误。

【答案】 AD

考点2　非全日制用工★★★

概念	非全日制用工是指以小时计酬为主，劳动者在同一用人单位一般平均每日工作时间不超过4小时，每周工作时间累计不超过24小时的用工形式。与全日制用工相比，非全日制用工的特征有两点：一是以小时计酬为主；二是周工作时间累计不能超过24小时

续表

非全日制用工的规定	（1）从事非全日制用工的劳动者可以与一个或者一个以上用人单位订立劳动合同；但是，后订立的劳动合同不得影响先订立的劳动合同的履行 （2）非全日制用工双方当事人可以订立口头协议 （3）非全日制用工双方当事人不得约定试用期 （4）非全日制用工双方当事人任何一方都可以随时通知对方终止用工。终止用工，用人单位不向劳动者支付经济补偿 （5）非全日制用工小时计酬标准不得低于用人单位所在地人民政府规定的最低小时工资标准 （6）非全日制用工劳动报酬结算支付周期最长不得超过 15 日

经典题解

【例题·单选题】 关于非全日制用工的说法，正确的是（　　）。（2012 年）

A. 非全日制用工劳动报酬结算支付周期是一个月

B. 非全日制用工双方当事人应当订立书面劳动合同

C. 非全日制用工双方当事人不得约定试用期

D. 从事非全日制用工的劳动者只能与一个用人单位订立劳动合同

【解析】 根据非全日制用工规定，劳动者可以与一个或一个以上用人单位订立劳动合同，但后订立的劳动合同不得影响先订立的劳动合同的履行，选项 D 错误；双方当事人可以订立口头协议，选项 B 错误；双方当事人不得约定试用期，选项 C 正确；劳动报酬结算支付周期最长不得超过 15 日，选项 A 错误。

【答案】 C

第十五章　社会保险法律

第一节　社会保险法律关系

1013799

本节视频详解

使用“会计云课堂” App/ 微信扫码听课

考点 1　社会保险的概念★

概念	社会保险是指国家通过立法设立社会保险基金，并在一定范围内对社会保险基金实行统筹调剂，对遭遇劳动风险的劳动者给予必要的物质帮助和补偿的一种社会保障制度 我国社会保险方面的法律规范属于社会法
征缴法定机构	我国征缴社会保险费的法定机构有两个：税务机关；社会保险经办机构 具体的征收社会保险费的机构由省级人民政府确定

考点 2　社会保险法律关系★★

概念	社保法律关系是指社会保险各主体之间，如国家与劳动者之间、社会保险经办机构与劳动者之间、社会保险经办机构之间、社会保险经办机构与用人单位之间、用人单位与劳动者之间，就社会保险的权利义务所产生的法律关系

续表

主体	从社会保险责任划分： (1) 国家，通过参与社会保险活动，对社会保险的运行和实施给予法律和财政上的支持，从而成为社会保险法的特殊主体 (2) 社会保险的管理和经办机构，由其直接承担管理和实施社会保险的责任，依法向用人单位、劳动者征收社会保险费，并向劳动者发放社会保险待遇 (3) 用人单位，承担缴纳社会保险费的义务，是社会保险基金的主要缴纳者 (4) 劳动者及其家庭，是社会保险的受益人，同时劳动者本人还要承担相应的缴费义务 从保险业务划分： (1) 保险人，指依法收取社会保险费，并按照规定支付保险待遇的主体 (2) 投保人，为被保险人的利益投保社会保险的主体，一般为用人单位 (3) 被保险人，对社会保险标的具有直接保险利益的主体 (4) 受益人，基于被保险人的一定关系而享有一定保险利益的主体 (5) 管理人，依法负有管理职责的社会保险行政部门 (6) 监督人，依法负有监督职责的机构
客体	社会保险法律关系主体的权利和义务所指向的对象，包括资金、物和服务行为
社会保险法律关系的产生、变更和消灭	(1) 社会保险法律关系产生是指主体间依照社会保险法律规定建立起社会保险法律关系，从而产生一定的权利与义务 (2) 社会保险法律关系变更是指主体间已建立的社会保险法律关系，依照法律的规定变更其内容，从而引起权利义务内容和范围的变动 (3) 社会保险法律关系的消灭是指主体间的社会保险法律关系依法解除或终止，即劳动权利与义务的消灭
社会保险法律事实	社会保险法律事实是指社会保险法律规定的，能引起社会保险法律关系产生、变更、消灭的客观情况。社会保险法律规定是产生、变更、消灭社会保险关系的前提，社会保险法律事实是引起社会保险法律关系产生、变更、消灭的原因和条件

经典题解

【例题·多选题】下列主体中，属于社会保险法律关系主体的有（　　）。(2019 年)

A. 用人单位

B. 劳动者

C. 商业保险公司

D. 国家

E. 社会保险的管理和经办机构

【解析】社会保险法律关系的主体包括用人单位、劳动者及其家庭、国家、社会保险的管理和经办机构。

【答案】ABDE

【例题·单选题】不属于社会保险法律关系主体的是（　　）。(2017 年)

A. 承担社会保险费缴纳义务的用人单位

B. 参与社会保险并履行缴纳社会保险费义务的劳动者

C. 依法裁判社会保险争议的人民法院

D. 向劳动者发放社会保险待遇的社会保险经办机构

【解析】从社会保险责任划分的社会保险法律关系主体包括国家、社会保险的管理和经办机构、用人单位、劳动者及其家庭。

【答案】C

第二节 社会保险法律适用

本节视频详解
使用“会计云课堂” App/微信扫码听课

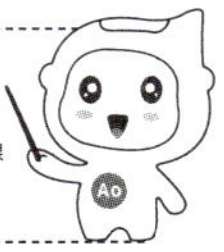

考点 社会保险法律适用★

概念	社会保险法律适用是指社会保险行政部门和法律授权的组织根据法定职权和法定程序，规范社会保险关系，维护公民参加社会保险和享受社会保险待遇的合法权益，使公民共享发展成果，促进社会和谐稳定，用来解决具体问题的专门活动
特征	（1）社会保险法律适用具有特殊的主体。社会保险法律适用是由社会保险行政部门或法律授权的组织及其工作人员，按照法定职权实施劳动法律的专门活动。社会保险法律适用根据主体的不同，可分为司法适用、行政适用、仲裁和调解 （2）社会保险法律适用具有专业性。社会保险法律适用是国家特定的专门机构及其工作人员按照法定权限实施法律的专门活动，不同于公民和其他社会团体实施法律的活动 （3）社会保险法律适用具有国家强制性 （4）社会保险法律适用具有程序性 （5）社会保险法律适用必须有表明法律适用结果的法律文书
基本原则	（1）以事实为根据、以法律为准绳 （2）公民在法律面前一律平等 （3）实事求是，有错必纠
基本要求	（1）合法 （2）准确 （3）及时
基本规则	（1）上位法的效力高于下位法。《中华人民共和国宪法》具有最高的法律效力，法律的效力高于行政法规、地方性法规、规章，地方性法规的效力高于本级和下级政府规章。省、自治区人民政府制定的规章的效力高于本行政区域内较大市的人民政府制定的规章 （2）同位法中特别规定与一般规定不一致时，适用特别规定 （3）同位法中新的规定与旧的规定不一致时，适用新的规定 （4）原则上不溯及既往。法律规定后，要严格依法执行，但法律的规定不能溯及过去的行为，为了更好地保护公民、法人和其他组织的权利和利益而做的特别规定除外

经典题解

【例题·单选题】 关于社会保险法律适用的基本规则，错误的是（ ）。（2020年）

A. 同位法中一般规定优先于特别规定

B. 法律效力高于行政法规

C. 原则上不溯及既往

D. 地方性法规效力高于地方政府规章

【解析】 根据社会保险法律适用的基本规则，同位法中特别规定与一般规定不一致时，适用特别规定，选项A的说法错误。

【答案】 A

第三节 《中华人民共和国社会保险法》的基本内容

本节视频详解
使用"会计云课堂"App/微信扫码听课

考点 1 《中华人民共和国社会保险法》的颁布及立法依据★

施行时间	第十一届全国人大常委会第十七次会议审议通过，自 2011 年 7 月 1 日起施行
颁布意义	（1）是一部着力保障和改善民生的重要法律 （2）它的颁布实施，是我国人力资源社会保障法制建设中的又一座里程碑 （3）对于建立覆盖城乡居民的社会保障体系，更好地维护公民参加社会保险和享受社会保险待遇的合法权益，使公民共享发展成果，促进社会主义和谐社会建设，具有十分重要的意义
立法依据	（1）贯彻落实党中央的重大决策部署，特别是"广覆盖、保基本、多层次、可持续"等带有根本性、管长远的基本方针 （2）使广大人民群众共享改革发展成果 （3）公平与效率相结合，权利与义务相适应（优先体现公平原则和普惠性原则，同时体现激励和引导原则） （4）确立框架，循序渐进

考点 2 社会保险体系的基本框架★

《中华人民共和国社会保险法》（以下简称《社会保险法》）规定，国家建立基本养老保险、基本医疗保险、工伤保险、失业保险、生育保险等社会保险制度，保障公民在年老、疾病、工伤、失业、生育等情况下依法获得物质帮助的权利。《社会保险法》确立了我国社会保险体系的基本框架。

（1）基本养老保险：职工基本养老保险、城乡居民基本养老保险。

（2）基本医疗保险：职工基本医疗保险、城乡居民基本医疗保险。

（3）工伤保险、失业保险、生育保险。

考点 3 各项社会保险制度的覆盖范围★★

（1）基本养老保险和基本医疗保险覆盖人群具体包括：

①应当参加城镇职工基本养老保险和城镇职工基本医疗保险的用人单位及其职工；

②可以参加城镇职工基本养老保险和城镇职工基本医疗保险的无雇工的个体工商户、未在用人单位参加社会保险的非全日制从业人员以及其他灵活就业人员；

③可以参加城乡居民基本养老保险和城乡居民基本医疗保险的农村居民；

④可以参加城乡居民基本养老保险和城乡居民基本医疗保险的城镇未就业居民；

⑤公务员和参照公务员法管理的工作人员的养老保险办法由国务院规定。

（2）工伤保险、失业保险和生育保险制度覆盖了所有用人单位及其职工。

（3）被征地农民按照国务院规定纳入相应的社会保险制度。

（4）香港澳门台湾居民在内地（大陆）按照规定参加社会保险。

（5）在中国境内就业的外国人，也应当参照《社会保险法》规定参加我国的社会保险。其中，具有与我国签订社会保险缴费双边或多边协议国家国籍的就业人员，在其依法获得在我国境内就业证件3个月内提供协议国出具参保证明的，应按协议规定免除其规定险种在规定期限内的缴费义务。对于依法获得在我国境内就业证件3个月后不能提供协议国出具的参保证明的，应按规定征收社会保险费并收取相应的滞纳金。对于协议之外的险种以及协议规定险种超过规定期限的，应要求其按规定缴纳社会保险费。

经典题解

【例题·单选题】2019年3月1日，迈克尔（K国国籍，K国与中国签订社保缴费协议）取得中国境内就业证书，迈克尔希望按照协议免除规定险种在规定期限的缴费义务，其应当提供K国参保证明的日期不得晚于（　　）。（2020年）

A. 2020年9月1日

B. 2020年6月1日

C. 2019年6月1日

D. 2019年9月1日

【解析】在中国境内就业的外国人，也应当参照《社会保险法》规定参加我国的社会保险。其中，具有与我国签订社会保险缴费双边或多边协议国家国籍的就业人员，在其依法获得在我国境内就业证件3个月内提供协议国出具参保证明的，应按协议规定免除其规定险种在规定期限内的缴费义务。

【答案】C

【例题·单选题】根据《社会保险法》，不属于社会保险险种的是（　　）。（2019年）

A. 失业保险

B. 工伤保险

C. 生育保险

D. 雇主责任险

【解析】社会保险的主要项目包括基本养老保险、基本医疗保险、失业保险、工伤保险和生育保险。

【答案】D

【例题·单选题】关于社会保险的说法，正确的是（　　）。（2016年）

A. 在中国境内就业的外国人应当参照《社会保险法》参加社会保险

B.《社会保险法》确立了企业职工参加商业养老保险的基本模式

C. 社会保险是依据1994年颁布的《劳动法》制定的

D. 职工自愿参加社会保险是社会保险法的一项立法依据

【解析】《社会保险法》确立了我国社会保险体系的基本框架，选项B错误。社会保险是依据自2011年7月1日起实施的《社会保险法》制定的，选项C错误。《社会保险法》的立法依据：一是贯彻落实党中央的重大决策部署；二是使广大人民群众共享改革发展成果；三是公平与效率相结合，权利与义务相适应；四是确立框架，循序渐进，选项D错误。

【答案】A

第十六章　社会保险体系

第一节　基本养老保险

考点 1　基本养老保险制度及缴纳★

概念	基本养老保险是国家通过立法，保障劳动者在达到法定退休年龄后，从基本养老保险基金获得一定的经济补偿、物质帮助和服务，以保证其晚年基本生活的一项社会保险制度
制度	保险模式：社会统筹与个人账户相结合 基金组成：用人单位和个人缴费以及政府补贴等
缴纳	用人单位应当按照国家规定的本单位职工工资总额的比例缴纳基本养老保险费，计入基本养老保险统筹基金。职工应当按照国家规定的本人工资的比例缴纳基本养老保险费，计入个人账户。无雇工的个体工商户、未在用人单位参加基本养老保险的非全日制从业人员以及其他灵活就业人员参加基本养老保险的，应当按照国家规定缴纳基本养老保险费，分别计入基本养老保险统筹基金和个人账户
	国有企业、事业单位职工参加基本养老保险前，视同缴费年限期间应当缴纳的基本养老保险费由政府承担

经典题解

【例题·单选题】关于基本养老保险制度的说法，错误的是（　　）。（2020 年）

A. 养老保险待遇只能在达到法定退休年龄后才能享受

B. 灵活就业人员参加基本养老保险，由当地政府和个人共同缴纳

C. 实行社会统筹和个人账户相结合的模式

D. 基金主要由用人单位和个人缴费以及政府补贴等组成

【解析】无雇工的个体工商户、未在用人单位参加基本养老保险的非全日制从业人员以及其他灵活就业人员可以参加基本养老保险，由个人缴纳基本养老保险费。

【答案】B

考点 2　劳动者退休条件及基本养老保险待遇★★★

基本养老保险待遇	(1) 基本养老金由统筹养老金和个人账户养老金组成 (2)《国务院关于建立统一的企业职工基本养老保险制度的决定》实施后参加工作、缴费年限（含视同缴费年限）累计满 15 年的人员，退休后按月发基本养老金 (3) 退休时的基础养老金月标准以当地上年度在岗职工月平均工资和本人指数化月平均缴费工资的平均值为基数，缴费每满 1 年发给 1% (4)《国务院关于建立统一的企业职工基本养老保险制度的决定》实施前参加工作，实施后退休且缴费年限累计满 15 年的人员，在发给基础养老金和个人账户养老金的基础上，再发给过渡性养老金 (5) 参加基本养老保险的个人，因病或者非因工死亡的，其遗属可以领取丧葬补助金和抚恤金；在未达到法定退休年龄时因病或者非因工致残完全丧失劳动能力的，可以领取病残津贴。所需资金从基本养老保险基金中支付

续表

享受基本养老保险待遇的条件	必须同时具备两个条件 (1) 达到法定退休年龄：男年满 60 周岁，女工人年满 50 周岁；女干部年满 55 周岁；从事井下、高空、高温、特别繁重体力劳动或其他有害身体健康工作达到一定年限的，退休年龄为男年满 55 周岁，女工人年满 45 周岁；因病或非因工致残，由医院证明并经劳动鉴定委员会确认完全丧失劳动能力的，退休年龄为男年满 50 周岁，女年满 45 周岁 (2) 累计缴纳基本养老保险费满 15 年
缴费不足 15 年的处理	(1) 达到法定退休年龄时累计缴费不足 15 年的，可以缴费至满 15 年，按月领取基本养老金；也可转入城乡居民基本养老保险，按国务院规定享受相应的养老保险待遇 (2)《社会保险法》实施前参保、延长缴费 5 年后仍不足 15 年的，可以一次性缴费至满 15 年 (3) 参加职工基本养老保险的个人达到法定退休年龄后，累计缴费不足 15 年（含延长缴费），且未转入城乡居民基本养老保险的，个人可以书面申请终止职工基本养老保险关系，并将个人账户储存额一次性支付给本人 (4) 参加职工基本养老保险的个人跨省流动就业，达到法定退休年龄时累计缴费不足 15 年的，按照有关待遇领取地的规定确定继续缴费地后，可按照规定延长缴费

考点 3　基本养老保险的发放和调整机制★

发放	(1) 委托银行发放。这是较为普遍的一种做法，银行代发养老金免收手续费 (2) 通过邮局寄发。对异地安置或居住在偏远农村的离退休人员多采用这样的做法 (3) 社会保险机构直接发放。包括两种情况：一种是对少数高龄孤老、行动不便以及有特殊困难的离退休人员上门直接发放；另一种是采取与银行联办储蓄所等形式发放 (4) 依托社区发放。社会保险经办机构委托社区现有组织机构、人员及服务设施发放养老金 (5) 设立派出机构发放
调整机制	国家建立基本养老金正常调整机制。根据职工平均工资增长、物价上涨情况，由国务院适时提高基本养老保险待遇水平 基本养老保险金调整： (1) 调整范围。一般为截至上年度末已离退休人员，本年新退休人员执行当年调整机制 (2) 调整幅度。一般为当地职工上年度平均工资增长率的 40%～60%，并向退休时间早、待遇水平低的群体倾斜

考点 4　基本养老保险关系转移接续★

关系转移	个人跨统筹地区就业的，其基本养老保险关系随本人转移，缴费年限累计计算 (1) 参保人员返回户籍所在地就业参保的，户籍所在地的相关社保经办机构应为其及时办理转移接续手续 (2) 参保人员未返回户籍所在地就业参保的，由新参保地的社保经办机构为其及时办理转移接续手续 (3) 参保人员经县级以上党委组织部门、人力资源社会保障行政部门批准调动，且与调入单位建立劳动关系并缴纳基本养老保险费的，不受以上年龄规定限制，应在调入地及时办理基本养老保险关系转移接续手续

经典题解

【例题·单选题】关于基本养老保险的说法，错误的是（ ）。（2015 年）

A. 参加基本养老保险的个人跨统筹地区就业，其基本养老保险关系随本人转移

B. 参加基本养老保险的个人达到法定退休年龄时，累计缴费满 15 年，可按月领取基本养老金

C. 国家建立基本养老金正常调整机制

D. 基本养老金由统筹养老金和企业年金组成

【解析】基本养老金由统筹养老金和个人账户养老金组成，选项 D 错误。

【答案】D

考点 5　近年来养老保险制度改革★

1. 城乡居民养老保险制度

覆盖范围	年满 16 周岁（不含在校学生），非国家机关和事业单位工作人员及不属于职工基本养老保险制度覆盖范围的城乡居民，可以在户籍地参加城乡居民养老保险
基金筹集	城乡居民养老保险基金由个人缴费、集体补助、政府补贴构成
待遇及领取条件	城乡居民养老保险待遇由基础养老金和个人账户养老金构成，支付终身。中央确定基础养老金最低标准，地方人民政府可以根据实际情况适当提高基础养老金标准 参加城乡居民养老保险的个人，年满 60 周岁、累计缴费满 15 年，且未领取国家规定的基本养老保障待遇的，可以按月领取城乡居民养老保险待遇。城乡居民养老保险待遇领取人员死亡的，从次月起停止支付其养老金

2. 机关事业单位工作人员养老保险

2015 年 1 月，国务院发布《关于机关事业单位工作人员养老保险制度改革的决定》，全面推进机关事业单位养老保险制度改革，实现机关事业单位和企业养老保险制度并轨。

覆盖范围	按照公务员法管理的单位、参照公务员法管理的机关（单位）、事业单位及其编制内的工作人员
基金筹资模式	实行社会统筹与个人账户相结合的基本养老保险制度。基本养老保险费由单位和个人共同负担 单位缴纳：本单位工资总额的 20% 个人缴纳：本人缴费工资的 8%，计入个人账户，个人工资超过当地上年度在岗职工平均工资 300% 的，按 300% 算；低于 60% 的，按 60% 算
养老金计发办法	《关于机关事业单位工作人员养老保险制度改革的决定》实施后参加工作、个人缴费年限累计满 15 年的人员，退休后按月发给基本养老金 基本养老金由基础养老金和个人账户养老金组成。退休时的基础养老金月标准以当地上年度在岗职工月平均工资和本人指数化月平均缴费工资的平均值为基数，缴费每满 1 年发给 1%。个人账户养老金月标准为个人账户储存额除以计发月数，计发月数根据本人退休时城镇人口平均预期寿命、本人退休年龄、利息等因素确定

3. 降低社会保险费率

（1）降低养老保险单位缴费比例。

自2019年5月1日起，降低城镇职工基本养老保险（包括企业和机关事业单位基本养老保险）单位缴费比例。各省养老保险单位缴费比例高于16%的，可降至16%；目前低于16%的，要研究并提出过渡办法。

（2）调整社会保险缴费基数政策。

调整就业人员平均工资计算口径。合理降低部分参保人员和企业的社会保险缴费基数。完善个体工商户和灵活就业人员缴费基数政策。个体工商户和灵活就业人员参加企业职工基本养老保险，可以在本省全口径城镇单位就业人员平均工资的60%~300%选择适当的缴费基数。

第二节　基本医疗保险

考点1　基本医疗保险制度及缴纳★★

概念	基本医疗保险是为了抗御疾病风险而建立的一种社会保险，被保险人患病就诊发生医疗费用后，由医疗保险机构对其给予一定的经济补偿
缴纳	（1）基本医疗保险费由用人单位和个人共同缴纳。目前实行的是统账结合的制度模式，分为统筹基金和个人账户两个部分 （2）无雇工的个体工商户、未在用人单位参加职工基本医疗保险的非全日制从业人员以及其他灵活就业人员可以参加职工基本医疗保险，由个人按照国家规定缴纳基本医疗保险费 （3）退休后不再缴纳基本医疗保险费，按照国家规定享受基本医疗保险待遇；未达到国家规定年限的，可以缴费至国家规定年限
缴纳比例	用人单位：为职工工资总额的6%左右（其中30%左右划入个人账户） 个人缴费：为本人工资收入的2%（全部计入个人账户） 单位缴费划入每个人账户具体比例要考虑年龄因素，一般年龄越大病也越多，划入个人账户的资金也要多一些

考点2　基本医疗保险基金的支付与关系转移★★

支付	符合基本医疗保险药品目录、诊疗项目、医疗服务设施标准以及急诊、抢救的医疗费用，按照国家规定从基本医疗保险基金中支付。医疗费用依法应当由第三人负担，第三人不支付或者无法确定第三人的，由基本医疗保险基金先行支付，并有权向第三人追偿。下列医疗费用不纳入基本医疗保险基金支付范围： （1）应当从工伤保险基金中支付的 （2）应当由第三人负担的 （3）应当由公共卫生负担的 （4）在境外就医的 统筹基金在一个年度内支付一个患者的医疗费用到一定数额以后就要封顶，也就是最高支付限额，一般控制在当地职工年平均工资的4倍左右
关系转移	个人跨统筹地区就业的，其基本医疗保险关系随本人转移，缴费年限累计计算

经典题解

【例题·单选题】下列费用中，属于基本医疗保险基金支付范围的是（　　）。（2019年）

A. 境外就医的费用

B. 应当由公共卫生负担的费用

C. 应当从工伤保险基金中支付的费用

D. 急诊、抢救的医疗费用

【解析】《社会保险法》规定，符合基本医疗保险药品目录、诊疗项目、医疗服务设施标准以及急诊、抢救的医疗费用，按照国家规定从基本医疗保险基金中支付。

【答案】D

【例题·单选题】下列医疗费用中，不纳入基本医疗保险基金支付范围的是（　　）。（2015年）

A. 急诊的医疗费用

B. 在境外就医的医疗费用

C. 门诊的医疗费用

D. 抢救的医疗费用

【解析】下列医疗费用不纳入基本医疗保险基金支付范围：

（1）应当从工伤保险基金中支付的；

（2）应当由第三人负担的；

（3）应当由公共卫生负担的；

（4）在境外就医的。

【答案】B

第三节　工伤保险

本节视频详解

使用“会计云课堂”App/微信扫码听课

考点1　工伤保险的概念、原则和覆盖范围★

概念	工伤保险又称职业伤害保险，是指职工在工作过程中因工作原因受到事故伤害或者患职业病，由社会保险经办机构对其本人或供养亲属给予物质帮助和经济补偿的一项社会保险制度
原则	（1）无过失责任原则 劳动者在各种伤害事故中只要不是受害者本人故意行为所致，就应该按照规定标准对其进行伤害赔偿 （2）损害补偿原则 除了考虑劳动者维持原来本人及其家庭基本生活，进行劳动力生产和再生产的最直接、最重要的费用来源的损失外，还要考虑伤害程度、伤害性质及职业康复等因素，进行适当经济补偿 （3）预防、补偿和康复相结合的原则 为保障工伤职工的合法权益，维护、增进和恢复劳动者的身体健康，工伤保险必须把单纯的经济补偿和医疗康复以及工伤预防有机结合起来
覆盖范围	我国境内的企业、事业单位、社会团体、民办非企业单位、基金会、律师事务所、会计师事务所等组织和有雇工的个体工商户应当参加工伤保险，为本单位全部职工或者雇工缴纳工伤保险费。公务员和参照公务员法管理的事业单位、社会团体的工作人员因工作遭受事故伤害或者患职业病的，由所在单位支付费用。具体办法由国务院社会保险行政部门会同国务院财政部门规定

考点2　用人单位的责任★

基本责任	用人单位应当将参加工伤保险的有关情况在本单位内公示。职工发生工伤时，用人单位应当采取措施使工伤职工得到及时救治
不同情况下的责任	（1）用人单位分立、合并、转让的，承继单位应当承担原用人单位的工伤保险责任 （2）原用人单位已经参加工伤保险的，承继单位应当办理变更登记 （3）用人单位实行承包经营的，工伤保险责任由职工劳动关系所在单位承担 （4）职工被借调期间受到工伤事故伤害的，由原用人单位承担工伤保险责任，但原用人单位与借调单位可以约定补偿办法 （5）企业在破产清算时依法拨付应当由单位支付的工伤保险待遇费用 （6）职工被派遣出境工作，依据前往国家或者地区的法律应当参加当地工伤保险的，参加当地工伤保险，其国内工伤保险关系中止；不能参加当地工伤保险的，其国内工伤保险关系不中止 （7）职工（包括非全日制从业人员）在两个或两个以上用人单位同时就业的，各用人单位应当分别为职工缴纳工伤保险费。职工发生工伤，由职工受到伤害时工作的单位依法承担工伤保险责任

经典题解

【例题·单选题】职工被借调期间受到工伤事故伤害，由（　　）承担工伤保险责任。(2011年)

A. 借调单位

B. 原用人单位

C. 借调单位和原用人单位共同

D. 职工

【解析】职工被借调期间受到工伤事故伤害的，由原用人单位承担工伤保险责任，但原用人单位与借调单位可以约定补偿办法。

【答案】B

考点3　工伤保险费的缴纳★

（1）《社会保险法》规定，职工应当参加工伤保险，由用人单位缴纳工伤保险费，职工不缴纳工伤保险费。用人单位应当按照本单位职工工资总额，根据社会保险经办机构确定的费率缴纳工伤保险费。

（2）《工伤保险条例》规定，工伤保险基金由用人单位缴纳的工伤保险费、工伤保险基金的利息和依法纳入工伤保险基金的其他资金构成。

（3）工伤保险费根据以支定收、收支平衡的原则确定费率。国家根据不同行业的工伤风险程度确定行业的差别费率，并根据工伤保险费使用、工伤发生率等情况在每个行业内确定若干费率档次。

（4）用人单位缴纳工伤保险费的数额为本单位职工工资总额乘以单位缴费费率之积。

经典题解

【例题·单选题】关于工伤保险缴费的说法，错误的是（　　）。(2013年)

A. 职工应当参加工伤保险，工伤保险费由用人单位缴纳，职工不缴纳

B. 工伤保险费应当按照本单位职工工资总额，根据社会保险经办机构确定的费率缴纳

C. 工伤保险费的数额为本单位职工工资

总额与单位缴费费率之积

D. 工伤保险费的缴纳实行固定费率

【解析】国家根据不同行业的工伤风险程度确定行业的差别费率，并在每个行业内定若干费率档次。

【答案】D

考点 4 工伤认定★★★

1. 工伤认定范围

工伤认定权由统筹地区社会保险行政部门行使。职工有下列情况之一的，应当认定为工伤：

（1）在工作时间和工作场所内，因工作原因受到事故伤害的。

（2）工作时间前后在工作场所内，从事与工作有关的预备性或者收尾性工作受到事故伤害的。

（3）在工作时间和工作场所内，因履行工作职责受到暴力等意外伤害的。

（4）患职业病的。

（5）因工外出期间，由于工作原因受到伤害或者发生事故下落不明的。

（6）在上下班途中，受到非本人主要责任的交通事故或者城市轨道交通、客运轮渡、火车事故伤害的。

（7）法律、行政法规规定应当认定为工伤的其他情形。

视同工伤：

（1）在工作时间和工作岗位，突发疾病死亡或者在 48 小时之内经抢救无效死亡的。

（2）在抢险救灾等维护国家利益、公共利益活动中受到伤害的。

（3）职工原在军队服役，因战、因公负伤致残，已取得残疾军人证，到用人单位后旧伤复发的。

2. 不认定工伤的范围

（1）故意犯罪的。

（2）醉酒或者吸毒的。

（3）自残或者自杀的。

3. 工伤认定申请

（1）所在单位应当自事故伤害发生之日或者被诊断、鉴定为职业病之日起30 日内，向统筹地区社会保险行政部门提出工伤认定申请。

（2）用人单位未按规定提出工伤认定申请的，工伤职工或者其近亲属、工会组织在事故伤害发生之日或者被诊断、鉴定为职业病之日起1 年内，可以直接向用人单位所在地统筹地区社会保险行政部门提出工伤认定申请。

（3）用人单位未在规定的30 日时限内提交工伤认定申请，在此期间发生符合《工伤保险条例》规定的工伤待遇等有关费用由该用人单位负担。

（4）职工或者其近亲属认为是工伤，用人单位不认为是工伤的，由用人单位承担举证责任。

（5）社会保险行政部门应当自受理工伤认定申请之日起60 日内作出工伤认定的决定，并书面通知申请工伤认定的职工或者其近亲属和该职工所在单位。

4. 工伤认定申请应当提交的材料

（1）工伤认定申请表。

（2）与用人单位存在劳动关系（包括事实劳动关系）的证明材料。

（3）医疗诊断证明或者职业病诊断证明书（或者职业病诊断鉴定书）。

经典题解

【例题·单选题】关于工伤认定的说法，错误的是（　　）。（2018年）

A. 职工符合工伤认定条件，但存在在醉酒情形的，不得认定为工伤

B. 职工符合工伤认定条件，但存在犯罪情形的，不得认定为工伤

C. 职工符合工伤认定条件，但存在吸毒情形的，不得认定为工伤

D. 职工符合工伤认定条件，但存在自杀情形的，不得认定为工伤

【解析】不得认定工伤或者视同工伤：故意犯罪的；醉酒或吸毒的；自残或自杀的。选项B表述不严谨，并未强调"故意"犯罪。

【答案】B

【例题·多选题】下列情形中，应当认定工伤的有（　　）。（2014年）

A. 劳动者患职业病

B. 劳动者在上班途中，受到非本人主要责任的交通事故伤害

C. 劳动者在下班途中，受到暴力伤害

D. 劳动者在工作时间和工作场所内，因工作原因受到事故伤害

E. 劳动者在工作时间和工作场所内，因醉酒发生事故受到伤害

【解析】在上下班途中，受到非本人主要责任的交通事故或者城市轨道交通、客运轮渡、火车事故伤害的认定为工伤，选项C错误。因醉酒或吸毒发生事故不认定为工伤，选项E错误。

【答案】ABD

考点5　劳动能力鉴定★

分类	按劳动功能障碍划分，分为10个伤残等级，最重的为一级，最轻的为十级
	按生活自理障碍划分，分为3个等级：生活完全不能自理、生活大部分不能自理和生活部分不能自理
申请人	劳动能力鉴定由用人单位、工伤职工或者其近亲属向设区的市级劳动能力鉴定委员会提出申请，并提供工伤认定和职工工伤医疗的有关资料
复查	自劳动能力鉴定结论作出之日起1年后，工伤职工或者其近亲属、所在单位或者经办机构认为伤残情况发生变化的，可以申请劳动能力复查鉴定

考点6　工伤保险待遇★★

1. 支付范围、停工留薪期、生活护理费

支付范围	以下项目符合规定的，可以从工伤保险基金中支付： （1）治疗工伤所需费用符合工伤保险诊疗项目目录、工伤保险药品目录、工伤保险住院服务标准的，从工伤保险基金支付 （2）职工住院治疗工伤的伙食补助费，以及经医疗机构出具证明，报经办机构同意，工伤职工到统筹地区以外就医所需的交通、食宿费用从工伤保险基金支付 （3）工伤职工到签订服务协议的医疗机构进行工伤康复的费用，符合规定的，从工伤保险基金支付

续表

停工留薪期	职工因工作遭受事故伤害或者患职业病需要暂停工作接受工伤医疗的，在停工留薪期内，原工资福利待遇不变，由所在单位按月支付。停工留薪期一般不超过 12 个月。伤情严重或者情况特殊，经设区的市级劳动能力鉴定委员会确认，可以适当延长，但延长不得超过 12 个月。工伤职工在停工留薪期满后仍需治疗的，继续享受工伤医疗待遇。生活不能自理的工伤职工在停工留薪期需要护理的，由所在单位负责
生活护理费	工伤职工已经评定伤残等级并经劳动能力鉴定委员会确认需要生活护理的，从工伤保险基金按月支付生活护理费。生活护理费按照生活完全不能自理、生活大部分不能自理或者生活部分不能自理 3 个不同等级支付，其标准分别为统筹地区上年度职工月平均工资的 50%、40%或者 30%

2. 伤残待遇

关于伤残待遇中涉及的本人工资是指工伤职工因工作遭受事故伤害或患职业病前 12 个月平均月缴费工资。本人工资高于统筹地区职工平均工资 300%的，按 300%计算；低于统筹地区职工平均工资 60%的，按 60%计算。

级别	一次性伤残补助金（本人工资）	按月支付伤残津贴（本人工资）	其他规定
一级	27 个月	90%	①保留劳动关系，退出工作岗位。②伤残津贴实际金额低于当地最低工资标准的，由工伤保险基金补足差额。③工伤职工达到退休年龄并办理退休手续后，停发伤残津贴，按国家有关规定享受基本养老保险待遇。④由用人单位和职工个人以伤残津贴为基数，缴纳基本医疗保险费
二级	25 个月	85%	
三级	23 个月	80%	
四级	21 个月	75%	
五级	18 个月	70%	①保留与用人单位的劳动关系，由用人单位安排适当工作。难以安排工作的，由用人单位按月发给伤残津贴。②伤残津贴实际金额低于当地最低工资标准的，由用人单位补足差额。③经工伤职工本人提出，该职工可以与用人单位解除或者终止劳动关系，由工伤保险基金支付一次性工伤医疗补助金，由用人单位支付一次性伤残就业补助金。④由用人单位按照规定为其缴纳应缴纳的各项社会保险费
六级	16 个月	60%	
七级	13 个月	——	劳动、聘用合同期满终止，或者职工本人提出解除劳动、聘用合同的，由工伤保险基金支付一次性工伤医疗补助金，由用人单位支付一次性伤残就业补助金（无伤残津贴）
八级	11 个月	——	
九级	9 个月	——	
十级	7 个月	——	

3. 其他待遇

遗属待遇	职工因工死亡，其近亲属按照下列规定从工伤保险基金领取丧葬补助金、供养亲属抚恤金和一次性工亡补助金 （1）丧葬补助金为 6 个月的统筹地区上年度职工月平均工资 （2）供养亲属抚恤金按照职工本人工资的一定比例发放给由因工死亡职工生前提供主要生活来源、无劳动能力的亲属。其标准为：配偶每月 40%，其他亲属每人每月 30%，孤寡老人或者孤儿每人每月在上述标准的基础上增加 10% （3）一次性工亡补助金标准为上一年度全国城镇居民人均可支配收入的 20 倍
因工外出发生事故或下落不明	职工因工外出期间发生事故或者在抢险救灾中下落不明的，从事故发生当月起 3 个月内照发工资，从第 4 个月起停发工资，由工伤保险基金向其供养亲属按月支付供养亲属抚恤金
被派遣出国、出境工作的工伤保险待遇	职工被派遣出国、出境工作，依据前往国家或地区的法律应当参加当地工伤保险的，参加当地工伤保险，其国内工伤保险关系中止；不能参加当地工伤保险的，其国内工伤保险关系不中止
停止工伤保险待遇的情形	（1）丧失享受待遇条件的 （2）拒不接受劳动能力鉴定的 （3）拒绝接受治疗的
与基本养老保险的衔接	工伤职工符合领取基本养老金条件的，停发伤残津贴，享受基本养老保险待遇。基本养老保险待遇低于伤残津贴的，从工伤保险基金中补足差额

经典题解

【例题·多选题】关于工伤保险待遇的说法，正确的有（　）。（2019 年）

A. 一次性工亡补助金按照本省城镇居民人均可支配收入来确定

B. 劳动者因工伤住院期间，伙食补助费由用人单位承担

C. 停工留薪期期满后，劳动者仍需治疗的，继续享受工伤医疗待遇

D. 停工留薪期期间，劳动者工资福利由所在单位按月支付

E. 劳动者因工伤被鉴定为一至五级伤残的，退出工作岗位

【解析】一次性工亡补助金标准为上一年度全国城镇居民人均可支配收入的 20 倍，选项 A 错误。职工住院治疗工伤的伙食补助费，经医疗机构出具证明，报经办机构同意，工伤职工到统筹地区以外就医所需的交通、食宿费用从工伤保险基金支付，基金支付的具体标准由统筹地区人民政府规定，选项 B 错误。职工因工致残被鉴定为一级至四级伤残的，保留劳动关系，退出工作岗位，选项 E 错误。

【答案】CD

【例题·单选题】关于工伤保险待遇的说法，正确的是（　）。（2015 年）

A. 工伤职工在停工留薪期内，原工资福利待遇不变，由工伤保险基金按月支付

B. 工伤职工拒不接受劳动能力鉴定，将停止享受工伤保险待遇

C. 工伤职工符合领取基本养老金条件时，可同时领取伤残津贴和基本养老金

D. 职工因工死亡，其近亲属可以从养老保险基金领取亲属抚恤金

【解析】职工因工作遭受事故伤害或者患职业病需要暂停工作接受工伤医疗的，在停工留薪期内，原工资福利待遇不变，由所在单位按月支付，选项 A 错误。工伤职工符

合领取基本养老金条件的，停发伤残津贴，享受基本养老保险待遇，选项C错误。职工因工死亡，其近亲属从工伤保险基金领取丧葬补助金、供养亲属抚恤金和一次性工亡补助金，选项D错误。

【答案】B

考点7　特殊情况★

先行支付	职工所在用人单位未依法缴纳工伤保险费，发生工伤事故的，由用人单位支付工伤保险待遇。用人单位不支付的，从工伤保险基金中先行支付。从工伤保险基金中先行支付的工伤保险待遇应当由用人单位偿还。用人单位不偿还的，社会保险经办机构可以依法追偿
	由于第三人的原因造成工伤，第三人不支付工伤医疗费用或者无法确定第三人的，由工伤保险基金先行支付，支付后有权向第三人追偿
不合法单位职工工伤保险待遇	无营业执照或者未经依法登记、备案的单位以及被依法吊销营业执照或者撤销登记、备案的单位的职工受到事故伤害或者患职业病的，由该单位向伤残职工或者死亡职工的近亲属给予一次性赔偿，赔偿标准不得低于《工伤保险条例》规定的工伤保险待遇；用人单位不得使用童工，用人单位因使用童工造成童工伤残、死亡的，由该单位向童工或者童工的近亲属给予一次性赔偿，赔偿标准不得低于《工伤保险条例》规定的工伤保险待遇
用人单位未参加工伤保险承担的责任	《工伤保险条例》规定，应当参加工伤保险而未参加工伤保险的用人单位职工发生工伤的，由该用人单位按照本条例规定的工伤保险待遇项目和标准支付费用
多次发生工伤的待遇领取	职工在同一用人单位连续工作期间多次发生工伤的，符合《工伤保险条例》的规定领取相关待遇时，按照其在同一用人单位发生工伤的最高伤残级别，计发一次性伤残就业补助金和一次性工伤医疗补助金

第四节　失业保险

本节视频详解
使用"会计云课堂"App/微信扫码听课

考点1　失业保险制度★★

概念	国家通过立法强制实行，由社会集中建立基金，对**非因本人意愿**中断就业而失去工资的劳动者提供一定时期的物质帮助和就业服务的制度
缴纳	城镇企事业单位职工按照个人工资的1%缴纳失业保险费；用人单位缴纳的失业保险费不超过本单位工资总额的2%
覆盖范围	从国有企业及其职工、企业化管理的事业单位及其职工扩大到了城镇所有企业、事业单位及其职工。对于城镇企业招用的农民合同制工人，如果连续工作满一年，且所在单位已缴纳失业保险费，劳动合同期满未续订合同或提前解除劳动合同的，由社保经办机构根据工作时间长短，给予一次性生活补助

续表

登记	用人单位应当及时为失业人员出具终止或者解除劳动关系的证明，并将失业人员的名单自终止或者解除劳动关系之日起15日内告知社会保险经办机构。失业保险金领取期限自办理失业登记之日起计算
关系转移	职工跨统筹地区就业的，其失业保险关系随本人转移，缴费年限累计计算

经典题解

【例题·多选题】社会保险法规定，职工跨统筹地区就业，其（　　）关系随本人转移，缴费年限累计计算。（2012年）

A. 工伤保险　　B. 商业保险

C. 基本医疗保险　　D. 失业保险

E. 生育保险

【解析】《社会保险法》规定，个人跨统筹地区就业的，其基本养老保险关系、基本医疗保险关系、失业保险关系随本人转移，缴费年限累计计算。

【答案】CD

【例题·单选题】用人单位应当及时为失业人员出具终止或者解除劳动关系的证明，并将失业人员的名单自终止或者解除劳动关系之日起（　　）日内告知社会保险经办机构。（2011年）

A. 3　　B. 7

C. 10　　D. 15

【解析】用人单位应当及时为失业人员出具终止或者解除劳动关系的证明，并将失业人员的名单自终止或者解除劳动关系之日起15日内告知社会保险经办机构。

【答案】D

考点2　失业保险待遇★★★

领取条件	（1）失业前用人单位和本人已经缴纳失业保险费满一年 （2）非因本人意愿中断就业 （3）已经进行失业登记，并有求职要求 注：失业登记是失业人员领取失业保险金的必经程序
	停止领取失业保险金，并同时停止享受其他失业保险待遇的情形： （1）重新就业的 （2）应征服兵役的 （3）移居境外的 （4）享受基本养老保险待遇的 （5）无正当理由拒不接受当地人民政府指定部门或者机构介绍的适当工作或者提供的培训的
待遇	失业人员失业前用人单位和本人累计缴费满1年不足5年的，最长领取12个月；累计缴费满5年不足10年的，最长领取18个月；累计缴费10年以上的，最长领取24个月。重新就业后，再次失业的，缴费时间重新计算，领取失业保险金的期限与前次失业应当领取而尚未领取的失业保险金的期限合并计算，最长不超过24个月
	失业保险金的标准，由省、自治区、直辖市人民政府确定，不得低于城市居民最低生活保障标准
	失业人员在领取失业保险金期间死亡的，参照当地对在职职工死亡的规定，向其遗属发给一次性丧葬补助金和抚恤金。所需资金从失业保险基金中支付。但个人死亡同时符合领取基本养老保险丧葬补助金、工伤保险丧葬补助金和失业保险丧葬补助金条件的，其遗属只能选择领取其中的一项

经典题解

【例题·多选题】关于失业保险金标准的说法，正确的有（　　）。(2012年)

A. 失业保险金标准由省、自治区、直辖市人民政府确定

B. 失业保险金标准不得低于最低工资标准

C. 失业保险金标准应相当于城市居民最低生活保障标准

D. 失业保险金标准应相当于社会平均工资水平

E. 失业保险金标准不得低于城市居民最低生活保障标准

【解析】失业保险金的标准，由省、自治区、直辖市人民政府确定，不得低于城市居民最低生活保障标准，选项AE正确。

【答案】AE

第五节　生育保险

本节视频详解
使用"会计云课堂"App/微信扫码听课

考点　生育保险制度和待遇★★

概念	国家通过社会保险立法，对女职工因生育子女而导致暂时丧失劳动能力和正常收入时，由国家或社会提供物质等方面帮助的一项社会保险制度
制度	职工应当参加生育保险，由用人单位按照不超过职工工资总额1%的标准缴纳生育保险费，职工不缴纳生育保险费 2019年3月，国务院办公厅下发《关于全面推进生育保险和职工基本医疗保险合并实施的意见》，提出两项保险要统一参保登记，统一基金征缴和管理，统一经办和信息服务，确保职工生育期间的生育保险待遇不变，确保制度可持续，并明确要求各地在2019年年底前实现两项保险合并实施
待遇	(1) 生育保险待遇包括生育医疗费用和生育津贴。职工未就业的配偶生育子女，可以按照国家规定享受生育医疗费用待遇，所需资金从生育保险基金中支付。但是，未就业职工配偶不享受生育津贴待遇 (2) 生育医疗费用：生育的医疗费用、计划生育的医疗费用、法律、法规规定的其他项目费用 (3) 生育津贴：在职妇女因生育而离开工作岗位中断收入时，给予定期的现金补助。发放条件：①女职工生育享受产假；②享受计划生育手术休假；③法律、法规规定的其他情形。生育津贴的标准是按照职工所在用人单位上年度职工月平均工资计算的 (4) 对已经参加生育保险的，按照用人单位上年度职工月平均工资的标准由生育保险基金支付；对未参加生育保险的，按照女职工产假前工资的标准由用人单位支付

经典题解

【例题·单选题】女职工生育津贴的计算标准是（　　）。(2015年)

A. 按照职工本人上年度月平均工资计算

B. 按照用人单位所在地最低工资标准计算

C. 按照劳动合同约定的职工月工资计算

D. 按照职工所在用人单位上年度职工月平均工资计算

【解析】生育津贴的标准：按照职工所在用人单位上年度职工月平均工资计算。

【答案】D

【例题·单选题】关于生育保险的说法，错误的是（　　）。(2014年)

A. 生育保险待遇包括生育医疗费用和生育津贴

B. 已经参加生育保险的职工，其未就业的配偶可以享受生育津贴待遇

C. 生育保险费由用人单位缴纳

D. 生育津贴按照职工所在用人单位上年度职工月平均工资计算

【解析】职工未就业的配偶生育子女，可以按照国家规定享受生育医疗费用待遇，所需资金从生育保险基金中支付。但是，未就业职工配偶不享受生育津贴待遇，选项B的说法错误。

【答案】B

第六节　补充保险

本节视频详解

使用“会计云课堂”App/微信扫码听课

补充保险是指用人单位在已经参加了社会保险的基础上所建立的与基本社会保险相衔接的、提高参加社会保险的劳动者待遇水平的一项福利制度。

考点1　企业年金★

概念	企业年金是指企业及其职工在依法参加基本养老保险的基础上，在国家规定的税收优惠等政策和条件下，自愿建立的补充养老保险制度
原则	企业缴费在工资总额4%以内的部分，可从成本中列支
缴纳	费用由企业和职工个人共同缴纳
建立范围	(1) 依法参加基本养老保险并履行缴费义务 (2) 具有相应的经济负担能力
建立程序	企业应当与职工一方通过集体协商确定，并制定企业年金方案。企业年金方案应当提交职工代表大会或者全体职工讨论通过。企业应当将企业年金方案报送所在地县级以上人民政府人力资源社会保障行政部门。人力资源社会保障行政部门自收到企业年金方案文本之日起15日内未提出异议的，企业年金方案即行生效
发放	(1) 职工在达到国家规定的退休年龄或者完全丧失劳动能力时，可以从本人企业年金个人账户中按月、分次或一次性领取企业年金，也可以将本人企业年金个人账户资金全部或者部分购买商业养老保险产品，依据保险合同领取待遇并享受相应的继承权 (2) 出国（境）定居人员的企业年金个人账户资金，可根据本人要求一次性支付给本人 (3) 职工或退休人员死亡后，其企业年金个人账户余额可以继承
争议处理	因履行企业年金合同发生争议的，当事人可以依法提请仲裁或者诉讼；因订立或者履行企业年金方案发生争议的，按国家有关集体合同争议处理规定执行

考点2　职业年金★

概念	职业年金是指机关事业单位及其工作人员在参加机关事业单位基本养老保险的基础上，建立的补充养老保险制度

续表

缴费	组成：①单位缴费；②个人缴费；③职业年金基金投资运营收益；④国家规定的其他收入 单位：本单位工资总额的 8% 个人：本人缴费工资的 4%
领取	符合下列条件之一的，可以领取职业年金：①工作人员在达到国家规定的退休条件并依法办理退休手续后，由本人选择按月领取职业年金。②出国（境）定居人员的职业年金个人账户资金，可根据本人要求一次性支付给本人。③工作人员在职期间死亡的，其职业年金个人账户余额可以继承

考点 3 企业年金和职业年金相关个人所得税处理★

相关规定	企业和机关事业单位按规定为本单位全体职工缴付的企业年金或职业年金单位缴费部分，在计入个人账户时，个人暂不缴纳个人所得税 个人缴费部分在不超过本人缴费工资计税基数的4%标准内的部分，暂从个人当期的应纳税所得额中扣除 超过规定标准缴付的单位缴费和个人缴费部分，应并入个人当期的工资、薪金所得，依法计征个人所得税
基数	企业年金个人缴费工资计税基数为本人上一年度月平均工资 职业年金个人缴费工资计税基数为职工岗位工资和薪级工资之和
特别规定	个人达到国家规定的退休年龄 在 2014 年 1 月 1 日后按月领取的年金，全额按照“工资、薪金所得”项目适用的税率，计征个人所得税 在 2014 年 1 月 1 日后按年或按季领取的年金，平均分摊计入各月，每月领取额全额按照“工资、薪金所得”项目适用的税率，计征个人所得税

考点 4 补充医疗保险★

种类	（1）职工大额医疗费用补助 （2）企业补充医疗保险 （3）社会医疗救助 （4）商业医疗保险
职工大额医疗费用补助	是解决封顶线以上大额医疗费用的医疗补助方法。这种办法一般由当地政府随同基本医疗保险在参保职工中强制执行。是一种社会性的补充保险
企业补充医疗保险	企业补充医疗保险是企业在参加基本医疗保险的基础上，国家给予政策鼓励，由企业自主举办或参加的一种补充性医疗保险形式 企业为职工缴纳的补充医疗保险费，按国家规定的列支渠道列支，企业补充医疗保险费在工资总额 4%以内的部分列入成本，超出 4%的部分由企业税后利润负担

续表

商业 医疗保险	（1）基础医疗保险，如儿童住院医疗保险等 （2）大病保险，一般是针对肿瘤、心血管疾病，按单病种设立的保险 （3）伤残保险，主要是针对工伤、意外伤害设置的一种保险 （4）与基本医疗保险衔接的大病保险，职工患病发生的医疗费用超过封顶线以上部分，可以从保险公司获得一定比例的赔付

第十七章　劳动争议调解仲裁

第一节　劳动争议

本节视频详解
使用“会计云课堂”App/微信扫码听课

考点1　劳动争议及其处理制度和基本特征★★

概念	（1）劳动争议又称为劳动纠纷，指劳动关系当事人之间因劳动权利和义务产生分歧而引起的争议 （2）劳动争议处理制度是解决劳动争议的重要机制，是劳动争议当事人尤其是劳动者维护自身合法权益的重要法律救济途径
属于的范围	我国境内企业、个体经济组织、民办非企业单位等组织及国家机关、事业组织、社会团体和与之建立劳动关系的劳动者，事业单位与本单位实行聘用制的工作人员，因劳动权利义务产生分歧而引起的争议，属于劳动争议
不属于的范围	用人单位之间、劳动者之间、用人单位与没有与之建立劳动关系的劳动者、国家机关与公务员之间产生的争议，都不属于劳动争议
基本特征	（1）当事人是特定的。一方为**用人单位**，另一方必须是**劳动者**。用人单位是职工所在的用人单位，劳动者是用人单位通过签订**劳动合同**形成劳动关系的职工 （2）劳动争议主体之间必须存在劳动关系。劳动者与用人单位有隶属性劳动关系，而劳动争议是在这种劳动关系存续期间发生的 （3）劳动争议的内容必须与劳动权利义务有关。引起劳动争议的内容主要是劳动就业、劳动合同、劳动报酬、工作时间和休息时间、劳动安全与卫生、社会保险与福利、培训、奖惩等

经典题解

【例题·单选题】下列争议中，属于劳动争议的是（　　）。（2015年）

A. 国家机关与公务员之间因工资支付产生的争议

B. 企业与其职工因公房出租产生的争议

C. 事业单位与其工作人员因工伤认定产生的争议

D. 个体经济组织与其雇工因工作时间产生的争议

【解析】用人单位之间、劳动者之间、用人单位与没有与之建立劳动关系的劳动者、国家机关与公务员之间产生的争议，都不属于劳动争议，选项 A 错误。劳动争议的内容必须与劳动权利义务有关，引起劳动争议的内容主要是劳动就业、劳动合同、劳动报酬、工作时间和休息时间、劳动安全与卫生、社会保险与福利、培训、奖惩等方面，选项 B 错误。工伤认定的单位是社会保险行政部门，事业单位与其工作人员工伤认定产生的争议，不属于劳动争议，选项 C 错误。

【答案】D

考点 2 劳动争议处理机制★

劳动争议处理的一般程序：协商—调解—仲裁—诉讼。

（1）协商：劳动者可以与用人单位协商，也可以请工会或者第三方共同与用人单位协商，达成和解协议。

（2）调解：不愿协商或者协商不成的，可以向本企业劳动争议调解委员会或其他调解组织申请调解。

（3）仲裁：不愿调解、调解不成或者达成调解协议后不履行的，可以向劳动人事争议仲裁委员会申请仲裁。当事人也可以直接向劳动人事争议仲裁委员会申请仲裁。

（4）诉讼：对仲裁**裁决不服**的，符合法定条件的（除法律规定仲裁裁决为终局裁决的外），可以向**人民法院**提起诉讼。发生争议的劳动者一方在 10 人以上，并有共同请求的，劳动者可以推举代表参加调解、仲裁活动。

（5）用人单位违反国家规定，拖欠或者未足额支付劳动报酬，或者拖欠工伤医疗费、经济补偿或者赔偿金的，劳动者可以向劳动行政部门投诉，劳动行政部门应当依法处理。

经典题解

【例题·单选题】关于劳动争议处理程序的说法，错误的是（ ）。（2013 年）

A. 劳动者与用人单位发生劳动争议，当事人可以直接向人民法院提起诉讼

B. 劳动者与用人单位发生劳动争议，双方可以协商解决

C. 劳动者与用人单位发生劳动争议，劳动者可以向组织申请调解

D. 劳动者与用人单位发生劳动争议，当事人可以直接向劳动人事争议仲裁委员会申请仲裁

【解析】仲裁是必经程序，对仲裁裁决不服的，符合法定条件，可以向人民法院起诉。

【答案】A

第二节 劳动争议处理的原则和范围

本节视频详解

使用“会计云课堂”App/微信扫码听课

考点 1 劳动争议处理的基本原则★

合法的原则	要求在处理劳动争议时，调解组织、劳动人事争议仲裁委员会及人民法院都必须查明事实真相，准确适用法律、公正合法处理劳动争议
公正的原则	要求调解组织、劳动人事争议仲裁委员会、人民法院在处理劳动争议案件时，必须客观、公平、合理地处理劳动争议，不能偏袒任何一方，更不能徇私舞弊

续表

及时的原则	及时的原则是指在劳动争议案件处理中，当事人要及时申请调解或仲裁，超过法定期限将不予受理。调解组织、劳动人事争议仲裁委员会在处理劳动争议案件时，要在规定的时间内完成，人民法院也要及时审判，否则应承担相应的法律责任
着重调解的原则	实行着重调解的原则，程序简化，有利于争议双方相互理解，也有利于及时、彻底地处理劳动争议。仲裁庭作出裁决前应当先行调解，而且单列一章专门规定调解程序，突出了调解的作用，意在引导当事人双方更多地通过协商和调解解决劳动争议

考点2 《中华人民共和国劳动争议调解仲裁法》的适用范围★★

一般范围	中华人民共和国境内的用工单位与劳动者发生的以下劳动争议，适用本法： （1）因确认劳动关系发生的争议 （2）因订立、履行、变更、解除和终止劳动合同发生的争议 （3）因除名、辞退和辞职、离职发生的争议 （4）因工作时间、休息休假、社会保险、福利、培训以及劳动保护发生的争议 （5）因劳动报酬、工伤医疗费、经济补偿或者赔偿金等发生的争议 （6）法律、法规规定的其他劳动争议
其他范围	中华人民共和国境内的用工单位与劳动者发生的以下劳动争议，适用本法： （1）劳动者与用人单位解除或者终止劳动关系后，请求用人单位返还其收取的劳动合同定金、保证金、抵押金、抵押物产生的争议，或者办理劳动者的人事档案、社会保险关系等移转手续产生的争议，经劳动人事争议仲裁委员会仲裁后，当事人依法起诉的，人民法院应予受理 （2）劳动者因为工伤、职业病，请求用人单位依法承担给予工伤保险待遇的争议，经劳动人事争议仲裁委员会仲裁后，当事人依法起诉的，人民法院应予受理

考点3 不属于劳动争议的情形★★

（1）劳动者请求社会保险经办机构发放社会保险金的纠纷。

（2）劳动者与用人单位因住房制度改革产生的公有住房转让纠纷。

（3）劳动者对劳动能力鉴定委员会的伤残等级鉴定结论或者对职业病诊断鉴定委员会的职业病诊断鉴定结论的异议纠纷。

（4）家庭或者个人与家政服务人员之间的纠纷。

（5）个体工匠与帮工、学徒之间的纠纷。

（6）农村承包经营户与受雇人之间的纠纷。

经典题解

【例题·多选题】下列争议中，不属于劳动争议的有（　　）。（2013年）

A. 劳动者与用人单位解除劳动合同后，请求社会保险经办机构办理社会保险关系移转手续发生的争议

B. 劳动者与用人单位因租用宿舍发生的争议

C. 未达到法定的退休年龄的内退人员与新的用人单位发生的劳动报酬争议

D. 家庭与家政服务人员发生的劳动报酬争议

E. 个体工商户与雇工发生的劳动报酬争议

【解析】根据规定，劳动者请求社会保险经办机构发放社会保险金的纠纷；劳动者与用人单位因住房制度改革产生的共有住房转让纠纷；家庭或者个人与家政服务人员之间的纠纷均不属于劳动争议。

【答案】ABD

第三节　劳动争议处理的基本程序

考点1　劳动争议处理机构★

调解组织	（1）企业劳动争议调解委员会由职工代表和企业代表组成。职工代表由工会成员担任或者由全体职工推举产生，企业代表由企业负责人指定。由于调解程序并不是处理劳动争议的必经程序，用人单位可以根据实际需要自主决定是否设立劳动争议调解委员会 （2）其他调解组织。劳动争议发生后，当事人还可以到依法设立的基层人民调解组织和在乡镇、街道设立的具有劳动争议调解职能的组织申请调解
劳动人事争议仲裁委员会	（1）它是国家授权依法设立的，代表国家行使仲裁权并由国家强制力保证其生效裁决实施的，由劳动行政部门代表、工会代表和企业方面代表组成处理劳动争议的仲裁机构 （2）劳动人事争议仲裁委员会不按行政区划层层设立 （3）仲裁委员会之间并不具有行政隶属关系
人民法院	劳动争议案件由各级人民法院的民事审判庭按照《中华人民共和国民事诉讼法》规定的普通诉讼程序进行审理

考点2　劳动争议调解★★

概念	它是指劳动争议调解组织对企业一方与劳动者一方发生的劳动争议，以国家的劳动法律法规为依据，以民主协商的方式，使双方当事人达成协议，消除劳动纠纷
原则	（1）自愿原则 经调解达成协议的，制作调解协议书，双方当事人应当自觉履行；调解不成的，当事人在规定的期限内，可以向劳动人事争议仲裁委员会申请仲裁 （2）民主说服原则 在调解劳动纠纷时，主要运用国家的法律，运用民主讨论、说服教育的方法，在双方认识一致的前提下，动员其自愿协商后达成协议
调解员	劳动争议调解组织的调解员应当由公道正派、联系群众、热心调解工作，并具有一定法律知识、政策水平和文化水平的成年公民担任
劳动争议的协商	（1）劳动争议发生后，一方当事人可以通过与另一方当事人约见、面谈等方式协商解决，另一方当事人应当积极作出口头或书面回应。5日内不作出回应的，视为不愿协商。协商的期限由当事人书面约定，在约定的期限内没有达成一致的，视为协商不成。当事人可以书面约定延长期限。协商达成一致，应当签订书面和解协议 （2）劳动者可以要求所在企业工会参与或者协助其与企业进行协商

续表

劳动争议的调解	(1) 企业应当依法设立劳动争议调解委员会，由劳动者代表和企业代表组成，人数由双方协商确定，双方人数应当对等 (2) 发生劳动争议，当事人可以口头或书面形式向企业劳动争议调解委员会提出调解申请 (3) 经调解达成调解协议的，由企业劳动争议调解委员会制作调解协议书 (4) 企业劳动争议调解委员会调解劳动争议，应当自受理调解申请之日起 15 日内结束。但是双方当事人同意延期的可以延长。在规定期限内未达成调解协议的，视为调解不成。当事人不愿调解、调解不成或者达成调解协议后，一方当事人在约定的期限内不履行调解协议的，调解委员会应当做好记录，由双方当事人签名或者盖章，并书面告知当事人可以向劳动人事争议仲裁委员会申请仲裁
调解协议的法律效力	(1) 生效的调解协议对双方当事人具有约束力，当事人应当履行 (2) 当事人达成的具有劳动权利义务内容的调解协议，具有劳动合同的约束力，可以作为人民法院裁判的根据。当事人仅就劳动报酬争议达成的调解协议，用人单位不履行调解协议确定的给付义务，劳动者直接向人民法院起诉的，人民法院可按普通民事纠纷受理 (3) 因支付拖欠劳动报酬、工伤医疗费、经济补偿或者赔偿金事项达成调解协议，用人单位在协议约定期限内不履行的，劳动者可以持调解协议书依法向人民法院申请支付令。人民法院应当依法发出支付令

经典题解

【例题·多选题】 李某与用人单位发生劳动争议，在调解委员会主持下达成了调解协议。如用人单位不履行该调解协议，李某可就（　　）事项向人民法院申请支付令。(2012 年)

A. 支付经济赔偿金

B. 支付拖欠劳动报酬

C. 承租单位宿舍

D. 支付工伤医疗费

E. 补偿书面劳动合同

【解析】 因支付拖欠劳动报酬、工伤医疗费、经济补偿或者赔偿金事项达成调解协议，用人单位在协议约定期限内不履行的，劳动者可以持调解协议书依法向人民法院申请支付令，人民法院应当依法发出支付令。

【答案】 ABD

考点 3　劳动争议仲裁★★★

劳动争议仲裁是指劳动人事争议仲裁委员会对用人单位与劳动者之间发生的争议依法作出裁决的活动。根据劳动法律法规的规定，仲裁程序是处理劳动争议法定的必经程序。劳动争议当事人只有在仲裁委员会裁决后，对裁决不服时，在符合法定条件的前提下，才能向人民法院起诉，否则法院不予受理。

（一）劳动人事争议仲裁委员会

由劳动行政部门代表、工会代表和企业方面代表组成，组成人数应当是单数。

职责：①聘任、解聘专职或者兼职仲裁员；②受理劳动争议案件；③讨论重大或者疑难的劳动争议案件；④对仲裁活动进行监督。

（二）仲裁员

仲裁员应当公道正派并符合下列条件之一：

（1）曾任审判员的；

（2）从事法律研究、教学工作并具有中级以上职称的；

（3）具有法律知识、从事人力资源管理或者工会等专业工作满 5 年的；

（4）律师执业满 3 年的。

（三）劳动争议仲裁程序

1. 确定申请仲裁的时效期间

劳动争议申请仲裁的时效期间为 1 年，仲裁时效期间从当事人知道或应当知道其权利被侵害之日起计算，超过申请时效将不受理仲裁申请。仲裁申请时效期间三项规定：

（1）有下列情形之一的，仲裁时效中断，从中断时起，仲裁时效期间重新计算：①一方当事人通过协商、申请调解等方式向对方当事人主张权利的；②一方当事人通过向有关部门投诉，向劳动人事争议仲裁委员会申请仲裁，向人民法院起诉或者申请支付令等方式请求权利救济的；③对方当事人同意履行义务的。

（2）仲裁时效中止。因不可抗力，或者因无民事行为能力或者限制民事行为能力劳动者的法定代理人未确定等其他正当理由，当事人不能在法定 1 年的仲裁时效期间申请仲裁的，仲裁时效中止。从中止时效的原因消除之日起，仲裁时效期间继续计算。

（3）劳动报酬争议的仲裁时效。劳动关系存续期间因拖欠劳动报酬发生争议的，劳动者申请仲裁不受 1 年仲裁时效期间的限制，但劳动关系终止的应当自劳动关系终止之日起 1 年内提出。

视为劳动争议发生之日的情形：

（1）在劳动关系存续期间产生的支付工资争议，用人单位能够证明已经书面通知劳动者拒付工资的，书面通知送达之日为劳动争议发生之日。用人单位不能证明的，劳动者主张权利之日为劳动争议发生之日。

（2）因解除或者终止劳动关系产生的争议，用人单位不能证明劳动者收到解除或者终止劳动关系书面通知时间的，劳动者主张权利之日为劳动争议发生之日。

（3）劳动关系解除或者终止后产生的支付工资、经济补偿金、福利待遇等争议，劳动者能够证明用人单位承诺支付的时间为解除或者终止劳动关系后的具体日期的，用人单位承诺支付之日为劳动争议发生之日。劳动者不能证明的，解除或者终止劳动关系之日为劳动争议发生之日。

2. 书面仲裁申请

申请仲裁应当提交书面仲裁申请。书写仲裁申请确有困难的，可以口头申请，申请人的书面仲裁申请材料齐备的，劳动人事争议仲裁委员会应当出具收件回执。对于仲裁申请书不规范或者材料不齐备的，劳动人事争议仲裁委员会应当当场或者在 5 日内一并告知申请人需要补正的全部材料。申请人按要求补正全部材料的，劳动人事争议仲裁委员会应当出具收件回执。

3. 受理

劳动人事争议仲裁委员会收到仲裁申请之日起 5 日内，认为符合受理条件的，应当受理，并向申请人出具受理通知书；认为不符合受理条件的，应当书面通知申请人不予受理，并说明理由。对不符合规定的仲裁申请，不予受理，并在收到仲裁申请之日起 5 日内向申请人出具不予受理通知书，说明理由。对劳动人事争议仲裁委员会不予受理或者逾期未做出决定的，申请人可以就该劳动争议事项向人民法院提起诉讼。

受理仲裁申请后，应当在5日内将仲裁申请书副本送达被申请人。被申请人收到仲裁申请书副本后，应当在10日内向劳动人事争议仲裁委员会提交答辩书。

4. 反申请

被申请人可以在答辩期间提出反申请，劳动人事争议仲裁委员会应当自收到被申请人反申请之日起5日内决定是否受理并通知被申请人。

5. 开庭和裁决

（1）开庭。

仲裁庭应当在开庭5日前，将开庭日期、地点书面通知双方当事人。当事人有正当理由的，可以在开庭3日前请求延期开庭。是否延期，由劳动人事争议仲裁委员会决定。被申请人收到书面通知，无正当理由拒不到庭或者未经仲裁庭同意中途退庭的，可以缺席裁决。当事人申请劳动争议仲裁后，可以自行和解。达成和解协议的，可以撤回仲裁申请。

（2）裁决。

仲裁庭裁决劳动争议案件，应当自受理仲裁申请之日起**45日内**结束。案情复杂需要延期的，延期**不得超过15日。**

仲裁庭对追索劳动报酬、工伤医疗费、经济补偿或者赔偿金的案件，可以裁决先予执行，移送人民法院执行。

（3）回避。

仲裁员有下列情形之一的，应当回避，当事人也有权以口头或者书面方式提出回避申请：是本案当事人或者当事人、代理人的近亲属的；与本案有利害关系的；与本案当事人、代理人有其他关系，可能影响公正裁决的；私自会见当事人、代理人，或者接受当事人、代理人的请客送礼的。

当事人提出回避申请，应当说明理由，在案件开始审理时提出；回避事由在案件开始审理后知道的，也可以在庭审辩论终结前提出；当事人在庭审辩论终结后提出的，不影响仲裁程序的进行，当事人因此对仲裁裁决不服的，可以依法向人民法院起诉或者申请撤销。被申请回避的人员在仲裁委员会作出是否回避的决定前，应当暂停参与本案的处理，但因案件需要采取紧急措施的除外。仲裁员是否回避，由仲裁委员会主任或其授权的办事机构负责人决定。仲裁委员会主任担任案件仲裁员是否回避，由仲裁委员会决定。劳动人事争议仲裁委员会对回避申请应当及时作出决定，并以口头或者书面方式通知当事人。

6. 终局裁决

下列劳动争议，仲裁裁决一般为终局裁决，裁决书自作出之日起发生法律效力：

（1）追索劳动报酬、工伤医疗费、经济补偿或者赔偿金，不超过当地月最低工资标准12个月金额的争议。

（2）因执行国家的劳动标准在工作时间、休息休假、社会保险等方面发生的争议。

在两种特殊情况下，以上仲裁裁决不是终局裁决：

（1）劳动者对以上仲裁裁决不服的，可以自收到仲裁裁决书之日起15日内向人民法院提起诉讼。

（2）用人单位有证据证明以上仲裁裁决有下列情形之一的，用人单位可以自收到仲裁裁决之日起30日内向劳动人事争议仲裁委员会所在地的中级人民法院申请撤销裁决：①适用法律、法规确有错误的；②劳动人事争议仲裁委员会无管辖权的；③违反法定程序的；④裁决所根据的证据是伪造的；⑤对方当事人隐瞒了足以影响公正裁决的证据的；⑥仲裁员在仲裁该案时有索贿受贿、徇私舞弊、枉法裁决行为的。

7. 仲裁裁决的效力

劳动争议当事人对终局裁决以外的仲裁裁决不服的，可以自收到仲裁裁决书之日起 15 日内向人民法院提起诉讼；期满不起诉的，仲裁裁决书发生法律效力。一方当事人逾期不履行的，另一方当事人可以向人民法院申请执行。

8. 仲裁公开

劳动争议仲裁公开进行，但当事人协议不公开进行或者涉及国家秘密、商业秘密和个人隐私的除外。

9. 仲裁费用

劳动争议仲裁不收费。劳动人事争议仲裁委员会的经费由财政予以保障。

（四）仲裁管辖

（1）实行地域管辖。劳动人事争议仲裁委员会负责管辖本区域内发生的劳动争议。

（2）申请人选择。申请人可以选择向劳动合同履行地或者用人单位所在地的劳动人事争议仲裁委员会中的任何一个劳动人事争议仲裁委员会提起仲裁申请。

（3）劳动合同履行地管辖。双方当事人分别向劳动合同履行地和用人单位所在地的劳动人事争议仲裁委员会申请仲裁的，由劳动合同履行地的劳动人事争议仲裁委员会管辖。

（4）移送管辖。劳动人事争议仲裁委员会发现已受理案件不属于其管辖范围的，应当移送至有管辖权的仲裁委员会，并书面通知当事人。多个劳动人事争议仲裁委员会都有管辖权的，由先受理的劳动人事争议仲裁委员会管辖。

（5）管辖异议。当事人提出管辖异议的，应当在答辩期满前书面提出。当事人逾期提出的，不影响仲裁程序的进行，当事人因此对仲裁裁决不服的，可以依法向人民法院起诉或者申请撤销。出现围绕同一争议双方当事人互为申请人和被申请人的两个争议案件时，由劳动合同履行地的劳动人事争议仲裁委员会管辖。

（五）鉴定

仲裁庭对专门性问题认为需要鉴定的，可以交由当事人约定的鉴定机构鉴定。

（六）仲裁文书送达

劳动人事争议仲裁委员会送达仲裁文书必须有送达回证，由受送达人在送达回证上记明收到日期，签名或盖章。受送达人在送达回证上的签收日期为送达日期。

（七）仲裁案卷

案件处理终结后，劳动人事争议仲裁委员会应当将处理过程中形成的全部材料立卷归档。仲裁调解和其他方式结案的案卷，保存期不少于 5 年，仲裁裁决结案的案卷，保存期不少于 10 年，国家另有规定的从其规定。

经典题解

【例题·单选题】 当事人对劳动争议仲裁管辖的异议，应当在（ ）前提出。（2020 年）

A. 案件开庭审理

B. 裁决作出

C. 辩论终结

D. 答辩期满

【解析】 当事人提出管辖异议的，应当在答辩期满前书面提出。

【答案】 D

【例题·单选题】 关于劳动争议调解的说法错误的是（　　）。（2019年）

A. 劳动争议调解是必经程序

B. 劳动争议调解委员会遵循双方当事人自愿原则进行调解

C. 在调解劳动纠纷时，主要运用国家的法律，运用民主讨论、说服教育的方法，在双方认识一致的前提下，动员其自愿协商后达成协议

D. 发生劳动争议，当事人可以口头形式向调解委员会提出调解申请

【解析】 根据劳动法律法规的规定，仲裁程序是处理劳动争议法定的必经程序。调解程序不是处理劳动争议的必经程序。

【答案】 A

【例题·多选题】 下列情形中，劳动争议仲裁员应当回避的情形有（　　）。（2019年）

A. 仲裁员是本案代理人的近亲属的

B. 仲裁员与本案当事人有其他关系，可能影响公正裁决的

C. 仲裁员私自会见当事人的

D. 仲裁员与本案有利害关系的

E. 仲裁员属于非本地户籍的

【解析】 仲裁员有下列情形之一的，应当回避，当事人也有权以口头或者书面方式提出回避申请：是本案当事人或者当事人、代理人的近亲属的；与本案有利害关系的；与本案当事人、代理人有其他关系，可能影响公正裁决的；私自会见当事人、代理人，或者接受当事人、代理人的请客送礼的。

【答案】 ABCD

【例题·单选题】 关于劳动争议仲裁时效的说法，错误的是（　　）。（2018年）

A. 发生不可抗力导致无法申请仲裁的，仲裁时效中止

B. 因解除劳动关系产生的争议，用人单位不能证明劳动者收到解除通知书时间的，劳动者主张权利之日即为劳动争议发生之日

C. 对方当事人同意履行义务的，仲裁时效重新起算

D. 因拖欠劳动报酬发生的争议不受仲裁时效限制

【解析】 劳动关系存续期间因拖欠劳动报酬发生争议的，劳动者申请仲裁不受1年仲裁时效期间的限制；但是，劳动关系终止的，应当自劳动关系终止之日起1年内提出。

【答案】 D

【例题·多选题】 关于劳动争议仲裁时效的说法，正确的有（　　）。（2017年）

A. 因不可抗力当事人不能在法定时效期间申请仲裁的，仲裁时效中止

B. 劳动争议对方当事人在时效期间内同意履行义务的，仲裁时效中断

C. 通常情况下申请劳动争议仲裁的时效期间为一年

D. 劳动关系存续期间，因拖欠劳动报酬发生争议的，应当在劳动关系终止前提出仲裁申请

E. 仲裁时效期间从当事人申请仲裁之日起计算

【解析】 劳动关系存续期间因拖欠劳动报酬发生争议的，劳动者申请仲裁不受1年仲裁时效期间的限制；但是，劳动关系终止的，应当自劳动关系终止之日起1年内提出，选项D错误。申请仲裁时效期间从当事人知道或者应当知道其权利被侵害之日起计算，选项E错误。

【答案】 ABC

【例题·单选题】 劳动争议仲裁时效期间从（　　）起计算。（2014年）

A. 劳动关系终止之日

B. 劳动者主张权利之日

C. 当事人知道或应当知道其权利被侵害之日

D. 劳动人事争议仲裁委员会受理仲裁申请之日

【解析】 通常情况下劳动争议申请仲裁的时效期间为 1 年。仲裁时效期间从当事人知道或应当知道其权利被侵害之日起计算。

【答案】 C

【例题·多选题】 下列情形中，属于劳动争议仲裁时效中断的有（　　）。(2014 年)

A. 当事人能够证明因不可抗力等客观原因无法申请仲裁

B. 一方当事人向对方当事人主张权利

C. 一方当事人向有关部门请求权利救济

D. 对方当事人同意履行义务

E. 限制民事行为能力劳动者的法定代理人尚未确定

【解析】 选项 AE 为仲裁时效中止的情况。

【答案】 BCD

第四节 劳动争议当事人和举证责任

本节视频详解

使用“会计云课堂”App/微信扫码听课

考点 1 劳动争议当事人★

概念	劳动争议当事人是指劳动争议案件中存在劳动关系的用人单位与职工
当事人	在仲裁活动中，发生劳动争议的劳动者和用人单位为劳动争议仲裁案件的双方当事人。但存在以下特殊情形： (1) 劳务派遣单位或者用工单位与劳动者发生劳动争议的，劳务派遣单位和用工单位为共同当事人 (2) 用人单位与其他单位合并的，合并前发生的劳动争议，由合并后的单位为当事人；用人单位分立为若干单位的，其分立前发生的劳动争议，由分立后的实际用人单位为当事人。用人单位分立为若干单位后，对承受劳动权利义务的单位不明确的，分立后的单位均为当事人 (3) 发生争议的用人单位被吊销营业执照、责令关闭、撤销以及用人单位决定提前解散、歇业，不能承担相关责任的，依法将其出资人、开办单位或主管部门作为共同当事人 (4) 劳动者与个人承包经营者发生争议，依法向仲裁委员会申请仲裁的，应当将发包的组织和个人承包经营者作为当事人
第三人	劳动争议第三人须同时具备三个条件：一是须在仲裁或诉讼活动已经开始、尚未终结时参加仲裁或诉讼；二是须与劳动争议案件的处理结果具有法律上的利害关系；三是须以维护自己的合法权益为目的参加仲裁或诉讼活动
代理人	当事人可以委托代理人参加仲裁活动。丧失或者部分丧失民事行为能力的劳动者，由其法定代理人代为参加仲裁活动；无法定代理人的，由劳动人事争议仲裁委员会为其指定代理人。劳动者死亡的，由其近亲属或者代理人参加仲裁活动

续表

劳动争议当事人的权利	(1) 发生劳动争议后，劳动者有权与用人单位协商，也可请工会或者第三方共同与用人单位协商，达成和解协议 (2) 有权选择劳动争议调解程序，也有权拒绝调解而直接向劳动人事争议仲裁委员会申请仲裁 (3) 劳动者书写仲裁申请确有困难的，可以口头申请，由劳动人事争议仲裁委员会记入笔录，并告知对方当事人 (4) 在调解、仲裁和诉讼程序中，有权要求有关调解、仲裁和审判人员回避 (5) 有权委托律师或其他人代理参加仲裁或诉讼活动；无民事行为能力或限制行为能力的职工或已死亡的职工，其法定代理人或由有关机关指定的代理人，有权参加仲裁或诉讼活动 (6) 当劳动人事争议仲裁委员会不受理仲裁申请时，有权要求其作出说明 (7) 有权在劳动争议处理过程中与另一方自行和解 (8) 劳动争议仲裁程序中有权根据自己的意愿决定是否同意调解，调解达成协议后、调解书送达之前有权反悔 (9) 劳动者对仲裁终局裁决不服的，可以自收到仲裁裁决书之日起15日内向人民法院提起诉讼 (10) 有权申请人民法院强制执行已发生法律效力的调解书、仲裁裁决书或裁判书等
劳动争议当事人的义务	(1) 通过企业劳动争议调解程序自愿达成协议后，应当自觉履行协议 (2) 应在法定时效期间内及时申请调解、仲裁和提起诉讼 (3) 申请仲裁应以书面形式，被申请人应自收到仲裁申请书副本10日内提交答辩书和有关证据 (4) 应按时参加仲裁和诉讼活动，遵守仲裁庭和法庭的纪律 (5) 仲裁程序中自愿达成调解协议，并且在调解书送达之后，不应再反悔 (6) 对发生法律效力的仲裁调解书、仲裁裁决书和判决书，应依照规定的期限履行 (7) 按规定交纳诉讼费

考点2　劳动争议当事人的举证责任★★

原则	“谁主张，谁举证”“谁做决定，谁举证”
用人单位举证责任	(1) 发生劳动争议时，当事人对自己的主张，有责任提供证据 (2) 与争议事项有关的证据（劳动者的档案、工资发放、社会保险费缴纳、劳动保护提供等情况和材料）属于用人单位掌握管理的，用人单位应当提供；用人单位不提供的，应当承担不利后果 (3) 劳动者无法提供由用人单位掌握管理的与仲裁请求有关的证据，仲裁庭可以要求用人单位在指定期限内提供。用人单位在指定期限内不提供的，应当承担不利后果
仲裁庭确定举证责任	在法律没有具体规定举证责任承担时，仲裁庭可以根据公平原则和诚实信用原则，综合当事人举证能力等因素确定举证责任的承担。承担举证责任的当事人应当在劳动人事争议仲裁委员会指定的期限内提供有关证据。当事人在指定期限内不提供的，应当承担不利后果。当事人因客观原因不能自行收集的证据，劳动人事争议仲裁委员会可以根据当事人的申请，参照《中华人民共和国民事诉讼法》有关规定予以收集；劳动人事争议仲裁委员会认为有必要的，也可以决定参照《中华人民共和国民事诉讼法》有关规定予以收集
诉讼中的用人单位举证责任	在诉讼活动中，因用人单位作出的开除、除名、辞退、解除劳动合同、减少劳动报酬、计算劳动者工作年限等决定而发生的劳动争议，用人单位负举证责任

经典题解

【例题·多选题】关于劳动争议仲裁举证责任的说法，正确的有（　　）。（2015 年）

A. 劳动争议当事人因客观原因不能自行收集的证据，劳动人事争议仲裁委员会认为有必要时可以依法予以收集

B. 因工资发放而发生的劳动争议，用人单位负有举证责任

C. 在劳动争议仲裁活动中，劳动者没有责任提供证据

D. 与劳动争议事项有关的证据属于用人单位掌握管理的，如果用人单位不提供，应当承担不利后果

E. 承担举证责任的当事人应当在劳动人事争议仲裁委员会规定的期限内提供证据

【解析】在劳动争议仲裁或诉讼活动中，既实行“谁主张，谁举证”的举证责任原则，又实行“谁做决定，谁举证”的举证责任原则。也就是说，一般情况下，劳动争议双方当事人应对自己的请求事项和主张事由负有提供证据的责任，选项 C 错误。

【答案】ABDE

【例题·单选题】关于用人单位在劳动争议仲裁中举证责任的说法，正确的是（　　）。（2013 年）

A. 因用人单位做出解除劳动合同决定发生的争议，被解除劳动合同的劳动者承担举证责任

B. 发生劳动争议事项时，用人单位对自己提出的主张，没有提供证据的责任

C. 与劳动争议事项有关的证据属于用人单位管理的，用人单位应当提供，否则承担不利后果

D. 劳动争议仲裁庭不得要求用人单位提供证据

【解析】因用人单位作出开除、除名、辞退、解除劳动合同、减少劳动报酬、计算劳动者工作年限等决定而发生的劳动争议，用人单位负举证责任，选项 A 错误。发生争议时，当事人对自己的主张有责任提供证据，选项 B 错误。劳动者无法提供由用人单位掌握管理的与仲裁请求有关的证据，仲裁庭可以要求用人单位在指定期限内提供，选项 D 错误。

【答案】C

第五节　劳动争议诉讼

本节视频详解

使用“会计云课堂” App/ 微信扫码听课

考点 1　劳动争议诉讼的概念、程序和强制执行★

概念	它是指劳动争议当事人不服劳动人事争议仲裁委员会的裁决，在规定的期限内向人民法院起诉，人民法院依法受理后，依法对劳动争议案件进行审理的活动
程序	人民法院的劳动争议案件管辖一般由劳动人事争议仲裁委员会所在地的人民法院受理。人民法院审理劳动争议案件，实行两审终局制
强制执行	（1）强制执行是指人民法院根据当事人的请求，依照法律规定的程序，运用国家强制力，强制对方当事人履行已生效的民事判决、裁定和调解书，刑事判决、裁定中的财产部分以及法律规定的其他法律文书所规定的义务 （2）依法设立的仲裁机构的裁决，当事人可以请求法院予以强制执行 （3）当事人申请强制执行应当在法定的期限内以书面形式提出，应当有产生法律效力的仲裁裁决书，有强制执行的内容，有申请强制执行的原因、理由
诉讼费用	劳动争议案件每件交纳案件受理费 10 元

考点2　劳动争议诉讼的司法解释规定★

（一）直接起诉的事项

劳动者以用人单位的工资欠条为证据直接向人民法院起诉，诉讼请求不涉及劳动关系其他争议的，视为拖欠劳动报酬争议，不必再进行劳动仲裁程序，而按照普通民事纠纷受理。

（二）劳动者与起有字号的个体工商户产生诉讼的处理

人民法院应当以营业执照上登记的字号为当事人，但应同时注明该字号业主的自然情况。

（三）特殊情形下的诉讼当事人

（1）用人单位招用尚未解除劳动合同的劳动者，原用人单位与劳动者发生的劳动争议，可以列新的用人单位为第三人。原用人单位以新的用人单位侵权为由向人民法院起诉的，可以列劳动者为第三人。原用人单位以新的用人单位和劳动者共同侵权为由向人民法院起诉的，新的用人单位和劳动者列为共同被告。

（2）劳动者在用人单位与其他平等主体之间的承包经营期间，与发包方和承包方双方或一方发生劳动争议，依法向人民法院起诉的，应当将承包方和发包方作为当事人。

（3）劳动者与未办理营业执照、营业执照被吊销或者营业期限届满仍继续经营的用人单位发生争议的，应当将用人单位或者其出资人列为当事人。

（4）未办理营业执照、营业执照被吊销或者营业期限届满仍继续经营的用人单位，以挂靠等方式借用他人营业执照经营的，应当将用人单位和营业执照出借方列为当事人。

（5）当事人不服劳动人事争议仲裁委员会作出的仲裁裁决，依法向人民法院提起诉讼，人民法院审查认为仲裁裁决遗漏了必须共同参加仲裁的当事人的，应当依法追加遗漏的人为诉讼当事人。被追加的当事人应当承担责任的，人民法院应当一并处理。

（四）应予受理情形

（1）劳动者以用人单位未为其办理社会保险手续，且社会保险经办机构不能补办导致其无法享受社会保险待遇为由，要求用人单位赔偿损失而发生争议的，人民法院应予受理。

（2）因企业自主进行改制引发的争议，人民法院应予受理。

（3）劳动者依据《劳动合同法》第八十五条规定，向人民法院提起诉讼，要求用人单位支付加付赔偿金的，人民法院应予受理。

（4）劳动人事争议仲裁委员会以无管辖权为由对劳动争议案件不予受理，当事人提起诉讼的，人民法院按照以下情形分别处理：①无管辖权的，应当告知当事人向有管辖权的劳动人事争议仲裁委员会申请仲裁；②有管辖权的，应当告知当事人申请仲裁，并将审查意见书面通知该劳动人事争议仲裁委员会，其仍不受理，当事人就该劳动争议事项提起诉讼的，应予以受理。

（五）审理依据

（1）用人单位与退休人员发生用工争议，向人民法院提起诉讼的，人民法院应当按劳务关系处理。

（2）企业停薪留职人员、未达到法定退休年龄的内退人员、下岗待岗人员以及企业经营性停产放长假人员，因与新的用人单位发生用工争议，依法向人民法院提起诉讼的，人民法院应当按劳动关系处理。

（3）劳动者主张加班费的，应当就加班事实的存在承担举证责任。但劳动者有证据证明用人单位掌握加班事实存在的证据，用人单位不提供的，由用人单位承担不利后果。

（4）劳动者与用人单位就解除或者终止劳动合同办理相关手续、支付工资报酬、加班费、经济补偿或者赔偿金等达成的协议，不违反法律、行政法规的强制性规定，且不存在欺诈、胁迫或者乘人之危情形的，应当认定有效。该协议存在重大误解或者显失公平情形，当事人请求撤销的，人民法院应予支持。

（5）劳动人事争议仲裁委员会作出的调解书已经发生法律效力，一方当事人反悔提起诉讼的，人民法院不予受理；已经受理的，裁定驳回起诉。

（6）劳动者追索报酬、工伤医疗费、经济补偿或赔偿金等，如果仲裁裁决涉及数项，每项确定的数额均不超过当地月最低工资标准 12 个月金额的，应当按终局裁决处理。

（7）劳动人事争议仲裁委员会作出的仲裁裁决书未载明该裁决为终局裁决或非终局裁决，用人单位不服该仲裁裁决向基层人民法院提起诉讼的，应当按照以下情形分别处理：①经审查认为该仲裁裁决为非终局裁决的，基层人民法院应予受理；②经审查认为该仲裁裁决为终局裁决的，基层人民法院不予受理，但应告知用人单位可以自收到不予受理裁定书之日起 30 日内向劳动人事争议仲裁委员会所在地的中级人民法院申请撤销该仲裁裁决；已经受理的，裁定驳回起诉。

（8）劳动者依据《中华人民共和国劳动争议调解仲裁法》第四十八条规定向基层人民法院提起诉讼，用人单位依据《中华人民共和国劳动争议调解仲裁法》第四十九条规定向劳动人事争议仲裁委员会所在地的中级人民法院申请撤销仲裁裁决的，中级人民法院应不予受理；已经受理的，应当裁定驳回申请。被人民法院驳回起诉或者劳动者撤诉的，用人单位可以自收到裁定书之日起 30 日内，向劳动人事争议仲裁委员会所在地的中级人民法院申请撤销仲裁裁决。

（六）执行的特殊情形

劳动争议仲裁裁决书、调解书有下列情形之一，并经审查核实的，人民法院可以裁定不予执行：

（1）裁决的事项不属于劳动争议仲裁范围，或劳动争议仲裁机构无权仲裁的。

（2）适用法律确有错误的。

（3）仲裁员仲裁该案件时，有徇私舞弊、枉法裁决行为的。

（4）人民法院认定执行该劳动争议仲裁裁决违背社会公共利益的。

（5）劳动人事争议仲裁委员会作出终局裁决，劳动者向人民法院申请执行，用人单位向劳动人事争议仲裁委员会所在地的中级人民法院申请撤销的，人民法院应当裁定中止执行。用人单位撤回撤销终局裁决申请或者其申请被驳回的，人民法院应当裁定恢复执行。仲裁裁决被撤销的，人民法院应当裁定终结执行。用人单位向人民法院申请撤销仲裁裁决被驳回后，又在执行程序中以相同理由提出不予执行抗辩的，人民法院不予支持。

人民法院在不予执行的裁定书中，应当告知当事人在收到裁定书之次日起 30 日内，可以向人民法院起诉。

（七）财产保全申请的处理

在劳动争议诉讼过程中，劳动者向人民法院申请采取财产保全措施，人民法院经审查认为申请人经济确有困难，或有证据证明用人单位存在欠薪逃匿可能的，应当减轻或者免除劳动者提供担保的义务，及时采取保全措施。人民法院作出的财产保全裁定中，应当告知当事人在劳动人事仲裁机构的仲裁裁决书或者在人民法院的裁判文书生效后 3 个月内申请强制执行。逾期不申请的，人民法院应当裁定解除保全措施。

（八）调解协议的司法确认

劳动争议当事人在人民调解委员会主持下仅就给付义务达成的调解协议，双方认为有必要的，可以共同向人民调解委员会所在地的基层人民法院申请司法确认。

第十八章　法律责任与行政执法

第一节　劳动法律责任

本节视频详解
使用“会计云课堂” App/ 微信扫码听课

考点 1　劳动法律责任形式★

概念	由于用人单位、劳动者、劳动行政部门和其他有关部门及其工作人员违反劳动法律、法规的规定而应承担的法律后果	
特点	（1）以违法行为存在为前提 （2）以法律制裁为必然后果 （3）由国家强制力保证实施 （4）由国家特别授权的机关来执行	
形式	行政责任	违反劳动法的行政处罚：由国家行政管理部门依法对有关单位及其责任人员、劳动者实施的行为制裁。具体形式包括警告、责令改正、责令停止、查封、吊销执照、行政拘留等 违反劳动法的行政处分：行政管理机关对其公务人员或用人单位给予其职工的惩戒。具体形式包括警告、记过、记大过、降级、撤职、留用察看、开除等
	民事责任	（1）违反劳动合同及有关劳动合同的法律规定所应承担的民事责任 （2）损害劳动者或用人单位权利的民事责任
	刑事责任	最严厉的一种法律责任，具有强制性。只能由国家司法机关追究，任何单位和个人都无权对他人实施，否则也将被追究法律责任

经典题解

【例题·单选题】关于劳动法律责任形式的说法，正确的是（　　）。（2019 年）

A. 吊销执照属于刑事责任

B. 责令改正属于民事责任

C. 开除属于民事责任

D. 查封属于行政责任

【解析】行政处罚包括警告、责令改正、责令停止、查封、吊销执照和行政拘留等，选项 AB 错误。行政处分包括警告、记过、记大过、降级、撤职、留用察看和开除等，选项 C 错误。

【答案】D

考点 2　用人单位违反劳动法律的责任★★

1. 侵害女职工及未成年工权益的法律责任

有下列行为之一的，由劳动行政部门责令改正，按照受侵害的劳动者每人1000 元以上 5000 元以下的标准计算，处以罚款：

（1）安排女职工从事矿山井下劳动、国家规定的第四级体力劳动强度的劳动或者其他禁忌从事的劳动的。

（2）安排女职工在经期从事高处、低温、冷水作业或者国家规定的第三级体力劳动强度的劳动的。

（3）安排女职工在怀孕期间从事国家规定的第三级体力劳动强度的劳动或者孕期禁忌从事的劳动的。

（4）安排怀孕 7 个月以上的女职工夜班劳动或者延长其工作时间的。

（5）女职工生育享受产假少于 98 天的。

（6）安排女职工在哺乳未满 1 周岁的婴儿期间从事国家规定的第三级体力劳动强度的劳动或者哺乳期禁忌从事的其他劳动，以及延长其工作时间或者安排其夜班劳动的。

（7）安排未成年工从事矿山井下、有毒有害、国家规定的第四级体力劳动强度的劳动或者其他禁忌从事的劳动的。

（8）未对未成年工定期进行健康检查的。

2. 规章制度违法的法律责任

由劳动行政部门给予警告，责令改正；逾期不改的，应给予通报批评。对劳动者造成损害的，应当承担赔偿责任。

3. 未订立书面劳动合同的法律责任

由劳动行政部门责令改正，并在用工之日起超过 1 个月不满 1 年未与劳动者订立书面劳动合同的，应当向劳动者每月支付2 倍的工资。

4. 未依法订立无固定期限劳动合同的法律责任

自应当订立无固定期限劳动合同之日起向劳动者每月支付2 倍的工资。

5. 未依法提供劳动合同文本的法律责任

由劳动行政部门责令改正；给劳动者造成损害的，应当承担赔偿责任。

6. 违法约定试用期的法律责任

由劳动行政部门责令改正；违法约定的试用期已经履行的，由用人单位以劳动者试用期满月工资为标准，按已经履行的超过法定试用期的期间向劳动者支付赔偿金。

7. 违法解除或终止劳动合同的法律责任

应当依照《劳动合同法》规定的经济补偿标准的2 倍向劳动者支付赔偿金。支付赔偿金的，不再支付经济补偿，赔偿金的计算年限自用工之日起计算。

8. 未出具解除或终止劳动合同证明的法律责任

由劳动行政部门责令改正；给劳动者造成损害的，应当承担赔偿责任。

9. 招用与其他用人单位存在劳动关系劳动者的法律责任

给其他用人单位造成损失的，应当承担连带赔偿责任。

10. 违法延长劳动者工作时间的法律责任

由劳动行政部门给予警告，责令限期改正，并可以按照受侵害的劳动者每人100 元以上500 元以下的标准计算，处以罚款。

11. 违反工资支付规定的法律责任

用人单位有下列行为之一的，由劳动行政部门分别责令限期支付劳动者的工资报酬、劳动者工资低于当地最低工资标准的差额或者解除劳动合同的经济补偿；逾期不支付的，责令用人单位按照应付金额50%以上 1 倍以下的标准计算，向劳动者加付赔偿金：克扣或者无故拖欠劳动者工资报酬的；支付劳动者的工资低于当地最低工资标准的；解除劳动合同未依法给予劳动者经济补偿的。

12. 违反劳动安全规定的法律责任

由有关部门责令改正，可以处以罚款；情节严重的，提请县级以上人民政府决定责令停产整顿；对事故险患不采取措施，致使发生重大事故，造成劳动者生命和财产损失的，追究刑事责任。

13. 非法招用未满 16 周岁未成年人的法律责任

由劳动行政部门责令改正，处以罚款；情节严重的，由工商行政管理部门吊销营业执照。

14. 违反工会法的法律责任

用人单位违反《中华人民共和国工会法》，有下列行为之一的，由劳动行政部门责令改正：阻挠劳动者依法参加和组织工会，或者阻挠上级工会帮助、指导劳动者筹建工会的；无正当理由调动依法履行职责的工会工作人员的工作岗位，进行打击报复的；劳动者因参加工会活动而被解除劳动合同的；工会工作人员因依法履行职责被解除劳动合同的。

15. 违反劳动监察规定的法律责任

由劳动行政部门责令改正，处2000 元以上 2 万元以下的罚款。

16. 违反职业培训、职业介绍规定的法律责任

由劳动行政部门责令改正，没收违法所得，并处1 万元以上 5 万元以下的罚款；情节严重的，吊销许可证。

17. 违法扣押证件的法律责任

由劳动行政部门责令限期退还劳动者本人，并以每人500 元以上 2000 元以下的标准处以罚款；给劳动者造成损害的，应当承担赔偿责任。

经典题解

【例题·单选题】 用人单位阻挠劳动者参加工会的，由（　　）责令改正。（2017 年）

A. 上级工会组织

B. 工商行政管理部门

C. 人民法院

D. 劳动行政部门

【解析】 用人单位违反《中华人民共和国工会法》，阻挠劳动者依法参加和组织工会，或者阻挠上级工会帮助、指导劳动者筹建工会的由劳动行政部门责令改正。

【答案】 D

【例题·多选题】 用人单位应当承担违反劳动法律责任的情形，包括（　　）。（2017 年）

A. 用人单位扣押劳动者身份证

B. 劳动者依法解除劳动合同后，用人单位扣押劳动者档案

C. 劳动者因参加工会活动而被解除劳动合同

D. 用人单位未对未成年工定期进行健康

检查

E. 用人单位与劳动者订立劳动合同时未约定试用期

【解析】用人单位与劳动者建立劳动关系不依法订立劳动合同的，属于用人单位违反劳动法律的情形，未约定试用期，不属于用人单位违反劳动法律的情形，选项 E 错误。

【答案】ABCD

考点 3　劳动者违反劳动法律的责任★

劳动者违反《劳动合同法》规定解除劳动合同，或者违反劳动合同中约定的保密义务或者竞业限制，给用人单位造成损失的，应当承担赔偿责任。劳动者与用人单位签订劳动合同后，在履行过程中，可以依法解除劳动合同；但除法律有专门规定外，一般应提前30 日以书面形式通知用人单位。

有下列情形之一的，用人单位可以与劳动者解除约定服务期的劳动合同，劳动者应当按照劳动合同的约定向用人单位支付违约金：

（1）劳动者严重违反用人单位的规章制度的。

（2）劳动者严重失职，营私舞弊，给用人单位造成重大损害的。

（3）劳动者同时与其他用人单位建立劳动关系，对完成本单位的工作任务造成严重影响，或者经用人单位提出，拒不改正的。

（4）劳动者以欺诈、胁迫的手段或者乘人之危，使用人单位在违背真实意思的情况下订立或者变更劳动合同的。

（5）劳动者被依法追究刑事责任的。

经典题解

【例题·多选题】劳动者（　　），给用人单位造成损失，应当承担赔偿责任。（2011年）

A. 不同意订立无固定期限劳动合同

B. 虽提前 30 日通知用人单位解除劳动合同，但劳动合同尚有 3 年期限未履行

C. 违反《劳动合同法》的规定解除劳动合同

D. 违反劳动合同约定的保密义务

E. 违反劳动合同约定的竞业限制

【解析】劳动者违反《劳动合同法》的规定解除劳动合同，或者违背劳动合同中约定的保密义务、竞业限制，给用人单位造成损失的，应当承担赔偿责任。

【答案】CDE

考点 4　违反集体合同的责任★

1. 集体合同的法律效力

（1）企业处理劳动关系的劳动条件和各项劳动标准均不得违背集体合同中的规定。

（2）企业与全体职工应当履行集体合同所规定的义务。

2. 违反集体合同的责任

（1）工会的基层组织不履行集体合同的义务，应对上级工会和工会会员负道义上的和政治上的责任，由上级工会给予批评、教育或纪律处分。

（2）职工不履行集体合同规定的义务，其行为违反了集体合同中的规定时，也应承担相应的违约责任。

第二节 社会保险法律责任

本节视频详解
使用“会计云课堂” App/微信扫码听课

考点 1 用人单位违反《社会保险法》的法律责任★

（1）用工单位应当自用工之日起 30 日内为其员工向社会保险经办机构申请办理保险登记。用人单位不办理社会保险登记的，社会保险行政部门责令限期改正；逾期不改正的，对用人单位处应缴社会保险费数额 1 倍以上 3 倍以下的罚款，对其直接负责的主管人员和其他直接责任人员处 500 元以上 3000 元以下的罚款。

（2）用人单位未按时足额缴纳社会保险费的，由社会保险费征收机构责令限期缴纳或者补足，并自欠缴之日起，按日加收万分之五的滞纳金；逾期仍不缴纳的，由有关行政部门处欠缴数额 1 倍以上 3 倍以下的罚款。

（3）职工应当缴纳的社会保险费由用人单位代扣代缴。用人单位未依法代扣代缴的，由社会保险费征收机构责令用人单位限期代缴，并自欠缴之日起向用人单位按日加收万分之五的滞纳金。用人单位不得要求职工承担滞纳金。

（4）用人单位拒不出具终止或者解除劳动关系证明的，依照《劳动合同法》的规定处理。用人单位在终止或者解除劳动合同时拒不向职工出具终止或者解除劳动关系证明，导致职工无法享受社会保险待遇的，用人单位应当依法承担赔偿责任。

（5）用人单位未按月将缴纳社会保险费的明细情况告知职工本人的，由社会保险行政部门责令改正；逾期不改的，按照《劳动保障监察条例》第三十条的规定处理。

（6）应当参加工伤保险而未参加工伤保险的用人单位职工发生工伤的，由该用人单位按照《工伤保险条例》规定的工伤保险待遇项目和标准支付费用。拒不协助社会保险行政部门对事故进行调查核实的，由社会保险行政部门责令改正，处 2000 元以上 20000 元以下的罚款。

（7）缴费单位违反有关财务、会计、统计的法律、行政法规和国家有关规定，伪造、变造、故意毁灭有关账册、材料，或者不设账册，致使社会保险费缴费基数无法确定的，除依照有关法律、行政法规的规定给予行政处罚、纪律处分、刑事处罚外，依照规定征缴；迟延缴纳的，由有关行政部门依照规定决定加收滞纳金，并对直接负责的主管人员和其他直接责任人员处 5000 元以上 20000 元以下的罚款。

经典题解

【例题·单选题】用人单位不办理社会保险登记，由社会保险行政部门责令限期改正；用人单位逾期不改正，除对用人单位处以罚款外，还对其直接负责的主管人员和其他直接责任人员处（　　）的罚款。（2011 年）

A. 100 元以上 1000 元以下

B. 500 元以上 3000 元以下

C. 1000 元以上 5000 元以下

D. 2000 元以上 20000 元以下

【解析】用人单位不办理社会保险登记的，社会保险行政部门责令限期改正；逾期不改正的，对用人单位处应缴社会保险费数额 1 倍以上 3 倍以下的罚款，对其直接负责的主管人员和其他直接责任人员处 500 元以上 3000 元以下的罚款。

【答案】B

考点 2　骗取社会保险基金支出或骗取社会保险待遇的法律责任★

（1）社会保险有关单位及其工作人员或者个人以欺诈、伪造证明材料或者其他手段骗取社会保险基金支出或者骗取社会保险待遇的，应当退回骗取的金额，并处骗取金额2 倍以上 5 倍以下的罚款。

（2）《工伤保险条例》规定，用人单位、工伤职工或者其近亲属骗取工伤保险待遇，医疗机构、辅助器具配置机构骗取工伤保险基金支出的，由社会保险行政部门责令退还，处骗取金额2 倍以上 5 倍以下的罚款；情节严重，构成犯罪的，依法追究刑事责任。

第三节　劳动监察

本节视频详解
使用"会计云课堂" App/ 微信扫码听课

考点　劳动监察的含义、属性、处罚方式及程序★★

概念	劳动监察又称劳动保障监察，是劳动行政机关依法对用人单位遵守劳动和社会保险法律法规的情况进行监督检查，发现和纠正违法行为，并对违法行为依法进行行政处理或行政处罚的行政执法活动
属性	（1）法定性 （2）行政性 （3）专门性 （4）强制性
处罚方式	责令用人单位改正，警告，罚款，没收违法所得，吊销许可证
行政处罚	主要有申诫罚、财产罚和行为罚
程序	（1）立案 （2）调查：劳动行政部门应当自立案之日起 60 个工作日内完成；对情况复杂的，经劳动行政部门负责人批准，可以延长 30 个工作日 （3）处理 （4）告知
时效	如果违反劳动和社会保障法律、法规或者规章的行为在 2 年内未被劳动行政部门发现，也未被举报、投诉的，劳动行政部门不再查处

经典题解

【例题·单选题】劳动监察机构不可以采取的措施是（　　）。（2018 年）

A. 吊销许可证

B. 警告

C. 罚款

D. 拘留

【解析】劳动监察处罚方式：责令用人单位改正、警告、罚款、没收违法所得和吊销许可证。

【答案】D

第四节　行政争议处理

本节视频详解
使用"会计云课堂"App/微信扫码听课

考点1　人力资源和社会保险行政争议范围★

人力资源 行政争议范围	（1）对人力资源社会保障部门作出的警告、罚款、没收违法所得、依法予以关闭、吊销许可证等行政处罚决定不服的 （2）对人力资源社会保障部门作出的行政处理决定不服的 （3）对人力资源社会保障部门作出的行政许可、行政审批不服的 （4）对人力资源社会保障部门作出的行政确认不服的 （5）认为人力资源社会保障部门不履行法定职责的 （6）认为人力资源社会保障部门违法收费或者违法要求履行义务的 （7）认为人力资源社会保障部门作出的其他具体行政行为侵犯其合法权益的
社会保险 行政争议范围	（1）《社会保险法》规定，用人单位或个人可以依法申请行政复议或提起行政诉讼的情况：①不依法办理社会保险登记；②不核定社会保险费；③不支付社会保险待遇；④不办理社会保险转移接续手续或者侵害其他社会保险权益的行为 （2）《工伤保险条例》规定，有下列情形之一的，有关单位或个人可以依法申请行政复议或提起行政诉讼：①申请工伤认定的职工或者其近亲属、该职工所在单位对工伤认定申请不予受理的决定不服的；②申请工伤认定的职工或者其近亲属、该职工所在单位对工伤认定结论不服的；③用人单位对经办机构确定的单位缴费费率不服的；④签订服务协议的医疗机构、辅助器具配置机构认为经办机构未履行有关协议或者规定的；⑤工伤职工或其近亲属对经办机构核定的工伤保险待遇有异议的
不能申请 行政复议的范围	（1）人力资源社会保障部门作出的行政处分或者其他人事处理决定 （2）劳动者与用人单位之间发生的人力资源争议 （3）劳动能力鉴定委员会的行为 （4）劳动人事争议仲裁委员会的仲裁、调解等行为 （5）已就同一事项向其他有权受理的行政机关申请行政复议的 （6）向人民法院提起行政诉讼，人民法院已经依法受理的

经典题解

【例题·单选题】关于社会保险行政复议的说法，错误的是（　　）。（2013年）

A. 用人单位认为社会保险费征收机构的行为侵害自己合法权益，可以申请行政复议

B. 用人单位对社会保险经办机构不依法办理社会保险登记的行为，可以申请行政复议

C. 用人单位对社会保险行政部门作出的工伤认定不服，可以申请行政复议

D. 用人单位对劳动争议仲裁委员会作出的涉及社会保险内容的仲裁裁决不服，可以申请行政复议

【解析】对于劳动人事争议仲裁委员会的仲裁、调解，不能申请行政复议。

【答案】D

考点 2 行政复议的基本法律规定★

公民、法人或其他组织对人力资源社会保障行政部门作出的具体行政行为不服，应当在知道侵害其合法权益的具体行政行为之日起 60 日内，向上一级人力资源社会保障行政部门申请复议，也可以向同级人民政府申请复议；对社会保险经办机构作出的具体行政行为不服，可以向直接管理该经办机构的人力资源社会保障行政部门申请复议，但不能向上一级人力资源社会保障行政部门申请复议。

申请行政复议，可以采用书面方式申请，也可以采用口头方式申请。行政复议申请书应包括以下内容：

（1）申请人的情况。

（2）被申请人的情况。

（3）具体的行政复议要求。

（4）事实和理由。

（5）申请人签名和申请日期。

行政复议机关对受理的复议案件审查后，应在受理行政复议申请之日起 60 日内，或经行政复议机关负责人批准后延长30 日内，依法分别作出决定维持、决定履行、决定撤销、决定变更、确认违法的复议决定。

考点 3 人力资源社会保障行政诉讼★

概念	人力资源社会保障行政诉讼是指公民、法人或者其他组织认为人力资源社会保障行政部门及其工作人员的具体行政行为侵犯其合法权益，依照行政诉讼法和其他法律、法规向人民法院提起诉讼，人民法院在案件当事人的其他诉讼参与人参加下，审理和解决行政争议的一种诉讼活功
起诉的条件	（1）起诉人合法 （2）有明确的被告 （3）有具体的诉讼请求和事实根据 （4）属于人民法院受案范围和受诉人民法院管辖
起诉期限	行政复议申请人不服人力资源社会保障行政部门作出的复议决定的，可以在收到复议决定书之日起15 日内向人民法院提起诉讼。复议机关逾期不作决定的，申请人可以在复议期满之日起 15 日内向人民法院提起诉讼
行政判决的法律效力	行政诉讼的结果是行政判决，其法律效力是指人民法院依法作出的关于行政争议的判决具有国家意志的性质，对该争议当事人及其他人有法律约束力

第十九章　人力资源开发政策

第一节　评价发现

本节视频详解
使用“会计云课堂”App/微信扫码听课

考点1　人才评价机制改革★

人才评价是人力资源开发管理和使用的前提。我国人才评价发现中存在的主要问题包括分类评价不足，评价标准单一，评价手段趋同，评价社会化程度不高，用人主体自主权落实不够等。

具体内容	（1）分类健全人才评价标准 （2）改进和创新人才评价方式 （3）加快推进重点领域人才评价改革 （4）健全完善人才评价管理服务制度

考点2　职业分类★

职业是从业人员为获得主要生活来源所从事的社会工作类别。职业分类是按照职业的工作性质、活动方式等异同，对社会职业及其类别进行系统的划分和归类。

职业的分类结构：

第一大类	党的机关、国家机关、群众团体和社会组织、企事业单位负责人
第二大类	专业技术人员
第三大类	办事人员和有关人员
第四大类	社会生产服务和生活服务人员
第五大类	农、林、牧、渔业生产及辅助人员
第六大类	生产制造及有关人员
第七大类	军人
第八大类	不便分类的其他从业人员

考点3　职业资格制度★

职业资格	职业资格是对从事某一职业所必备的学识、技术和能力的基本要求。职业资格包括两类：**准入类**职业资格、**水平评价类**职业资格

续表

国家职业资格证书	职业资格由人力资源社会保障部门通过学历认定、资格考试、专家评定、职业技能鉴定等方式进行评价，对合格者授予国家职业资格证书
国家职业资格目录	国家按照规定的条件和程序将职业资格纳入国家职业资格目录，实行清单式管理，目录之外一律不得许可和认定职业资格，目录之内除准入类职业资格外一律不得与就业创业挂钩

考点 4 职称制度★★

职称是专业技术人才学术技术水平和专业能力的主要标志。职称评审是按照评审标准和程序，对专业技术人才品德、能力、业绩的评议和认定。县级以上地方各级人力资源社会保障行政部门负责本地区职称评审综合管理和组织实施工作。职称评审标准分为国家标准、地区标准和单位标准。地区标准、单位标准不得低于国家标准。

1. 职称评审委员会

（1）职称评审委员会负责评议、认定专业技术人才学术技术水平和专业能力。

（2）职称评审委员会分为高级、中级、初级职称评审委员会。

（3）职称评审委员会备案有效期不得超过 3 年，有效期届满应当重新核准备案。

（4）职称评审委员会组成人员应当是单数。

（5）按照职称系列组建的高级职称评审委员会评审专家不少于 25 人，按照专业组建的高级职称评审委员会评审专家不少于 11 人。

（6）评审专家每届任期不得超过 3 年。

2. 申请组建高级职称评审委员会的条件

（1）拟评审的职称系列或者专业为职称评审委员会组建单位主体职称系列或者专业。

（2）拟评审的职称系列或者专业在行业内具有重要影响力，能够代表本领域的专业发展水平。

（3）具有一定数量的专业技术人才和符合条件的高级职称评审专家。

（4）具有开展高级职称评审的能力。

3. 职称申报审核

（1）申报人应当为本单位在职的专业技术人才，离退休人员不得申报参加职称评审。事业单位工作人员受到记过以上处分的，在受处分期间不得申报参加职称评审。

（2）申报人一般应当按照职称层级逐级申报职称评审。取得重大基础研究和前沿技术突破、解决重大工程技术难题，在经济社会各项事业发展中作出重大贡献的专业技术人才，可以直接申报高级职称评审。

（3）对引进的海外高层次人才和急需紧缺人才，长期在艰苦边远地区和基层一线工作的专业技术人才，适当放宽学历和任职年限要求。申报人应当在规定期限内提交申报材料，对其申报材料的真实性负责。申报人所在工作单位应当对申报材料进行审核，并在单位内部进行公示，公示期不少于 5 个工作日，对经公示无异议的，按照职称评审管理权限逐级上报。

（4）非公有制经济组织、自由职业者申报职称评审，可以由人事代理机构等（非公有制经济组织也可以由所在工作单位）履行审核、公示、推荐等程序。

4. 组织职称评审

（1）职称评审委员会组建单位组织召开评审会议。评审会议由主任委员或者副主任委员主持，出席评审会议的专家人数应当不少于职称评审委员会人数的2/3。

（2）职称评审委员会经过评议，采取少数服从多数的原则，通过无记名投票表决，同意票数达到出席评审会议的评审专家总数2/3以上的即为评审通过。

（3）未出席评审会议的评审专家不得委托他人投票或者补充投票。

（4）职称评审委员会可以按照学科或者专业组成若干评议组，每个评议组评审专家不少于3人，负责对申报人提出书面评议意见；也可以不设评议组，由职称评审委员会3名以上评审专家按照分工，提出评议意见。

（5）评审会议结束时，由主任委员或者主持评审会议的副主任委员宣布投票结果，并对评审结果签字确认，加盖职称评审委员会印章。

（6）评审会议应当做好会议记录，会议记录归档管理。

（7）评审会议实行封闭管理，评审专家名单一般不对外公布。

（8）评审专家与评审工作有利害关系或者其他关系，可能影响客观公正的，应当申请回避。

（9）职称评审委员会组建单位对评审结果进行公示，公示期不少于5个工作日。

（10）不具备职称评审委员会组建条件的地区和单位，可以委托经核准备案的职称评审委员会代为评审。

（11）专业技术人才跨区域、跨单位流动时，其职称按照职称评审管理权限重新评审或者确认，国家另有规定的除外。

经典题解

【例题·多选题】关于职称评审的说法，错误的有（　　）。（2020年）

A. 专业技术人员跨单位流动后，必须重新评审或认定职称

B. 不具备职称评审条件的单位，可以委托其他单位的经核准备案的职称评审委员会评审

C. 民营企业中的专业技术人員不可以参评专业技术职称

D. 符合条件的专业技术人员可以直接申报高级职称评审

E. 自由职业者不可以参评专业技术职称

【解析】非公有制经济组织的专业技术人才申报职称评审，可以由所在工作单位或者人事代理机构等履行审核、公示、推荐等程序。自由职业者申报职称评审，可以由人事代理机构等履行审核、公示、推荐等程序，选项CE的说法错误。

【答案】CE

考点5　职业技能等级制度★

职业技能等级分为五级，由低到高分别为：五级/初级工、四级/中级工、三级/高级工、二级/技师、一级/高级技师。

职业技能标准	职业技能标准是指在职业分类的基础上，根据职业的特性、技术工艺、设备材料以及生产方式等要求，对从业人员的理论知识和操作技能提出的综合性水平规定。2018 年 3 月 7 日，标准进行了全面修订，主要修改内容为： （1）强调工匠精神和敬业精神 （2）落实"考培分离""鉴培分离" （3）支持技能人才成长。将职业技能鉴定申报条件中"连续从事本职业工作年限"要求修改为"累计从事本职业或相关职业工作年限" （4）突出安全生产。在职业技能标准中标注涉及安全生产或操作的关键技能要求，关键技能考核不合格的，则技能考核成绩为不合格

职业技能等级认定：

依据	国家职业技能标准或行业、企业评价规范
组织方	用人单位和社会培训评价组织

职业技能等级与职称的贯通：

2018 年 11 月 25 日，人力资源社会保障部出台《关于在工程技术领域实现高技能人才与工程技术人才职业发展贯通的意见（试行）》支持工程技术领域高技能人才参评工程系列专业技术职称。

参评人才，应为在工程技术领域生产一线岗位，从事技术技能工作，具有高超技艺和精湛技能，能够进行创造性劳动，并作出贡献的技能劳动者；应符合国家规定的工程技术人才职称评价基本标准条件，遵守单位规章制度和生产操作规程，具有高级工以上职业资格或职业技能等级，在现工作岗位上近 3 年年度考核合格。突出高技能人才工作特点，坚持把职业道德放在评审的首位，要以职业能力和工作业绩评定为重点，改变唯身份、唯论文等倾向，向高技能领军人才倾斜，对作出突出贡献的高技能人才可破格申报专业技术职称评审。

经典题解

【例题·单选题】 国家规定，工程技术领域的技能人员参评工程技术系列专业技术职称，必须具有（　　）以上的职业资格。（2020 年）

A. 技师

B. 初级工

C. 中级工

D. 高级工

【解析】 在工程技术领域生产一线岗位，具有高级工以上职业资格或职业技能等级，才能参评工程技术系列专业技术职称。

【答案】 D

第二节　激励保障

激励保障是人才创新创业的根本动力。

考点1　创新创业激励★★

（一）科技成果转化激励

1. 下放科技成果处置权

国家设立的研究开发机构、高等院校对其持有的科技成果，可以自主决定转让、许可或者作价投资，除涉及国家秘密、国家安全外，不需审批或者备案。单位有权依法以持有的科技成果作价入股确认股权和出资比例。转化科技成果所获得的收入全部留归单位。

2. 激励科技人员创新创业

（1）以技术转让或者许可方式转化职务科技成果的，应当从技术转让或者许可所取得的净收入中提取不低于50%的比例用于奖励。

（2）以科技成果作价投资实施转化的，应当从作价投资取得的股份或者出资比例中提取不低于50%的比例用于奖励。

（3）在研究开发和科技成果转化中作出主要贡献的人员，获得奖励的份额不低于奖励总额的50%。

3. 科技人员兼职和离岗创业

国家设立的研究开发机构、高等院校科技人员在履行岗位职责、完成本职工作的前提下，经征得单位同意，可以兼职从事科技成果转化活动，或者离岗创业，原则上离岗3年内保留人事关系。

4. 担任领导职务的科技人员的科技成果转化奖励

正职领导原则上不得获取股权激励。其他担任领导职务的科技人员，可以按照《中华人民共和国促进科技成果转化法》的规定获得现金、股份或者出资比例等奖励和报酬。对担任领导职务的科技人员的科技成果转化收益实行公开公示制度。

（二）科技项目资金管理

（1）下放预算调剂权限，简化预算编制科目。

（2）提高间接费用比重。

（3）劳务费开支不设比例限制，项目聘用人员的劳务费开支标准，参照当地科学研究和技术服务业从业人员平均工资水平，根据其在项目研究中承担的工作任务情况确定，其社会保险补助纳入劳务费科目列支。

（4）结转结余资金留用处理。项目实施期间，年度剩余资金可结转下一年度继续使用。2年后未使用完的，按规定收回。

（三）科技管理权限下放

1. 科研项目经费管理使用自主权

直接费用中除设备费外，其他科目费用调剂权全部下放给项目承担单位。

2. 科研人员的技术路线决策权

科研人员具有自主选择和调整技术路线的权利，科研项目申报期间，以科研人员提出的技术路线为主进行论证，科研项目实施期间，科研人员可以在研究方向不变、不降低申报指标的前提下自主调整研究方案和技术路线，报项目管理专业机构备案。

3. 项目过程管理权

由项目管理专业机构严格依据任务书在项目实施期末进行一次性综合绩效评价。

国家科技管理信息系统按权限向项目承担单位、项目管理专业机构、行业主管部门等相关主体开放，凡是国家科技管理信息系统已有的材料或已要求提供过的材料，不得要求重复提供。项目管理专业机构和承担单位要简化报表及流程，加快建立健全学术助理和财务助理制度，允许通过购买财会等专业服务，把科研人员从报表、报销等具体事务中解脱出来。

经典题解

【例题·单选题】 下列措施中，不利于科技人员开展创新活动的是（　　）。（2020年）

A. 简化科研项目资金的预算编制科目

B. 建立学术助理制度

C. 进一步提高财政项目中直接费用的比例

D. 将项目聘用人员的社会保险补助纳入劳务费科目列支

【解析】 提高间接费用比重有利于科技人员开展创新活动。

【答案】 C

考点 2 突出业绩奖励★

1. 国家科学技术奖

国家科学技术奖是授予在科学发现、技术发明和促进科学技术进步等方面做出创造性突出贡献的公民或组织的奖项。国家科学技术奖包含国家最高科学技术奖、国家自然科学奖、国家技术发明奖、国家科学技术进步奖和中华人民共和国国际科学技术合作奖。

国家最高科学技术奖	（1）在当代科学技术前沿取得重大突破或者在科学技术发展中有卓越建树的 （2）在科学技术创新、科学技术成果转化和高技术产业化中，创造巨大经济效益或者社会效益、生态环境效益或者对维护国家安全做出巨大贡献的
国家自然科学奖	（1）前人尚未发现或者尚未阐明 （2）具有重大科学价值 （3）得到国内外自然科学界公认
国家技术发明奖	（1）前人尚未发明或者尚未公开 （2）具有先进性和创造性和实用性 （3）经实施，创造显著经济效益、社会效益、生态环境效益或者对维护国家安全做出显著贡献，且具有良好的应用前景
国家科学技术进步奖	（1）技术创新性突出，技术经济指标先进 （2）经应用推广，创造显著经济效益、社会效益、生态环境效益或者对维护国家安全做出显著贡献 （3）在推动行业科学技术进步等方面有重大贡献

续表

中华人民共和国国际科学技术合作奖	（1）同中国的公民或者组织合作研究、开发，取得重大科学技术成果的 （2）向中国的公民或者组织传授先进科学技术、培养人才，成效特别显著的 （3）为促进中国与外国的国际科学技术交流与合作，作出重要贡献的

2. 技能人才奖励

全国技术能手和中华技能大奖	中华技能大奖和全国技术能手评选的职业（工种）范围为国家职业技能标准中设有高级（国家职业资格三级）以上等级的职业（工种）。全国范围的评选表彰活动每两年开展一次，每次评选表彰人数由人力资源社会保障部门确定
世界技能大赛获奖选手奖励	在世界技能大赛中获得金、银、铜、优胜奖牌的选手，按国家表彰奖励规定，给予相应精神奖励和物质奖励

3. 公务员奖励

奖励种类	对公务员、公务员集体的奖励包括嘉奖、记三等功、记二等功、记一等功、授予荣誉称号
奖励权限	（1）嘉奖、记三等功，由县级以上党委、政府或者市（地）级以上机关批准 （2）记二等功，由市（地）级以上党委、政府或者省级以上机关批准 （3）记一等功，由省级以上党委、政府或者中央机关批准 （4）授予荣誉称号，由省级以上党委、政府或者中央公务员主管部门批准 （5）由市（地）级以上机关审批的奖励，事先应当将奖励实施方案报同级公务员主管部门审核

4. 事业单位工作人员奖励

奖励种类	对事业单位工作人员和集体可以嘉奖、记功、记大功、授予荣誉称号
奖励权限	（1）嘉奖，省（自治区、直辖市）级、市（地、州、盟）级事业单位由本单位或者主管机关（部门）按照干部人事管理权限规定执行。县（市、区、旗）级以下事业单位报县（市、区、旗）级事业单位人事综合管理部门批准并按规定执行 （2）记功，省（自治区、直辖市）级事业单位由本单位或者主管机关（部门）按照干部人事管理权限规定执行，市（地、州、盟）级以下事业单位报市（地、州、盟）级事业单位人事综合管理部门批准并按规定执行 （3）记大功，报省（自治区、直辖市）级事业单位人事综合管理部门批准并按规定执行 （4）上述由事业单位或者主管机关（部门）作出的奖励决定，应当在 1 个月内向同级事业单位人事综合管理部门备案 （5）省（自治区、直辖市）级以上事业单位人事综合管理部门可以会同相关行业主管部门开展奖励。市（地、州、盟）级以上事业单位人事综合管理部门可以跨层级对下级事业单位工作人员和集体作出嘉奖、记功奖励决定

考点 3　收入分配制度★★

1. 公务员工资制度

公务员职级工资制	(1) 基本工资结构。公务员基本工资包括职务工资(主要体现公务员的工作职责大小) 和级别工资(主要体现公务员工作实绩和资历) 两项 (2) 基本工资正常晋升办法。公务员年度考核称职及以上的，一般每五年可在所任职务对应的级别内晋升一个级别，一般每两年可在所任级别对应的工资标准内晋升一个工资档次 (3) 实行级别与工资等待遇适当挂钩
机关工人岗位技术等级（岗位）工资制	(1) 机关工人基本工资结构。技术工人实行岗位技术等级工资制，基本工资包括岗位工资和技术等级（职务）工资两项。岗位工资根据工作难易程度和工作质量确定，按初级工、中级工、高级工三个技术等级和技师、高级技师两个技术职务设置，分别设若干工资档次。普通工人实行岗位工资制，基本工资为岗位工资 (2) 基本工资正常晋升办法。机关工人年度考核合格及以上的，一般每两年可在对应的岗位工资标准内晋升一个工资档次
津贴补贴制度	(1) 地区附加津贴制度 (2) 艰苦边远地区津贴制度 (3) 岗位津贴制度
工资水平正常增长机制	国家根据工资调查比较的结果，结合国民经济发展、财政状况、物价水平等情况，适时调整机关工作人员基本工资标准
年终一次性奖金	对年度考核称职（合格）及以上的工作人员，发放年终一次性奖金，奖金标准为本人当年 12 月份的基本工资

2. 事业单位收入分配制度

事业单位实行岗位绩效工资制度。岗位绩效工资由岗位工资、薪级工资、绩效工资和津贴补贴四部分组成，其中岗位工资和薪级工资为基本工资。

岗位工资	主要体现工作人员所聘岗位的职责和要求
薪级工资	主要体现工作人员的工作表现和资历
绩效工资	主要体现工作人员的实绩和贡献
津贴补贴	分为艰苦边远地区津贴和特殊岗位津贴补贴

3. 国有企业工资决定机制

工资总额确定办法	根据企业发展战略和薪酬策略、年度生产经营目标和经济效益，综合考虑劳动生产率提高和人工成本投入产出率、职工工资水平市场对标等情况，结合政府职能部门发布的工资指导线，合理确定年度工资总额

续表

工资与效益联动机制	(1) 企业经济效益增长的，当年工资总额增长幅度可在不超过经济效益增长幅度范围内确定 (2) 企业经济效益下降的，除受政策调整等非经营性因素影响外，当年工资总额原则上相应下降 (3) 企业未实现国有资产保值增值的，工资总额不得增长，或者适度下降 (4) 企业按照工资与效益联动机制确定工资总额，原则上增人不增工资总额、减人不减工资总额，但发生兼并重组、新设企业或机构等情况的，可以合理增加或者减少工资总额
工资效益联动指标	根据企业功能性质定位、行业特点，科学设置联动指标，合理确定考核目标，突出不同考核重点

第三节　管理使用

考点 1　公务员管理★★

（一）录用

录用原则	①党管干部；②公开、平等、竞争、择优；③德才兼备、以德为先，五湖四海、任人唯贤；④事业为上、公道正派，人岗相适、人事相宜；⑤依法依规办事
录用程序	①发布招考公告；②报名与资格审查；③考试；④体检；⑤考察；⑥公示；⑦审批或者备案
录用计划	招录机关根据队伍建设需要和职位要求，提出招考的职位、名额和报考资格条件，拟定录用计划
招考公告	①招录机关、招考职位、名额和报考资格条件；②报名方式方法、时间和地点；③报考需要提交的申请材料；④考试科目、时间和地点；⑤其他须知事项
资格条件	①具有中华人民共和国国籍；②年龄为 18 周岁以上，35 周岁以下；③拥护中华人民共和国宪法，拥护中国共产党领导和社会主义制度；④具有良好的政治素质和道德品行；⑤具有正常履行职责的身体条件和心理素质；⑥具有符合职位要求的工作能力；⑦具有大学专科以上文化程度；⑧省级以上公务员主管部门规定的拟任职位所要求的资格条件；⑨法律、法规规定的其他条件

（二）考核

公务员的考核应当按照管理权限，全面考核公务员的德、能、勤、绩、廉，重点考核政治素质和工作实绩。公务员的考核分为平时考核、专项考核和定期考核等方式。

平时考核	程序：①个人小结；②审核评鉴；③结果反馈 结果：好、较好、一般和较差 4 个等次。好等次公务员人数原则上掌握在本机关参加平时考核的公务员总人数的 40% 以内

续表

定期考核	定期考核以平时考核、专项考核为基础 非领导职务公务员的定期考核采取年度考核的方式 定期考核的结果分为优秀、称职、基本称职和不称职4个等次。定期考核的结果应当以书面形式通知公务员本人。定期考核的结果作为调整公务员职位、职务、职级、级别、工资以及公务员奖励、培训、辞退的依据

（三）职务与职级的任免和升降

职务、职级任免	(1) 公务员领导职务实行选任制、委任制和聘任制 (2) 公务员职级实行委任制和聘任制 (3) 领导成员职务按照国家规定实行任期制 (4) 公务员任职应当在规定的编制限额和职数内进行，并有相应的职位空缺 (5) 公务员因工作需要在机关外兼职，应当经有关机关批准，并不得领取兼职报酬
职务、职级升降	(1) 晋升程序：①动议；②民主推荐；③确定考察对象，组织考察；④按照管理权限讨论决定；⑤履行任职手续 (2) 厅局级正职以下领导职务出现空缺且本机关没有合适人选的，可以通过适当方式面向社会选拔任职人选 (3) 公务员职级应当逐级晋升，公务员在年度考核中被确定为不称职的，按照规定程序降低一个职务或者职级层次任职

（四）公务员处分

处分的种类	受处分的期间
警告	6个月
记过	12个月
记大过	18个月
降级、撤职	24个月
开除	——

考点2　事业单位聘用管理★★

（一）岗位设置

岗位类别	事业单位岗位分为管理岗位、专业技术岗位和工勤技能岗位三种类别 管理岗位：担负领导职责或管理任务的工作岗位 专业技术岗位：从事专业技术工作，具有相应专业技术水平和能力要求的工作岗位 工勤技能岗位：承担技能操作和维护、后勤保障、服务等职责的工作岗位 根据事业发展和工作需要，经批准，事业单位可设置特设岗位，主要用于聘用急需的高层次人才等特殊需要

续表

岗位等级	根据岗位性质、职责任务和任职条件，对事业单位管理岗位、专业技术岗位、工勤技能岗位分别划分通用的岗位等级。特设岗的等级根据实际需要，按照规定的程序和管理权限确定
岗位结构比例及等级确定	对事业单位管理岗位、专业技术岗位、工勤技能岗位实行最高等级控制和结构比例控制

经典题解

【例题·多选题】关于事业单位岗位设置的说法，正确的有（　　）。(2020 年)

A. 管理岗位是担负领导职责或管理任务的工作岗位

B. 事业单位可以设置特设岗位，用于聘用急需的高层次人才

C. 对专业技术岗位实行最高岗位等级控制和结构比例控制

D. 事业单位岗位分为管理岗位、专业技术岗位、工勤技能岗位三类

E. 工勤技能岗位没有最高岗位等级控制和结构比例控制

【解析】对事业单位管理岗位、专业技术岗位、工勤技能岗位实行最高等级控制和结构比例控制，选项 E 错误。

【答案】ABCD

（二）公开招聘

招聘程序	①制订招聘计划；②发布招聘信息；③受理应聘人员的申请，对资格条件进行审查；④考试、考核；⑤身体检查；⑥根据考试、考核结果，确定拟聘人员；⑦公示招聘结果；⑧签订聘用合同，办理聘用手续
招聘计划	由用人单位负责编制，主要包括招聘的岗位及条件、招聘的时间、招聘人员的数量、采用的招聘方式等
信息发布	应当面向社会公开发布招聘信息，内容应包括公开招聘范围、条件、程序和时间安排、招聘办法、报名方法等内容。发布时间不少于 7 个工作日
考试与考核	考试内容应为招聘岗位所必需的专业知识、业务能力和工作技能。考试科目与方式根据行业、专业及岗位特点确定。考试可采取笔试、面试等多种方式。对于应聘工勤岗位的人员，可根据需要重点进行实际操作能力测试
聘用	对拟聘人员应在适当范围进行公示，公示期一般为 7 至 15 日。实行试用期制度

（三）聘用合同管理

聘用合同的订立	（1）聘用合同期限一般不低于 3 年 （2）初次就业的工作人员与事业单位订立的聘用合同期限 3 年以上的，试用期为 12 个月 （3）事业单位工作人员在本单位连续工作满 10 年且距法定退休年龄不足 10 年，提出订立聘用至退休的合同的，事业单位应当与其订立聘用至退休的合同

续表

聘用合同的解除	(1) 事业单位工作人员连续旷工超过15个工作日，或者1年内累计旷工超过30个工作日的，事业单位可以解除聘用合同 (2) 事业单位工作人员年度考核不合格且不同意调整工作岗位，或者连续两年年度考核不合格的，事业单位提前30日书面通知，可以解除聘用合同 (3) 事业单位工作人员提前30日书面通知事业单位，可以解除聘用合同。但是，双方对解除聘用合同另有约定的除外 (4) 事业单位工作人员受到开除处分的，解除聘用合同 (5) 自聘用合同依法解除、终止之日起，事业单位与被解除、终止聘用合同人员的人事关系终止

(四) 事业单位工作人员处分

处分的种类	受处分的期间
警告	6个月
记过	12个月
降低岗位等级、撤职	24个月
开除	——

考点3 干部管理★★

(一) 党政领导干部选拔任用

原则	①党管干部；②德才兼备、以德为先，五湖四海、任人唯贤；③事业为上、人岗相适、人事相宜；④公道正派、注重实绩、群众公认；⑤民主集中制；⑥依法依规办事
基本资格	(1) 提任县处级领导职务的，应当具有5年以上工龄和2年以上基层工作经历 (2) 提任县处级以上领导职务的，一般应当具有在下一级2个以上职位任职的经历 (3) 提任县处级以上领导职务，由副职提任正职的，应当在副职岗位工作2年以上；由下级正职提任上级副职的，应当在下级正职岗位工作3年以上 (4) 一般应当具有大学专科以上文化程度，其中厅局级以上领导干部一般应当具有大学本科以上文化程度 (5) 应当经过党校（行政学院）、干部学院或者组织（人事）部门认可的其他培训机构的培训，培训时间应当达到干部教育培训的有关规定要求。确因特殊情况在提任前未达到培训要求的，应当在提任后1年内完成培训 (6) 具有正常履行职责的身体条件 (7) 符合有关法律规定的资格要求。提任党的领导职务的，还应当符合《中国共产党章程》等规定的党龄要求

(二) 党政领导干部在企业兼职（任职）

(1) 现职和不担任现职但未办理退（离）休手续的党政领导干部不得在企业兼职（任职）。

（2）对辞去公职或者退（离）休的党政领导干部到企业兼职（任职）必须从严掌握、从严把关，确因工作需要到企业兼职（任职）的，应当按照干部管理权限规定严格审批。

辞去公职或者退（离）休后3年内，不得到本人原任职务管辖的地区和业务范围内的企业兼职（任职），也不得从事与原任职务管辖业务相关的营利性活动。

辞去公职或者退（离）休后3年内，拟到本人原任职务管辖的地区和业务范围外的企业兼职（任职）的，必须由本人事先向其原所在单位党委（党组）报告，由拟兼职（任职）企业出具兼职（任职）理由说明材料，所在单位党委（党组）按规定审核并按照干部管理权限规定征得相应的组织（人事）部门同意后，方可兼职（任职）。

辞去公职或者退（离）休后3年后到企业兼职（任职）的，应由本人向其原所在单位党委（党组）报告，由拟兼职（任职）企业出具兼职（任职）理由说明材料，所在单位党委（党组）按规定审批并按照干部管理权限规定向相应的组织（人事）部门备案。

（3）按规定经批准在企业兼职的党政领导干部，不得在企业领取薪酬、奖金、津贴等报酬，不得获取股权和其他额外利益；兼职不得超过1个；所兼任职务实行任期制的，任期届满拟连任必须重新审批或备案，连任不超过2届；兼职的任职年龄界限为70周岁。

（4）按规定经批准到企业任职的党政领导干部，应当及时将行政、工资等关系转入企业，不再保留公务员身份，不再保留党政机关的各种待遇。不得将行政、工资等关系转回党政机关办理退（离）休；在企业办理退（离）休手续后，也不得将行政、工资等关系转回党政机关。

（5）按规定经批准在企业兼职（任职）的党政领导干部，要严格遵纪守法，廉洁自律，禁止利用职权和职务上的影响为企业或个人谋取不正当利益。

（三）退（离）休领导干部在社会团体兼职

（1）退（离）休领导干部在社会团体兼任职务（包括领导职务和名誉职务、常务理事、理事等），须按干部管理权限规定审批或备案后方可兼职。确因工作需要，本人又无其他兼职，且所兼职社会团体的业务与原工作业务或特长相关的，经批准可兼任1个社会团体职务。任期届满拟连任的，必须重新履行有关审批手续，兼职不超过2届；兼职的任职年龄界限为70周岁。除工作特殊需要外，不得兼任社会团体法定代表人，不得牵头成立新的社会团体或兼任境外社会团体职务。

（2）经批准兼任社会团体职务的，兼职期间要发挥好政治把关、经验指导、业务传授等方面的作用，促进社会团体健康有序发展。

（3）兼职不得领取社会团体的薪酬、奖金、津贴等报酬和获取其他额外利益，也不得领取各种名目的补贴等，确属需要的工作经费，要从严控制，不得超过规定标准和实际支出。

（4）兼职期间的履职情况、是否取酬和报销有关工作费用等，干部本人应每年年底以书面形式报所在单位党委（党组）。

（5）中央管理的干部退（离）休后兼任社会团体职务，须由干部所在单位党委（党组）审批并报中央组织部备案同意后方可兼职。

（四）领导干部出国（境）

领导干部出国（境）审查	按照干部管理权限，认真做好领导干部出国（境）审批审核、备案、登记等工作

续表

领导干部出国（境）证件管理	因公出国（境），在回国（境）后 7 天内，将所持因公出国（境）证件交由发证机关指定的部门统一保管或注销；因私出国（境），回国（境）后 10 天内，将所持因私出国（境）证件交由所在单位组织人事部门集中保管
领导干部日常管理监督	督促领导干部如实完整填报个人有关事项；掌握领导干部持有因私出国（境）证件，配偶子女移居国（境）外等情况；对领导干部本人欺瞒组织、私自获取外国国籍或者国（境）外永久居留权、长期居留许可的，要会同纪检监察机关果断处置、严肃查处

经典题解

【例题·单选题】 关于党政领导干部在企业（社会）团体兼职说法正确的是（　　）。（2020 年）

A. 不担任现职的党政领导干部，可以在企业兼职

B. 经批准到企业兼职的党政领导干部，可以在企业领取报酬

C. 已退休的党政领导干部，最多可以在 1 个社会团体兼职

D. 辞去公职的党政领导干部到企业兼职，无须经过组织人事部门的审批备案

【解析】 现职和不担任现职但未办理退（离）休手续的党政领导干部不得在企业兼职（任职），选项 A 错误。按规定经批准在企业兼职的党政领导干部，不得在企业领取薪酬、奖金、津贴等报酬，不得获取股权和其他额外利益，选项 B 错误。退（离）休领导干部在社会团体兼任职务（包括领导职务和名誉职务、常务理事、理事等），须按干部管理权限规定审批或备案后方可兼职。确因工作需要，本人又无其他兼职，且所兼职社会团体的业务与原工作业务或特长相关的，经批准可兼任 1 个社会团体职务，选项 C 正确。对辞去公职或者退（离）休的党政领导干部到企业兼职（任职）必须从严掌握、从严把关，确因工作需要到企业兼职（任职）的，应当按照干部管理权限规定严格审批，选项 D 错误。

【答案】 C

第四节　教育培训

考点 1　职业技能培训★

职业技能培训面向城乡全体劳动者，是完善劳动者从劳动预备开始，到实现就业创业，并贯穿学习和职业生涯全过程的终身职业技能培训政策。

主要供给	政府补贴培训、企业自主培训、市场化培训
主要载体	公共实训机构、职业院校、职业培训机构和行业企业
主要形式	（1）就业技能培训 （2）企业职工岗位技能提升培训 （3）高技能人才培训 （4）创业创新培训

考点2　专业技术人员继续教育★★

对象	国家机关、企业、事业单位以及社会团体等组织的专业技术人员
经费	国家机关的专业技术人员参加继续教育所需经费应当按照国家有关规定予以保障。企业、事业单位等应当依照法律、行政法规和国家有关规定提取和使用职工教育经费
内容	继续教育内容包括公需科目和专业科目。专业科目包括专业技术人员从事专业工作应当掌握的新理论、新知识、新技术、新方法等专业知识
时间	专业技术人员参加继续教育的时间，每年累计应不少于90学时，其中，专业科目一般不少于总学时的2/3
机构	依法成立的高等院校、科研院所、大型企业的培训机构等各类教育培训机构可以面向专业技术人员提供继续教育服务
处罚	（1）用人单位违反规定的，由人力资源社会保障行政部门或者有关行业主管部门责令改正；给专业技术人员造成损害的，依法承担赔偿责任 （2）专业技术人员违反规定的，无正当理由不参加继续教育或者在学习期间违反学习纪律和管理制度的，用人单位可视情节给予批评教育、不予报销或者要求退还学习费用 （3）继续教育机构违反规定的，由人力资源社会保障行政部门或者有关行业主管部门责令改正，给予警告

经典题解

【例题·单选题】 按照国家相关政策，关于专业技术人员继续教育的说法，正确的是（　　）。（2020年）

A. 每年累计总学时应不少于120学时

B. 内容包括公共科目、基础科目和专业科目

C. 专业科目内容包括从事专业工作所需要的新理论、新知识、新技术、新方法等

D. 专业科目一般不低于总学时的二分之一

【解析】 专业技术人员参加继续教育的时间，每年累计应不少于90学时，其中，专业科目一般不少于总学时的2/3，选项AD错误。继续教育内容包括公需科目和专业科目，选项B错误。专业科目包括专业技术人员从事专业工作应当掌握的新理论、新知识、新技术、新方法等专业知识，选项C正确。

【答案】 C

考点3　公务员培训★

1. 总体要求及培训对象

培训结果的使用	公务员培训情况、学习成绩作为公务员考核的内容和任职、晋升的依据之一
培训对象	公务员培训的对象是全体公务员。担任县处级以上领导职务的公务员每5年应当参加党校、行政学院、干部学院，或经厅局级以上单位组织（人事）部门认可的其他培训机构累计3个月以上的培训。其他公务员参加脱产培训的时间一般每年累计不少于12天或者90学时
费用	公务员个人参加社会化培训，费用一律由本人承担，不得由财政经费和单位经费报销，不得接受任何机构和他人的资助或者变相资助

2. 公务员培训类型

初任培训	对新录用公务员进行的培训，重点提高其思想政治素质和依法依规办事等适应机关工作的能力。初任培训应当在试用期内完成，时间一般不少于 12 天
任职培训	按照新任职务的要求，对晋升领导职务的公务员进行的培训，重点提高其胜任职务的政治能力和领导能力。任职培训应当在公务员任职前或者任职后一年内进行。担任县处级副职以上领导职务的公务员任职培训时间一般不少于 30 天，担任乡科级领导职务的公务员任职培训时间一般不少于 15 天
专门业务培训	根据公务员从事专项工作的需要进行的专业知识和技能培训，重点提高公务员的业务工作能力
在职培训	对全体公务员进行的培训

考点 4 事业单位工作人员培训★

事业单位工作人员有接受培训的权利和义务，一般每年度参加各类培训的时间累计不少于 90 学时或者 12 天。

岗前培训	对事业单位新聘用工作人员应当进行岗前培训，以提高适应单位和岗位工作的能力。岗前培训一般在工作人员聘用之日起 6 个月内完成，最长不超过 12 个月，累计时间不少于 40 学时或者 5 天
在岗培训	正常在岗的事业单位工作人员应当定期参加在岗培训。管理人员在岗培训内容包括公共科目和专业科目。在一个聘期内至少参加一次不少于 20 学时或者 3 天的公共科目脱产培训
转岗培训	对岗位类型发生变化或者岗位职责任务发生较大变化的事业单位工作人员应当进行转岗培训，转岗培训一般应当在岗位类型或者岗位职责任务发生变化前完成或在发生变化后 3 个月内完成，累计时间不少于 40 学时或者 5 天
专项培训	对参加重大项目、重大工程、重大行动等特定任务的事业单位工作人员应当进行专项培训，以满足完成特定任务的要求

第五节 流动配置

本节视频详解
使用"会计云课堂" App/微信扫码听课

考点 1 人力资源市场建设★★

1. 人力资源服务机构

公共人力资源服务机构	公共人力资源服务机构提供服务不得收费，经费纳入政府预算。人力资源社会保障行政部门应当依法加强公共人力资源服务经费管理

续表

经营性人力资源服务机构	从事职业中介活动的应当依法向人力资源社会保障行政部门申请行政许可，取得人力资源服务许可证。开展各项业务的应当自开展业务之日起15日内向人力资源社会保障行政部门备案 设立分支机构的，应当自工商登记办理完毕之日起15日内，书面报告分支机构所在地人力资源社会保障行政部门 变更名称、住所、法定代表人或者终止经营活动的，应当自工商变更登记或者注销登记办理完毕之日起15日内，书面报告人力资源社会保障行政部门

2. 人力资源市场活动规范

劳动者	劳动者求职应当如实提供本人基本信息以及与应聘岗位相关的知识、技能、工作经历等情况
用人单位	发布招聘信息，应当真实、合法，不得含有民族、种族、性别、宗教信仰等方面的歧视性内容
人力资源服务机构	（1）人力资源服务机构接受用人单位委托招聘人员，应当要求用人单位提供招聘材料，并对所提供材料的真实性、合法性进行审查 （2）人力资源服务机构不得采取欺诈、暴力、胁迫或者其他不正当手段，不得以招聘为名牟取不正当利益，不得介绍用人单位或者劳动者从事违法活动 （3）举办大型现场招聘会，应当符合《大型群众性活动安全管理条例》等法律法规的规定 （4）人力资源服务机构发布人力资源供求信息，应当建立健全信息发布审查和投诉处理机制，确保发布的信息真实、合法、有效。不得泄露或者违法使用所知悉的商业秘密和劳动者信息 （5）提供人力资源服务外包的，不得改变用人单位与劳动者的劳动关系，不得与用人单位串通侵害劳动者的合法权益 （6）经营性人力资源服务机构应当在服务场所明示营业执照、服务项目、收费标准，监督机关和监督电话，并接受人力资源社会保障行政部门和市场监督管理、价格等主管部门的监督检查。从事职业中介活动的，还应当在服务场所明示人力资源服务许可证 （7）人力资源服务机构应当建立服务台账，如实记录服务对象、服务过程、服务结果等信息。服务台账应当保存2年以上

3. 监督管理

监督检查要求	（1）监督检查人员不得少于2人 （2）应当出示执法证件 （3）对被检查单位的商业秘密予以保密

4. 法律责任

违法事项	处理方式
未经许可擅自从事职业中介活动	关闭或者责令停止从事职业中介活动；有违法所得的，没收违法所得，并处1万元以上5万元以下的罚款

续表

违法事项	处理方式
违反相关规定开展人力资源服务业务未备案，设立分支机构、办理变更或者注销登记未书面报告	责令改正；拒不改正的，处 5000 元以上 1 万元以下的罚款
违反相关规定，发布的招聘信息不真实、不合法	责令改正；有违法所得，没收违法所得；拒不改正的，处 1 万元以上 5 万元以下的罚款；情节严重的，吊销人力资源服务许可证；给个人造成损害的，依法承担民事责任
未按规定明示有关事项，未按规定建立健全内部制度或者保存服务台账，未按规定提交经营情况年度报告	责令改正；拒不改正的，处 5000 元以上 1 万元以下的罚款
违反其他法律、行政法规的	由有关主管部门依法给予处罚

经典题解

【例题·多选题】人力资源服务机构类型包括（　　）。(2020 年)

A. 公共人力资源服务机构

B. 经营性人力资源服务机构

C. 其他人力资源服务机构

D. 民营类人力资源服务机构

E. 外资人力资源服务机构

【解析】人力资源服务机构包括公共人力资源服务机构和经营性人力资源服务机构。

【答案】AB

考点 2　人才流动管理★

(1) 引导人才向艰苦边远地区和基层一线流动。

(2) 深化区域人才交流开发合作。

(3) 维护国家重点领域人才流动秩序。

(4) 完善政府人才流动宏观调控机制。

考点 3　人力资源的国际流动★★

1. 外国人来华工作许可

许可对象	聘用外国人的用人单位和外国人
许可依据	《中华人民共和国出境入境管理法》第四十一条规定 《中华人民共和国外国人入境出境管理条例》第七条、第十六条规定
用人单位基本条件	(1) 依法设立，无严重违法失信记录 (2) 聘用外国人从事的岗位应是有特殊需要，国内暂缺适当人选，且不违反国家有关规定的岗位 (3) 支付所聘用外国人的工资、薪金不得低于当地最低工资标准 (4) 法律法规规定应由行业主管部门前置审批的，需经过审批

续表

申请人基本条件	（1）应年满18周岁 （2）身体健康 （3）无犯罪记录 （4）境内有确定的用人单位 （5）具有从事其工作所必需的专业技能或相适应的知识水平 （6）所从事的工作符合我国经济社会发展需要，为国内急需紧缺的专业人员 （7）法律法规对外国人来华工作另有规定的，从其规定
不予批准的情况	（1）申请材料不齐全的 （2）申请材料不符合要求的 （3）申请材料虚假的 （4）申请人不符合来华工作条件的 （5）不适宜发给外国人来华工作许可的其他情况

2. 外国人才分类

类型	数量限制	要求
外国高端人才（A类）	无数量限制	符合“高精尖缺”和市场需求导向，中国经济社会发展需要的科学家、科技领军人才、国际企业家、专门特殊人才等，以及符合计点积分外国高端人才标准的人才。外国高端人才可不受年龄、学历和工作经历限制
外国专业人才（B类）	根据市场需求限制	属于经济社会发展急需的人才，具有学士及以上学位和2年及以上相关工作经历，年龄不超过60周岁；对确有需要，符合创新创业人才、专业技能类人才、优秀外国毕业生、符合计点积分外国专业人才标准的以及执行政府间协议或协定的，可适当放宽年龄、学历或工作经历等限制
其他外国人员（C类）	按国家有关规定执行	其他外国人员是指满足国内劳动力市场需求，符合国家政策规定的其他外国人员

3. 外国人永久居留服务管理

明确外国人永久居留证功能作用	永久居留证是外国人在中国境内居留的身份证件，可以单独使用。外国人可持证在中国境内办理金融、教育、医疗、交通、通信、就业和社会保险、财产登记、诉讼等事务。持证人在中国居留期限不受限制，可以凭本人护照和永久居留证出境入境
完善工作生活相关待遇	永久居留外国人在中国境内工作免办外国人工作许可，可按规定参加技术职务任职资格和职业资格考试；在购房、办理金融业务、申领驾照、子女入学、交通出行、住宿登记等方面依法享受中国公民同等待遇；在中国境内工作的，依法参加相应社会保险，缴存和使用公积金；在中国境内居住但未工作，且符合统筹地区规定的，可参照国内城乡居民参加居住地城镇居民基本医疗保险和城乡居民基本养老保险，享受社会保险待遇；在海关通关时，携带的自用物品按照海关规定办理相关手续
落实资格待遇	有关部门应当明确本部门职责范围内永久居留外国人享有国民待遇的事项范围，并对外公布

经典题解

【例题·多选题】 关于拥有中国永久居留资格的外籍人员的权利义务的说法，正确的有（　　）。(2020年)

A. 在中国居留没有时间期限限制

B. 在中国境内工作的，有权依法参加社会保险

C. 在购房、子女入学等方面，享受中国公民同等的待遇

D. 在中国境内工作的，必须办理外国人来华工作许可证

E. 可以在中国境内申领驾照

【解析】 永久居留外国人在中国境内工作免办外国人工作许可，选项D错误。

【答案】 ABCE

4. 移民与出入境便利化

扩大外国人才申请永久居留对象范围	对外籍高层次人才、有博士学历或长期在国家重点发展区域工作的外籍华人、有重大突出贡献以及国家特别需要的外国人才、符合工资性年收入标准和纳税标准的长期在华工作的外国人，提供申请办理在华永久居留便利，上述人员的外籍配偶和未成年子女可随同申请
放宽签发长期签证和居留许可的对象范围	优化营商环境，为来华经商、工作、研学的外国人签发长期有效的签证和居留许可。对国内重点高等院校、科研院所、知名企业邀请来华从事技术合作、经贸活动以及在华工作的外籍人才，对外籍高层次人才工作团队及辅助人员，签发2至5年有效的签证或居留许可
拓宽外国人才引进对象范围	为外国优秀青年在华创业创新提供服务，对在国内重点高等院校、国际知名高校毕业的外国优秀学生在华创新创业、国内知名企事业单位邀请来华实习的外国学生，提供办理签证和居留许可政策支持和便利服务
提高外国人服务管理水平	探索在外国人较集中地区建立移民事务服务中心（站点），为常住外国人提供政策咨询、居留旅行、法律援助、语言文化等工作学习生活便利服务

名师加油站

自从毕业之后，您有多久没有如此认真地备考了？您有多久没有如此努力地学习了？继续查漏补缺，继续去刷题，然后去期待努力过后的成果吧。

习题轻松过

扫一扫　“码”上做题、看解析

本书同步强化练习题均配备二维码，使用“会计云课堂”App 扫码，即可在线做题、看解析。

【“会计云课堂”App 下载二维码见封底】

本篇同步强化练习题

一、单项选择题

1. 关于非全日制用工的说法，错误的是（　　）。

A. 非全日制用工终止时，用人单位不向劳动者支付经济补偿

B. 从事非全日制用工的劳动者与多个用人单位订立劳动合同时，后订立的合同不得影响先订立合同的履行

C. 非全日制用工双方可以订立口头协议

D. 用人单位应当按月向从事非全日制用工劳动者支付劳动报酬

2. 关于劳动者解除劳动合同的说法，错误的是（　　）。

A. 劳动者提前 30 日书面通知用人单位，即可解除劳动合同

B. 劳动者在试用期内提前 3 日通知用人单位，可解除劳动合同

C. 用人单位未及时足额支付劳动报酬，劳动者可以随时解除劳动合同

D. 未经用人单位批准，劳动者不得解除劳动合同

3. 劳动者因（　　）而解除劳动合同是不符合法律规定的。

A. 用人单位没有在劳动者加班后立即支付加班费

B. 用人单位未及时足额向劳动者支付工资

C. 用人单位以威胁手段强迫劳动者劳动

D. 用人单位没有为劳动者缴纳社会保险费

4.《劳动合同法》规定，劳动者提前（　　）以书面形式通知用人单位，可以解除劳动合同。

A. 5 日　　B. 7 日

C. 10 日　　D. 30 日

5. 劳务派遣用工是补充形式，以下不能采用劳务派遣用工的是（　　）岗位。

A. 临时性　　B. 辅助性

C. 替代性　　D. 补充性

6.（　　）是对社会保险标的具有直接保险利益的主体。

A. 保险人　　B. 投保人

C. 被保险人　　D. 受益人

7. 社会保险法律适用的基本规则，错误的是（　　）。

A. 上位法的效力高于下位法

B. 同位法中特别规定与一般规定不一致时，适用特别规定

C. 同位法中新的规定与旧的规定不一致时，适用新的规定

D. 下位法的效力高于上位法

8.《中华人民共和国社会保险法》由第十一届全国人大常委会第十七次会议审议通

过，施行时间是（　　）。
A. 2011 年 7 月 1 日
B. 2012 年 7 月 1 日
C. 2011 年 8 月 1 日
D. 2012 年 8 月 1 日

9. 具有与我国签订社会保险缴费双边或多边协议的国家国籍的就业人员，在依法获得在我国境内就业证件（　　）个月内提供协议国出具参保证明的，应按协议规定免除其规定险种在规定期限内的缴费义务。
A. 1　　B. 2
C. 3　　D. 6

10. 从社会保险责任划分，不属于社会保险法律关系主体的是（　　）。
A. 社会保险的管理和经办机构
B. 用人单位
C. 劳动者
D. 投保人

11. 《社会保险法》规定，参加基本养老保险的个人达到法定退休年龄时，其累计缴费满（　　）年可按月领取基本养老金。
A. 10　　B. 15
C. 20　　D. 25

12. 关于工伤保险费缴纳的说法，正确的是（　　）。
A. 职工无须缴纳工伤保险费
B. 用人单位和职工共同缴纳工伤保险费
C. 用人单位代替职工缴纳工伤保险费
D. 工伤保险费由国家承担

13. 关于社会保险覆盖范围的说法，正确的是（　　）。
A. 外国人在我国就业的可以不缴纳社会保险
B. 劳动者在两个单位工作的，可以选择其中一家单位缴纳工伤保险费
C. 非全日制从业人员不能缴纳职工基本医疗保险
D. 无雇工的个体工商户可以参加职工基本养老保险

14. 基本医疗保险费由用人单位和个人共同缴纳，个人缴费一般为本人工资收入的（　　）。
A. 1%　　B. 2%
C. 3%　　D. 4%

15. 以下不属于视同工伤的是（　　）。
A. 在工作时间和工作岗位，突发疾病死亡或者在 48 小时之内经抢救无效死亡的
B. 在抢险救灾等维护国家利益、公共利益活动中受到伤害的
C. 职工原在军队服役，因战、因公负伤致残，已取得残疾军人证，到用人单位后旧伤复发的
D. 在工作时间和工作场所内，因工作原因受到事故伤害的

16. 关于基本养老保险的说法，正确的是（　　）。
A. 用人单位缴纳的基本养老保险费计入职工个人账户
B. 职工按照本单位工资总额的一定比例缴纳基本养老保险费
C. 无雇工的个体工商户不得参加基本养老保险
D. 我国基本养老保险实行社会统筹与个人账户相结合的模式

17. 参加基本医疗保险的职工的医疗费用依法应由第三人负担，但第三人不支付或者无法确定第三人的，由（　　）先行支付。
A. 基本医疗保险基金
B. 用人单位
C. 职工个人
D. 医疗机构

18. 下列争议中，属于劳动争议的是（　　）。

A. 企业与其职工因办理社会保险登记发生的争议
B. 企业与其职工因伤残等级鉴定发生的争议
C. 企业与其职工因借款发生的争议
D. 企业与其职工因休息休假发生的争议

19. 关于仲裁委员会的说法，错误的是（　　）。
A. 组成成员中有劳动行政部门代表、工会代表
B. 组成成员中有企业方面代表
C. 组成人员应当是单数
D. 组成人员应当是双数

20. 仲裁庭应当在开庭（　　）前，将开庭日期、地点书面通知双方当事人。
A. 3 日　　B. 5 日
C. 7 日　　D. 10 日

21. 仲裁庭裁决劳动争议案件时，不属于可以裁决先予执行情况的是（　　）。
A. 追索劳动报酬
B. 追索工伤医疗费
C. 追索经济补偿或者赔偿金
D. 追索仲裁费

22. 以下关于劳动争议仲裁裁决书、调解书，法院可以裁定不予执行的情况，说法错误的是（　　）。
A. 裁决的事项不属于劳动争议仲裁范围，或劳动争议仲裁机构无权仲裁的
B. 仲裁员仲裁该案件时，有徇私舞弊，枉法裁决行为的
C. 人民法院认定执行该劳动争议仲裁裁决违背社会公共利益的
D. 适用法律正确的

23. 关于举证责任的说法，正确的是（　　）。
A. 在劳动争议诉讼中，因计算劳动者工作年限发生的争议，由劳动者承担举证责任
B. 在劳动争议诉讼中，因用人单位解除劳动合同发生的争议，由用人单位承担举证责任
C. 在劳动争议仲裁中，劳动者不承担举证责任
D. 在劳动争议仲裁中，劳动者不能举证的，由用人单位承担不利后果

24. 关于劳动者应当承担的违反劳动法律责任的说法，正确的是（　　）。
A. 劳动者违法解除劳动合同，无须承担法律责任
B. 劳动者违反劳动合同中约定的保密义务，应当承担赔偿责任
C. 劳动者解除约定有服务期的劳动合同，应当向用人单位支付赔偿金
D. 劳动者违反劳动合同中有关竞业限制的约定，且给用人单位造成了损失，无须承担赔偿责任

25. 申请工伤认定的用人单位不服社会保险行政部门做出的工伤认定结论，（　　）。
A. 应依法先申请行政复议，对复议决定不服再向人民法院提起行政诉讼
B. 应依法先向人民法院提起行政诉讼，对判决结果不服再申请行政复议
C. 只能申请行政复议，不得向人民法院提起行政诉讼
D. 可依法直接向人民法院提起行政诉讼

26. 以下属于行政处分的具体形式的是（　　）。
A. 责令改正　　B. 查封
C. 吊销执照　　D. 记过

27. （　　）是一种最严厉的法律责任。
A. 行政责任　　B. 民事责任
C. 刑事责任　　D. 行政处罚

28. 下列不属于行政机关公务员的处分的是（ ）。
A. 警告　B. 记大过
C. 撤职　D. 罚款

29. 事业单位工作人员每年度参加各类培训时间累积不得少于（ ）学时或者（ ）天。
A. 60，8　B. 70，9
C. 80，11　D. 90，12

30. 公务员基本工资包括职务工资和（ ）两项。
A. 津贴补贴　B. 级别工资
C. 加班工资　D. 绩效工资

二、多项选择题

1. 劳动合同履行应遵循的原则有（ ）。
A. 全面履行原则　B. 合法原则
C. 平等原则　D. 合理原则
E. 协商原则

2. 用人单位履行劳动合同的义务有（ ）。
A. 用人单位应当按照劳动合同约定和国家规定，向劳动者及时足额支付劳动报酬
B. 用人单位应当严格执行劳动定额标准，不得强迫或者变相强迫劳动者加班
C. 用人单位应当保护劳动者的生命安全和身体健康
D. 劳动者应当遵守国家法律法规和单位规章
E. 劳动者应当遵守劳动合同中约定的特定事项（服务期、保守商业秘密和与知识产权相关的秘密等）的义务

3. 用人单位变更（ ），不影响劳动合同的履行。
A. 名称
B. 法定代表人
C. 主要负责人或者投资人
D. 合并或者分立
E. 工作内容

4. 关于执行劳动条件和最低工资标准的说法，错误的有（ ）。
A. 劳动合同履行地与用人单位注册地不一致时，涉及劳动条件的内容，执行用人单位注册地的有关规定
B. 劳动合同履行地与用人单位注册地不一致时，涉及最低工资标准的内容，执行劳动合同履行地的标准
C. 劳动合同履行地与用人单位注册地不一致时，涉及劳动条件内容，由用人单位决定是执行用人单位注册地还是劳动合同履行地的有关规定
D. 劳动合同履行地与用人单位注册地不一致时，涉及最低工资标准的内容，由劳动者决定是执行用人单位注册地还是劳动合同履行地的标准
E. 劳动合同履行地与用人单位注册地不一致时，涉及劳动条件的内容，按照用人单位要求执行

5. 关于社会保险的说法，正确的有（ ）。
A. 在中国境内从业的外国人应当参加社会保险
B. 职工基本养老保险属于社会保险
C. 灵活就业人员可以参加职工基本医疗保险
D. 非全日制用工从业人员不得在用人单位参加社会保险
E. 企业年金属于社会保险

6. 社会保险法律关系是指社会保险各主体之间，就社会保险的权利义务所产生的法律关系，以下各主体之间的说法正确的有（ ）。
A. 国家与劳动者之间
B. 社会保险经办机构与劳动者之间
C. 社会保险经办机构之间
D. 社会保险经办机构与用人单位之间
E. 商业保险机构与劳动者之间

7. 下列情形中，不应当被认定为工伤的有（　　）。
A. 职工因工外出期间，由于工作原因受到伤害的
B. 职工下班后在工作场所从事收尾性工作受到事故伤害的
C. 职工在上班途中受到暴力伤害的
D. 职工在工作时间内因私外出发生交通事故受到伤害的
E. 职工患职业病的

8. 不认定工伤的范围有（　　）。
A. 故意犯罪
B. 醉酒或者吸毒
C. 自残
D. 自杀
E. 职业病

9. 关于用人单位工伤保险责任的说法，正确的有（　　）。
A. 职工在两个用人单位同时就业的，由职工受到伤害时工作的单位承担工伤保险责任
B. 用人单位应当将参加工伤保险的有关情况，在本单位内公示
C. 职工被派遣出境工作的，其国内工伤保险关系依法中止
D. 非全日制从业人员可以自愿参加工伤保险，用人单位无工伤保险责任
E. 用人单位在转让前职工发生工伤的，由承继的单位承担工伤保险责任

10. 王某因追索工资与所在公司发生争议，遂向某法律工作者咨询。该法律工作者的下列观点中，符合法律规定的有（　　）。
A. 王某应向其户籍所在地的劳动争议仲裁委员会提出仲裁请求
B. 如王某对仲裁的裁决不服，可以向人民法院提起诉讼
C. 如王某追索工资的金额未超过当地月最低工资标准 12 个月的金额，则对该争议的仲裁裁决为终局裁决
D. 王某未解决争议既可以与公司协商，也可以向调解组织申请调解，还可以直接向劳动争议仲裁委员会申请仲裁
E. 如王某向劳动争议仲裁委员会申请仲裁，应缴纳仲裁费用

11. 下列争议中不属于劳动争议的范围有（　　）。
A. 用人单位之间
B. 劳动者之间
C. 用人单位与没有与之建立劳动关系的劳动者
D. 国家机关与公务员之间
E. 用人单位和与之建立劳动关系的劳动者就休息休假产生的争议

12. 劳动争议处理的基本原则有（　　）。
A. 合法的原则
B. 公正的原则
C. 及时的原则
D. 着重调解的原则
E. 平等的原则

13. 劳动监察的属性包括（　　）。
A. 法定性　　B. 行政性
C. 专门性　　D. 强制性
E. 及时性

14. 职业技能共分为五级，包括（　　）。
A. 初级工　　B. 中级工
C. 高级工　　D. 高级技师
E. 普通工

15. 事业单位工作人员培训包括（　　）。
A. 岗前培训　　B. 在岗培训
C. 转岗培训　　D. 轮岗培训
E. 专项培训

本篇同步强化练习题参考答案及解析

"扫码看解析"

使用微信或"会计云课堂"App 扫码，即可在线对答案、看解析，错题随手收藏，及时复习巩固。

一、单项选择题

1. 【答案】D

【解析】非全日制用工劳动报酬结算支付周期最长不得超过 15 日。

2. 【答案】D

【解析】用人单位以暴力、威胁或者非法限制人身自由的手段强迫劳动者劳动的。或者用人单位违章指挥、强令冒险作业危及劳动者人身安全的，劳动者可以立即解除劳动合同，不需事先告知用人单位，选项 D 错误。

3. 【答案】A

【解析】劳动者加班后没有立即支付加班费不属于劳动者可以解除劳动合同，且无须提前通知用人单位的情况。

4. 【答案】D

【解析】《劳动合同法》第三十七条规定，劳动者提前 30 日以书面形式通知用人单位，可以解除劳动合同。劳动者在试用期内提前 3 日通知用人单位，可以解除劳动合同，选项 D 正确。

5. 【答案】D

【解析】劳动合同用工是我国的企业基本用工形式。劳务派遣用工是补充形式，只能在临时性、辅助性或者替代性工作岗位上实施。

6. 【答案】C

【解析】被保险人是对社会保险标的具有直接保险利益的主体，选项 C 正确。

7. 【答案】D

【解析】上位法的效力高于下位法，选项 A 正确，选项 D 错误。

8. 【答案】A

【解析】《中华人民共和国社会保险法》由第十一届全国人大常委会第十七次会议审议通过，自 2011 年 7 月 1 日起施行，选项 A 正确。

9. 【答案】C

【解析】在中国境内就业的外国人，也应当参照《社会保险法》规定参加我国的社会保险。其中，具有与我国签订社会保险缴费双边或多边协议的国家国籍的就业人员，在其依法获得在我国境内就业证件 3 个月内提供协议国出具参保证明的，应按协议规定免除其规定险种在规定期限内的缴费义务，选项 C 正确。

10. 【答案】D

【解析】从社会保险责任划分的社会保险法律关系主体，可以分为国家、社会保险的管理和经办机构、用人单位、劳动者及其家庭。

11. 【答案】B

【解析】享受按月领取基本养老金待遇必须具备两个条件：达到法定退休年龄；累计缴纳基本养老保险费满 15 年，选项 B 正确。

12. 【答案】A

【解析】《社会保险法》规定，职工应当参

加工伤保险，由用人单位缴纳工伤保险费，职工不缴纳工伤保险费，选项A正确。

13. 【答案】D

【解析】在中国境内就业的外国人也应当参照规定参加我国的社会保险，选项A错误。职工（包括非全日制从业人员）在两个或两个以上用人单位同时就业的，各用人单位应当分别为职工缴纳工伤保险费，选项B错误。无雇工的个体工商户、未在用人单位参加职工基本医疗保险的非全日制从业人员以及其他灵活就业人员可以参加职工基本医疗保险，由个人按照国家规定缴纳基本医疗保险费，选项C错误。

14. 【答案】B

【解析】用人单位：为职工工资总额的6%左右（其中30%左右划入个人账户）。个人缴费：为本人工资收入的2%（全部计入个人账户），选项B正确。

15. 【答案】D

【解析】选项D属于工伤认定范围，不属于视同工伤。

16. 【答案】D

【解析】用人单位应当按照国家规定的本单位职工工资总额的比例缴纳基本养老保险费，计入基本养老保险统筹基金，选项A错误。职工应当按照国家规定的本人工资的比例缴纳基本养老保险费，计入个人账户，选项B错误。无雇工的个体工商户参加基本养老保险的，应当按照国家规定缴纳基本养老保险费，分别计入基本养老保险统筹基金和个人账户，选项C错误。

17. 【答案】A

【解析】医疗费用依法应由第三人负担，第三人不支付或者无法确定第三人的，由基本医疗保险基金先行支付。基本医疗保险基金先行支付后，有权向第三人追偿，选项A正确。

18. 【答案】D

【解析】用人单位与劳动者因工作时间、休息休假、社会保险、福利、培训以及劳动保护发生的争议属于劳动争议，选项D正确。

19. 【答案】D

【解析】劳动人事争议仲裁委员会由劳动行政部门代表、工会代表和企业方面代表三方组成，总人数应当是单数，选项D的说法错误。

20. 【答案】B

【解析】仲裁庭应当在开庭5日前，将开庭日期、地点书面通知双方当事人。当事人有正当理由的，可以在开庭3日前请求延期开庭，选项B正确。

21. 【答案】D

【解析】仲裁庭对追索劳动报酬、工伤医疗费、经济补偿或者赔偿金的案件，可以裁决先予执行，移送人民法院执行，选项D的说法错误。

22. 【答案】D

【解析】劳动争议仲裁裁决书、调解书有下列情形之一，并经审查核实的，法院可以裁定不予执行：

（1）裁决的事项不属于劳动争议仲裁范围，或劳动争议仲裁机构无权仲裁的，选项A正确；

（2）适用法律确有错误的，选项D错误；

（3）仲裁员仲裁该案件时，有徇私舞弊，枉法裁决行为的，选项B正确；

（4）人民法院认定执行该劳动争议仲裁裁决违背社会公共利益的，选项C正确。

23. 【答案】B

【解析】因用人单位作出的开除、除名、辞退、解除劳动合同、减少劳动报酬、计算劳动者工作年限等决定而发生的劳动争议，用人单位负举证责任，选项 A 错误。发生争议时，当事人对自己的主张有责任提供证据，选项 C 错误。与争议事项有关的证据属于用人单位掌握管理的，用人单位应当提供；用人单位不提供的，应当承担不利后果，选项 D 错误。

24. 【答案】B

【解析】劳动者违法解除劳动合同，给用人单位造成损失的，应当承担赔偿责任，选项 A 错误；用人单位与劳动者解除约定服务期的劳动合同的，劳动者应当按照劳动合同的约定向用人单位支付违约金，而不是赔偿金，选项 C 错误；劳动者若是违反劳动合同中约定的保密义务或者竞业限制，给用人单位造成损失，应当承担赔偿责任，选项 D 错误。

25. 【答案】D

【解析】申请工伤认定的职工或者其近亲属、该职工所在单位对工伤认定结论不服的，可以依法申请行政复议，也可以依法向人民法院提起行政诉讼，选项 D 正确。

26. 【答案】D

【解析】行政处分的具体形式包括警告、记过、记大过、降级、撤职、留用察看和开除等，选项 D 正确。选项 ABC 都属于行政处罚。

27. 【答案】C

【解析】刑事责任是最严厉的一种法律责任，具有强制性，选项 C 正确。

28. 【答案】D

【解析】行政机关公务员处分的种类为：①警告；②记过；③记大过；④降级；⑤撤职；⑥开除。

29. 【答案】D

【解析】事业单位工作人员有接受培训的权利和义务，一般每年度参加各类培训的时间累计不少于 90 学时或者 12 天。

30. 【答案】B

【解析】公务员基本工资包括职务工资和级别工资两项。

二、多项选择题

1. 【答案】AB

【解析】劳动合同履行应遵循的原则：①全面履行原则；②合法原则。选项 AB 正确。

2. 【答案】ABC

【解析】用人单位应当按照劳动合同约定和国家规定，向劳动者及时足额支付劳动报酬，选项 A 正确。用人单位应当严格执行劳动定额标准，不得强迫或者变相强迫劳动者加班，选项 B 正确。用人单位应当保护劳动者的生命安全和身体健康，选项 C 正确。选项 DE 属于劳动者的义务。

3. 【答案】ABCD

【解析】用人单位变更名称、法定代表人、主要负责人或者投资人等事项，不影响劳动合同的履行，选项 ABC 正确。用人单位发生合并或者分立等情况，原劳动合同继续有效，劳动合同由承继其权利义务的用人单位继续履行，选项 D 正确。

4. 【答案】ACDE

【解析】劳动合同履行地与用人单位注册地不一致的，有关劳动者的最低工资标准、劳动保护、劳动条件、职业危害防护和本地区上年度职工月平均工资标准等事项，执行劳动合同履行地的有关规定，选项B的说法正确，选项ACDE的说法错误。

5. 【答案】ABC

【解析】社会保险中基本养老保险和基本医疗保险覆盖人群包括非全日制从业人员，选项D错误。企业年金是补充保险，不属于社会保险，选项E错误。

6. 【答案】ABCD

【解析】社保法律关系是指社会保险各主体之间，如国家与劳动者之间、社会保险经办机构与劳动者之间、社会保险经办机构之间、社会保险经办机构与用人单位之间、用人单位与劳动者之间，就社会保险的权利义务所产生的法律关系，选项ABCD正确。

7. 【答案】CD

【解析】因工外出期间，由于工作原因受到伤害或者发生事故下落不明的认定为工伤，选项D错误。在上下班途中，受到非本人主要责任的交通事故或者城市轨道交通、客运轮渡、火车事故伤害的认定为工伤，选项C错误。

8. 【答案】ABCD

【解析】不认定工伤的范围：故意犯罪的；醉酒或者吸毒的；自残或者自杀的，选项ABCD正确。

9. 【答案】ABE

【解析】职工被派遣出境工作，依据前往国家或者地区的法律应当参加当地工伤保险的，参加当地工伤保险，其国内工伤保险关系中止；不能参加当地工伤保险的，其国内工伤保险关系不中止，选项C错误。《社会保险法》规定，职工（包括非全日制从业人员）应当参加工伤保险，由用人单位缴纳工伤保险费，职工不缴纳工伤保险费，选项D错误。

10. 【答案】BCD

【解析】劳动争议仲裁相关规定：

（1）劳动争议仲裁不收费，选项E错误；

（2）申请人可以选择向劳动合同履行地或者用人单位所在地的劳动争议仲裁委员会中的任何一个劳动争议仲裁委员会提起仲裁申请，选项A错误。

11. 【答案】ABCD

【解析】不属于劳动争议的范围有用人单位之间、劳动者之间、用人单位与没有与之建立劳动关系的劳动者、国家机关与公务员之间产生的争议，选项E属于劳动争议的范围。

12. 【答案】ABCD

【解析】劳动争议处理的基本原则：合法的原则、公正的原则、及时的原则和着重调解的原则，选项ABCD正确。

13. 【答案】ABCD

【解析】劳动监察的属性有法定性、行政性、专门性和强制性，选项ABCD正确。

14. 【答案】ABCD

【解析】职业技能等级共分为五级，由低到高分别为：五级/初级工、四级/中级工、三级/高级工、二级/技师、一级/高级技师。

15. 【答案】ABCE

【解析】事业单位工作人员培训分为岗前培训、在岗培训、转岗培训和专项培训，根据不同行业、不同类型、不同岗位特点，按照规定的方式进行。

第三部分

案例题集训

经典案例题

扫一扫 “码”上做题、看解析

本部分经典案例均配备二维码，使用“会计云课堂”App 扫码，即可在线做题、看解析。

【“会计云课堂”App 下载二维码见封底】

专题一 组织激励

（一）

某公司为一家通信企业，经过多年发展，拥有了庞大的固定电话、宽带客户资源，完善的基础网络设施和底蕴深厚的企业文化。员工对该企业的福利待遇比较满意，离职率很低。孙先生从基层员工做起，已经在该公司连续工作了近十年，对公司情况十分了解。今年年初，孙先生被提拔为市场部经理。市场部下设家庭客户部、个人客户部、政企客户部等，员工近百人。孙先生上任后，发现下属部门之间存在一些问题，比如同一项目预算可能有两个部门在做，最后用哪个部门的预算没有详细规定；更为严重的是部分员工消极怠工，未能全身心地投入工作，经常擅自离岗。为了提高部门业绩与员工的工作积极性，孙先生采取了一系列措施。一是为了强化员工的工作动机设立了新的关键绩效指标，完成指标的员工将获得多方面的奖励。二是实施了部门目标管理工作，推行一段时间后，部门的业绩稍有提高，三是在奖金方面，设置了新的绩效薪金制规则，除了原有的工作奖金外，年度部门业绩前三的员工还得到了更多的奖励。

1. 孙先生设立关键绩效指标，并对完成指标的员工提供多方面奖励，在其实施的下列奖励中，属于外源性动机的是（　　）。
   A. 提供具有挑战性的工作机会
   B. 提高工资
   C. 发放奖金
   D. 晋升职务

2. 根据孙先生新采取的一系列措施产生的积极效果，基于需要层次理论可以推断出，市场部员工需要处于（　　）层次。
   A. 安全需要
   B. 归属和爱的需要
   C. 尊重的需要
   D. 生理需要

3. 孙先生在部门中实施了目标管理，目标管理的要素包括（　　）。
   A. 团队管理
   B. 限期完成
   C. 目标具体化
   D. 过程评价

4. 孙先生在市场部实施的绩效薪金制的优点是（　　）。
   A. 减少管理者的工作量
   B. 减少员工间的竞争
   C. 增加了管理者的监督
   D. 提高员工工作积极性

（二）

某公司人力资源部总结时，发现公司有两类员工对公司不满。第一类是部分新员工反映工资比较低，没有办法维持基本生活。第二类是一部分员工工作3至5年，他们认为自己工作非常努力，但不被领导认可，升职希望渺茫，原因是公司为员工设置的工作目标不合理，领导给一部分人设置的工作目标比自己的容易达到，所以即使自己非常努力，领导也不认可。然而，工作目标是领导设定的，自己没有发言权。

1. 根据马斯洛的需要层次理论，第一类员工在工作中没有得到满足的需要是（　　）。
A. 生理需要　　B. 安全需要
C. 尊重需要　　D. 自我实现需要

2. 第二类员工在感到不公平时，可以采用的恢复平衡的方式是（　　）。
A. 改变自己的投入或产出
B. 改变对投入或产出的知觉
C. 改变参照对象
D. 寻求社会兼职

3. 以下属于第二类员工感到不满的因素是（　　）。
A. 工作环境
B. 晋升
C. 别人的认可
D. 目标设置不合理

4. 该公司目标管理中的（　　）要素出现了问题。
A. 目标具体化　　B. 参与决策
C. 限期完成　　D. 绩效反馈

专题二　人力资源规划

（一）

某高校现有30000名学生，1550名大学教师，在明年的招生计划当中，预计招生15000名新生，离校毕业学生人数5000名。为了确定需招聘教师的数量，该高校对5家不同的高校进行了调查，得到以下数据，见下表：

院校规模（学生人数）	教师人数
10000	550
20000	1050
24000	1250
36000	1850
42000	2150

1. 常用的定性预测方法有（　　）。
A. 经验判断法　　B. 客观判断法
C. 德尔菲法　　D. 比率分析法

2. （　　）是指，首先建立人力资源需求数量与其影响因素之间的函数关系，然后将这些影响因素的未来估计值代入函数，从而计算出组织未来的人力资源需求量。
A. 回归分析法　　B. 比率分析法
C. 德尔菲法　　D. 经验判断法

3. 该高校在确定招聘教师人数时，所采取的预测方法是（　　）。
A. 时间序列分析法
B. 比率分析法
C. 回归分析法
D. 德尔菲法

4. 下列说法，正确的有（　　）。
A. 回归分析法是一种不定量的预测技术
B. 回归分析法可以分为线性回归和非线性回归
C. 根据回归方程所涉及的自变量数量，可以将回归分析法划分为一元回归和多元回归分析法两种
D. 在人力资源需求预测方法中，定量方法在准确预测组织未来的人力资源需求方面可能是非常有效的

（二）

某企业自成立后发展迅速，随着市场份额的不断扩大，企业人员数量由2500人增加到6000人，但是随着市场产能过剩，市场空间逐步缩小，企业决定采取收缩战略，再加上该企业的产品类型较为单一，所以企业整体的劳动力冗余情况比较严重。而与此同时，企业内部有些部门却还存在着人手不足和明显的人岗不匹配现象，在行业不景气的大形势下，未来如何维持企业运营并保持一定增长，需要企业充分利用现有的人力资源，以满足战略发展的需要，对此，该企业的管理者感到十分困惑。

1. 为了更好地利用现有人力资源，该企业需要重点做好的人力资源管理工作是（　　）。
A. 提高基本薪酬　　B. 提高员工福利
C. 招聘新员工　　D. 人力资源规划

2. 该企业当前面临的人员冗余问题，反映了（　　）对人力资源需求的影响。
A. 技术　　B. 企业战略
C. 人力资源供给　　D. 产品市场

3. 能解决该企业内部有些部门人才短缺问题的方法，有（　　）。
A. 本部门员工加班加点
B. 通过改进生产技术提高效率
C. 对其他部门中可用的冗余人员在培训后转到人才紧缺部门
D. 在本部门内进行职位分享

4. 为应对企业整体人员过剩的情况，企业可以采取的方法有（　　）。
A. 业务外包　　B. 裁员
C. 鼓励提前退休　　D. 冻结雇用

专题三　人员甄选

（一）

某公司招聘面试最初的效果不理想，几个面试官对同一求职者的打分差异大，录用人员中面试得分很高的人，入职后实际工作绩效不尽如人意。

针对这种情况，公司人力资源部对面试官进行了集中培训。讲授面试技巧，帮助了解面试中可能犯的错误，提高面试水平。与此同时，还推广采用情境化结构面试。这次集中培训取得了较好的效果，在后来的面试中，面试考官通过询问情境化题目，对求职者的工作经验和能力进行了较为准确的判断，招聘的人员也更加符合职位的要求。

1. 集中培训前几个面试官对同一位求职者的打分差异很大，这说明面试的（　　）低。
A. 复本信度　　B. 评价者信度
C. 重测信度　　D. 内部一致性信度

2. 该公司招聘来的人员面试得分很高但入职后实际工作绩效不尽如人意，这说明（　　）低。
A. 内容效度　　B. 构想效度
C. 同时效度　　D. 预测效度

3. 该公司采用情境化结构面试，可选择的题目有（　　）。

A. 你的优点是什么

B. 你过去有没有遇到过带领团队实现具有挑战性目标的情况，你是如何做的

C. 假设你的下属对你安排的工作不太满意，你该如何处理

D. 你为什么愿意加入我们公司

4. 在对面试官的培训中，应告诉面试官尽量避免的错误有（　　）。

A. 提问和工作职责无关的问题

B. 对求职者进行的评价受到其前后求职者表现的影响

C. 说话过多，影响求职者作答

D. 有意制造紧张气氛以考察求职者在压力状况下的表现

（二）

某公司过去的员工甄选工作比较简单，一般是人力资源部门先筛选简历，重点看简历是否符合公司的任职资格要求。然后再将条件最好的几个人推荐给用人部门进行简单的笔试和面试。最近几年，公司发现这种过于简单的员工甄选方法存在很多问题。问题一是陆续出现了一些管理人员违规侵占公司利益的问题。经过调查发现，公司录用的跳槽过来的个别人员在上家公司工作时就存在类似问题，因为被发现，才不得不选择跳槽。问题二是公司采用的甄选测试方法缺乏有效性，一些测试得分较高的人被录用后，实际工作绩效却不如一些分数低的人。问题三是由于面试考官没有受过系统培训，面试方法不够科学。问题四是公司在招录管理人员时，只进行简单的笔试和面试，甄选方法过于单一，效果欠佳。为此，公司人力资源部门准备系统学习和掌握员工甄选工作的基本原理和相关规范，并在此基础上改进公司员工甄选系统。包括引进评价中心技术、改善面试效果等。

1. 一些测试得分较高的人被录用后，实际工作绩效却不如一些分数低的人，这说明该公司甄选测试的（　　）比较低。

A. 内部一致性效度　　B. 预测效度

C. 同质性效度　　D. 分半效度

2. 为了解决案例中的问题一，该公司可以采取的措施有（　　）。

A. 对候选人进行履历分析以更好地理解其背景

B. 对候选人进行知识测试以了解其专业知识程度

C. 对候选人进行认知能力测试以了解认知能力

D. 对候选人进行职业兴趣测试以了解其职业兴趣

3. 为了解决案例中的问题三，公司决定对面试考官进行系统培训。这种系统培训应当让考官掌握的要点包括（　　）。

A. 为了更好的考核候选人的真实情况，应让候选人充分发挥，不要试图控制面试时间

B. 如果在面试之初，就对一位候选人很有把握，可尽快作出决定，不必浪费太多时间

C. 了解面试中容易出现的误区和相应的解决方法

D. 为了更好地考察，考官应该在面试前留出时间看候选人的简历

4. 为了解决案例中的问题四，该公司准备采用评价中心技术，关于评价中心技术的说法，正确的是（　　）。

A. 评价中心技术能够有效考察候选人的管理能力和问题解决能力

B. 评价中心技术通过要求候选人完成实际工作任务来进行测试

C. 评价中心技术在甄选管理人员方面具有较高的预测效度

D. 评价中心技术包括公文筐测试和角色扮演等

专题四 薪酬管理

（一）

某民营企业成立于2000年，目前已是中国知名日用品制造商。公司创立早期，由于人员少，并且大多与公司老板有亲戚关系，人力资源部经理长期由老板的亲戚担任，工资发放存在较大的主观性、随意性。随着公司快速发展，在现有规模阶段，原有的薪酬管理方法显然已不适用，员工抱怨权责不明、薪酬待遇不公、贡献与收入不成比例，“大锅饭”现象严重，薪酬水平在市场上缺乏竞争力。但是，公司老板的看法却不同，他认为公司的薪酬成本已经很高了，甚至给公司的经营带来了很大压力。为此，公司邀请了人力资源专家进行诊断。

专家经过调查发现，该公司的薪酬分配原则不清楚。薪酬分配在职位之间、员工之间缺乏公平性，存在平均主义；此外，员工的薪酬水平较低，落后于同行业类似职位的薪酬水平，与该公司的市场地位不符，长此以往将影响公司的发展。

1. 假设公司老板认为的“公司薪酬成本很高”确实存在，该公司可以采用的薪酬成本控制方法有（ ）。
   A. 减少员工的雇佣量
   B. 控制员工的加班工时
   C. 减少社会保险缴费
   D. 压缩现有员工人数

2. 为了提升企业市场的竞争力，该企业可以采取的薪酬策略有（ ）。
   A. 跟随策略　　B. 滞后策略
   C. 领先策略　　D. 匹配策略

3. 为了解决该公司的薪酬公平性问题，应进行（ ）。
   A. 薪酬控制　　B. 薪酬调查
   C. 工作分析　　D. 职位评价

4. 薪酬调查主要解决的问题是（ ）。
   A. 外部竞争性　　B. 外部公平性
   C. 内部公平性　　D. 个人公平性

（二）

A股份有限公司是一家生产大型环保处理设备的企业，该公司产品的技术含量高，市场较为狭窄，销售周期较长。之前一直执行能力与绩效结合的支付薪酬的办法，员工入职时按照谈判工资的方式确定薪酬。近两年，员工普遍对薪酬意见较大。进行薪酬满意度调查后发现，公司的薪酬分配原则不清晰，存在内部不公平；不同职位之间、不同员工之间的薪酬差别基本上是凭感觉来确定；不能准确了解外部，特别是同行业的薪酬水平，无法准确定位薪酬整体水平；给谁加薪、加多少，老板和员工心里都没底。

1. 该公司薪酬管理的主要问题有（ ）。
   A. 薪酬没有体现不同职位之间的差距
   B. 薪酬随意性大，没有统一的政策
   C. 员工之间薪酬水平差距不大
   D. 薪酬水平没有参考市场水平

2. 关于不同公司战略下的薪酬管理特征的说法，正确的是（ ）。
   A. 采取成长战略的企业往往会在短期内提供较高水平的基本薪酬
   B. 采取稳定战略的企业薪酬结构中的基本薪酬和福利，所占比重通常较小
   C. 采取稳定战略的企业一般采取市场跟随或略高于市场水平的薪酬
   D. 采取收缩战略的企业薪酬结构中的基本薪酬所占比例通常较高

3. 为了解决该公司薪酬的内部公平性问题，应进行（　　）。
A. 薪酬调查　　B. 成本分析
C. 职位评价　　D. 薪酬预算

4. 该公司的销售人员，适宜采用的薪酬制度是（　　）。
A. 单纯佣金制
B. 低基本薪酬加高佣金
C. 单纯基薪制
D. 高基本薪酬加低佣金或奖金

专题五　人力资本投资理论

（一）

小马是一家私营企业的人力资源经理，他在努力说服总经理增加员工培训预算。但总经理谈了几个看法：一是不要把眼光仅放在正式培训项目上，很多培训可以通过非正式的形式来完成；二是正式的培训看起来只产生直接支出的经费，但实际上还有很多隐性支出或机会成本；三是要考虑培训的收益问题，不能光想着要培训预算；四是一旦接受过培训的员工离职，公司的培训支出就等于白花了，这个问题应该想办法解决好。

1. 总经理在第一点中提到的非正式培训可以采取的形式包括（　　）。
A. 劳动者通过边干边学的方式积累工作经验
B. 老员工在工作中手把手地指导新员工完成工作
C. 安排员工在上班时间去旁听一场免费技术讲座
D. 老员工在工休时间以聊天的方式向其他员工传授工作技巧

2. 关于总经理谈到的培训中的隐性成本包括（　　）。
A. 师傅带徒弟的过程中效率降低
B. 受训员工培训期间不能全力工作
C. 企业设备用于培训不能参与生产活动
D. 支付的培训费用

3. 关于总经理在第三点中提到的培训收益的说法，正确的有（　　）。
A. 操作性技术培训的收益比其他培训的收益更高
B. 培训的收益可以在培训结束后马上测量出来
C. 培训的收益有可能在长期中才能表现出来
D. 培训的收益主要表现在员工的生产率提高方面

4. 针对总经理指出的第四个问题，为降低因员工离职造成公司培训投资损失的风险，小马可以采取的对策包括（　　）。
A. 要求员工分担部分培训成本
B. 对接受培训后业绩突出的员工提供奖励
C. 选择性价比更高的培训项目
D. 要求员工通过签订书面合同承诺在受训后继续工作一定的年限

（二）

小马上高中时，父亲让他退学回家务农，理由是上大学没用，因为村里有些孩子虽然上了大学，也没有找到好工作，还不如早早出去打工比同龄人挣钱多。小马听从父亲安排，在家里干了一年多农活，但收入实在太低。于是，他跟随同村大姐小李从湖南老家来到广东一家电子装配厂工作，虽然工作辛苦，但收入比在农村务农高很多。

几年后，小李惦记家中生病父母没人照顾，于是从广东回到了湖南老家，边干农活边经营一家小超市。而继续留在广东的小马则应聘到了一家集装箱货运公司工作，这家公司有一种自行设计的非常规集装箱吊车，小马经过半年的培训开始独立工作。虽然在培训期间他的工资比在原来的电子厂还少，但独立操作集装箱吊车后，工资水平就比过去高了很多，小马觉得自己的选择是正确的。

1. 从经济学的角度来看，小马的父亲不让他在高中阶段继续读书考大学的理由是错误的，可以说服他父亲的道理有（ ）。
   A. 上大学的收益体现为大学毕业生的终身工资性报酬超过高中毕业生的那部分
   B. 任何人上大学的收益都会超过成本
   C. 如果大学给小马免掉学费，则上大学的收益都会超过成本
   D. 上大学的收益并不仅仅体现在刚毕业的那段时间

2. 小马从湖南农村到广东电子装配厂工作的情况表明（ ）。
   A. 离乡不离土是农村劳动力流动的一种重要形式
   B. 农业部门的低工资是推动劳动者从农业部门向工业部门流动的重要原因
   C. 就业机会多和收入高的地区往往是劳动力流入的地方
   D. 跨地区流动和跨产业流动可能同时发生

3. 关于小李在广东打工一段时间后又回到老家的说法，正确的是（ ）。
   A. 这种现象称为回归迁移
   B. 这也属于一种跨部门劳动力流动
   C. 这种情况表明，劳动力跨地区流动存在心理成本
   D. 地区间的人均收入差异是导致劳动力流动的最主要原因

4. 关于小马在集装箱货运公司工作期间的说法，正确的是（ ）。
   A. 作为一种人力资本投资形式，在职培训有助于提高劳动者的工资水平
   B. 小马接受培训期间的工资比正常工作时低，说明小马个人实际上分摊了培训的成本
   C. 小马接受的是特殊在职培训
   D. 特殊在职培训的培训成本都是由企业承担的

专题六　劳动合同管理及劳动争议调解仲裁

（一）

自 2010 年起，张某在甲商贸公司工作，2017 年 3 月，甲商贸公司分立为甲贸易公司、乙贸易公司和丙贸易公司，分立协议明确由甲贸易公司承受分立前甲商贸公司的所有劳务权利义务，并明确张某继续在甲贸易公司工作，甲贸易公司登记一直在江北区；张某的实际工作所在地一直在江东区，另外，张某户籍在江西区，常住地在江南区。

2018 年 5 月 7 日，张某离开甲商贸公司，2018 年 8 月 7 日，张某向调解组织提出书面申请，希望解决 2012 年 2 月至 2017 年 2 月之间，甲商贸公司拖欠其工资问题，后因调解未果，张某就上述拖欠工资问题向劳动争议仲裁委员会申请劳动仲裁，劳动争议仲裁过程中，劳动争议仲裁委员会要求张某提供工资发放明细表、社保缴纳情况证明。

1. 在张某提起的劳动争议仲裁中，被申请人应是（ ）。
   A. 乙贸易公司
   B. 丙贸易公司

C. 甲贸易公司、乙贸易公司或丙贸易公司

D. 甲贸易公司

2. 张某可以向（　　）劳动争议仲裁委员会申请劳动争议仲裁。

A. 江东区　　B. 江南区

C. 江西区　　D. 江北区

3. 在张某提起的仲裁程序中，举证责任分配正确的是（　　）。

A. 工资发放明细表、社保费缴纳情况证明均由张某提供

B. 工资发放明细表由公司提供，社保费缴纳情况证明由张某提供

C. 工资发放明细表由张某提供，社保费缴纳情况证明由公司提供

D. 工资发放明细表和社保费缴纳情况证明都应由公司提供

4. 下列情形中，人民法院应当认定仲裁时效中断的有（　　）。

A. 张某向调解组织书面申请调解其工资争议的行为

B. 甲商贸公司分裂为三家公司的行为

C. 张某申请劳动争议仲裁的行为

D. 张某离开甲商贸公司的行为

（二）

女职工甲与某公司依法签订无固定期限劳动合同。2017年7月，甲怀孕，由于年龄较大，需要保胎，甲多次迟到或者不上班。2018年7月至12月累积15天没有上班。某公司规章规定，累计旷工10天以上构成严重违反用人单位规章。据此，公司与甲解除了劳动合同。甲认为公司违法解除劳动合同，要求其承担违法解除劳动合同的法律责任。

1. 关于该公司解除行为的说法，正确的是（　　）。

A. 因为甲处于孕期，公司无权解除劳动合同

B. 公司解除劳动合同应通知工会，并经工会书面同意

C. 作为解除依据的公司规章制度，应当内容合法、经过民主程序，并向劳动者公示或告知

D. 因为甲签订的是无固定期限劳动合同，所以公司无权单方解除劳动合同

2. 关于该公司解除劳动合同后的义务的说法，正确的是（　　）。

A. 因为甲是孕妇，公司应为其支付经济补偿

B. 因为甲是孕妇，公司应为其支付赔偿金

C. 公司应当保存已解除的合同文本至少2年备查

D. 公司应在2个月内为劳动者办理社会保险和档案转接手续

3. 如甲以公司未为其缴纳社会保险为由解除劳动合同，下列判断中，正确的是（　　）。

A. 如需支付经济补偿，则经济补偿按甲在公司的工作年限，每满2年支付一个月工资的标准支付

B. 甲无须提前30天通知公司

C. 甲需提前30天通知公司

D. 公司无须支付经济补偿

4. 若甲对该公司的解除行为不服，可以采取的救济途径是（　　）。

A. 甲可以请求工会协助其与企业进行协商

B. 甲可以直接向商事仲裁机构申请仲裁

C. 甲对终局裁决以外的仲裁裁决不服的，可以向人民法院提起诉讼

D. 甲可以向劳动行政部门申请行政复议

经典案例题参考答案及解析

"扫码看解析"

使用微信或"会计云课堂"App扫码，即可在线对答案、看解析，错题随手收藏，及时复习巩固。

专题一

（一）

1. 【答案】BCD

【解析】外源性动机是指人做出某种行为是为了行为结果，可以获得物质或者社会报酬，更看重工作带来的报偿，包括工资、奖金、晋升等；选项A属于内源性动机的激发方式。

2. 【答案】C

【解析】根据题干，孙先生采取的一系列措施满足了员工尊重的需要，包括内在的尊重（自尊、自主权、成就感）和外在的尊重需要（地位、认同、受重视）。

3. 【答案】BC

【解析】目标管理的四要素包括目标具体化、参与决策、限期完成及绩效反馈。

4. 【答案】AD

【解析】绩效薪金制的优点：员工为了获得更高的薪金会自发地努力工作，而不需要管理者的监督，从而减少管理者的工作量。

（二）

1. 【答案】A

【解析】根据题干，第一类员工没有得到满足的需要是生理需要，指对食物、水、居住场所、睡眠、性等身体方面的需要，选项A正确。

2. 【答案】ABC

【解析】感到不公平的员工可以采用以下方式来恢复公平：改变自己的投入或产出；改变对照者的投入或产出；改变对投入或产出的知觉；改变参照对象；辞职，选项ABC正确。

3. 【答案】BCD

【解析】根据题意，第二类员工认为自己不被领导认可，升职希望渺茫，原因是公司为员工设置的工作目标不合理，选项BCD正确。

4. 【答案】B

【解析】参与决策指在制定工作目标时，要求涉及目标的所有群体共同制定目标，并共同规定如何衡量目标的实现程度，而不是由上级单方面地指定下级的工作目标，选项B正确。

专题二

（一）

1. 【答案】AC

【解析】在对人力资源需求进行预测时，既可以采用定性的主观判断法，又可以使用定量的统计学方法。其中，定性的主观判断法又包括经验判断法和德尔菲法两种，选项AC正确。

2. 【答案】A

【解析】回归分析法是指，首先建立人力资源需求数量与其影响因素之间的函数关系，然后将这些影响因素的未来估计值代入函数，从而计算出组织未来的人力资源需求量，选项A正确。

3.【答案】C

【解析】回归分析法是一种定量的预测方法。它的主要做法是，首先建立人力资源需求数量与其影响因素之间的函数关系，然后将这些影响因素的未来估计值代入函数，从而计算出组织未来的人力资源需求量，根据题目中给出的数据表格，选项C正确。

4.【答案】BCD

【解析】回归分析法是一种定量的预测方法，选项A错误。

（二）

1.【答案】D

【解析】人力资源规划就是指组织根据自身战略的需要，采用科学的手段来预测组织未来可能会遇到的人力资源需求和供给状况，进而制订必要的人力资源获取、利用、保留和开发计划，满足组织对于人力资源数量和质量的需求，不仅帮助组织实现战略目标，而且确保组织在人力资源的使用方面达到合理和高效。

2.【答案】B

【解析】企业战略主要回答“到哪里去竞争”的问题，即作出组织应该选择经营何种业务以及进入何种行业或领域的决策。一般情况下，企业战略划分为成长战略、稳定战略和收缩战略三种类型。本题中企业决定采取收缩战略再加上该企业的产品类型较为单一，所以企业整体的劳动力冗余情况比较严重，反映了企业战略对人力资源的影响。

3.【答案】ABC

【解析】题目中需要解决的是人才短缺的问题，而选项D是减少出现劳动力过剩的方法，选项D的说法错误。

4.【答案】BCD

【解析】业务外包为避免未来出现劳动力短缺的方法，选项A错误。

专题三

（一）

1.【答案】B

【解析】评价者信度就是指不同评价者在使用同一种测试工具时所给出的分数之间的一致性程度。几个面试官对同一求职者的打分差异大，所以评价者信度低。

2.【答案】D

【解析】预测效度所要考察的是员工被雇用之前的测试分数与其被雇用之后的实际工作绩效之间是否存在实证性联系。

3.【答案】BC

【解析】情境化结构面试的题目可以划分为两类：一类是以过去的经验为依据，它要求被面试者回答他们在过去的工作中遇到的某种情形，以及他们当时是如何处理的；另一类则是未来导向型的，它要求被面试者回答，将来一旦遇到某种假设的情形，他们将会采取怎样的处理措施。

4.【答案】ABC

【解析】有意制造紧张气氛以考察求职者在压力状况下的表现，这是压力面试，不是面试官应避免的错误。

（二）

1.【答案】B

【解析】预测效度考察的是员工被雇用之前的测试分数与其被雇用之后的实际工作绩效之间是否存在实证性联系。

2.【答案】A

【解析】根据案例，问题一是陆续出现了一些管理人员违规侵占公司利益的问题。经过调查发现，公司录用的跳槽过来的个别人员在上家公司工作时就存在类似问题，因为被发现，才不得不选择跳槽。可以得出该公司缺乏履历分析。履历信息必须真实、全面、相关。

3. 【答案】CD

【解析】面试中应该根据岗位的情况合理确定对每一位被面试者进行面试的时间长度，AB 错误。考官需要认真阅读简历材料和职位说明书，准备好相关的问题。对面试官的培训中应使面试考官理解在进行面试评价时可能会出现的各种偏差，从而避免犯这些错误。

4. 【答案】ACD

【解析】评价中心技术是通过要求候选人完成模拟工作任务来进行测试，而不是实际工作任务，选项 B 错误。

专题四

（一）

1. 【答案】AB

【解析】薪酬成本的控制：①控制雇佣量，雇佣量是企业雇佣人数与他们的工时数量的乘积。所以控制雇佣量不仅控制员工数量，而且控制工时数量。②控制基本薪酬。③控制奖金。④控制福利支出。⑤利用适当的薪酬技术手段，选项 AB 正确。

2. 【答案】AC

【解析】在薪酬调查结束后，就应结合企业所处的内外部环境确定薪酬水平。在确定薪酬水平时，企业可以选择领先策略、跟随策略或滞后策略，同时也可以根据职位特点的不同在企业内部实行混合策略。为了提升企业市场的竞争力，企业可以采取跟随策略和领先策略。选项 AC 正确。领先策略，采用这种薪酬策略的企业，薪酬水平在同行业的竞争对手中是处于领先地位的。跟随策略，采用这种策略的企业，一般都找准了自己的标杆企业，企业的经营与管理模式都向自己的标杆企业看齐，薪酬水平跟标杆企业差不多就行了。滞后型薪酬策略又称为“成本导向策略”“落后薪酬水平策略”或“拖后型薪酬政策”，本组织的薪酬水平低于竞争对手或市场薪酬水平。

3. 【答案】CD

【解析】工作分析是确定薪酬体系的基础，职位评价主要是为了解决薪酬的内部公平性问题，选项 CD 正确。

4. 【答案】A

【解析】薪酬调查主要是为了解决薪酬的外部竞争性问题，选项 A 正确。

（二）

1. 【答案】ABD

【解析】该公司的薪酬分配原则不清楚，存在内部不公平；不同职位之间、不同员工之间的薪酬差别基本上是凭感觉来确定；不能准确了解外部，特别是同行业的薪酬水平，无法准确定位薪酬整体水平，选项 ABD 正确。

2. 【答案】C

【解析】采取成长战略的企业的薪酬方案是在短期内提供相对低的基本薪酬，而从长期来讲，企业将实行奖金或股票选择权等计划，能够使员工得到较为丰厚的回报，选项 A 错误。采取稳定战略的企业，在薪酬管理方面，薪酬决策的集中度比较高，在薪酬结构上基本薪酬和福利所占的比重较大，选项 B 错误；采取稳定战略的企业从薪酬水平来说，一般采取市场跟随或略高于市场水平的薪酬，但长期内不会有太大的增长，选项 C 正确。采取收缩战略的企业，在薪酬结构上基本薪酬所占的比例相对较低，一些企业还尝试实行员工股份所有权计划，以鼓励员工共担风险，选项 D 错误。

3. 【答案】C

【解析】职位评价主要是为了解决薪酬的内部公平性问题，选项 C 正确。

4. 【答案】D

【解析】对于一些技术含量较高，市场较为狭窄，销售周期较长的产品来说，对销售人员的素质及稳定性要求都很高，因此采取“高基本薪酬加低佣金或奖金”的薪酬制度比较适合，选项 D 正确。

专题五

（一）

1. 【答案】AD

【解析】边干边学和工休时间以聊天的方式向其他员工传授工作技巧，都属于非正式的培训。

2. 【答案】ABC

【解析】隐性成本也可以理解为机会成本，包括：受训者参加培训的机会成本，利用机器或有经验的职工从事培训活动的机会成本。

3. 【答案】CD

【解析】在职培训的收益则主要表现在受训者生产率的提高上。然而这种收益有时是比较明显的，如各种操作性技术培训。而有些则要经过一段时间才能表现出来，这主要表现在一些技术操作性不太强的培训。如机械工作原理的培训、文化培训等。这些培训计划的结果在短期内往往不太明显，但受训者的生产率还是可以通过工作思路的开阔、思维能力的增强而逐步得到提高。

4. 【答案】AD

【解析】在管理实践中，企业所进行的一般培训和特殊培训实际上是很难完全区分开的，因此，在企业的各种在职培训活动中，普遍运用先分摊成本然后再分享收益这种双赢的方式。企业和员工分担成本和签订服务期的方式，可以减少企业培训投资的损失。

（二）

1. 【答案】AD

【解析】上大学的总收益是指一个人在接受大学教育之后的终身职业生涯中获得的超过高中毕业生的工资性报酬。

2. 【答案】BCD

【解析】农村劳动力流动比较普遍的有两种情况：离土又离乡和离土不离乡。小马属于离土又离乡的情形，选项 A 错误。

3. 【答案】AC

【解析】在地区劳动力流动中，存在着一种“回归迁移”，即许多人从一地区迁移到另一地区，但经过一段工作时间后，又迁回到原来地区，选项 A 正确。回归迁移属于劳动力的跨地区流动，选项 B 错误。迁移成本包括直接成本、机会成本和心理成本三个方面。心理成本是指远离亲朋好友以及过去所熟悉的社区环境所造成的不适。小李回老家是因为惦记父母没人照顾，属于心理成本，选项 C 正确。劳动力地区流动的原因极其复杂，它涉及经济、文化和社会各个方面，但经济是最基本的原因。人均收入差异是导致劳动力流动的原因，但不是最主要原因，选项 D 错误。

4. 【答案】ABC

【解析】这些受过特殊培训的员工在本企业中所获得的工资比他们到其他企业中去工作所可能获得的工资要稍高一些，选项 A 正确。特殊培训是指培训所产生的技能只对提供培训的企业的劳动生产率有所提高，而对其他企业则没有用处的情况，选项 C 正确。在培训期间，受训者因接受培训会导致其生产率比不接受培训时要低，企业向员工支付一种位于市场工资率和低生产率工资率之间的工资率。这实际上意味着企业和员工共同分摊了特殊培训的成本，选项 B 正确，选项 D 错误。

专题六

（一）

1. 【答案】D

【解析】《劳动合同法》第三十四条规定，用人单位发生合并或者分立等情况，原劳动合同继续有效，劳动合同由承继其权利和义务的用人单位继续履行。根据《中华人民共和国民法典》规定，企业法人分立的，其权利和义务由分立后的法人享有连带债权，承担连带债务，但是债权人和债务人另有约定的除外。

2. 【答案】AD

【解析】发生劳动争议，申请人可以选择向劳动合同履行地或者用人单位所在地的劳动人事争议仲裁委员会提起仲裁申请。

3. 【答案】D

【解析】与劳动争议事项有关的证据（劳动者的档案、工资发放、社会保险费缴纳、劳动保护提供等情况和材料）属于用人单位掌握管理的，用人单位应当提供；用人单位不提供的，应当承担不利后果。

4. 【答案】AC

【解析】有下列情形之一的，仲裁时效中断；从中断时起，仲裁时效期间重新计算：①一方当事人通过协商、申请调解等方式向对方当事人主张权利的；②一方当事人通过向有关部门投诉，向劳动人事争议仲裁委员会申请仲裁，向人民法院起诉或者申请支付令等方式请求权利救济的；③对方当事人同意履行义务的。

（二）

1. 【答案】C

【解析】女职工在孕期、产期、哺乳期的用人单位不得依照《劳动合同法》第四十条、第四十一条规定解除劳动合同，但是甲严重违反用人单位规章，可以解除劳动合同，选项 A 错误。用人单位单方解除劳动合同，应当事先将理由通知工会，用人单位违反法律、行政法规规定或者劳动合同约定的，工会有权要求用人单位纠正。用人单位应当研究工会的意见，并将处理结果书面通知工会，选项 B 错误。劳动规章制度要具有法律效力，应满足三个条件，一是内容合法，不违背有关法律法规及政策；二是经过民主程序制定；三是要向劳动者公示，选项 C 正确。劳动者严重违反用人单位的规章制度，用人单位可以解除劳动合同，选项 D 错误。

2. 【答案】C

【解析】本案例中，并不是用人单位违法解除劳动合同，而是劳动者严重违反用人单位的规章制度，所以不需要支付经济补偿和支付赔偿金，选项 AB 错误。用人单位对已经解除或者终止的劳动合同的文本，至少保存 2 年备查，选项 C 正确。用人单位应当在解除或者终止劳动合同时出具解除或者终止劳动合同的证明，并在 15 日内为劳动者办理档案和社会保险关系转移手续，选项 D 错误。

3. 【答案】B

【解析】经济补偿按劳动者在本单位工作的年限，每满 1 年向劳动者支付 1 个月工资的经济补偿（6 个月以上不满 1 年的，按 1 年计算）；不满 6 个月的，向劳动者支付半个月工资的经济补偿，选项 A 错误。《劳动合同法》第三十八条规定，未依法为劳动者缴纳社会保险费的，劳动者可以解除劳动合同，且无须提前通知用人单位，选项C错误。劳动者依照《劳动合同法》第三十八条规定解除劳动合同的，用人单位应当给予劳动者经济补偿，选项D错误。

4.【答案】AC

【解析】《中华人民共和国劳动争议调解仲裁法》明确规定，发生劳动争议，劳动者可以与用人单位协商、也可以请工会或者第三方共同与用人单位协商，达成和解协议；当事人不愿协商、协商不成或者达成和解协议后不履行的，可以向调解组织申请调解；不愿调解、调解不成或者达成调解协议后不履行的，可以向劳动人事争议仲裁委员会申请仲裁；对仲裁裁决不服的，除法律规定仲裁裁决为终局裁决的外，还可以向人民法院提起诉讼，选项AC正确。

第四部分

全真模拟测试题及参考答案

全真模拟测试题（一）

扫一扫　“码”上做题、看解析

本部分习题均配备有二维码，使用“会计云课堂”App 扫码，即可在线做题、看解析。

【“会计云课堂”App 下载二维码见封底】

一、单项选择题（共 60 题，每题 1 分。每题的备选项中，只有 1 个最符合题意）

1. 职工因工死亡，其直系亲属可从工伤保险基金领取丧葬补助金、供养亲属抚恤金和（　　）。
A. 一次性工伤医疗补助金
B. 一次性工亡补助金
C. 一次性伤残补助金
D. 一次性伤残经济补偿金

2. 通常规模越大的企业劳动力流动率越低，关于产生这种现象原因的说法，错误的是（　　）。
A. 大企业提供的大多是特殊在职培训，这使员工流动到其他企业无利可图
B. 大企业往往提供较高水平的工资，导致员工流动到其他企业的成本较高
C. 大企业能够为劳动者提供较多的工作轮换机会
D. 大企业能够为劳动者提供较多的晋升机会

3. 大学毕业生终身职业生涯的工资性报酬超过高中毕业生终身职业生涯的工资性报酬的部分，被视为高等教育投资的（　　）。
A. 成本　　B. 收益
C. 总收益　　D. 总成本

4. 因劳动力市场运转存在“摩擦”或“不完善”而形成的失业属于（　　）。
A. 摩擦性失业
B. 周期性失业
C. 结构性失业
D. 季节性失业

5. 如果在沿海地区就业的大量内地农村劳动力返还家乡，而沿海地区的劳动力需求没有发生变化，则此时沿海地区的劳动力市场状况会表现为（　　）。
A. 均衡工资率上升，均衡就业量下降
B. 均衡工资率下降，均衡就业率上升
C. 均衡工资率和均衡就业量均下降
D. 均衡工资率和均衡就业量均上升

6. 某市制鞋工人工资率为每小时 40 元，该市制鞋工人的劳动力总供给工时为 2 万小时，当工资率提高到每小时 50 元时，该市制鞋工人的劳动力总供给工时上升到 3 万小时，则该市制鞋工人的劳动力供给是（　　）。
A. 缺乏弹性的
B. 富有弹性的
C. 单位弹性的
D. 无弹性的

7. 劳动关系的基本性质是（　　）。
A. 雇佣　　B. 政治关系
C. 社会经济关系　　D. 利益关系

8. 工会按组织结构形式划分不包括的是（　　）。

A. 职业工会　　B. 企业工会
C. 产业工会　　D. 总工会

9. （　　）是专业技术人才学术技术水平和专业能力的主要标志。

A. 职称　　B. 职业资格
C. 职务　　D. 薪酬

10. （　　）人力资源社会保障部出台《关于在工程技术领域实现高技能人才与工程技术人才职业发展贯通的意见（试行）》支持工程技术领域高技能人才参评工程系列专业技术职称，从而实现了职业技能等级与职称的贯通。

A. 2015年1月1日
B. 2018年11月25日
C. 2020年1月1日
D. 2021年10月1日

11. 有关驻外人员薪酬的描述，错误的是（　　）。

A. 驻外人员的基本薪酬一般采用本国薪酬、东道国薪酬以及总部薪酬三种方法来确定
B. 驻外人员薪酬的主要组成部分包括基本薪酬、激励薪酬和福利
C. 驻外人员的激励薪酬主要包括驻外津贴、困难补助和流动津贴
D. 驻外人员的额外福利包括保障计划和带薪休假

12. 关于竞争战略与薪酬管理策略的说法，正确的是（　　）。

A. 创新战略强调企业要对产品创新给予奖励
B. 成本领先战略强调基本薪酬应高于竞争对手的水平
C. 成本领先战略强调奖励部分所占的比例应相对较小
D. 采取创新战略的企业的基本薪酬要明显低于市场水平

13. 针对不同类型的员工，组织应当有的放矢地采取人力资源政策，对于冲锋型的员工，主管人员应当（　　）。

A. 对其进行适当的惩罚、敦促其改进绩效
B. 对其进行绩效辅导
C. 给予必要的奖励
D. 对其进行必要的培训以提升其工作技能

14. 关于绩效评价误区的说法，正确的是（　　）。

A. 上级根据过宽或过严的标准对员工进行绩效评价的误区，称为趋中效应
B. 上级根据对员工的最初印象做出绩效评价的误区，称为盲点效应
C. 上级根据对员工的最终印象做出绩效评价的误区，称为晕轮效应
D. 上级对员工的某种强烈而清晰的特质感知导致其忽略了员工在其他方面的表现，这种评价误区，称为晕轮效应

15. 在绩效考核期间内管理者为了掌握下属的工作绩效情况而进行的一系列活动称为（　　）。

A. 绩效考核　　B. 绩效监控
C. 绩效计划　　D. 绩效反馈

16. （　　）是指一项测试对于某种不可观察的、比较抽象的构想或特质进行测量的程度。

A. 内容效度　　B. 效标效度
C. 构想效度　　D. 同时效度

17. 外源性动机是指（　　）。

A. 人做出某种行为是因为行为本身，认为这种行为是有价值的
B. 人为了获得物质或社会报酬，或为了

避免惩罚而做出某种行为，做出这种行为是为了行为的结果，而不是行为本身

C. 人做出某种行为是因为行为本身，因为这种行为可以带来成就感

D. 看重工作本身，诸如寻求挑战性的工作，获得为工作和组织多做贡献的机会以及充分实现个人潜力的机会

18. 与罗伯特·豪斯的路径—目标理论内容不相符的是（　　）。

A. 领导者能够根据不同情况表现出不同的领导行为

B. 不同的领导行为适合于不同的环境因素和个人特征

C. 对于能力强的下属，指导式领导可以带来更高的绩效和满意度

D. 领导者的主要任务是帮助下属达成目标并提供必要的支持和指导

19. 领导者的技能中，（　　）处理的是观点、思想。

A. 概念技能　　B. 管理技能

C. 人际技能　　D. 技术技能

20. 组织结构中的纵向结构指的是（　　）。

A. 职能结构　　B. 部门结构

C. 层次结构　　D. 职权结构

21. 关于战略管理的说法错误的是（　　）。

A. 一个组织的战略管理过程主要包括战略制定和战略实施两个核心阶段

B. 在组织的战略管理过程中，战略执行阶段永远处于战略制定阶段之后

C. 战略管理就是一个制定战略实施战略以及评价战略的完整过程

D. 战略管理的最终目的是通过使组织内部的优势和劣势与外部的机会和威胁相协调和适应，帮助组织赢得竞争优势

22. 关于学习型组织的说法，错误的是（　　）。

A. 它要求员工只获取与本职工作有关的知识和技能

B. 它要求员工持续获取知识，致力于持续学习和终身学习

C. 它鼓励员工共享知识

D. 它重视每一位员工的发展及其身心健康

23. 在预测一家企业未来的人力资源供给状况时，人员替换分析法依据的是（　　）。

A. 企业的外部经营环境变化

B. 企业未来的生产经营状况

C. 企业过去的人员变动规律

D. 针对组织内部某个或某些特定的职位进行预测

24. 使用马尔科夫分析法进行人力资源供给预测的关键是（　　）。

A. 分析劳动力环境

B. 分析企业内部空缺

C. 确定人员转移矩阵表

D. 分析需要补充的任何职务所要求的人员数量

25. （　　）是迄今为止在实践中运用最广泛的一种人员甄选方法。

A. 小组讨论　　B. 角色扮演

C. 面试　　D. 电话筛选

26. 进公司一个月后，小姚被同事渐渐接纳，和同事友好和睦，基于需要层次理论可以推断出，小姚现在处于（　　）层次。

A. 安全需要

B. 归属和爱的需要

C. 尊重的需要

D. 生理需要

27. 在管理方格理论中，位于坐标（1，9）位置的领导风格称做（　　）。

A. “乡村俱乐部”领导风格

B. “无为而治”领导风格

C. “任务”领导风格
D. “中庸式”领导风格

28. 在组织结构的内容体系中，职权结构指的是（　　）。
A. 组织内的管理层次构成
B. 组织内的管理部门构成
C. 组织各管理层次和部门在权力和责任方面的分工与相互关系
D. 实现组织目标所需的各项业务工作及其比例和关系

29. 行政层级组织形式在（　　）环境中最有效。
A. 简单/静态　　B. 简单/动态
C. 复杂/动态　　D. 复杂/静态

30. 对于采取稳定战略的组织而言，关键性的战略人才资源管理问题是（　　）。
A. 对不同企业的人力资源体系进行合并
B. 确定关键员工并制定特殊人才的保留政策
C. 大量而快速的裁员
D. 从零开始，建立全部新的人力资源战略

31. 能够在计算机桌面上显示的各类图表，它以桌面图形、表格及计算机图片形式向管理者展示了组织战略地图上的活动进度是否合理以及前进方向是否正确，这种战略性人力资源管理的工具是（　　）。
A. 平衡计分卡法
B. 人力资源管理计分卡
C. 数字仪表盘
D. 战略地图

32. 企业在使用德尔菲法进行人员需求预测时应遵守的原则是（　　）。
A. 专家人数不应多于20人
B. 给专家提供充分的资料和信息
C. 问题的表述尽量含糊
D. 专家必须对问题作出精确回答

33. 在我国，法律界定的用人单位中，个体经济组织，是指雇工（　　）以下的个体工商户。
A. 6人　　B. 7人
C. 9人　　D. 11人

34. 用人单位安排女职工在怀孕期间从事国家规定的第三级体力劳动强度的劳动的，劳动保障行政部门应责令改正，并按照受侵害的劳动者每人（　　）的标准计算，处以罚款。
A. 500元以上1000元以下
B. 1000元以上3000元以下
C. 1000元以上5000元以下
D. 3000元以上5000元以下

35. 如果劳动者在某种伤害事故中非受害人本人故意行为所致，就应该按照（　　）原则规定标准对其进行伤害赔偿。
A. 补偿和康复相结合
B. 过失责任
C. 无过失责任
D. 损害赔偿

36. 关于劳动争议仲裁案件当事人的说法，符合法律规定的是（　　）。
A. 用人单位与其他单位合并前发生的劳动争议，由合并后的单位为当事人
B. 用人单位与其他单位合并后发生的劳动争议，由合并前的单位为当事人
C. 用人单位和仲裁员为劳动争议仲裁案件的双方当事人
D. 用人单位分立为若干单位的，其分立前发生的劳动争议，由分立前的实际用人单位为当事人

37. 不属于劳务派遣单位的法定义务的是（　　）。
A. 应当将劳务派遣协议的内容告知被派遣劳动者

B. 不得向被派遣劳动者收取费用

C. 连续用工的，实行正常的工资调整机制

D. 派遣单位不得以非全日制用工形式招用被派遣劳动者

38. 在用人单位的规章制度和重大事项决定实施过程中，如工会或者职工认为不适当的（　　）。

A. 应当提请职工代表大会或者全体职工讨论，形成方案和意见后再与用人单位平等协商修改

B. 用人单位应将修改完善的方案提交工会讨论通过

C. 有权向用人单位提出，通过协商予以修改完善

D. 可以向劳动人事争议仲裁委员会申请仲裁

39. 下列情形中，属于领取基本养老保险病残津贴条件的是（　　）。

A. 因工伤部分丧失劳动能力

B. 因工伤完全丧失劳动能力

C. 因病部分丧失劳动能力

D. 因病完全丧失劳动能力

40. 尽管各级管理层需要对培训与开发承担不同的管理责任，但对员工进行培训与开发的责任最终落实到（　　）身上。

A. 培训师　　B. 老员工

C. 项目负责人　　D. 直线经理

41. 人力资本投资成本在企业和员工之间共同分摊，而收益由双方共同分享，这种做法常见于（　　）时。

A. 企业实施一般培训

B. 企业实施特殊培训

C. 劳动者在企业间流动

D. 劳动者在企业内流动

42. 对教育投资的私人收益进行估计的选择性偏差表现为（　　）。

A. 高估了那些上大学的人通过上大学而获得的收益

B. 高估了那些没上大学的人因为未上大学而放弃的收益

C. 高估了那些上大学的人因为上大学而产生的成本和收益

D. 低估了上大学的成本，高估了上大学的收益

43. 关于解除与终止劳动合同的经济补偿的计算标准，说法正确的是（　　）。

A. 劳动者工作不满六个月的，用人单位不向劳动者支付经济补偿

B. 劳动者工作六个月以上不满一年的，支付劳动者半个月工资补偿

C. 劳动者工作每满一年的，支付劳动者一个月工资补偿

D. 劳动者工作每满一年的，支付劳动者两个月工资补偿

44. 用人单位对已经解除或者终止的劳动合同的文本，至少保存（　　）备查。

A. 3 个月　　B. 6 个月

C. 1 年　　D. 2 年

45. 职业兴趣测试中，基本人格偏向于乐观、自信、精力充沛，是（　　）的人。

A. 现实型　　B. 社会型

C. 企业型　　D. 常规型

46. 关于绩效评价技术的说法，正确的是（　　）。

A. 根据某项评价标准，将每位员工逐一与其他员工比较选出优胜者，最后根据每位员工获胜的次数进行绩效排序，这种绩效评价方法是交替排序法

B. 列举出评估指标，由工作绩效所要求的一系列合乎组织期望的行为组成表单，这种绩效评价方法是行为观察量表法

C. 将每项工作的特定行为用一张等级表（从最积极的行为到最消极的行为）进行反映，评估者只需将员工的行为对号入座，这种绩效评价方法是配对比较法

D. 将员工的业绩按照从高到低的顺序排列，这种绩效评价方法是行为锚定法

47. 关于绩效管理工具的说法，正确的是（　　）。

A. 目标管理法的假设之一是员工是愿意工作的，而不是逃避工作的

B. 目标管理法比关键绩效指标法更适合用于企业战略调整期

C. 标杆超越法强调标杆企业应该与本企业高度相似并且属于同一行业

D. 关键绩效指标必须是数量类指标

48. 在职位评价过程中需要注意三点，错误的观点是（　　）。

A. 职位评价是对职位的评价而非对任职者的评价

B. 是对正常或一般水平的评价而非特殊业绩的评价

C. 是对目前而非过去或未来职位状况的评价

D. 是对未来职位状况的评价

49. 关于经营者年薪制的说法，错误的是（　　）。

A. 年薪制是一种高风险的薪酬制度，依靠的是约束和激励互相制衡的机制

B. 年薪制将企业经营管理者的业绩与其薪酬直接联系在一起

C. 年薪制可以由基本薪酬、奖金、长期奖励、福利津贴构成

D. 年薪制不容易导致经营者的短期行为

50. 关于培训与开发效果评估的说法，错误的是（　　）。

A. 效果评估是培训与开发体系中最难实现的一个环节

B. 效果评估中应用最广的是层次评估模型

C. 反应评估是效果评估中最基本、最常用的评估方法

D. 结果评估中的硬指标包括产出、质量、工作满意度等

51. 不属于个别劳权的是（　　）。

A. 劳动就业权

B. 社会保障权

C. 劳动争议提请处理权

D. 团结权

52. （　　）是最基本和最重要的社会关系。

A. 同事关系　　B. 劳动关系

C. 亲属关系　　D. 民事法律关系

53. 狭义的劳动争议调解是指（　　）。

A. 企业劳动争议调解委员会对本企业发生的劳动争议案件进行的调解

B. 劳动人事争议仲裁委员会处理劳动争议时的仲裁庭调解

C. 人民法院审判中的调解

D. 劳动争议诉前的专家调解

54. 如果某城市清洁工的每小时工资率为15元，清洁工的劳动力总供给时间为1000小时，当每小时工资率提高到20元之后，该市清洁工的劳动力总供给时间上升到1500小时，则该市的劳动力供给弹性为（　　）。

A. 0.33　　B. 0.5

C. 1.5　　D. 1

55. 在其他条件不变的情况下，某国青年劳动力的工资率上涨2%会导致老年劳动力的就业量下降0.8%，这表明该国这两种劳动力之间存在（　　）关系。

A. 替代　　B. 互补

C. 总替代　　D. 总互补

56. 劳动力市场上的摩擦力会导致劳动力市场

非均衡，不属于这种摩擦力的是（　　）。

A. 企业调整雇用人数会产生成本

B. 市场工资水平会发生变化

C. 有些企业支付超出市场通行水平的高工资率

D. 劳动力流动会产生成本

57. 下列选项中，不属于劳动关系运行的三个阶段的是（　　）。

A. 劳动关系的构成

B. 劳动标准的确定和实施

C. 劳动争议的处理和解决

D. 劳动关系处理规则和程序的制定

58. 职工应该参加基本医疗保险，由（　　）按照国家规定缴纳基本医疗保险费。

A. 用人单位

B. 职工

C. 单位和政府

D. 用人单位和个人

59. 非全日制用工双方当事人（　　）。

A. 不得订立口头协议

B. 应提前 30 日通知对方终止用工

C. 不得约定试用期

D. 应提前 3 日通知对方终止用工

60. 同工同酬原则要求，对（　　）的劳动者支付同等水平的工资。

A. 工作年限相同

B. 完成同等价值工作

C. 具有相同人力资本

D. 具有相同工龄

二、 多项选择题（共 20 题，每题 2 分。每题的备选项中，有 2 个或 2 个以上符合题意，至少有 1 个错项。错选，本题不得分；少选，所选的每个选项得 0.5 分）

1. 劳动关系运行的规则网络是由（　　）四个方面所构成的。

A. 法律　　B. 传统

C. 道德　　D. 权力

E. 政治

2. 集体劳权包括（　　）。

A. 劳动报酬权　　B. 集体行动权

C. 民主参与权　　D. 团结权

E. 集体谈判权

3. 职业技能共分为五级，包括（　　）。

A. 特级工　　B. 普通工

C. 高级工　　D. 高级技师

E. 技师

4. 关于实施防御者战略的企业的战略性绩效管理说法正确的有（　　）。

A. 在绩效考核方法的选择上，组织可选择系统化的评价方法，多角度选择考核指标

B. 可以选择标杆超越法进行绩效评价

C. 考核周期可以与奖金发放的周期相一致，便于考核的操作

D. 在绩效管理的各种沟通环节中，管理者的侧重点应当是调动员工潜能、发挥员工工作的积极性

E. 绩效考核提供的丰富反馈信息应当更多地运用到员工的开发、培训、职业生涯规划中

5. 关于非全日制用工的说法，错误的有（　　）。

A. 非全日制用工是我国企业基本用工形式

B. 非全日制用工应当订立书面劳动合同

C. 非全日制用工每周工作时间累计不得超过 24 小时

D. 非全日制用工双方当事人应当约定试用期

E. 非全日制用工终止时，用人单位无须向劳动者支付经济补偿

6. 关于德尔菲法的陈述，正确的有（　　）。

A. 采用集体讨论的做法
B. 能吸取和综合众多专家的意见
C. 能够避免从众行为
D. 采用匿名技术
E. 采取多轮预测方式

7. 下列费用中，属于人力资本投资的有（　　）。
A. 上大学交的学费
B. 寻找工作
C. 加入健身俱乐部缴纳的会员费
D. 企业为员工提供在职培训的费用
E. 企业为购买专利而支付的知识产权转让费

8. 西蒙提出的决策过程有（　　）。
A. 发展活动　　B. 确认活动
C. 智力活动　　D. 设计活动
E. 选择活动

9. 不同产业部门间工资差别形成的原因有（　　）。
A. 熟练劳动力所占比重
B. 不同产业部门间不同的技术经济特点
C. 不同产业部门所处的发展阶段
D. 不同产业部门的工会化程度高低
E. 不同职业引起的愉快程度差别

10. 在决策过程中存在投入增加现象，是人们坚持错误决策的倾向，下列可能导致投入增加现象的因素有（　　）。
A. 投资回报延期
B. 管理者不存在信息加工错误，比如忽略了负面信息
C. 决策者想要维护自己的面子
D. 组织的沟通体系失效
E. 决策者拒绝变革

11. 俄亥俄大学研究得出领导行为的维度有（　　）。
A. 关心环境　　B. 关心人
C. 工作管理　　D. 工作设计
E. 目标设计

12. 企业面临人力资源需求大于供给时，可采取的措施有（　　）。
A. 员工加班加点
B. 返聘退休员工
C. 部分业务外包
D. 降低员工离职率
E. 冻结人员雇用

13. 关于甄选中使用的公文筐测试的说法，正确的有（　　）。
A. 它适合对管理人员进行评价
B. 它能够考查被测试者的口头表达能力
C. 它的编制成本较高，评分也相对比较困难
D. 它对实施场地的要求不高
E. 它是一种情景模拟测试

14. 知识型团队的绩效考核指标有（　　）。
A. 追求员工工作态度的过程型指标
B. 判断工作产出成果的效益型指标
C. 追求投入产出比例的效率型指标
D. 追求长远影响的递延型指标
E. 判断不确定性风险的数量和对团队及其成员的危害程度的风险型指标

15. 企业在职培训的机会成本有（　　）。
A. 在职培训支付的场地费
B. 邀请外部讲师培训的讲课费
C. 受训员工因为参加培训而无法全力工作的损失
D. 利用本企业的机器和资深员工培训而导致的工作效率损失
E. 购买培训教材的费用

16. 关于长期劳动力需求的说法，正确的有（　　）。
A. 工资率上升的收入效应导致劳动力需求量的上升

B. 工资率下降的替代效应导致劳动力需求量的上升

C. 工资率和劳动力需求量同方向变化

D. 工资率上升的替代效应和规模效应都会导致劳动力需求量下降

E. 工资率下降的替代效应和规模效应都会导致劳动力需求量上升

17. 在设计企业内部的晋升竞赛时，需要注意的有（　　）。

A. 必须使参与晋升竞赛的候选人之间在知识、能力或经验等方面具有较高的可比性

B. 要在当前职位以及拟晋升职位之间创造出一种合理的工资差距

C. 不应使某个人能够非常有把握地认为自己能够获得晋升，或认为自己没有获得晋升的希望

D. 晋升风险越高，当前职位和拟晋升职位之间的工资差距就应该设计得越小

E. 工资差距太大，会削弱竞赛参与者的努力动机

18. 关于用人单位履行劳动合同义务的说法，错误的有（　　）。

A. 用人单位安排劳动者加班，应当按照本单位规定的标准向劳动者支付加班费

B. 用人单位应当保护劳动者的生命安全和身体健康

C. 用人单位应该按照劳动合同约定和国家规定，向劳动者及时足额支付劳动报酬

D. 用人单位应当严格执行劳动定额标准

E. 用人单位应当按照劳动者的要求提供劳动条件和劳动工具

19. 停止领取失业保险金，并同时停止享受其他失业保险待遇的情形包括（　　）。

A. 重新就业的

B. 应征服兵役的

C. 移居境外的

D. 享受基本养老保险待遇的

E. 接受当地人民政府指定部门或者机构介绍的适当工作或者提供的培训的

20. 关于员工持股计划的说法，正确的有（　　）。

A. 员工持股计划对企业而言是一种低成本的资金获取方式

B. 员工持股计划能激发员工的工作积极性

C. 持股人必须是本企业的在职员工

D. 员工认购的股份在转让、交易等方面比较自由，不会受到限制

E. 员工持股计划参与人盈亏自负，风险自担

三、 **案例分析题**（共 20 题，每题 2 分。由单选题和多选题组成。错选，本题不得分；少选，所选的每个选项得 0.5 分）

（一）

小吕在大学毕业找工作时不仅考虑工资水平，还考虑职业发展前途、企业声誉等因素。他在求职过程中发现，有些企业坚持支付超过市场均衡工资水平的高工资，而不像教科书说的那样，按照通行市场水平支付工资，此外，他去求职的一些企业面对人工成本不断上涨的形势，开始用机器人替代一些人工操作，让他没想到的是，大学同班同学小王由于一时找不到好工作，家庭经济状况又不好，故选择去一家快递公司当快递员了。

1. 小吕在找工作考虑多种因素的情况表明，劳动力市场存在（　　）的特征。

A. 交易对象难以衡量性

B. 交易复杂性

C. 交易延续性

D. 出售者地位不利性

2. 关于企业支付超过市场均衡水平高工资的说法，正确的有（　　）。

A. 企业支付的这种高工资称为绩效工资
B. 这种高工资有助于吸引生产率更高的员工
C. 这种高工资有助于降低员工的离职率
D. 这种做法在员工期望与企业保持关系的情况下更有意义

3. 关于一些企业用机器人替代人工操作现象的说法，正确的是（　　）。
A. 机器人价格下降的规模效应会导致企业的劳动力需求上升
B. 机器人价格下降的替代效应会导致企业的劳动力需求上升
C. 机器人对人工操作的替代反映了产品需求对劳动力需求产生的影响
D. 机器人对人工操作的替代反映了两种生产要素之间的互补关系

4. 关于小王选择当快递员的说法，正确的是（　　）。
A. 小王不得不去次等劳动力市场就业
B. 小王赚取的工资一定比小吕高
C. 小王领取的是效率工资
D. 小王不可能再回到优等劳动力市场就业

（二）

某公司是一家中型制造企业，由厂长全面主持企业生产经营活动，按照厂部、车间、工段、班组层次划分职权，逐级下达指令；厂里的职能管理人员只能起到参谋指导作用，无权直接对下级单位发号施令。日常工作中，下级通常只接受其直接上级的指令，明确每个人只有一个直接上级，而每个上级直接管辖的下属为3至9人，一开始厂长还能够亲临各个车间，现场直接领导，但随着公司业务和规模的扩大，这种管理已超出了他管理能力的范围，变得非常艰难。企业的管理也因此陷入混乱，迫切需要进行变革。

1. 该企业的组织结构为（　　）。
A. 事业部制组织形式　B. 职能制结构
C. 矩阵组织形式　D. 团队结构形式

2. 该企业的管理层次和管理幅度分别为（　　）。
A. 5层，3～9人　B. 4层，4～10人
C. 3层，3～9人　D. 6层，4～10人

3. 该企业组织形式的主要缺点是（　　）。
A. 组织的稳定性差　B. 横向协调差
C. 企业领导负担轻　D. 多头指挥混乱

4. 假如该企业进行组织变革，最适合采用以（　　）为中心的组织变革。
A. 成本　B. 结构
C. 技术　D. 任务

（三）

甲公司有职工500名。2020年该公司生产经营发生严重困难，准备裁减人员。同年6月1日，甲公司向职工公布了裁减人员方案，并宣布一周后解除50名职工的劳动合同。6月2日，甲公司将方案送至本公司工会征求意见。当地劳动行政部门提出，甲公司裁减人员方案没有向该部门报告，存在程序问题。公司工会也提出，公司应当在裁员前30日向工会说明情况。同时，公司工会反映，在收集职工意见时，有职工表示，公司在既没有破产也没有转产的情况下，不应当实施裁员。还有职工表示，希望公司遵守《中华人民共和国劳动合同法》，优先留用签订较长期限劳动合同、无固定期限劳动合同、家庭无其他就业人员且有未成年人需要抚养和被评过先进的职工。于是，甲公司重新制定了裁员方案，在经过规定程序后公布的裁员方案中，将因裁员被解除劳动合同职工的经济补偿金标准定为在本公司工作每满1年支付半个月工资。

1. 以下公司裁减人员的方案的说法，正确的有（　　）。

A. 甲公司应当在裁减人员前 30 日向工会或者全体职工说明情况，听取工会或职工的意见

B. 甲公司应当向当地劳动行政部门报告裁减人员方案后，再裁减人员

C. 甲公司裁员人数未达到职工总人数的 10%，可以随时实施裁员

D. 甲公司裁减人员方案应当经当地劳动行政部门批准方能实施

2. 甲公司依法可以实施裁员的情形包括（　　）。

A. 甲公司生产经营发生严重困难

B. 甲公司可能破产

C. 甲公司决定转产

D. 甲公司富余的职工较多

3. 甲公司裁员时应优先留用的职工有（　　）。

A. 与甲公司签订较长期限劳动合同的职工

B. 与甲公司签订无固定期限劳动合同的职工

C. 家庭无其他就业人员且有需要抚养未成年人的职工

D. 曾被评为先进的职工

4. 关于甲公司支付经济补偿，说法正确的是（　　）。

A. 甲公司因生产经营严重困难实施裁员，可以不支付经济补偿金

B. 甲公司应当支付的经济补偿金标准为在本公司工作每满 1 年支付半个月工资

C. 甲公司应当支付的经济补偿金标准为在本公司工作每满 1 年支付 1 个月工资

D. 甲公司应当按本地区上年度职工月平均工资 3 倍的标准支付经济补偿金

（四）

某机床因订单减少，开工不足，近 5 年来第一次发生亏损。王厂长考虑精简人员，为此他来到人力资源部听取意见，素来以铁面无私著称的小李刚从财务部轮岗上任，他从财务成本的角度认为裁员一定能大幅度降低人工成本，并主张以绩效标准为依据，裁减绩效差的员工或者实施减薪方案；而一直从事员工关系管理工作的小赵则认为裁员会给企业带来震荡，必须考虑裁员可能给员工带来的消极影响，他提出使用自然减员或提前退休的方法；肖经理从战略人力资源管理角度出发，认为企业困境不是裁员就能克服的，他主张通过组织的战略分析，开拓新的增长点，从而增加对人力资源的需要，经过调研，王厂长感觉裁员确实不能草率地实施，决定先实施人力资源规划，以此确定具体的对应方案。

1. 实施人力资源规划对解决该企业当前困境的意义有（　　）。

A. 有助于降低人力资本开支

B. 有助于制定组织发展战略

C. 有助于改善员工的福利

D. 有助于提高企业的薪酬水平

2. 当该厂的人力资源需求小于供给时，王厂长应当（　　）。

A. 考虑对冗余人员进行培训，为未来的发展做好人力资源储备

B. 利用现有的人力资源开展新的项目或经营活动

C. 做好人力资源的招募工作，扩大招募范围

D. 延长现有员工的工作时间

3. 关于裁员的说法错误的是（　　）。

A. 裁员是解决组织所面临的人力资源需求小于供给的矛盾的最简单直接的方法

B. 企业不需要支付任何成本

C. 组织如果一贯采取这种做法，会影响在劳动力市场上的形象

D. 这种方法可能会受到国家法律方面的制约

4. 在该企业人力资源部提出的方案中，执行速度快、员工受到伤害大的方案有（　　）。
A. 减薪
B. 提前退休
C. 自然减员
D. 裁员

（五）

某公司是一家以承接国外订单为主要业务的机械加工企业。近年来，由于全球经济不景气，公司的国外订单锐减；针对这种情况，企业高层决定，一方面辞退一批员工来缩减成本；另一方面着眼于未来发展，逐渐更新设备，通过更多地采用自动化生产设备减少对人工的依赖。被裁减的一部分员工一直在积极地寻找新工作，但因为经济形势不好，还没有找到新的工作；另一部分被裁减的员工则再找工作一段时间之后变得失望，决定先在家里休息一段时间，等经济好转了再出去找工作。

1. 该公司遭遇的失业属于（　　）。
A. 摩擦性失业　B. 季节性失业
C. 结构性失业　D. 周期性失业

2. 该公司可以采取有助于缓解其员工遭受的失业打击的做法包括（　　）。
A. 平时为员工提供多元化的技能培训
B. 提高绩效工资所占的比重
C. 向被解雇员工支付足额的经济补偿金
D. 向重新求职的员工提供辅导

3. 在该公司裁减的员工中，那些虽然在找工作但是却没有找到新工作单位的人属于（　　）。
A. 劳动者　B. 失业者
C. 非劳动力　D. 就业者

4. 被该公司裁减的部分员工因为长时间找不到工作而决定放弃寻找工作先回家休息，关于这种情况的说法，正确的有（　　）。
A. 他们的选择有助于降低当前的失业率
B. 他们的选择有助于提高当前劳动力参与率
C. 这是一种典型的灰心丧气的劳动者效应
D. 这是一种典型的附加劳动者效应

全真模拟测试题（一）参考答案及解析

一、单项选择题

1. 【答案】B
【解析】职工因工死亡，其近亲属按照规定从工伤保险基金领取丧葬补助金、供养亲属抚恤金和一次性工亡补助金，选项B正确。

2. 【答案】A
【解析】企业规模越大，劳动力流动率越低。原因包括大企业提供较高水平的工资，为劳动者提供工作轮换和多次晋升的机会，选项BCD正确，选项A错误。

3. 【答案】C
【解析】上大学的总收益是指一个人在接受大学教育之后的终身职业生涯中获得的超过高中毕业生的工资性报酬，选项C正确。

4. 【答案】A
【解析】摩擦性失业是指因劳动力市场运转存在“摩擦”或“不完善”而形成的失业，是竞争性劳动力市场的一个自然特征，是一种正常性的失业，与充分就业并不矛盾，选项 A 正确。

5. 【答案】A
【解析】由题干可知，该地区劳动力供给减少，劳动力需求不变，当劳动力需求曲线不变而劳动力供给曲线左移时，会导致均衡工资率上升，均衡就业量下降，选项 A 正确。

6. 【答案】B
【解析】劳动率供给弹性=劳动工时变动百分比÷工资率变动百分比=［（3−2）÷2］÷［（50−40）÷40］=2，因为 2>1，所以，该市制鞋工人的劳动力供给为富有弹性，选项 B 正确。

7. 【答案】C
【解析】劳动关系的基本性质是社会经济关系，即劳动关系是以经济关系为基本构成的社会关系，其本质上是一种经济利益关系。

8. 【答案】B
【解析】工会按组织结构形式划分为职业工会、产业工会、总工会；按层级划分为企业工会、区域性（或地方性）工会、全国性工会。

9. 【答案】A
【解析】职称是专业技术人才学术技术水平和专业能力的主要标志。

10. 【答案】B
【解析】2018 年 11 月 25 日，人力资源社会保障部出台《关于在工程技术领域实现高技能人才与工程技术人才职业发展贯通的意见（试行）》支持工程技术领域高技能人才参评工程系列专业技术职称，从而实现了职业技能等级与职称的贯通。

11. 【答案】D
【解析】驻外人员的福利由标准福利和额外福利组成，其中标准福利包括保障计划和带薪休假。

12. 【答案】A
【解析】成本领先战略在薪酬水平方面比竞争对手的薪酬相对较低，在薪酬结构方面奖金部分所占的比例相对较大，选项 BC 错误。创新战略的薪酬体系非常注重对产品创新、技术创新和新的生产方法给予足够的报酬或奖励，其基本薪酬以劳动力市场的通行水平为准且略高于市场水平，选项 D 错误，选项 A 正确。

13. 【答案】B
【解析】对于冲锋型的员工，主管人员应当对其进行绩效辅导，选项 B 正确。

14. 【答案】D
【解析】选项 A 应为过宽过严倾向；选项 B 应为首因效应；选项 C 应为近因效应。

15. 【答案】B
【解析】绩效监控指的是在绩效考核期间内管理者为了掌握下属的工作绩效情况而进行的一系列活动，选项 B 正确。

16. 【答案】C
【解析】构想效度也称结构效度，是指一项测试对于某种不可观察的、比较抽象的构想或特质进行测量的程度，选项 C 正确。

17. 【答案】B
【解析】外源性动机是指人为了获得物质或社会报酬，做出这种行为是为了行为的结果，而不是行为本身，选项 B 正确。

18. 【答案】C

【解析】对于能力强或经验丰富的下属，指导式的领导则可能被视为多余的，选项 C 的说法错误。

19. 【答案】A

【解析】概念技能处理的是观点、思想，选项 A 正确；人际技能关心的是人；技术技能涉及的是事。

20. 【答案】C

【解析】组织结构中的纵向结构指的是层次结构，选项 C 正确。

21. 【答案】B

【解析】在组织的战略管理过程中，战略执行阶段并非永远只能被动地处于战略制定阶段之后，选项 B 的说法错误。

22. 【答案】A

【解析】学习型组织特征：

（1）致力于持续学习，选项 B 正确；

（2）知识共享，选项 C 正确；

（3）普遍采用批判性和系统性的思维方式；

（4）具有一种学习文化；

（5）重视员工，认识到员工是知识来源，因此非常关注确保每一位员工都能得到发展，并且保持身心健康，选项 D 正确。

23. 【答案】D

【解析】人员替换分析法是针对具体职位进行人力资源供给预测的方法。针对组织内部的某个或某些特定的职位，确定能够在未来承担该职位工作的合格候选人，强调内部选拔，有利于激励员工士气，降低招聘成本。

24. 【答案】C

【解析】马尔科夫分析法主要是利用转移矩阵的统计分析程序来进行人力资源供给预测，选项 C 正确。

25. 【答案】C

【解析】面试是实践中运用最广泛的一种人员甄选方法。它简便快捷、容易操作，不需要复杂的专用测试工具及方法，选项 C 正确。

26. 【答案】B

【解析】归属和爱的需要，包括情感、归属、被接纳、友谊等需要，如获得友好和睦的同事，选项 B 正确。

27. 【答案】A

【解析】在管理方格理论中，位于坐标（1，9）位置的领导风格称为“乡村俱乐部”领导风格，选项 A 正确。

28. 【答案】C

【解析】职权结构是指各管理层次、部门在权力和责任方面的分工和相互关系，选项 C 正确。

29. 【答案】D

【解析】行政层级组织形式在复杂/静态环境中最有效，选项 D 正确。

30. 【答案】B

【解析】对于采取稳定战略的组织，战略人才资源管理方面重要的是确定关键员工，并制定特殊人才的保留政策，选项 B 正确。

31. 【答案】C

【解析】数字仪表盘是指能够在计算机桌面上显示的各类图表，它以桌面图形、表格及计算机图片形式向领导者和管理者形象地展示了组织战略地图上的各项活动进度是否合理以及前进方向是否正确，选项 C 正确。

32. 【答案】B

【解析】德尔菲法需注意的原则：

（1）专家人数 20～30 人；

（2）专家的挑选要有代表性；
（3）不让专家一次回答过多问题；
（4）给专家提供充分的资料和信息，选项 B 正确。

33. 【答案】B
【解析】个体经济组织是指雇工 7 人以下（包括 7 人）的个体工商户。

34. 【答案】C
【解析】用人单位安排女职工在怀孕期间从事国家规定的第三级体力劳动强度的劳动，劳动保障行政部门可以责令改正，并按照受侵害的劳动者每人 1000 元以上 5000 元以下的标准计算，处以罚款，选项 C 正确。

35. 【答案】C
【解析】无过失责任是指劳动者在各种伤害事故中只要不是受害者本人故意行为所致，就应该按照规定标准对其进行伤害赔偿，选项 C 正确。

36. 【答案】A
【解析】用人单位与其他单位合并的，合并前发生的劳动争议，由合并后的单位为当事人，选项 A 正确，选项 B 错误；用人单位分立为若干单位的，其分立前发生的劳动争议，由分立后的实际用人单位为当事人，选项 D 错误。发生劳动争议的劳动者和用人单位为劳动争议仲裁案件的双方当事人，选项 C 错误。

37. 【答案】C
【解析】选项 C 属于用工单位的义务。

38. 【答案】C
【解析】在规章制度和重大事项决定实施过程中，工会或者职工认为不适当的，有权向用人单位提出，通过协商予以修改完善，选项 C 正确。

39. 【答案】D
【解析】参加基本养老保险的个人，因病或者非因工死亡的，其遗属可以领取丧葬补助金和抚恤金；在未达到法定退休年龄时因病或者非因工致残完全丧失劳动能力的，可以领取病残津贴。所需资金从基本养老保险基金中支付，选项 D 正确。

40. 【答案】D
【解析】尽管各级管理层需要对培训与开发承担不同程度的管理责任，但对员工进行培训与开发的责任最终落实到直线经理身上，选项 D 正确。

41. 【答案】B
【解析】特殊培训在培训期间向员工支付一种位于市场工资率和低生产率工资率之间的工资率。这实际上意味着企业和员工共同分摊了特殊培训的成本。在培训完成后，企业向员工支付一种介于市场工资率和高工资率之间的工资率，这实际上意味着劳动者与企业共享收益，选项 B 正确。

42. 【答案】B
【解析】传统的高等教育收益率研究实际上一方面高估了那些实际没有上大学的人因为没上大学而放弃的收益，同时又低估了大学毕业生们从上大学中实际获得的收益，这种误差就被称为选择性偏差，选项 B 正确。

43. 【答案】C
【解析】解除与终止劳动合同的经济补偿计算标准：每满 1 年支付 1 个月工资；6 个月以上不满 1 年的，按 1 年计算；不满 6 个月的，向劳动者支付半个月工资，选项 C 正确。

44. 【答案】D
【解析】用人单位对已经解除或者终止

的劳动合同的文本，至少保存2年备查，选项D正确。

45. 【答案】C

【解析】企业型，这种人的基本人格倾向是冒险、乐观、自信、精力充沛、有进取心、喜欢担任有领导责任的工作，看重政治和经济方面的成就，喜欢追求财富、权力和地位，喜欢与人争辩，喜欢说服别人接受自己的观点，但是他们不喜欢从事研究性的活动，选项C正确。

46. 【答案】B

【解析】选项A是配对比较法；选项C是行为锚定法；选项D是排序法。

47. 【答案】A

【解析】关键绩效指标法和平衡计分卡法是基于企业战略的系统考核方法，比较适用于企业战略进行重大调整的时期。企业战略一定时期内相对稳定，可以考虑使用目标管理的方法进行考核，选项B错误。目标管理法的假设之一是认为员工是乐于工作的，这种过分乐观的假设高估了企业内部自觉、自治氛围形成的可能性，选项A正确。关键绩效指标有数量类、质量类、成本类、时限类四种类型，选项D错误。标杆超越法中的标杆寻找范围并不局限在同行业，应该有更广阔的视角，选项C错误。

48. 【答案】D

【解析】职位评价流程值得注意的是，职位评价是对职位的评价而非对任职者的评价，是对正常或一般水平的评价而非特殊业绩的评价，是对目前而非过去或未来职位状况的评价，选项D的说法错误。

49. 【答案】D

【解析】年薪制的局限性在于，由于经营者的薪酬水平与年度公司业绩密切相关，因此，年薪制容易导致经营者的短期行为，作出不利于公司长期发展的决策，选项D的说法错误。

50. 【答案】D

【解析】硬指标包括产出、质量、成本、时间四大类，不包括工作满意度，选项D的说法错误。

51. 【答案】D

【解析】劳动者个人权利，主要包括劳动就业权、工资报酬权、休息休假权、社会保障权、职业安全卫生权、职业培训权、劳动争议提请处理权等。

52. 【答案】B

【解析】劳动关系是最基本和最重要的社会关系。

53. 【答案】A

【解析】狭义的劳动争议调解是指企业劳动争议调解委员会对本企业发生的劳动争议案件进行的调解。

54. 【答案】C

【解析】劳动力供给弹性=劳动工时变动百分比÷工资率变动百分比=[（1500-1000）÷1000]÷[（20-15）÷15]=1.5，选项C正确。

55. 【答案】D

【解析】总互补关系意味着一种劳动力的工资率提高会促使另一种劳动力的需求量减少，选项D正确。

56. 【答案】B

【解析】劳动力需求方遇到的摩擦力：企业并非必须支付市场通行的工资率；企业并非可以自由调整雇用量。劳动力供给方遇到的摩擦力：劳动者并非可以零成本自由流动；劳动者对工资率的反应并非极其敏感。市场工资水平发生变化不属于劳动市场的摩擦力。

57. 【答案】D
【解析】劳动关系运行的过程主要包含三个阶段：第一阶段，劳动关系的构成；第二阶段，劳动标准的确定和实施；第三阶段，劳动争议的处理和解决。

58. 【答案】D
【解析】职工应该参加基本医疗保险，由用人单位和个人按照国家规定缴纳基本医疗保险费，选项 D 正确。

59. 【答案】C
【解析】非全日制用工双方当事人不得约定试用期，选项 C 正确。

60. 【答案】B
【解析】同工同酬原则：对于完成同等价值工作的劳动者应支付同等水平的工资。

二、多项选择题

1. 【答案】ABCD
【解析】劳动关系运行的规则网络是由法律、权力、传统和道德四个方面所构成的。

2. 【答案】BCDE
【解析】集体劳权主要包括团结权、集体谈判权、民主参与权以及集体行动权，选项 BCDE 正确。

3. 【答案】CDE
【解析】职业技能等级共分为五级，由低到高分别为：五级/初级工、四级/中级工、三级/高级工、二级/技师、一级/高级技师。

4. 【答案】ACDE
【解析】实施防御者战略的企业可以使用平衡计分卡法进行绩效评价，从客户、内部流程、学习与发展、财务四个角度设定考核指标，选项 B 错误。

5. 【答案】ABD
【解析】非全日制用工是指小时计酬为主，劳动者在同一用人单位一般平均每日工作时间不超过 4 小时，每周工作时间累计不超过 24 小时的用工形式，选项 C 正确。劳动合同用工是我国企业基本用工形式，选项 A 错误。
(1) 劳动者可以与一个或一个以上用人单位订立劳动合同，但后订立的劳动合同不得影响先订立的劳动合同的履行；
(2) 双方当事人可以订立口头协议，选项 B 错误；
(3) 双方当事人不得约定试用期，选项 D 错误；
(4) 双方当事人任何一方都可以通知对方终止用工；终止用工，用人单位不向劳动者支付经济补偿，选项 E 正确；
(5) 小时计酬标准不得低于用人单位所在地人民政府规定的最低小时工作标准；
(6) 劳动报酬结算支付周期最长不得超过 15 日。

6. 【答案】BCDE
【解析】德尔菲法不采用集体讨论的做法，而是匿名进行，选项 A 错误。

7. 【答案】ABCD
【解析】人力资本投资是指任何就其本身来说是用来提高人的生产能力从而提高人在劳动力市场上的收益能力的初始性投资，包括各级正规教育和在职培训活动所花费的支出、增进健康、加强学龄前儿童营养、寻找工作、工作流动等活动，选项 ABCD 正确。

8. 【答案】CDE
【解析】西蒙的决策过程：智力活动—设计活动—选择活动，选项 CDE 正确。

9. 【答案】ABCD

【解析】在不同的产业部门中，工资差别形成的原因：熟练劳动力所占的比重；不同产业部门各自不同的技术经济特点；不同产业部门所处的发展阶段；不同产业部门的工会化程度高低；各产业部门所处的地理区域，选项ABCD正确。

10. 【答案】ACDE

【解析】有一部分决策者认为人们有坚持错误决策的倾向，他们称为投入的增加。产生这种现象的原因主要有四个：

(1) 项目的特点，出现这种投入增加的主要原因可能是由于项目的特点。例如，投资回报的延期以及临时问题的处理，都有可能使决策者坚持或者增加错误的行为，选项A正确。

(2) 心理决定因素，一旦管理者做出了错误的决策，他可能存在信息加工错误（使用了有偏差的因素或者采取了比信息所证实的应当采用的行为更加激进的措施）。同时由于决策者置身其中，负面信息被忽略，自身防御机制启动，选项B错误。

(3) 社会压力，对于决策者来说，存在着同伴压力，还需要维护自己的面子，所以倾向于继续维持或增加错误行为，选项C正确。

(4) 组织决定因素，不仅项目和任务的特点可以导致决策者固执己见，组织中沟通体系的失效，政治体系的破坏以及拒绝变革都会造成同样的结果，选项DE正确。

11. 【答案】BC

【解析】俄亥俄模式研究得出领导行为的两个维度：关心人、工作管理，选项BC正确。

12. 【答案】ABCD

【解析】人力资源需求大于供给时，可以采取的主要措施：

(1) 延长现有的工作时间，选项A正确；

(2) 考虑做好人力资源的招募工作，扩大招募范围，加大招募投入；还可以聘用已经退休人员以及雇用非全日制员工，选项B正确；

(3) 采取各种措施降低现有人员的流失率，选项D正确；

(4) 通过改进生产技术、优化工作流程、加强员工培训等方式提高员工的工作效率；

(5) 将组织中的部分非核心业务通过外包方式处理，选项C正确。

13. 【答案】ACDE

【解析】公文筐测试无法考查被测试者的口头表达能力，选项B错误。

14. 【答案】BCDE

【解析】知识型团队的绩效考核需要综合四个角度的指标：效益型指标（可以直接用来判断知识型团队的工作产出成果，即团队的产出满足客户需求的程度）、效率型指标（知识型团队为获得效益指标所付出的成本和投入产出的比例）、递延型指标（团队的工作过程和工作结果对客户、投资者、团队成员的长远影响）、风险型指标（判断不确定性风险的数量和对团队及其成员的危害程度的指标），选项BCDE正确。

15. 【答案】CD

【解析】企业在职培训的机会成本：①受训练者参加培训的机会成本（职工全脱产或半脱产参加培训，会给企业带来损失）。②利用机器或有经验的职工从事培训活动的机会成本。

16. 【答案】BDE

【解析】工资率变化对长期劳动力需求

只会产生规模效应或替代效应，不会产生收入效应，选项 A 错误。工资率和劳动力需求量不是同方向变化的，选项 C 错误。

17.【答案】ABC

【解析】高级职位上的人继续获得晋升（如从副总裁晋升到总裁）的难度增大，晋升风险很高，所以相关联的工资差距往往会很大，选项 D 错误。设计晋升竞赛时，要在参与晋升竞赛者当前的职位和拟晋升职位之间创造出一种合理的工资差距，工资差距太小会削弱竞赛参与者的努力动机，选项 E 错误。

18.【答案】AE

【解析】用人单位安排加班的，应当按照国家有关规定向劳动者支付加班费，选项 A 的说法错误。用人单位应执行国家劳动标准，提供相应的劳动条件和劳动保护，选项 E 的说法错误。

19.【答案】ABCD

【解析】停止领取失业保险金，并同时停止享受其他失业保险待遇的情形：

（1）重新就业的，选项 A 正确；

（2）应征服兵役的，选项 B 正确；

（3）移居境外的，选项 C 正确；

（4）享受基本养老保险待遇的，选项 D 正确；

（5）无正当理由拒不接受当地人民政府指定部门或者机构介绍的适当工作或者提供的培训的，选项 E 错误。

20.【答案】ABE

【解析】持股人或认购者必须是本企业的员工，而非在职员工，允许参与员工持股计划的人员通常包括四类人员：在企业工作满一定时间的正式员工；公司的董事、监事、经理；企业派往投资企业、代表处工作，劳动人事关系仍在本企业的外派人员；企业在册管理的离退休人员，选项 C 错误。员工所认购的股份在转让、交易等方面受到一定的限制，选项 D 错误。

三、案例分析题

（一）

1.【答案】B

【解析】劳动力市场交易条件的复杂性：劳动力的购买者和出售者之间的关系并非是随着交易达成就宣告结束，劳动力提供者要直接参与生产过程。这样，在除工资之外的劳动力市场的交易条件中，工作条件和工作环境的好坏也是交易能否达成的一个重要决定因素。劳动者在市场上找工作，会全面考虑所有的工资与非工资就业条件，并且总是倾向于选择净收益最大的那种工作。

2.【答案】BCD

【解析】选项 A 说法错误，企业提供的高于市场均衡水平的工资是效率工资。

3.【答案】A

【解析】机器人价格变化对人工需求的影响反映的是资本价格变化对劳动力需求数量的影响，选项 CD 错误。在其他条件不变的情况下，资本价格变化产生的规模效应和替代效应对于劳动力需求数量的影响在作用方向上是相反的，即资本价格上升的规模效应导致劳动力需求数量下降，替代效应导致劳动力需求数量上升；而资本价格下降的规模效应导致劳动力需求数量上升，其替代效应导致劳动力需求数量下降，选项 A 正确，选项 B 错误。

4.【答案】A

【解析】小王由于一时找不到好工作，家庭经济状况又不好，先选择去一家快递公司当快递员，次等劳动力市场的特征是就业不稳定、工资率较低、工作条件较差，同时工作的社会地位也相对较低，由此可知，选项A正确，选项BCD的说法没有依据。

（二）

1. 【答案】B

【解析】职能制的特点有职能分工、直线—参谋制、管理权力高度集中。结合案例，选项B符合题意。

2. 【答案】A

【解析】管理层次是指从最高一级到最低一级各个组织等级。该公司中的组织等级有厂长、厂部、车间、工段、班组，所以管理层次是5层。管理幅度是指一名领导者直接领导的下级人员的数量。题干已经表明“每个上级直接管辖的下属为3至9人”，所以管理幅度为3至9人。

3. 【答案】B

【解析】职能制组织结构的缺点：

（1）职能观念狭隘；

（2）横向协调差；

（3）适应性差；

（4）企业领导负担重；

（5）不利于培养具有全面素质、能够经营整个企业的管理人才。

4. 【答案】B

【解析】组织变革的方法有以人员为中心的变革、以结构为中心的变革、以技术为中心的变革、以系统为中心的变革。以结构为中心的变革是对组织内部结构进行分化和统合，包括重新划分和合并新的部门，调整管理层次和管理幅度，任免责任人，明确责任和权力等。

（三）

1. 【答案】AB

【解析】《中华人民共和国劳动合同法》第四十一条规定，生产经营发生严重困难的，需要裁减人员20人以上或者裁减不足20人但占企业职工总数10%以上的，用人单位提前30日向工会或者全体职工说明情况，听取工会或者职工的意见，裁减人员方案经向劳动行政部门报告，可以裁减人员。

2. 【答案】AC

【解析】企业可以依法裁员的情况：依照企业破产法规定进行重整的；生产经营发生严重困难的；企业转产、重大技术革新或者经营方式调整，经变更劳动合同后，仍需裁减人员的；其他因劳动合同订立时所依据的客观经济情况发生重大变化，致使劳动合同无法履行的。

3. 【答案】ABC

【解析】用人单位裁减人员时，应当优先留用下列人员：与本单位订立较长期限的固定期限劳动合同的；与本单位订立无固定期限劳动合同的；家庭无其他就业人员，有需要扶养老人或者未成年人的。

4. 【答案】C

【解析】经济补偿按劳动者在本单位工作的年限，每满1年支付1个月工资的标准向劳动者支付。6个月以上不满1年的，按1年计算；不满6个月的，向劳动者支付半个月工资的经济补偿。

（四）

1. 【答案】AB

【解析】良好的人力资源规划有助于组织对人工成本的合理控制，帮助组织选择低成本的有效方式来平衡人力资源供求矛盾，帮助组织避免人力资源的浪费，从而节省人工成本的支出。人力资源规划有利于组织战略目标的实现。任何一个组织的战略规划最终都要依靠人来执行，因此，在缺乏有效的人力资源规划的情况下，再好的战略都有可能会落空。

2. 【答案】AB
【解析】选项 CD 属于人力资源需求大于供给时的组织对策。

3. 【答案】B
【解析】裁员这种方法可能会受到国家法律方面的制约，还有可能会受到工会的质疑和挑战，因而需要付出较高的成本。

4. 【答案】AD
【解析】执行速度快、员工受到伤害大的方案有降级、减薪和裁员。

（五）

1. 【答案】CD
【解析】结构性失业中最主要的是技术性失业，技术性失业通常是由于生产技术变化引起的，即在生产中采用了节省劳动力的新技术后所造成的失业，选项 C 正确。周期性失业是指由于经济周期或经济波动引起劳动力市场供求失衡所造成的失业，选项 D 正确。

2. 【答案】AD
【解析】经济学家一般主张采取下列措施以缓和结构性失业：①加强劳动力市场的情报工作，使求职人员及时了解劳动力市场的供求情况；②由政府提供资金，向愿意从劳动力过剩地区迁到劳动力短缺地区的失业工人提供安置费；③制订各种培训计划，使工人的知识更新与技术发展同步进行，以适应新职业的需要，选项 A 正确；④提供更好的职业指导和职业供求预测，选项 D 正确。

3. 【答案】B
【解析】根据国际劳工组织的定义，失业者或失业人口是指那些在参照期内无工作，但目前能够工作并且正在寻找工作的某一特定年龄以上（通常是 16 岁及以上）的所有人员，选项 B 正确。

4. 【答案】AC
【解析】失业率实际上反映了在一定年龄以上的人口当中，有多大比例的人想找工作却无法实现就业的情况。本案例中，被该公司裁减的部分员工因为长时间找不到工作而决定放弃寻找工作先回家休息，这些人员由失业人员转变为非劳动力参与者，使失业人员减少，从而使失业率减少，选项 A 正确。灰心丧气的劳动者效应是指一些本来可以寻找工作的劳动者由于对在某一可行的工资率水平下找到工作变得非常悲观而停止寻找工作，临时成为非劳动力参与者的情况，选项 C 正确。

全真模拟测试题（二）

扫一扫　“码”上做题、看解析

本部分习题均配备有二维码，使用“会计云课堂”App扫码，即可在线做题、看解析。

【“会计云课堂”App下载二维码见封底】

一、单项选择题（共60题，每题1分。每题的备选项中，只有1个最符合题意）

1. 很多高中毕业生由于对大学毕业以后的就业前景感到担忧，放弃了参加高考，对此，正确的观点是（　　）。

A. 这些人不去上大学一定是错误的

B. 这些人本来就不应该去上大学

C. 如果大学毕业时找不到工作，确实不该去上大学

D. 上大学的收益并不仅仅发生在刚毕业时，而是长期的，如果仅仅根据大学毕业时能否找到工作来作出决策，可能会是错误的

2. 自愿性职业流动基本上是（　　）。

A. 向上流动

B. 向下流动

C. 水平流动

D. 垂直流动

3. 下列关于劳动力跨地区流动的说法，错误的是（　　）。

A. 跨地区劳动力流动的主要原因在于地区之间存在经济发展不均衡的情况

B. 跨地区劳动力流动会受到迁移距离和迁移成本的影响

C. 跨地区劳动力流动不受两个地区的关系密切程度影响

D. 跨地区劳动力流动并非单向，流出的劳动力也可能会重新流动回原居住地

4. 关于劳动规章制度的说法，正确的是（　　）。

A. 用人单位应当将直接涉及劳动者切身利益的规章制度公示，或者告知劳动者

B. 用人单位必须单独制定休息休假制度

C. 用人单位可以不建立劳动规章制度

D. 工会无权对用人单位的劳动规章制度提出修改意见

5. 对异地安置或居住在偏远农村的离退休人员的基本养老保险发放多采用（　　）的方式。

A. 委托银行发放

B. 邮局寄发

C. 社会保险机构直接发放

D. 依托社区发放

6. 在组织结构的特征因素中，能够反映组织各职能部门间工作分工精细程度的是（　　）。

A. 制度化　　B. 规范化

C. 职业化　　D. 专业化

7. 与马斯洛的需要层次理论不符的陈述是（　　）。

A. 人的需要从低到高依次为生理需要、安全需要、归属和爱的需要、尊重需要及自我实现的需要

B. 人在不同时期表现出来的各种需要的强烈程度不同

C. 只有低一层次的需要得到相当程度的满足之后，个体才会追求高一层次的需要

D. 自我实现是人类的基本需要

8. 罗伯特·豪斯的路径—目标理论认为，努力建立舒适的工作环境，亲切友善，关心下属的要求，属于(　　)类型的领导行为。

A. 指导式　　B. 支持型

C. 参与式　　D. 成就取向式

9. 各管理层次、部门在权力和责任方面的分工和相互关系是指（　　）。

A. 职权结构　　B. 部门结构

C. 层次结构　　D. 职能结构

10. 组织结构是为实现（　　）进行分工协作，在职务范围、责任、权力方面所形成的结构体系。

A. 企业目标　　B. 企业运行

C. 岗位分工　　D. 业务规模

11. 个人决定对部分或全部可行权的股票期权行权并立刻出售，以获取行权价与市场价的差价带来的利润，这种股票期权的执行方式是（　　）。

A. 现金行权

B. 无现金行权

C. 现金行权并出售

D. 无现金行权并出售

12. 劳动监察机构在进行劳动监察时，不可采取的行政处罚是（　　）。

A. 逮捕　　B. 警告

C. 没收违法所得　　D. 罚款

13. 在法律没有具体规定举证责任承担时，仲裁庭可以根据（　　）和诚实信用原则，综合当事人举证能力等因素确定举证责任的承担。

A. 公平原则　　B. 合法原则

C. 民主说服原则　　D. 公正原则

14. 按照规定，用人单位应当自用工之日起（　　）日内为其职工向社会保险经办机构申请办理社会保险登记。

A. 15　　B. 30

C. 60　　D. 90

15. 在经济周期中，有助于降低失业率的是（　　）。

A. 附加的劳动者效应

B. 灰心丧气的劳动者效应

C. 收入效应

D. 替代效应

16. 下列关于人力资本投资理论的说法中，错误的是（　　）。

A. 人力资本概念将人力即人的劳动能力储备视为一种资本

B. 人力资本投资的重点在于它的利益导向性

C. 人力资本投资研究的是通过人的资源而影响未来的货币和物质收入的各种活动

D. 亚当·斯密认为一个国家的资本在一定程度上包括社会全体成员的能力

17. 关于一般在职培训和特殊在职培训的说法，正确的是（　　）。

A. 一般在职培训需要离岗完成

B. 特殊在职培训需要离岗完成

C. 一般在职培训和特殊在职培训都能带来员工生产率的提高

D. 一般在职培训和特殊在职培训不可能同时发生在一次培训中

18. 在市场经济条件下，能够获得租金性工资收入的人通常是（　　）。

A. 出租自有房屋的房东
B. 公司文员
C. 中学老师
D. 文体明星

19. 政府在采取人力政策来干预劳动力市场时，主要针对的是（　　）失业。
A. 摩擦性　　B. 季节性
C. 结构性　　D. 周期性

20. 某厂在确定工资时，对同样的生产车间的男职工支付的工资要高于女职工，这违反了（　　）原则。
A. 按需分配　　B. 同工同酬
C. 利润分享　　D. 效率优先

21. 人力资源部门除了利用劳动者的受教育程度、工作经历以及在职训练等客观指标作为筛选员工的依据之外，往往还得利用面试、笔试等手段筛选，甚至还要规定试用期，这体现的劳动力市场特征是（　　）。
A. 劳动力市场的特殊性
B. 交易对象的难以衡量性
C. 交易条件的复杂性
D. 劳动力出售者地位的不利性

22. 关于劳动者的概念，以下不正确的是（　　）。
A. 劳动者是被用人单位依法雇用（录用）的人员，包括自雇用者
B. 劳动者是在用人单位管理下从事劳动的人员
C. 劳动者是以工资收入为主要生活来源的人员
D. 劳动者仅限定在国家劳动法律所规定的范围之内

23. 按照劳动关系双方利益关系的性质和处理原则来划分，英国的劳动关系属于（　　）类型。
A. 利益冲突型　　B. 利益协调型
C. 利益一体型　　D. 利益均衡型

24. 如果某市汽车生产工人的劳动力供给弹性为0.5，由于工资水平上涨，这类劳动者的劳动力供给时间增加了10%，他们原来的工资水平是每小时20元，现在一定是上升到了（　　）。
A. 24元　　B. 25元
C. 30元　　D. 35元

25. 关于麦克利兰三重需要理论的说法，错误的是（　　）。
A. 管理上过分强调良好关系的维持通常会干扰正常的工作程序
B. 成就需要高的人常常勇于挑战自我，选择高风险的目标
C. 成就需要高的人通常只关心自己的工作业绩，但不一定能使别人干得出色，所以并不一定能成为一名优秀的管理者
D. 权力需要高的人喜欢竞争，希望通过出色的成绩来匹配他们渴望的地位

26. 对有限理性模型表述错误的是（　　）。
A. 在选择备选方案时，决策者试图使自己满意，或者寻找令人满意的结果
B. 决策者所认知的世界是真实世界的简化模型
C. 决策者在进行选择的时候不必知道所有的可能方案
D. 与理性模型的差异主要体现在质的差异上

27. 美国管理心理学家保罗·赫塞和布兰查德发展出的生命周期理论认为，影响领导者风格选择的一个重要因素是（　　）。
A. 下属的成熟程度　　B. 下属的工作能力
C. 下属的交际圈　　D. 下属的服从能力

28. “两头大，中间小”反映的是（　　）组织形式的实质。

A. 事业部制　　B. 团队
C. 无边界　　D. 虚拟

29. 从激励内容的角度可以将激励分为（　　）。
A. 正向激励和负向激励
B. 他人激励和自我激励
C. 物质激励和精神激励
D. 有效激励和无效激励

30. 不属于组织战略三种类型的是（　　）。
A. 成长战略　　B. 稳定战略
C. 收缩战略　　D. 财务战略

31. 关于人力资源供给预测的说法，错误的是（　　）。
A. 它要求了解企业能够获得的人力资源数量、质量和结构
B. 它不需要了解外部劳动力市场的供给情况
C. 它常常需要用到人力资源技能库中的信息
D. 它可能会用到马尔科夫分析法

32. （　　）是指一种测试或甄选技术对被测试者的一种或多种工作行为或工作绩效进行预测的准确程度。
A. 内容效度　　B. 构想效度
C. 效标关联效度　　D. 预测效度

33. 用于考察应聘者的文书处理和反应能力的方法是（　　）。
A. 无领导小组讨论　　B. 角色扮演
C. 公文筐测试　　D. 管理游戏

34. 人力资源战略中，（　　）绩效管理体系的目标导向性很强。
A. 成本领先战略　　B. 创新战略
C. 客户中心战略　　D. 成长战略

35. 既可以作为绩效考核方法，又可以作为组织绩效改进工具的是（　　）。
A. 强制分布法
B. ISO 质量管理体系
C. 行为锚定法
D. 标杆超越法

36. 关于绩效面谈技巧的说法，正确的是（　　）。
A. 在绩效面谈中，主管人员应当将重点放在对员工进行批评和教育方面
B. 主管人员应该主导绩效面谈，可以随时打断员工的陈述
C. 主管人员可以利用在公司食堂吃午餐的时间与员工进行绩效面谈
D. 在绩效面谈时，主管人员应当以积极的方式结束谈话

37. 关于劳务派遣的说法，符合法律规定的是（　　）。
A. 用人单位可以设立劳务派遣单位向所属单位派遣劳动者
B. 用人单位与其他单位合伙设立的劳务派遣单位，可以向本单位派遣劳动者
C. 劳务派遣单位应当依照公司法有关规定设立，注册资本不得少于 200 万元
D. 劳务派遣单位可以向被派遣劳动者收取管理费用

38. 根据经济学家们的观点，不纳入“自然失业率”计算范围的是（　　）。
A. 摩擦性失业　　B. 季节性失业
C. 结构性失业　　D. 周期性失业

39. 领导方式区分为工作取向和关系取向两类，将情景性的因素分为三个维度，这些维度互相组合，可以产生八种不同的情景，这种理论称作（　　）。
A. 领导—成员交换理论
B. 路径—目标理论
C. 特质理论
D. 权变理论

40. 在组织发展的人文技术中，旨在通过无结构小组的交互作用来改善行为的方法称做（　　），又称T团体训练。
A. 敏感性训练　　B. 团队发展
C. 团队建设　　D. 群体关系开发

41. 以下各项，由于缺乏人力资源规划对组织造成损害的是（　　）。
A. 职位空缺无法及时得到填补
B. 主管无法客观评价下属的工作绩效
C. 人力资源部门不能实施职位评价
D. 企业无法确定职位说明书

42. 当学校有10000名学生时需要200名教师，如果这个学校预期明年注册的学生会增加1000名，师生比不变，则需要增加聘用20名教师。这种人力资源需求预测的方法是（　　）。
A. 主观判断法　　B. 比率分析法
C. 时间序列分析法　　D. 回归分析法

43. （　　）主要回答到哪里去竞争的问题，即做出组织应该选择经营何种业务以及进入何种行业或领域的决策。
A. 组织战略　　B. 竞争战略
C. 管理战略　　D. 职能战略

44. 西方的“大五”人格理论有外向性，（　　），公正性，情绪性和创造性。
A. 开发性　　B. 和悦性
C. 忠诚性　　D. 独立性

45. 成就测试和认知能力测试的测量对象都属于（　　），它们所要测量的都是一个人从与环境间的相互作用经验中发展出来的能力。
A. 知识性特质　　B. 普遍性特质
C. 认知性特质　　D. 发展性特质

46. 下列关于知识测试的说法中，错误的是（　　）。
A. 知识测试就是我们通常所说的考试
B. 知识测试可以被划分为综合知识测试、专业知识测试、外语测试等各种不同类型
C. 社会上的一些职业资格考试基本上都属于知识测试
D. 知识测试通常都是以笔试的方式完成，所有的笔试都属于知识测试

47. 实施（　　）的企业，绩效考核的结果应当更多地应用于薪酬分配，激励员工最大限度地发挥潜能。
A. 差异化战略　　B. 防御者战略
C. 探索者战略　　D. 跟随者战略

48. （　　）揭示了由于工作条件和社会环境原因而导致的收入差异。
A. 补偿性工资差别
B. 竞争性工资差别
C. 垄断性工资差别
D. 技能性工资差别

49. 关于绩效评价误区的说法，正确的是（　　）。
A. 上级根据最初印象对员工做出绩效评价，因此产生的评价误区称为刻板印象
B. 上级对员工某一特质产生强烈、清晰的感知，导致其忽略了此员工其他方面品质，因此产生的评价误区称为晕轮效应
C. 上级不恰当地给自己喜爱的下属较高的绩效评价分数，因此产生的评价误区称为盲点效应
D. 上级对员工的绩效评价结果受到员工所属群体的影响，因此产生的评价误区称为首因效应

50. 小马是一名酒店服务员，他经常换工作地点，这是因为他处于（　　）。
A. 次等劳动力市场
B. 有组织的劳动力市场
C. 优等劳动力市场
D. 地区性劳动力市场

51. 股票期权行权价格的确定方法分多种，在我国采取的方法是（　　）。
A. 实值法　　B. 虚值法
C. 平值法　　D. 溢价法

52. “自由多元化模式”的代表国家是（　　）。
A. 德国　　B. 日本
C. 俄罗斯　　D. 美国

53. 事业单位实行岗位绩效工资制度，其中体现工作人员的工作表现和资历的是（　　）。
A. 岗位工资　　B. 薪级工资
C. 绩效工资　　D. 津贴补贴

54. 在劳动关系调整的原则中，劳动者和用人单位平等协商一致，依法签订劳动合同，明确双方的权利和义务，这涉及（　　）。
A. 劳动关系主体权利义务统一的原则
B. 保护劳动关系主体权益的原则
C. 以劳动关系双方自主协调为基础的原则
D. 促进经济发展和社会进步的原则

55. 以下不属于职业生涯锚的类型的是（　　）。
A. 安全稳定型　　B. 自主独立型
C. 管理能力型　　D. 创新冒险型

56. “在薪酬水平方面比竞争对手的薪酬略低，在薪酬结构方面奖金部分所占的比例相对较大”，这种薪酬管理适用于采用（　　）的企业。
A. 成长战略
B. 创新战略
C. 稳定战略或集中战略
D. 成本领先战略

57. 在市场经济条件下，使劳动者个人与用人单位建立劳动关系契约，调整个别劳动关系的基本制度是（　　）。
A. 劳动合同制度
B. 劳动规章制度
C. 劳动争议处理制度
D. 协调劳动关系三方机制

58. 每期员工持股计划的持股期限不得低于（　　）个月，以非公开发行方式实施员工持股计划的持股期限不得低于（　　）个月。
A. 6；12　　B. 12；12
C. 12；36　　D. 36；12

59. 非全日制用工的劳动报酬结算支付周期最长不得超过（　　）日。
A. 7　　B. 10
C. 15　　D. 30

60. 如果某地区服务员的小时工资率为 16 元，服务员的劳动力总供给时间为 1000 小时，当小时工资率提高到 18 元之后，该地区服务员的劳动力总供给时间上升到 1400 小时，则该市的劳动力供给弹性为（　　）。
A. 0.5　　B. 1
C. 3.2　　D. 4

二、**多项选择题**（共 20 题，每题 2 分。每题的备选项中，有 2 个或 2 个以上符合题意，至少有 1 个错项。错选，本题不得分；少选，所选的每个选项得 0.5 分）

1. 关于人力资源规划意义的说法，正确的有（　　）。
A. 人力资源规划有利于组织战略目标的实现
B. 良好的人力资源规划有利于组织整体人力资源管理系统的稳定性、一致性和有效性，有利于组织的健康和可持续发展
C. 良好的人力资源规划还有助于组织对人工成本的合理控制
D. 良好的人力资源规划能够有效地预测

组织在不同时期和阶段的人力资源需求

E. 人力资源规划鼓励组织采用激烈的手段应对人力资源短缺或过剩问题

2. 良好的绩效管理在组织管理中的作用有（　　）。

A. 有助于建立和谐的组织文化

B. 有助于提高员工的流动性

C. 有助于促进员工的自我发展

D. 有助于企业做好工作分析

E. 有助于实现组织的战略

3. 薪酬成本预算的方法有（　　）。

A. 自上而下的薪酬成本预算方法

B. 全面控制基本薪酬

C. 自下而上的薪酬成本预算方法

D. 部门比较的薪酬成本预算方法

E. 职位比较的薪酬成本预算方法

4. 事业单位岗位包括（　　）。

A. 管理岗位　　B. 专业技术岗位

C. 普通员工岗　　D. 工勤技能岗位

E. 党群工作岗

5. 大企业一般往往容易提供高工资，有效的解释有（　　）。

A. 大企业为员工提供更多特殊培训的机会

B. 大企业更多地使用具有较高相互依赖性的生产过程

C. 大企业为员工提供一个在职业性“工作阶梯”中得到多层次晋升的机会

D. 岗位空缺对大企业而言成本很高

E. 岗位空缺对大企业而言节约了成本

6. 教育不仅能够产生较高的私人收益率，还能够带来较高的社会收益有（　　）。

A. 直接导致国民收入水平的提高和社会财富的增长，从而提高整个国家和社会的福利水平

B. 有助于增加失业率

C. 父母的受教育水平不会影响下一代的受教育情况

D. 较高的教育水平有助于提高政策决策过程的质量和决策效率

E. 有助于提高社会的道德水平和信用水平

7. 推行参与管理要有成效必须符合的条件有（　　）。

A. 在行动前，要有充裕的时间进行参与

B. 员工参与的问题不必与其自身利益相关

C. 员工必须具有参与的能力

D. 参与不应使员工和管理者的地位和权力受到威胁

E. 组织文化必须支持员工参与

8. 下列不属于事业部制组织形式的优点的有（　　）。

A. 有利于公司高层摆脱具体事务的束缚

B. 有利于增强企业内部的活力

C. 有利于公司内部的协调一致

D. 有利于节约管理成本

E. 有利于把联合化和专业化结合起来

9. 履历分析又称（　　）。

A. 资历分析　　B. 评价技术

C. 学习分析　　D. 评价体系

E. 培训技术

10. 竞业限制的人员限于用人单位的（　　）。

A. 高级管理人员

B. 高级技术人员

C. 所有职员

D. 负有保密义务的人员

E. 基层人员

11. 成就测试主要有（　　）。

A. 知识测试

B. 工作样本测试

C. 职业兴趣测试

D. 运动和身体能力测试

E. 人格测试

12. 有一部分决策者认为人们有坚持错误决

策的倾向，产生这种现象的原因主要有（　　）。

A. 决策者的态度　B. 心理决定因素
C. 社会压力　D. 项目的特点
E. 组织决定因素

13. 战略性人力资源管理中的核心概念有（　　）。

A. 战略匹配　B. 战略分析
C. 战略学习　D. 战略契合
E. 战略互补

14. 知识型团队的绩效考核指标主要有（　　）。

A. 效益型指标　B. 效率型指标
C. 递延型指标　D. 风险型指标
E. 关键型指标

15. 常见的职位评价委员会的类型有（　　）。

A. 分析小组
B. 申诉委员会
C. 职位评价指导委员会
D. 职位评价实施委员会
E. 仲裁委员会

16. 影响培训与开发利润的因素主要有（　　）。

A. 受训员工的努力程度
B. 受训员工的文凭高低
C. 受训员工可能的服务年限
D. 受训员工对组织的忠诚度
E. 受训员工技能可能提高的程度

17. 劳务派遣一般在（　　）工作岗位上实施。

A. 固定性　B. 临时性
C. 辅助性　D. 替代性
E. 长期性

18. 女性劳动力参与率大幅上升的主要影响因素有（　　）。

A. 女性的劳动力市场工作偏好和态度发生了改变
B. 家庭生产活动的生产率提高
C. 女性的相对工资率上升
D. 出生率的下降
E. 离婚率的下降

19. 属于教育投资的私人收益估计偏差的有（　　）。

A. 地区偏差　B. 高估偏差
C. 选择性偏差　D. 歧视偏差
E. 低估偏差

20. 以下关于专业技术人员继续教育，说法正确的有（　　）。

A. 国家机关的专业技术人员参加继续教育所需经费由个人承担
B. 继续教育内容包括公需科目和专业科目
C. 专业技术人员参加继续教育的时间，每年累计应不少于 120 学时
D. 专业科目一般不少于总学时的 2/3
E. 企业、事业单位等应当依法依规提取和使用职工教育经费

三、 **案例分析题**（共 20 题，每题 2 分。由单选题和多选题组成。错选，本题不得分；少选，所选的每个选项得 0.5 分）

（一）

某公司员工张力于 2016 年 3 月 1 日入职，同年 5 月 5 日公司与其签订了书面劳动合同，该员工提出因本人原籍有社保，自愿提交书面申请不需要公司缴纳社保。2017 年 8 月，该员工在车间内因赌博与同事发生斗殴受伤，张力主张单位为其申报工伤。

1. 按照劳动合同法要求，该公司应在以下哪个日期与张力签订劳动合同（　　）。

A. 2016 年 3 月 1 日
B. 2016 年 3 月 31 日前

C. 2016年5月5日

D. 2016年5月1日前

2. 关于张力与该公司劳动关系问题的说法正确的是（　　）。

A. 该公司与张力一直没有形成劳动关系

B. 该公司与张力自2016年3月1日起形成劳动关系

C. 该公司应当为张力缴纳社保

D. 该公司与张力自2016年5月5日起形成劳动关系

3. 以下属于不认定工伤的范围的是（　　）。

A. 故意犯罪的

B. 醉酒或者吸毒的

C. 自残或者自杀的

D. 在抢险救灾等维护国家利益、公共利益活动中受到伤害的

4. 职工发生事故伤害或者按照职业病防治法规定被诊断、鉴定为职业病，所在单位应当自事故伤害发生之日或者被诊断、鉴定为职业病之日起（　　）日内，向统筹地区社会保险行政部门提出工伤认定申请。

A. 30　　B. 60

C. 15　　D. 10

（二）

计算机专业毕业的研究生小韩非常庆幸自己能够顺利在一家世界知名的国内通信技术公司找到一份研发工作，这家公司的工资水平远远超过市场水平，因此每年都有大批毕业生来求职。这家公司的人力资源管理水平很高，在招聘、晋升、绩效、薪酬以及解雇等各人力资源管理领域都制定了非常明确的规划和程序，管理非常规范。入职后小韩发现，该公司非常重视新员工的培训，而且倾向于从内部提拔管理人员，公司在作出晋升决定时，会严格按员工的历史绩效以及在一线的工作时间和发展潜力等来进行综合考察，晋升标准和晋升待遇也是非常明确的，每一次晋升都会有若干员工作为候选人，其中优秀的人将被选拔至上一级领导岗位。

1. 与该公司的人力资源管理实践吻合的特征包括（　　）。

A. 内部劳动力市场

B. 封闭劳动力市场

C. 终身雇用

D. 晋升竞赛

2. 该公司支付高工资的作用在于（　　）。

A. 吸引优秀的、高生产率员工

B. 降低员工的离职率

C. 削弱员工的偷懒动机

D. 降低人工成本

3. 该公司作出晋升决策的依据是候选人的（　　）。

A. 学历

B. 相对绩效水平

C. 资历

D. 能力

4. 可以使该公司的晋升体系更为有效的做法包括（　　）。

A. 使多位候选人在晋升潜力和实力方面存在较为明显的差距

B. 使候选人的现有薪酬和新职位的薪酬水平之间存在明显差距

C. 尽可能确保在晋升决策中不掺杂实力以外的运气成分

D. 不把候选人的直接上级的主观评价作为晋升决策的唯一依据

（三）

小张是某个工程设计公司从资深工程师团队中选拔上来的一位主管，他原来是公司的技术骨干，在业务上总能拔得头筹。但是转到管理岗位后感觉压力很大，抱怨下属不支持自己的工作，工作满意度明显降

低，而很多下属员工也抱怨小张不通人情。此外，小张采用的仍然是十五年前制定的管理流程，并没有随着市场和时间的变化而进行调整。管理的风格与公司现在的业务不符，公司领导决定与小张深入分析和解决这些问题。同时聘请专业讲师来提升他的领导技能。

1. 从领导技能看，小张缺乏（　　）。
A. 技术技能　　B. 人际技能
C. 概念技能　　D. 统筹技能

2. 关于领导技能的说法，错误的是（　　）。
A. 领导者可以依靠下属的技术技能
B. 组织中任何层次的领导者都必须达到有效人际技能的要求
C. 不同层次的领导者需要的技能的相对比例是不同的
D. 领导层次越高，需要的技术技能越高

3. 对于操作人员和专业人员，工作绩效的主要依据是（　　）。
A. 技术技能
B. 概念技能
C. 领导技能
D. 人际技能

4. 领导者的成功取决于他的（　　）。
A. 合适的行为　　B. 技能
C. 行动　　D. 背景

（四）

2015 年 3 月，王某到某建筑公司打工，双方签订了为期 1 年的劳动合同，合同约定：月工资 3000 元，每天工作 9 小时，每周工作 7 天，不享受年休假，合同履行期间发生伤残，公司概不负责。2015 年 6 月，王某在施工中因操作不当被砸伤。王某认为自己被砸伤属于工伤，要求公司给予赔偿，公司却以王某违反规章制度为由解除与王某的劳动合同。王某不服，向当地劳动人事争议仲裁委员会申请仲裁，要求认定被砸伤为工伤，并要求公司支付解除劳动合同经济补偿。

1. 下列劳动合同约定中，符合法律规定的是（　　）。
A. 王某与某建筑公司签订的劳动合同为期 1 年
B. 王某与某建筑公司签订的劳动合同约定每日工作 9 小时，每周工作 7 天
C. 王某与某建筑公司签订的劳动合同约定合同履行期间发生伤残，公司概不负责
D. 王某与某建筑公司签订的劳动合同约定不享受年假

2. 关于与王某被砸伤是否为工伤的说法，符合法律规定的是（　　）。
A. 王某在施工中因操作不当被砸伤，责任在王某本人，因此所受伤不应当为工伤
B. 王某与公司已约定发生伤残公司概不负责，因此所受伤不应当为工伤
C. 王某在施工中因操作不当被砸伤，王某本人有一定责任，仍应当认定为工伤
D. 王某在建筑公司工作 1 年以上，所受伤才可以认定为工伤

3. 关于工伤认定的说法，正确的有（　　）。
A. 王某已申请劳动仲裁，劳动人事争议仲裁委员会应对王某所受伤作出工伤认定
B. 劳动人事争议仲裁委员会无权对王某所受伤作出工伤认定
C. 王某被砸伤可以向社会保险行政部门申请工伤认定
D. 王某认为自己被砸伤属于工伤，某建筑公司应当同意王某看法

4. 如果王某所伤没有被认定为工伤，甲公司应依法支付王某解除劳动合同经济补偿金额为（　　）。
A. 1500 元　　B. 3000 元
C. 6000 元　　D. 12000 元

（五）

最近，某公司人力资源部对员工甄选效果进行了评估，发现了一些不太理想的情况。

第一，公司很多管理人员甚至高层管理人员不重视员工甄选工作，参与面试时存在“应付差事”“走过场”的情况，向求职者提出的问题天马行空，比较随意。

第二，有些已经录用的员工与公司文化不相匹配，例如有些人沟通能力较差，缺乏团队合作精神，无法融入集体。

第三，尽管公司在甄选过程中采用了多种测试方法，但在实际工作中却发现，当初在测试中打分较高的人，其实际工作绩效反而不如一些测试分数相对较低的人。人力资源部就这些情况咨询了相关专家。专家建议针对第一种情况，公司应实施情境化结构面试并建立题库；针对第二种情况，可增加无领导小组讨论方法。

1. 根据第一种情况描述的现象，关于该公司招聘面试的说法，正确的是（　　）。

A. 这家公司的面试标准化程度比较高

B. 这家公司的面试官可能对应聘相同职位的不同求职者提出不同的问题

C. 这家公司的面试过程很容易受到面试官个人主观意志的影响

D. 改善这家公司面试效果的方法之一是对参与面试的管理者进行面试培训

2. 第三种情况说明，该公司员工甄选体系的（　　）比较低。

A. 预测效度　　B. 构想效度

C. 内部一致性信度　　D. 重测信度

3. 关于无领导小组讨论的说法，正确的是（　　）。

A. 无领导小组能够考察被面试者的人际沟通能力、口头表达能力和领导能力

B. 在无领导小组讨论中，每个人的地位都是平等的

C. 在无领导小组讨论中，评价者不参与讨论过程

D. 无领导小组讨论对评价者的评价技术要求比较低

4. 下列面试题目中，属于情境化结构面试题目的是（　　）。

A. 请谈一谈你本人有哪些优点

B. 请谈一下你对所面试的工作的认识

C. 请谈一谈你为什么希望进入本公司

D. 请你举一个例子，设定一个目标，你如何完成

全真模拟测试题（二）参考答案及解析

一、单项选择题

1. 【答案】D

【解析】上大学的总收益是指一个人在接受大学教育之后的终身职业生涯中获得的超过高中毕业生的工资性报酬，因此如果仅根据大学刚毕业的几年中所得到的工资性报酬状况来判断上大学是否值得就会出现误差，选项D正确。

2. 【答案】A

【解析】自愿性职业流动基本上属于向上流动，选项A正确。

3. 【答案】C

【解析】两个地区的各种条件越相似，越有利于劳动力地区流动；两个地区条件差异大，越不利于劳动力地区流动，选项 C 的说法错误。

4. 【答案】A

【解析】根据《中华人民共和国劳动合同法》规定：用人单位应当将直接涉及劳动者切身利益的规章制度和重大事项决定公示，或者告知劳动者，选项 A 正确。

5. 【答案】B

【解析】对异地安置或居住在偏远农村的离退休人员，多通过邮局寄发基本养老保险，选项 B 正确。

6. 【答案】D

【解析】组织结构的专业化程度是指企业各职能工作分工的精细程度，选项 D 正确。

7. 【答案】D

【解析】自我实现的需要属于高级需要，选项 D 错误。

8. 【答案】B

【解析】支持型的领导行为：努力建立舒适的工作环境，亲切友善，关心下属的要求，选项 B 正确。

9. 【答案】A

【解析】职权结构是指各管理层次、部门在权力和责任方面的分工和相互关系，选项 A 正确。

10. 【答案】A

【解析】组织结构是指为实现企业目标进行分工协作，在职务范围、责任、权力方面所形成的结构体系，选项 A 正确。

11. 【答案】D

【解析】无现金行权并出售是指，个人决定对部分或全部可行权的股票期权行权并立刻出售，获取行权价与市场价的差价带来的利润。

12. 【答案】A

【解析】劳动监察处罚的方式主要有五种：责令用人单位改正、警告、罚款、没收违法所得、吊销许可证，选项 A 错误。

13. 【答案】A

【解析】在法律没有具体规定举证责任承担时，仲裁庭可以根据公平原则和诚实信用原则，综合当事人举证能力等因素确定举证责任的承担，选项 A 正确。

14. 【答案】B

【解析】用人单位应当自用工之日起 30 日内为其职工向社会保险经办机构申请办理社会保险登记，选项 B 正确。

15. 【答案】B

【解析】灰心丧气的劳动者在失业之后退出了劳动力市场，那么寻找工作的失业者人数减少将会导致失业率的下降，选项 B 正确。

16. 【答案】B

【解析】人力资本投资的重点在于它的未来导向性，选项 B 的说法错误。

17. 【答案】C

【解析】在职培训可以分为一般在职培训和特殊在职培训。实际工作中，许多在职培训都是既包括一般培训因素，又包括特殊培训因素。在职培训的收益主要表现在受训者生产率的提高，选项 C 正确。

18. 【答案】D

【解析】垄断性工资收入也可叫做租金性工资收入。最典型的是文体影视“明星”们的收入，选项 D 正确。

19. 【答案】C

【解析】政府采取人力政策主要是针对

劳动力市场的结构性失业而提出的一种扩大就业的政策，选项C正确。

20.【答案】B

【解析】同工同酬的原则要求对于完成同等价值工作的劳动者应支付同等水平的工资，这一原则应贯彻于不同行业、部门，不同的民族、种族，不同性别的劳动者之间。对同样的生产车间的男职工支付的工资要高于女职工，这违反了同工同酬原则，选项B正确。

21.【答案】B

【解析】人力资源部门除了利用劳动者的受教育程度、工作经历以及在职训练等客观指标作为筛选员工的依据之外，往往还得利用面试、笔试等手段筛选，甚至还要规定试用期，这体现了劳动力市场交易对象难以衡量的特征。

22.【答案】A

【解析】劳动者的概念包括四层含义：①劳动者是被用人单位依法雇用（录用）的人员，不包括自雇用者；②劳动者是在用人单位管理下从事劳动的人员；③劳动者是以工资收入为主要生活来源的人员；④劳动者仅限定在国家劳动法律所规定的范围之内。

23.【答案】A

【解析】按照劳动关系双方利益关系的性质和处理原则来划分，劳动关系的基本类型有三种：①利益冲突型，英国的劳动关系可以归于这种类型；②利益协调型，以德国的劳动关系为典型代表；③利益一体型，主要是指亚洲一些国家的劳动关系，如日本、新加坡的劳动关系。

24.【答案】A

【解析】劳动力供给弹性＝劳动工时变动百分比÷工资率变动百分比，即0.5＝10%÷［（X−20）÷20］，计算得出X＝24（元），选项A正确。

25.【答案】B

【解析】成就需要高的人有一些突出特点，其中之一是选择适度的风险，选项B的说法错误。

26.【答案】D

【解析】有限理性模型与理性模型的差异主要体现在程度上，而非质的差异上，选项D的说法错误。

27.【答案】A

【解析】根据美国管理心理学家保罗·赫塞和布兰查德发展出的生命周期理论认为，影响领导者风格选择的一个重要因素是下属的成熟程度，选项A正确。

28.【答案】D

【解析】两头（营销、研发与技术设计）大，中间（生产制造）小，这是虚拟组织的特点，选项D正确。

29.【答案】C

【解析】从激励内容的角度可以将激励分为物质激励和精神激励，选项C正确。

30.【答案】D

【解析】组织战略分为成长战略、稳定战略和收缩战略三种。选项D属于职能战略。

31.【答案】B

【解析】一个组织的人力资源供给来源包括外部来源和内部来源，选项B的说法错误。

32.【答案】C

【解析】效标效度也称效标关联效度，是指一种测试或甄选技术对被测试者的一种或多种工作行为或工作绩效进行预测的准确程度，选项C正确。

33. 【答案】C

【解析】公文筐测试考查的是在规定的条件和限定的时间内对各种各样文书问题的处理和反应能力，包括备忘录、信件、电报、电话记录等，选项 C 正确。

34. 【答案】B

【解析】人力资源战略中，创新战略绩效管理体系的目标导向性很强，选项 B 正确。

35. 【答案】D

【解析】标杆超越法既可以作为绩效考核方法，又可以作为组织绩效改进工具，选项 D 正确。

36. 【答案】D

【解析】绩效反馈面谈技巧：

（1）时间场所的选择，避免上下班、开会等让人分心的时段。可选择安静、轻松的会客厅。

（2）认真倾听，最忌讳主管人员喋喋不休，时常打断员工谈话。

（3）鼓励员工多说话。

（4）以积极的方式结束对话。

37. 【答案】C

【解析】用人单位不得设立劳务派遣单位向本单位或者所属单位派遣劳动者，选项 AB 错误。劳务派遣单位不得向被派遣劳动者收取费用，选项 D 错误。

38. 【答案】D

【解析】摩擦性失业、结构性失业以及季节性失业均属于正常性失业。这也就是美国经济学家所说的“自然失业率”。

39. 【答案】D

【解析】费德勒的权变理论将领导方式区分为工作取向和关系取向两类，认为情境性的因素可以分为三个维度，通过这三个维度的互相组合，共可以产生八种不同的情景，选项 D 正确。

40. 【答案】A

【解析】敏感性训练，又称实验室训练、T 团体训练、交友团体训练等，是指通过无结构小组的交互作用方式来改善行为的方法，选项 A 正确。

41. 【答案】A

【解析】缺乏人力资源规划会导致职位空缺而无法及时得到填补。

42. 【答案】B

【解析】比率分析法是一种基于关键的经营或管理指标与组织的人力资源需求量之间的固定比率关系，来预测未来人力资源需求的方法，选项 B 正确。

43. 【答案】A

【解析】组织战略主要回答“到哪里去竞争”的问题，即作出组织应该选择经营何种业务以及进入何种行业或领域的决策，选项 A 正确。

44. 【答案】B

【解析】所谓“大五”，实际上是指一个人在五个人格特征方面的表现：外向性、和悦性、公正性、情绪性和创造性，选项 B 正确。

45. 【答案】C

【解析】成就测试和认知能力测试的测量对象都属于认知性特质，它们所要测量的都是一个人从与环境间的相互作用经验中发展出来的能力，选项 C 正确。

46. 【答案】D

【解析】知识测试通常都是以笔试的方式完成，但并非所有的笔试都属于知识测试。

47. 【答案】C

【解析】实施探索者战略的企业，绩效

考核的结果应当更多地应用于薪酬分配，激励员工最大限度地发挥潜能，选项C正确。

48. 【答案】A

【解析】补偿性工资差别是指在知识技能上无质的差别的劳动者，因从事职业的工作条件和社会环境的不同而产生的工资差别，选项A正确。

49. 【答案】B

【解析】选项A为首因效应；选项C为晕轮效应；选项D为刻板印象。

50. 【答案】A

【解析】次等劳动力市场的特征是就业不稳定、工资率较低、工作条件较差，同时工作的社会地位也相对较低。这种市场通常包括饭店中的普通商业服务工作、建筑业杂工等人所在的劳动力市场，选项A正确。

51. 【答案】C

【解析】股票期权行权价格的确定分为三种，即实值法、平值法和虚值法。在我国采用平值法，选项C正确。

52. 【答案】D

【解析】按照国别的劳动关系划分，美国代表自由多元化模式，选项D正确。

53. 【答案】B

【解析】薪级工资主要体现工作人员的工作表现和资历。

54. 【答案】C

【解析】以劳动关系双方自主协调为基础的原则，劳动者和用人单位通过平等协商一致，依法签订劳动合同，明确双方的权利和义务。

55. 【答案】D

【解析】职业生涯锚的五种基本类型：技术/职能能力型、管理能力型、安全稳定型、自主独立型、创造型。

56. 【答案】D

【解析】成本领先战略在产品本身的质量大体相同的情况下，以低于竞争对手的价格向客户提供产品。采取这一战略的企业往往追求的是效率最大化、成本最小化。在薪酬水平方面比竞争对手的薪酬相对较低，在薪酬结构方面奖金部分所占的比例相对较大，选项D正确。

57. 【答案】A

【解析】劳动合同是市场经济条件下劳动者个人与用人单位建立劳动关系的契约，是落实劳动保障法律法规、规范劳动关系双方权利和义务的重要载体。劳动合同制度是市场经济条件下调整个别劳动关系的一项基本制度，选项A正确。

58. 【答案】C

【解析】每期员工持股计划的持股期限不得低于12个月，以非公开发行方式实施员工持股计划的持股期限不得低于36个月，自上市公司公告标的股票过户至本期持股计划名下时起算，选项C正确。

59. 【答案】C

【解析】非全日制用工的劳动报酬结算支付周期最长不得超过15日，选项C正确。

60. 【答案】C

【解析】劳动率供给弹性＝劳动工时变动百分比÷工资率变动百分比，即［（1400−1000）÷1000］÷［（18−16）÷16］＝3.2，选项C正确。

二、多项选择题

1. 【答案】ABCD

【解析】一个组织缺乏有效的人力资源规划或者规划工作做得较差，就会导致组织不得不被动地适应环境的变化。在这种情况下，组织很可能被迫采取一些比较激烈的手段来应对人力资源短缺或过剩问题，而不是鼓励，选项 E 错误。

2. 【答案】ACE

【解析】良好的绩效管理在组织管理中的作用主要表现在：有助于组织内部的沟通、有助于管理者节约成本、有助于促进员工的自我发展、有助于建立和谐的组织文化、是实现组织战略的重要手段，选项 ACE 正确。

3. 【答案】AC

【解析】薪酬成本预算的方法包括自上而下的薪酬成本预算方法、自下而上的薪酬成本预算方法，选项 AC 正确。

4. 【答案】ABD

【解析】事业单位岗位分为管理岗位、专业技术岗位和工勤技能岗位三种类别。

5. 【答案】ABCD

【解析】通常情况下，在那些规模较大的企业中工作的员工，其工资随着经验的增加而增长的速度也要快得多。对于这一现象，存在几种不同的解释：

(1) 大企业比小企业为员工提供了更多的特殊培训机会，并鼓励员工们与企业建立长期的雇佣关系，选项 A 正确；

(2) 高工资可以被看成是一种补偿性的工资差别；

(3) 大企业可以为员工提供一个在职业性“工作阶梯”中得到多层次晋升的机会，选项 C 正确；

(4) 较大的企业可能会发现，岗位空缺的出现对于他们而言是成本很高的，选项 D 正确，选项 E 错误。这些企业通常都更偏重资本密集型生产，它们的生产过程各部分之间的相互依赖性也更强一些，选项 B 正确。

6. 【答案】ADE

【解析】教育投资不仅能够产生较高的私人收益率，而且能带来较高的社会收益或外部收益，这种收益也许是被投资者本人没有直接获益但是整个社会却能够获得的利益，这主要表现在以下几个方面：

(1) 教育投资直接导致国民收入水平的提高和社会财富的增长，从而提高整个国家和社会的福利水平，选项 A 正确。

(2) 教育投资有助于降低失业率，从而减少失业福利支出，同时起到预防犯罪的作用（教育水平的高低会影响个人犯罪被捕之后的机会成本），减少了执行法律的支出，选项 B 错误。

(3) 较高的教育水平有助于提高政策决策过程的质量和决策效率，选项 D 正确。

(4) 父母的受教育水平在很大程度上会影响下一代的健康以及受教育状况，选项 C 错误。

(5) 教育水平的提高还有助于提高整个社会的道德水平和信用水平，降低社会以及经济中的交易费用，提高市场效率，选项 E 正确。

7. 【答案】ACDE

【解析】推行参与管理要有成效必须符合以下几个方面的条件：

(1) 在行动前，要有充裕的时间进行参与，选项 A 正确；

(2) 员工参与的问题必须与其自身利益相关，选项 B 错误；

(3) 员工必须具有参与的能力，如智力、知识技术、沟通技巧等，选项 C 正确；

(4) 参与不应使员工和管理者的地位和权力受到威胁，选项 D 正确；

(5) 组织文化必须支持员工参与，选项 E 正确。

8. 【答案】CD

【解析】事业部制组织形式的缺点是会削

弱整个公司的协调一致性，并且会增加费用和管理成本，选项 CD 错误。

9. 【答案】AB

【解析】履历分析又称资历分析或评价技术，选项 AB 正确。

10. 【答案】ABD

【解析】竞业限制的人员限于用人单位的高级管理人员、高级技术人员和其他负有保密义务的人员，选项 ABD 正确。

11. 【答案】AB

【解析】成就测试通常包括知识测试和工作样本测试两种，选项 AB 正确。职业兴趣测试、运动和身体能力测试、人格测试属于心理测试的内容，不属于成就测试的内容。

12. 【答案】BCDE

【解析】有一部分决策者认为人们有坚持错误决策的倾向，他们称之为投入的增加。产生这种现象的原因主要有四个：项目的特点、心理决定因素、社会压力和组织决定因素，选项 BCDE 正确。

13. 【答案】AD

【解析】战略性人力资源管理的核心概念是战略匹配或战略契合，选项 AD 正确。

14. 【答案】ABCD

【解析】知识型团队的绩效考核指标主要有效益型指标、效率型指标、递延型指标、风险型指标，选项 ABCD 正确。

15. 【答案】ABCD

【解析】常见的职位评价委员会的类型包括职位评价指导委员会、职位评价实施委员会、分析小组和申诉委员会，选项 ABCD 正确。

16. 【答案】ACDE

【解析】影响培训与开发利润的因素主要包括受训员工可能的服务年数、受训员工技能可能提高的程度、受训员工的努力程度和对组织的忠诚度，选项 ACDE 正确。

17. 【答案】BCD

【解析】劳务派遣一般在临时性、辅助性、替代性的工作岗位上实施，选项 BCD 正确。

18. 【答案】ABCD

【解析】发达国家的女性尤其是已婚女性的劳动力参与率稳定上升的总体趋势主要与以下几个方面的因素有关：

（1）女性的相对工资率上升，选项 C 正确；

（2）女性的劳动力市场工作偏好和态度发生了改变，选项 A 正确；

（3）家庭生产活动的生产率提高，选项 B 正确；

（4）出生率的下降，选项 D 正确；

（5）离婚率的上升，选项 E 错误。

19. 【答案】BCE

【解析】教育投资的私人收益估计偏差包括高估偏差、低估偏差、选择性偏差，选项 BCE 正确。

20. 【答案】BDE

【解析】国家机关的专业技术人员参加继续教育所需经费应当按照国家有关规定予以保障；专业技术人员参加继续教育的时间，每年累计应不少于 90 学时，选项 AC 错误。

三、案例分析题

（一）

1. 【答案】B

【解析】企业应当在员工入职一个月内与职工签订劳动合同，选项 B 正确。

2. 【答案】BC

【解析】社会保险有强制性，选项 C 正确。企业应当在员工入职一个月内与职工签订劳动合同，选项 B 正确。

3. 【答案】ABC

【解析】不认定工伤的范围：故意犯罪的；醉酒或者吸毒的；自残或者自杀的，选项 ABC 正确。

4. 【答案】A

【解析】职工发生事故伤害或者按照职业病防治法规定被诊断、鉴定为职业病，所在单位应当自事故伤害发生之日或者被诊断、鉴定为职业病之日起 30 日内，向统筹地区社会保险行政部门提出工伤认定申请，选项 A 正确。

（二）

1. 【答案】AD

【解析】从案例内容可知，该企业倾向于从内部提拔管理人员，选项 A 正确。在作出晋升决定时，会严格考查员工的历史绩效以及在一线的工作时间和发展潜力等因素，每一次晋升都有若干候选人，最优秀者胜出，选项 D 正确。

2. 【答案】AB

【解析】高工资能够帮助组织吸引到更为优秀的、生产率更高的员工。高工资有利于降低员工的离职率，强化他们的实际生产率。高工资往往能够更容易让人产生公平感，选项 AB 正确。

3. 【答案】BCD

【解析】从案例可知，在做出晋升决定时，会严格按员工的历史绩效以及在一线的工作时间和发展潜力等因素来进行综合考察，选项 BCD 正确。

4. 【答案】BCD

【解析】要在参与晋升竞赛者当前的职位和拟晋升职位之间创造出一种合理的工资差距，工资差距太小会削弱竞赛参与者的努力动机，选项 B 正确。要看候选人最终获得晋升到底是因为实力和绩效原因，还是因为运气因素，选项 C 正确。由于评价方法、评价内容甚至评价者方面的原因，很可能会导致最终得到的评价结果并不好，为避免这种情况，不应当把候选人的直接上级的主观评价作为晋升决策的唯一依据，选项 D 正确。

（三）

1. 【答案】BC

【解析】领导者的三种主要技能是技术技能、人际技能和概念技能。技术技能是一个人对于某种类型的程序或技术所掌握的知识和能力；人际技能是有效地与他人共事和建立团队合作的能力；概念技能是按照模型、框架和广泛联系进行思考的能力。技术技能涉及的是事；人际技能关心的是人；概念技能处理的是观点、思想。本题中小张转到管理岗位后感觉压力很大，抱怨下属不支持自己的工作，工作满意度明显降低；而很多下属员工也抱怨小张不通人情。所以，小张缺乏的是人际技能，选项 B 正确。小张采用的仍然是十五年前制定的管理流程，并没有随着市场和时间的变化而进行调整，管理的风格与公司现在的业务不符。所以，小张的概念技能也需要加强，选项 C 正确。

2. 【答案】D

【解析】当员工升职并拥有领导责任后，他们的技术技能就会显得相对不重要了。作为经理，他们更加依靠的是下属的技术技能，选项 A 正确。组织中任何层次的领导者都不能逃避有效人际技能的要求，这是领导行为的重要组成部分之一，选项 B 正确。不同层次的领导者需要的技能的相对比例是不同的，管理层级越高，工作中技术技能所占的比例越小，而概念技能所占的比例越大，选项 C 正确，选项 D 错误。

3. 【答案】A

【解析】技术技能是一个人对于某种类型的程序或技术掌握的能力。在操作人员和专业人员层次上，技术技能是工作绩效的主要特点。

4. 【答案】ABC

【解析】成功的领导者依赖于合适的行为、技能和行动。领导者的三种主要技能是技术技能、人际技能和概念技能，选项 ABC 正确。

（四）

1. 【答案】A

【解析】根据法律规定，国家实行劳动者每日工作时间不超过 8 小时、平均每周工作时间不超过 44 小时的工时制度，劳动者应享受年休假。王某受伤的情形属于工伤，公司应负责，选项 BCD 错误。

2. 【答案】C

【解析】在工作时间和工作场所内，因工作原因受到事故伤害的，应认定为工伤，选项 C 正确。

3. 【答案】BC

【解析】工伤认定是指社会保险行政部门根据工伤保险法律法规及相关政策规定，确定职工受到的伤害是否属于工伤。工伤认定权由统筹地区社会保险行政部门行使，选项 BC 正确。

4. 【答案】A

【解析】经济补偿按劳动者在本单位工作的年限，不满 6 个月的，按向劳动者支付半个月工资的标准向劳动者支付经济补偿，$3000\times6\div12=1500$（元），选项 A 正确。

（五）

1. 【答案】BCD

【解析】本题描述该公司在人力甄选方面出现的一些弊端，显示出该公司的面试标准化程度较低，选项 A 错误。

2. 【答案】A

【解析】预测效度所要考察的是员工被雇用之前的测试分数与其被雇用之后的实际工作绩效之间是否存在实证性联系，选项 A 正确。

3. 【答案】ABC

【解析】无领导小组讨论对评价者的评分技术要求比较高，选项 D 错误。

4. 【答案】D

【解析】情境化结构面试的题目可以划分为两类：一类是以过去的经验为依据，它要求被面试者回答他们在过去的工作中遇到的某种情形，以及他们当时是如何处理的；另一类则是未来导向的，它要求被面试者回答，将来一旦遇到某种假设的情形，他们将会采取怎样的处理措施，选项 D 属于未来导向的情境化结构面试。